공연
예술
경영

공연예술경영

축제 · 공연기획 마케팅 실무서

2016년 3월 25일 초판 1쇄 발행
2018년 3월 15일 초판 2쇄 발행
2024년 9월 5일 초판 3쇄 발행

지은이 | 김만석
펴낸이 | 이찬규
펴낸곳 | 북코리아
등록번호 | 제03-01240호
주소 | 13209 경기도 성남시 중원구 사기막골로 45번길 14
우림2차 A동 1007호
전화 | 02-704-7840
팩스 | 02-704-7848
이메일 | ibookorea@naver.com
홈페이지 | www.북코리아.kr
ISBN | 978-89-6324-454-9(93680)

값 23,000원

• 이 도서의 국립중앙도서관 출판예정도서목록(CIP)은 서지정보유통지원시스템 홈페이지(http://seoji.nl.go.kr)와 국가자료공동목록시스템(http://www.nl.go.kr/kolisnet)에서 이용하실 수 있습니다. (CIP제어번호: CIP2016007827)

축제 · 공연기획 마케팅 실무서

공연 예술 경영

김만석 지음

북코리아

■ 머리말

이 책은 필자가 지난 20여 년간 대학교 및 초청특강에서 공연예술경영에 관련된 과목을 강의하면서 강의노트를 정리한 것이다. 기존의 그리고 공연예술경영에 관련된 책들에 빚을 지고 있으며, 참고할 사 항은 적극 참고하였다. 따라서 독자들이 읽기에 어떠한 부분은 기존 의 책들과 비슷한 부분들이 있을 것이다. 그러나 공연마케팅 부분의 몇몇 요소들은 기존의 책들과 약간 다른 방식으로 접근하였다. 또한 공연예술경영을 처음 접할 때 숙지해야 할 기본적인 개념들과 요소들 을 국내 공연예술시장의 사례들을 통해서 쉽게 설명하려고 하였다.

이 책은 총 6개장으로 구성되어 있다.

1장에서는 공연예술경영에 대한 기본 개념과 경영범위를 살펴보았는데, 경영학의 이론을 도입하여 공연을 하나의 상품으로 보고 상품의 생산과 수요를 통한 공연예술의 공급과 수요, 공연예술경영의 범위로 예술가 경영(Artist Management), 극장경영(Theater Management), 예술단체경영(Company Management), 공연기획사 경영(Presenter Management)을 간략히 설명하였다.

2장은 공연기획단계로서, 공연기획에서 공연기획자의 역할과 공연 아이디어 구상, 공연아이디어 구체적인 실행계획으로 옮기기 위한 계획안 수립, 실제 공연제작에 들어갈 때 수립된 공연기획안을 전략적으로 분석하여 보완점을 보충하는 전력분석회의 및 공연제작을 위한 공연프로젝트의 협력을 통해서 공연주최, 주관, 협찬, 후원의 역할 등을 설명하였다. 마지막으로 공연프로젝트의 예산편성 및 집행을 통해서 기획된 공연이 어떠한 예산편성 및 집행과정을 통해서 성공적인 공연결과를 얻어 낼 것인가를 설명하였다.

3장은 실제적인 공연제작단계로, 계획된 공연프로젝트를 어떻게 구체적으로 현실화시킬 것인가에 관해서 공연제작단계에서 이루어지는 제작회의, 공연일시 및 장소확정, 프로덕션팀 구성, 역할분담, 홍보 및 마케팅 계획 등을 설명하였다. 또한 진행에 있어서 이루어지는 다양한 공연진행업무들과 공연 후 결산 및 평가를 소개하였다.

4장은 공연마케팅에 대해서 소개하였다. 경영학의 마케팅영역에 속하는 상품선정, 가격책정, 유통, 판매촉진, 시장조사로 마케팅의 영역을 공연예술경영에 도입하여 시장세분화 전략, 표적시장 선정 전략, 포지셔닝 전략, 공연상품의 전략, 공연상품의 가격전략, 공연상품의 유통전략, 공연 커뮤니케이션 전략, 관객 개발 전략에 대해서 설명하였다.

5장은 지역축제경영으로 지역축제의 개념과 축제의 유형을 살펴보았고, 축제경영자로서의 축제 기획 실무에 필요한 업무사항을 기획단계 · 준비단계 · 실행단계 · 결산 및 평가의 단계로 나누어서 각각 단계에 필요한 실무적인 내용을 다루었다. 또한 지역축제를 활성화시킬 수 있는 마케팅 전략으로서 축제를 상품 · 유통 · 가격 · 촉진의 4가지 4Ps 마케팅 요소에 접목하여 지역축제마케팅 전략에 대해서 살펴보았다.

6장은 공연예술단체의 해외 공연시장 개척을 위한 교두보 역할을 하는 아트마켓에 대해서 살펴보았다. 먼저 아트마켓의 개념과 기능, 아트마켓의 구성요소 그리고 아트마켓의 마케팅 요소와 커뮤니케이션 전략, 전 세계의 아트마켓 유형에 대해서 소개하였다. 이러한 아트마켓의 개관적인 요소를 통해서 공연예술단체들이 해외 아트마켓 진출시 계획적인 마케팅 실무에 대한 사항을 정리하여 소개하였다.

이 책의 마지막 부록으로 수록된 축제제안서 및 공연기획서 사례들은 참고사항으로 실제 2장과 5장의 축제제안서 및 공연기획서 작성 요령을 쉽게 이해할 수 있도록 하였다.

2016년 제3판을 준비하면서 오늘날 숨 가쁘게 변해가는 공연예술 시장의 흐름에 이 책의 정보가 시대의 흐름을 읽지 못하는 것은 아닐까 생각도 해본다. 그러나 이 책의 정보가 조금이나마 독자들에게 좋은 정보를 제공한다면, 공연예술시장의 흐름을 읽는 것은 독자의 몫으로 남겨두고자 한다.

2016년 2월 25일

저자 김 만 석

■ 차례

제2장 공연기획

제3장 공연제작

제4장 공연마케팅

제5장 지역 축제 경영

제1장

공연 예술 경영

1 공연예술경영

2 공연예술경영의 범위

1 | 공연예술경영

공연은 제작부터 무대에 이르기까지 공동작업에 의해 이루어지는 종합예술이다. 공연하기 위해서는 공연자, 무대스태프 등 다양한 공동작업자가 필요하며 반드시 관객이 있어야 한다. 공연예술은 음악, 연극, 무용, 국악 등 현장에서 직접 보여 주는 것으로 집단적 공동생산과 함께 관객과 공연자의 직접 대면이라는 본질적인 특성을 갖고 있다. 이러한 관점에서 공연예술은 일반상품과 달리 소비자에게 일정한 감상능력을 요구하는 수요가 존재하고 일정한 예술적 재능을 갖춘 공급자(공연예술가)에 의해 생산되는 공급이 존재한다.

공연이 무대에 올려질 때 공연제작에 필요한 지출행위가 따르게 되는데, 제작에 필요한 인력과 재화(의상, 소품, 조명, 무대장치 등)를 마련하게 된다. 또한 이에 따른 제작자본을 충당하기 위한 여러 가지 경제활동이 필요하다. 따라서 재정적 지원 또는 후원, 그리고 관객동원을 통한 공연입장권 수입이 발생하게 된다.

이러한 관점에서 볼 때 공연예술경영은 공연예술 시장에서 인력자원과 재정적 자원의 관리를 통해서 성공적인 공연작품을 생산하여 소비자인 관객에게 전달하는 생산자이자 관리자가 되는 것이다. 공연예술도 일반적인 경제논리로 수요와 공급이라는 원칙에 따라 생산과 소비가 이루어진다는 것이다.

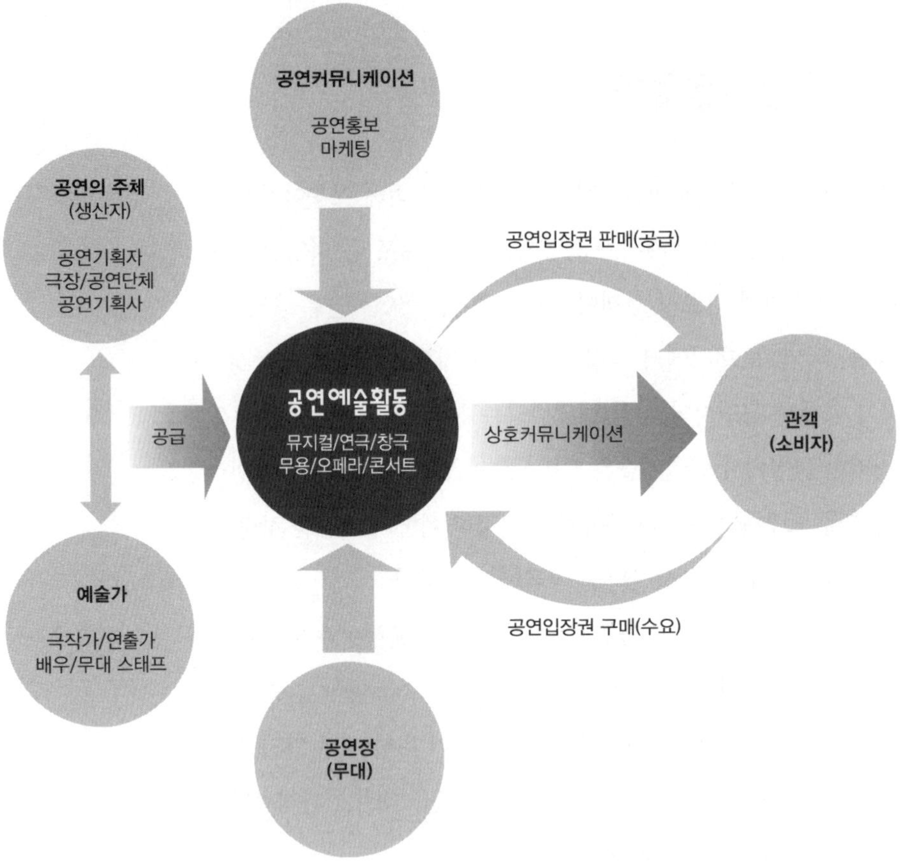

그림 1 공연예술활동의 구성요소

(1) 공연예술의 수요와 공급

❶ 공연예술의 수요

공연예술은 소비자에게 일정한 감상능력을 요구한다. 예를 들어, 어떤 사람은 오페라를 매우 좋아하지만 연극이나 무용을 보는 것은 별로 좋아하지 않는다. 이러한 소비자의 취향은 공연예술 상품의 수요에 영향을 미치게 된다.

다른 예술분야와 마찬가지로 공연예술도 외부로부터 주어지는 것이 아니라 후천적인 경험에 의해 그 선호 및 취향이 만들어진다. 그리고 그 기호를 개발하고 만들기 위해서는 예술을 소비하는 경험이 오랫동안 축적되어야 한다. 예술작품의 수요를 촉진시키기 위해서는 소비자에게 예술작품에 접할 수 있는 기회를 많이 만들어 주어야 하는 것이 공연예술경영의 역할이라고 할 수 있다.

그림 2 공연예술의 수요를 결정하는 일반적인 요인

만일 우리가 공연예술을 오락의 하나로 생각한다면 문학작품, 신문, 잡지, 영화, 텔레비전, 라디오, 음악, 스포츠 관람 등 많은 대체재가 있다. 그래서 공연예술의 대체제가 풍부하다는 사실 때문에 공연예술의 가격이 매우 탄력적일 것이라고 생각하기 쉽지만 실제로는 그렇지 않다. 공연예술의 기호는 후천적으로 개발되는 것이기 때문에 그것에 접할 기회가 많을수록 기호가 커진다.

공연예술경영의 관점에서 후천적 경험과 심리적 요인으로 공연예술은 일단 흥미를 갖기 시작하면 이들에 점차 사로잡혀 가격에는 무감각해지는 경향이 있다고 한다. 예를 들어, 공연예술에 접할 기회가 거의 없는 사람에게는 교향악이나 발레가 매우 지루하고 재미없게 느낄 수 있는데, 만약 공연예술의 입장료를 싸게 한다면 이들은 어느 정도 공연장을 찾을 수 있을 것이다. 마케팅의 관점에서 사람들의 소득이 증가할수록 소비자들의 시간가치는 높아지게 되고 공연예술을 관람하는 것은 시간 집약적인 소비활동이 된다.

소득이 증가하게 되면 구매력이 증가하게 되어 공연예술의 수요가 증가하기도 하지만 시간비용의 증가로 수요를 감소시키는 요인이 작용하기도 한다.

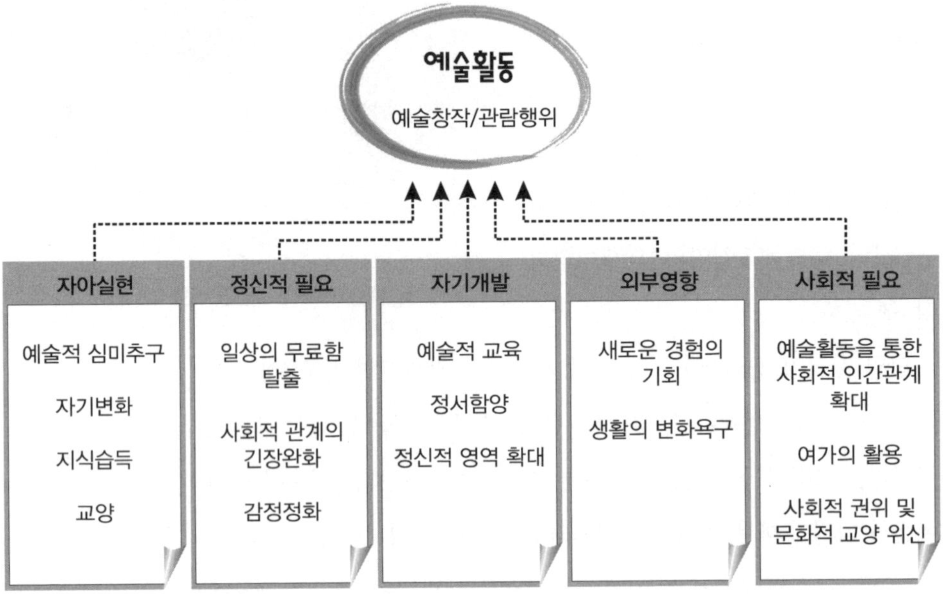

그림 3 소비자의 예술활동 참여동기

❷ 공연예술의 공급

공연예술단체의 목적이 이윤추구에 있지는 않다고 하더라도 경제적인 현실을 전혀 도외시할 수는 없는 일이다. 어떤 공연단체가 유지되기 위해서는 최소한의 비용이 필요하지만 현실적으로 공연단체들이 공연입장료 수입만으로 비용을 충당해 나가는 경우는 흔하지 않다.

대부분 정부(문화관광부, 문예진흥원, 지방자치단체 등)나 외부(개인, 기업협찬)의 지원에 의해서 유지되고 있는 것도 현실이다.

공연예술은 서비스 상품으로서 공연의 횟수보다는 질적인 측면이 더욱 중요하게 여겨진다. 어떤 예술작품의 질적 수준을 어떻게 측정할 것인가 하는 것은 간단한 문제가 아니다. 예술작품의 가치를 평가하는 데 질적인 면을 아무리 중요하다고 해도 이를 직접적인 방법으로 측정할 수 있는 방법은 없다. 공연예술단체를 측정하는 간접적인 수단으로써 ㉠ 공연횟수, ㉡ 제작작품수, ㉢ 판매가능한 입장권수, ㉣ 판매된 입장권수로 평가한다. 그러나 이 모두는 어느 것도 완전하지 못하고 각기 문제점을 가지고 있다. 이중에서 공연예술단체의 경제적 분석을 위한 모형을 설정할 때 그 산출량의 측정으로서 가장 많이 이용되고 있는 것은 판매가능한 입장권의 수이다.

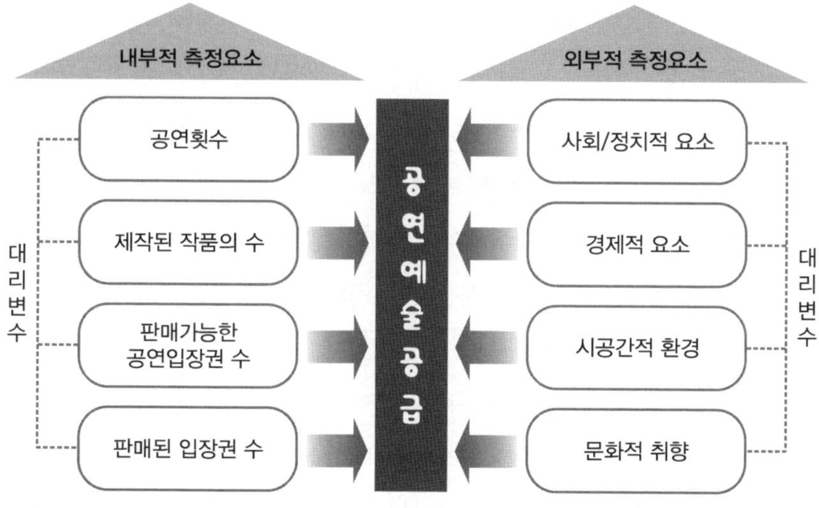

그림 4 공연예술의 공급을 결정하는 요소

공연예술의 생산성 향상은 공연의 외부적 환경요인(공연시기, 공연장 등)으로 인해서 비용과 가격이 경제전방의 비용이나 가격보다 훨씬 빠른 속도로 인상된다. 이런 현상은 다른 서비스산업에서도 발견되는 서비스산업의 일반적인 현상이다. 따라서 일반적으로 서비스부문의 가격은 다른 부문에 비해서 훨씬 빠른 속도로 가격상승이 이루어진다.

이러한 공연의 외부적 환경요인으로 인한 비용상승의 문제는 공연예술단체들의 엄청난 재정난을 겪게 만든다. 공연단체들의 재정적 문제점은 공연작품의 선정이나 작품의 생산과정에서 가능하면 비용을 줄이는 방향으로 유도될 것이다. 결국 이러한 재정적인 문제로 인해 공연예술단체의 창작활동에 큰 영향을 미친다. 이러한 문제로 인해, 공연단체들이 경비절감을 위해 예술가 섭외, 작품제작규모, 공연연습일정 등을 통해서 제작비를 줄이려고 한다면 소비자(관객)들은 결국 질적으로 좋은 공연을 보기 힘들 것이다.

공연예술의 공급은 일방적으로 공급자(예술가 또는 예술행정가)만이 하는 생산활동이 아니다. 소비자들의 관심과 참여가 곧 공급자에게 새로운 창작활동의 아이디어를 제공하기도 한다. 공연예술의 생산활동은 소비자들의 적극적인 참여와 노력을 필요로 한다. 예를 들어, 공연장을 찾아야만 공연작품을 감상할 수 있는 시스템에서 벗어나 지하철 또는 야외 공간 등에서 많은 사람이 공연작품을 감상할 수 있는 기회를 확대시키면 대중이 쉽게 공연예술을 접할 수 있는 기회가 많아지게 된다. 공연의 수요증가는 공연예술활동시장을 확대시켜 주고, 공연예술가에게 다양한 창작활동의 아이디어를 제공해 준다. 다양한 창작활동의 확대를 위해서 정부는 다양한 문화예술활동 지원정책이나 예술교육 등을 확대실시하고 있다.

(2) 공연예술경영의 개념

일반적으로 매니지먼트(Management)란 경영의 의미로서 어떤 기업에 국한하지 않고 조직을 항상 가동하지 않고서도 사업을 지속적·계획적으로 수행하는 바람직한 결과를 얻기 위해 조직의 자원을 최대한 효과적으로 사용하는 것을 말한다. 예술경영(Art Manegement)은 최근에 들어서 성립된 개념으로 주로 선진국을 중심으로 형성되었다. 주요한 특징은 예술경영은 반드시 경제적 이익만을 목적으로 하는 것이 아니라 대중이 예술에 접할 수 있는 기회 즉, 향수권과도 긴밀하게 연관되어 있다. 이 중에서 공연예술경영(Performing Art Management)은 공연창작활동과 고객과의 만남을 이어 주는 역할을 하는 것이다.

〈2013 타악그룹 좋은친구들 난타공연〉 타악그룹 '좋은친구들',2013

공연예술이 사회에서 활동할 수 있도록 하고, 그것이 재생산되도록 하기 위한 여건, 예술창작의 환경확보에서부터 공연예술가의 확보, 극장확보와 유지, 운영자금 관리 그리고 사회의 예술이해 확대까지 예술가와 협력하는 시스템을 말한다.

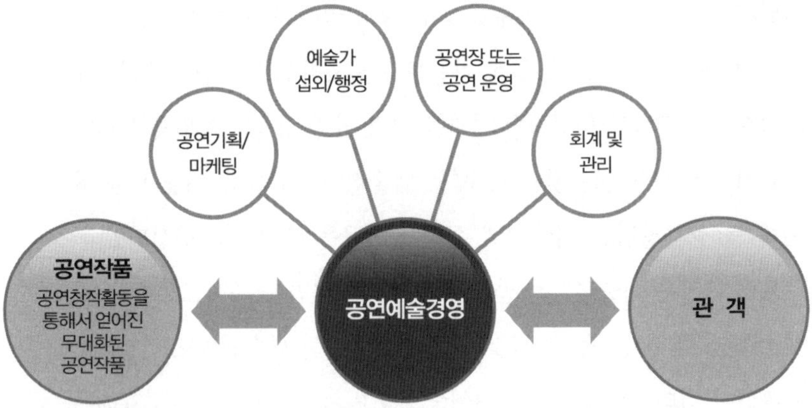

그림 5 공연예술경영의 협력시스템

매니지먼트가 본격적으로 공연예술에 유입된 것은 문화예술활동에 자본이 투자되고, 매니지먼트의 개념이 서서히 등장하게 되면서부터이다. 이러한 경제적 요소 외에 공연예술활동의 범위확대, 공연예술활동 업무의 복잡성, 수입확대의 필요성에 따른 전문적 인력요구가 높아지면서 예술과 행정이 분리되었다. 공연시장의 정보와 지식이 중시되는 경제적 요인과 문화의 관심, 수요증대와 문화공급자인 예술가의 증가라는 문화적 요인에 따라 공연예술경영의 출현과 발전이 이루어졌다고 볼 수 있다.

(3) 공연예술경영의 기능

공연예술경영은 상업적 이익을 최우선의 목표로 하지만 나름대로 예술가와 극장운영을 통한 공연예술활동의 활성화와 이를 통한 문화예술발전에 기여하는 것을 목표로 한다. 즉 영리적 기능과 비영리적 기능이 공존하는 독특한 영역이다. 따라서 이 둘의 균형을 유지하면서 경영을 하는 것은 쉽지 않다. 이에 따르는 공연예술경영의 기능은 다음과 같다.

❶ 문화촉매자

현대 사회에 들어서 문화선진국이란 곧 경제적 부국이며 동시에 국민의 복지를 대변하는 지수가 되었다. 공연예술활동은 시민들에게 다양한 문화예술을 향유할 수 있는 기회를 제공하며 동시에 공연예술가에게 자유로운 창작활동의 기회를 제공한다. 특히 뮤지컬, 콘서트, 오페라 등은 세계적인 문화트렌드를 읽을 수 있는 역할을 한다. 따라서 공연예술경영은 문화의 촉매자로서 시민들에게 다양한 문화예술을 향유할 수 있는 기회를 제공하는 증여자이다.

〈2014 뮤지컬 미소〉, 정동극장, 2014

❷ 국제문화교류

문화는 더 이상 그 자체의 문화성을 나타내는 것이 아니다. 그 이상으로 국제교류의 중요한 부분으로써 정치 또는 경제가 가지는 경직성을 탈피하고 자국의 이미지를 강화하는 데 큰 역할을 한다. 국가의 문화는 이미지 사회에 있어서 문화시대의 중요한 거래방법으로 이미 선진국들은 이를 간파하고 자국의 문화대국 건설을 위해 노력하고 있다.

이른바 '문화상품'이 국가중심으로 이루어지는 정치적 국가홍보에 비해 월등히 홍보효과가 크다. 공연예술경영은 국가의 문화를 소개하면서 그 나라의 호의도를 형성하는 데 긍정적인 효과를 심어 주는 역할을 한다.

〈2015 코메디콘서트 동작그만〉, 소월아트홀, 2015

❸ 예술가의 지위향상

특정예술분야에서 확고한 입지를 굳히기까지 장기간에 걸친 예술의 훈련과 교육으로 만들어진 아티스트의 지속적 관리는 발굴 못지않게 중요한 일이다. 공연예술경영은 예술가와 대중을 이어주는 다리역할을 한다. 공연예술경영은 아티스트를 통한 이윤의 극대화를 위해서 아티스트 관리, 시장전략 수립, 스케일 관리와 계획, 대내외 섭외·홍보, 컨설팅, 재무관리 등의 업무를 수행한다. 이를 통해 아티스트의 활동과 저작권을 보호하고 수익을 보장하는 등 예술의 창작활동에 전념하는 분위기를 조성하게 된다.

예를 들어 세계적인 성악가 조수미는 지난 2010년 대한적십자사 홍보대사에 위촉되어 일반 대중의 관심을 불러일으켰다. 또한 배우 송승헌은 타악 퍼포먼스 '판타-스틱(Fanta-Stick)' 홍보대사 선정에 선정되어 공연예술의 홍보에 앞장서는 등 문화의 교두보 역할을 하고 있다.

❹ 경제적 기여

공연예술경영은 공연예술가를 통해서 공연이라는 문화상품 또는 문화서비스를 제공한다. 서비스 제공을 통해서 얻어지는 공연입장권 수익을 비롯한 다양한 부가가치는 경제적 이익을 발생시킨다.

소프라노 조수미 '대한적십자' 홍보대사 위촉, 2010(좌)
배우 송승헌 타악 퍼포먼스 '판타-스틱(Fanta-Stick)' 홍보대사 선정, 2010(우)

공연예술경영은 공연서비스를 제공하는데, 이에 필요한 인력을 고용하며 재화를 처리할 때 생기는 소비와 지출을 통해서 국가경제에 직·간접적인 경제적 기여를 한다.

미국영화 '쥬라기공원'이 개봉할 당시, 이 영화의 수익이 우리나라 자동차 산업과 비교되었다. 93년 당시 세계에서 벌어들인 흥행수입은 8억 5천만 달러였는데, 이는 당시 우리나라가 자동차 1백 50만 대를 수출한 것과 비슷한 규모였다. 이에 더 나아가 영화와 뮤지컬과 비교해 보도록 하자.

표 1 영화·뮤지컬 수입비교

	오페라의 유령(뮤지컬)	타이타닉(영화)
전 세계 티켓수입	50억 달러	18억 달러
제작년도	1986	1997
제작비 (마케팅비 포함)	9억 달러	2억 달러
공연 및 상영기간	23년 이상	20주

자료: 고정민(2003), 산업화에 접어든 공연예술, p. 5.; 중앙일보, 23년간 6조 … '오페라의 유령'은 돈 버는 귀신, www.joins.com, 2009.9.23; 머니투데이, '해운대', '타이타닉' 제작비 1/19 … 관객수는 2배, www.mt.co.kr, 2009.8.12 참조.

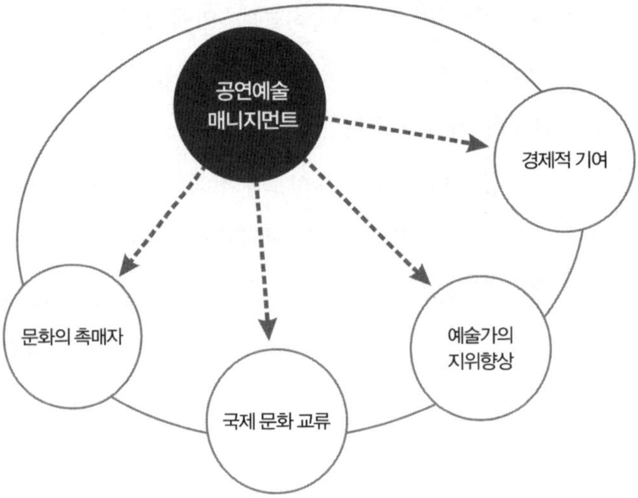

그림 6 공연예술경영의 기능

표 2 공연예술시장의 구조

창작	유통	소비
공연예술인 공연예술단체 → 공연작품	→ 공연장 → 공연작품	→ 관객 → 일반시민 공연전문가
공연기획사		
	지원	

자료: 한국문화관광연구원(2005), 예술시장 조사설계 연구, p.10 참조.

2 | 공연예술경영의 범위

공연예술의 경영대상은 크게 네 가지 정도로 축약할 수 있는데, ① 예술가 경영(Artist Management), ② 극장경영(Theater Management), ③ 예술단체경영(Company Management), ④ 공연기획사경영(Presenter Management)이다. 이 밖에도 미국 또는 유럽과 같은 문화선진국의 경우에 순회공연(Tour)을 전문으로 하는 순회공연경영(Touring Management)이 있다. 이것은 원래 공연기획사경영의 범주에 속하나 체계적이고 세분화된 공연운영 시스템의 경우 따로 공연예술경영의 대상으로 분류한다.

(1) 예술가 경영

공연예술가(Artist)가 자신의 역량을 발휘할 수 있도록 기반을 조성하는 예술가 경영(artist management)은 오늘날 공연예술경영의 핵심적인 사항으로 그 활동범위가 다양해지고 있다. 대중매체와 엔터테인먼트 산업의 발달로 인하여 그 중요성이 강조되고 있으며, 대중문화계를 중심으로 배우와 가수를 중심적으로 정착되고 있는 스타 시스템(Star System)이 예술가 경영의 한 부류에 속한다. 스타 시스템은 대중적인 스타를 조직적・체계적으로 생산・관리하여 상품성이 높아진 스타로 인하여 경제적인 이윤을 추구하는 것이다. 그러나 너무 상업성으로 치닫게 되면 예술가의 고유한 예술창작 욕구에 해를 끼치는 폐단이 발생하기도 한다.

공연예술 분야에서도 대중문화의 스타 시스템이 적극적으로 활동되는 경우도 있다. 예를 들어, 뮤지컬 분야는 다른 공연예술 장르에 비하여 대중성이 강하기 때문에 이러한 스타 시스템에 의한 공연제작은 그 만큼 흥행성을 담보로 한다.

뮤지컬계의 유명한 스타인 전수경, 남경주, 이정화, 최정원 등이 출연하는 뮤지컬 작품은 어느 정도의 관객확보를 담보로 공연의 성공 여부를 결정하는 요인으로 작용한다.

표 3 국내외 대표적인 클래식 아티스트 매니지먼트사

클래식 아티스트 전문매니지먼트사(국내)		클래식 아티스트 전문매니지먼트사(국외)	
매니지먼트사명	소속 아티스트	매니지먼트사명	소속 아티스트
크레디아(CREDIA)	김대진,세종솔로이스츠 백건우, 백혜선 등 국내외 정상급 연주자 소속	CAMI(미국)	므스티슬라브 로스트로포비치, 캐슬린 배틀 등
씨엠아이 코리아 (CMI KOREA)	정명훈, 정경화, 정명화	Harrison/Parrot.Ltd(영국)	블라디미르 아슈케나지 크리스티안 지머만 등
엠씨엠 코리아(다국적) (MCM KOREA)	헬렌 권, 레나테 듀어콥 연광철 등 국내외정상급 성악가 소속	Askonas Holt.Ltd(영국)	클라우디오 아바도, 아이작 펄만 등

〈Harrison/Parrot 웹사이트〉. Harrison · Parrot Ltd., 2005

그러나 대중적 스타 시스템이 반드시 흥행을 담보하는 것은 아니다. 화려한 출연진에 비해 공연의 제작규모, 작품성, 기타 공연의 요건이 제대로 갖추어지지 않으면 결국 공연은 실패한다. 따라서 다양한 공연제작의 요건을 고려하여 이러한 스타 시스템을 적절히 조화시켜서 공연을 제작하는 것이 성공적인 공연을 위해서 필요하다.

국내 클래식 아티스트 매니지먼트사의 경우 외국의 메이저음반회사와 다국적 매니지먼트사와 협력을 통해서 외국의 정상급 클래식 아티스트들의 국내 초청공연 및 국내의 유명한 젊은 아티스트들의 해외 공연 등을 추진하고 있다.

◈ 스타시스템(Star System)

인기 있는 배우를 중심으로 기획 · 제작함으로써 흥행의 안전성을 확보하는 상업성 위주의 영화시스템이다.
이러한 시스템은 유럽과 미국에서 19세기 후반기에 연극 · 영화를 상품화하고 기업화하는 경향과 함께 발생하였다. 거액의 자본을 필요로 하는 영화 흥행에 있어 특히 이 경향이 강하며, 무명배우를 선전의 힘으로 일약 대스타로 조작해 내고, 그의 인기를 살리기 위하여 극의 본질을 무시하고 전적으로 스타에 의존하여 작품을 팔게 된다. 오늘날 대부분의 영화작품은 스타시스템의 소산이며, 이 때문에 출연료가 높아지고 작품의 내용면도 고정화되어 점차 기획중심주의로 흐르는 추세이다. 스타시스템 전성기는 무성영화 말기로부터 유성영화 초기에 이르는 기간 동안이며, 특히 미국 MGM이 그 중심이었다.
현재 우리나라 공연계에도 스타시스템이 많이 이루어지고 있다. 대중가수들의 뮤지컬출연이 대표적(ex, 동방신기의 뮤지컬 모차르트(2010), 뮤지컬 천국의 눈물(2011)출연)인데, 이는 작품에 대한 대중들의 관심을 집중시킬 수 있는 장점을 갖추고 있다. 그러나 무분별한 스타시스템제작은 작품 자체보다 연기자위주의 스케줄로 기획될 소지가 클 경우 그 폐해는 심각하다고 할 수 있다.

❶ 공연예술가 경영의 요건

공연예술가 경영의 요건 중 가장 중요한 것은 예술가를 선별하는 것이다. 예술가 선별의 요건은 다음의 몇 가지 요건에 의하여 판단하게 되는데, 공연기획자의 객관적이고 주관적인 판단하에 요건에 맞는 예술가를 선택하게 된다. 1인의 오디션 평가기준보다는 예술가를 선택하는 데 관련된 모든 정보를 수집하고, 전문적인 심사 인력을 통해서 예술가를 선별하는 것이 중요하다.

㉮ 공연예술가의 요건 판단

공연예술가의 조건을 판단하는 주요 기준으로는 보통 공연예술가의 명성, 다른 예술가로부터 평판, 공연예술가의 작품활동 수준, 공연예술활동의 범위와 소득, 공연예술가와 관련된 다양한 단체 또는 협회의 회원등록 여부 등이 있다. 국내에서는 예술가중심의 유니온 시스템(Union System)이 제대로 활성화되지 않아 예술가의 명성, 작품활동실적 등을 중심으로 공연예술가의 활동요건을 판단하는 경우가 많다.

㉯ 공연예술활동 서비스의 거래

공연예술가는 공연을 기획한 단체에 자신의 예술활동을 판다. 거래되는 서비스는 공연예술가가 오랜 기간에 걸쳐 받아온 예술적 교육과 예술적 창조력 등을 통해 축적된 인적 자본의 서비스이다. 공연예술활동 서비스의 거래는 예술단체의 신작공연 오디션 등 다양한 예술가의 노동시장을 통해서 거래된다.

㉰ 공연예술활동의 서비스 가격결정 요인

일반적인 경제활동에서 노동시장의 서비스 가격은 노동성의 질(Quality), 또는 생산성(노동의 교육정도, 활동경력 등)에 의해서 결정된다. 이러한 일반적인 노동시장과 예술활동 서비스의 예술가 거래시장이 어느 정도 일치하는 것은 사실이지만 예술활동은 창조적 창작활동의 능력이 활동경력과 교육정도보다 우선하여 결정되는 것이 특징이다. 공연예술 시장에서 예술가는 타고난 재능이 위의 일반적인 노동시장 서비스가격의 요인보다 더 크게 작용한다. 예를 들어, “천재” 또는 “타고난 신동”이란 예술가로서 자신의 창작활동에 중요한 예술적 의지와 명예를 선사한다는 말이다. 아울러 작품의 기여도는 무엇보다도 중요한 결정요인에 해당된다. 이것은 공연기획자가 어떤 작품을 기획하여 그 작품에 맞는 예술가들(배우, 무대제작, 조명, 의상, 기타)을 섭외하면서 고려해야 할 사항이다. 따라서 예술활동의 서비스 가격결정 요인을 일반적인 경제적 논리로 본다는 것은 무리가 있다.

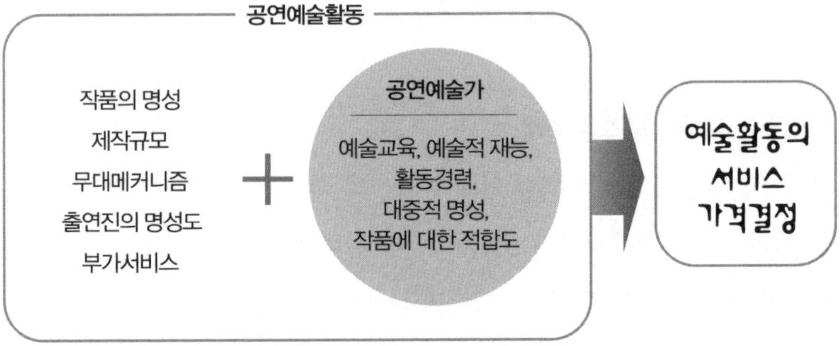

그림 7 공연예술활동의 서비스 가격결정 요인

❷ 공연예술가의 관리

공연예술가의 관리는 방송 및 영화산업보다 체계적으로 관리가 이루어지지 못하고 있는 실정이다. 주로 공연예술가는 자신이 소속된 공연예술단체(극단, 공연기획사)를 중심으로 공연스케줄, 공연출연계약 등이 이루어지고 있다. 공연예술가를 관리하는 것은 소속된 공연단체의 속성에 따라 공연예술가 창작활동을 통해서 얻어지는 수익을 배분하여 경제적 수익과 공연예술가의 예술활동을 확대시켜 주는 역할을 담당한다.

(2) 극장경영

❶ 극장경영의 분류

극장은 공연예술활동의 공간이자, 생산과 소비가 이루어지는 공간이다. 즉, 공연예술가와 관객을 이어 주는 공간이다. 극장은 무대와 객석을 갖춘 특정한 건조물로서 무대에서 상연되는 모든 공연물을 감상하는 장소이다. 보통 극장을 객석규모에 따라 대극장, 소극장 등으로 분류하는데, 극장경영(Theatre Management)에서 극장의 운영방식에 따라 네 가지로 분류된다.

극장은 또 운영주체에 따라 공공극장과 민간극장으로 나눈다. 공공극장이란 국가 또는 지방자치단체가 설립・운영하는 것이고, 민간극

표 4 극장의 운영목표 및 운영 시스템에 따른 극장분류

공공극장		민간극장			
		비영리 재단법인	예술단체 및 공연제작사	기업운영 및 위탁	학교재단 운영
국립극장	정부단체 (문화관광부)	LG아트센터	산울림소극장	한전아츠풀센터	연세대 100주년 기념관
예술의 전당	특별법인 (문화관광부)	연강홀	난타전용극장	문화일보홀	세종대 대양홀
세종문화회관	서울시 재단법인	리틀엔젤스예술회관	가마골소극장	KBS홀	숙명여대 르네상스홀
국립국악원	정부단체 (문화관광부)	동숭아트센터	학전소극장	영산아트홀	
문예회관	문예진흥원	금호아트홀	소극장 아룽구지	백운아트홀	
정동극장	비영리재단법인 (문화관광부)		점프	호암아트홀	
지방의 문화예술회관 시・군지역 구민회관 (ex. 충무아트홀)	지방자치단체				

장이란 기업 또는 민간단체, 개인이 운영하는 극장이다.

공공극장은 운영목표를 문화예술활동의 서비스를 통해서 시민들에게 문화복지의 혜택을 제공하는 것을 목표로 하고 있고, 민간극장은 상업극장으로서 공연활동을 통한 이윤창출을 목적으로 한다. 그렇다고 민간극장이 이윤창출만을 하는 것은 아니다. 민간극장도 일부 사회공익을 위한 목표를 운영목표에 두고 있다. 예를 들어, 민간극장 중에서도 기업의 문화재단이 운영하는 극장의 경우 기업의 사회공헌이라는 이념에 따라 약간의 공공성을 갖고 극장운영을 하고 있는 실정이다.

㉮ 공공극장

공공극장의 경우도 운영형태에 따라서 정부의 기구로 운영되는 극장이 있는데, 국립극장과 국립국악원 등은 극장운영에 필요한 재원을 전액 국고로 충당한다. 정부는 이러한 극장운영의 회계, 인사권을 갖고 있다. 근래 들어 정부의 간섭이 줄어들고 극장의 인사임명을 전문적인 인사로 추천하는 방식을 채택하고 있다. 국립극장의 경우 1999년 책임운영기관으로 전환하여 예산권은 기관장이 갖고 회계는 정부에서 관여하고 있다.

시 · 도립 및 시 · 구 · 군의 극장은 국립과 유사한 방식으로 운영되는 극장으로 지방의 기초자치단체가 직접 소유하며 관할기관에서 극장운영의 회계 · 인사권을 갖고 있다.

책임운영기관으로 운영되는 극장은 중앙 또는 지방정부가 일정 권한과 책임을 기관장에게 부여하여 계약기간에 조직을 자율적으로 운영하는 극장이다. 극장의 운영 예산권은 기관장이 갖고 회계는 관할

정부기관에서 관여한다.

재단법인으로 운영되는 극장은 민법에 의해 설립되는 비영리법인 극장이다. 극장운영에서 예산승인, 임원임명권, 감사는 관할 정부기관에서 행사한다. 비영리법인 극장들은 국·공립 산하 극장처럼 극장 운영에 필요한 재원을 전액 지원받는 것이 아니라 일정한 운영비를 지원받는다. 재단법인에 속하는 극장은 세종문화회관(서울시), 정동극장(문화관광부)이 이에 속한다. 정동극장의 경우 국립극장 분관으로 출발하여 국내 최초로 공연예술계의 마케팅을 도입하여 성공적인 극장 경영의 모범을 보여 주었던 극장이다. 1995년 1월 독립재단법인으로 새롭게 출발하였다.

공연예술법에 의해 특별법인으로 운영되는 극장은 기관의 설립과 운영이 특별법에 의해 규정되는 법인격 극장이다. 예술의 전당은 특별법인에 속하는 극장으로 각종 지원과 세제혜택을 받는다.

그 밖에 위탁경영으로 운영되는 공공극장의 경우 공개입찰 등을 통해 위탁경영자를 선정하여, 지자체는 예산보조와 운영·감독을 한다. 서울 광진구 광진나루아트센터는 민간 공연기획사에서 위탁경영을 실시하고 있다.

세종문화회관

예술의 전당

정동극장

㉯ 민간극장

민간극장은 일반적인 시장원리에 따라 하나의 사업체로서 극장운영에 필요한 경비를 철저히 공연수입과 기업형 비영리재단의 재정적 지원을 받아 운영된다. 특히 문화기업으로서의 이미지를 홍보하고, 아울러 기업이익의 사회환원이라는 비영리적 목적을 두고 기업산하에 문화재단을 설립하여 문화예술활동의 진흥을 위한 극장을 설립하여 운영하기도 한다. 이 비영리재단에 소속된 극장의 설립취지는 어느 정도 공공극장의 설립목적과 일치하는 점도 있다. 그러나 이 극장들도 기업의 시장논리에 의해 지배된다. 이런 극장으로는 LG아트센터, 금호아트홀 등이 있다.

민간공연단체 및 공연기획사에 운영하는 극장의 경우 대부분 소극장인 경우가 많다. 이 극장들은 대부분 공연수입에 의존하여 운영되기 때문에 극장운영에 많은 어려움을 겪고 있다.

방송 · 언론사에서 운영하는 극장은 언론사의 이미지 홍보효과와 부대사업 등을 위해서 방송언론사의 문화사업팀에서 관리 · 운영한다.

근래 들어 비영리재단에 속하였던 호암아트홀을 '크레디아'라는 클래식전문 공연기획사가 위탁운영하고 있다. 또한 학교재단에서 운영하는 극장들도 있는데, 연세대 100주년 기념관, 성균관 600주년 기념관 등이 여기에 속한다.

❷ 극장의 경영 시스템

오늘날 국 · 공립극장을 비롯한 모든 극장이 처한 문제는 공연수익을 통한 재정자립도를 높이는 것이다. 공공기관의 지원을 받는 공공극장이라 하더라도 극장운영에 들어가는 모든 재원을 지원받을 수 없다.

그렇다고 공연예술이 경제적 논리로만 판단하여 무조건 극장의 수익성을 강조한다면 공공극장의 경우 극장의 설립취지에서 벗어나게 된다. 따라서 오늘날 모든 공공극장들은 공공성을 해치지 않는 범위에서 어느 수준까지 경제자립도가 충실한지가 극장경영의 중요한 목표이다.

㉮ 극장의 조직구성

극장은 공연을 하는 장소이다. 따라서 공연에 필요한 모든 조직이 구성되어야 한다. 극장의 조직구성은 극장의 운영방식에 따라 조직구성이 유동적으로 달라지는데, 공공극장의 경우 크게 극장운영을 위한 행정지원, 사업, 그리고 극장시설을 담당하는 운영팀과 공연물의 무대화 작업에 필요한 무대, 조명, 음향 등을 제공하는 무대지원팀으로 나눌 수 있다. 또한 전속예술단체의 유무에 따라 크게 3개의 조직망으로 나뉜다. 조직구성을 세분화하여 살펴보면 〈표 5〉와 같다.

표 5 일반적인 대형극장의 조직구성 및 역할

조직	소속	역할
경영진	이사회 이사장/사장	• 사장/이사장: 불과 10년 전만 해도 국·공립극장의 경우 관할공공기관이 경영자를 임명하는 방식이었으나 오늘날 극장운영의 효율성를 높이기 위해서 개방직 인사로 예술가적 마인드와 경영덕목 갖춘 전문가를 경영자로 추천하는 방식을 채택하고 있다. 극장 이사장은 극장의 운영방향을 수립하고, 극장의 각 팀들을 통합관리한다. 대부분 극장 이사장직은 CEO급 계약직으로 계약기간 동안 극장을 대표한다. • 이사회: 이사회는 비영리법인의 최고의결기구로서 극장의 기본적인 정관을 정하고 사업계획을 확정, 극장 재무회계의 결산을 의결한다. 이사회의 구성원은 재정적 지원과 펀드레이징을 활성화시킬 수 있는 경영가 또는 사회유명인사로 구성된다.
공연 운영팀	공연기획부	• 극장 자체 공연기획을 담당하며 섭외, 공연행정, 공연홍보 및 마케팅 등을 담당
	공연지원부	• 극장의 모든 공연을 지원하는 부서로서 대관업무, 매표업무, 대관공연 행정지원 등을 담당
	마케팅부	• 주로 공연기획부에 속하는 업무를 체계적·효율적으로 수행하기 위해서 별도로 마케팅부를 두기도 한다. 마케팅부는 공연홍보, 공연정보, 협찬 및 후원회업무, 극장의 고객관리 등의 업무담당
행정 지원팀	경영관리부	• 극장의 운영방식에 따라 정부회계 또는 기업회계를 적용하여 극장의 경영관리를 한다. 극장운영에 필요한 모든 경비(임금, 시설관리경비, 사업비, 외부용역관리기타) 등을 관리·운영
	시설관리부	• 시설관리부는 극장 모든 시설을 총괄 관리·보수
무대 기술팀	무대	• 기술감독: 무대장치, 무대전환 시스템 등 무대기술과 관련된 모든 것을 담당 • 무대장치감독: 공연의 무대장치물 제작 • 무대감독: 공연진행에 필요한 무대 시스템의 전환, 공연진행 큐를 담당 • 무대진행 스태프: 공연무대진행 요원
	조명	• 조명감독: 공연진행시 조명의 모든 것을 총괄지휘 • 조명오퍼레이터: 조명을 조정하는 콘트롤 시스템 담당 • 조명 스태프: 무대 조명기 관리, 조명셋업 및 철수담당
	음향	• 음향감독: 공연진행시 음향의 모든 것을 총괄지휘 • 음향오퍼레이터: 음향을 조정하는 콘트롤 시스템 담당 • 음향 스태프: 공연시 음향기기 설치, 음향기기 셋업 및 철수담당
예술단	전통예술단, 극단, 창극단, 무용단, 국악관현악단	• 극장의 운영형태에 따라 전속예술단을 둘 수도 있고, 두지 않을 수도 있다. 예술단의 성격에 따라 단장 또는 예술감독, 단원, 행정직을 두고 있다.
노동 조합		• 극장의 노동조건 개선 및 극장의 경영투명화를 위해서 극장의 경영진을 제외한 극장인력으로 구성
외부 용역	주차관리 안내요원 청소용역 등	• 극장에 필요한 인력을 탄력적으로 운영하기 위해서 외부인력을 계약을 통해서 충원하여 활용한다. 외부용역 관리는 경영관리부 또는 시설관리부에서 담당

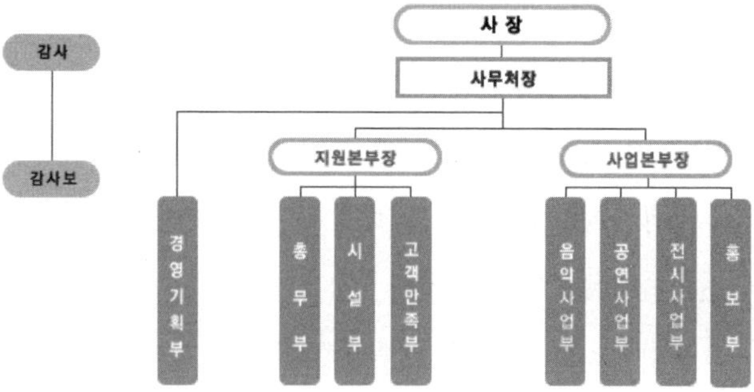

◎ 예술의전당 부서별 업무분장

경영기획부	예산, 제도, 조정업무
총 무 부	총무, 인사, 노무, 회계, 계약
시 설 부	자산, 시설유지, 주차관리, 입주업체 임대차관리
고객만족부	매표관리, 회원, 전산, 직영매장관리
음악사업부	음악당 기획, 교육, 대관, 객석, 무대관리
공연사업부	오페라하우스 기획, 대관, 객석, 무대관리
전시사업부	미술관, 서예관, 디자인미술관 기획, 대관, 교육
홍 보 부	전당홍보, 후원회관리, 기부금 유치

그림 8 예술의 전당 조직도

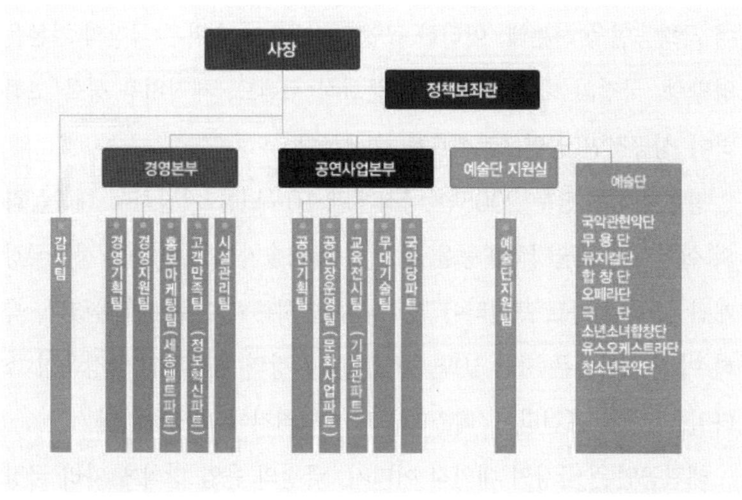

그림 9 세종문화회관 조직도

㉯ 극장의 공연프로젝트

극장은 공연을 통해서 수익을 얻는다. 극장은 그 자체가 공연할 수 있는 하드웨어적인 모든 요소를 갖고 있다. 그렇다면 어떻게 공연을 기획하여 무대에 올릴 것인가는 극장의 공연프로젝트 매니지먼트에 해당하는 소프트웨어적인 요소이다.

극장의 설립취지와 운영의 기본방향에 맞는 극장의 공연프로젝트를 기획 · 수립하고, 그것을 실행하는 것이 극장의 공연프로젝트 매니지먼트의 중요한 업무이다.

주로 대형극장의 경우 다양한 공연프로젝트 운영방식을 통해서 수익을 올리고 있다. 예를 들어, 외주공연단체에게 극장을 대관하는 대관공연업무, 순수하게 극장에서 직접 공연제작을 하는 자체제작공연, 외주 공연단체와 공동으로 제작하는 공동제작, 해외 또는 외부 공연단체를 초청하는 외부제작초청 등의 공연프로젝트 방식이 있다.

일반적으로 극장들은 시즌 또는 연간으로 공연프로젝트를 수립하여 극장공연을 하는데, 이러한 공연프로젝트의 수립은 극장의 기본운영방향, 극장의 대외적 이미지, 문화적 트렌드, 제작비용 등을 고려하여 성공적인 공연프로젝트를 수행한다.

정동극장의 경우 2005년 극장개관 10주년을 기념하여 대중문화의 실험적인 예술창작활동을 하고 있는 예술가를 초청하여 '정동극장 개관 10주년 아트 프런티어 페스티벌'을 시즌별로 무대에 올렸다. 특히 이 페스티벌은 지난 10년 동안 정동극장의 혁신적인 극장운영 스타일을 '아트 프런티어' 페스티벌의 기획취지에 반영하였다.

대관공연은 극장의 대외적 이미지, 극장의 운영 방식에 따라 극장여건에 맞게 대관일정을 잡는 것이 필요하다.

대관공연은 극장 자체 공연에 폐해를 끼치지 않는 범위에서 대관공연을 잡는 것이 필요하다. 대부분의 극장은 인터넷 홈페이지를 통해서 대관신청 절차 및 대관료에 대한 자세한 정보를 제공한다.

〈정동극장 개관 10주년 기념 '아트 프런티어' 페스티벌〉. 정동극장, 2005

㉰ 극장행정 및 경영관리

공공극장도 하나의 사업체이다. 따라서 극장을 운영하고 공연프로젝트를 추진하는 데에는 재원이 필요하고, 재원의 충당, 재원의 지출,

극장의 조직운영에 필요한 행정업무가 필요하다. 극장행정은 공연법을 비롯한 각종 법규와 행정의 이해와 효율적인 행정업무 수행을 통해서 극장운영을 성공적으로 할 수 있는 것이다.

극장의 행정업무는 주로 극장운영에 필요한 각종 업무, 즉 노사업무, 공연에 따르는 각종 법률소송 및 행정업무, 정부보조금 신청 및 수행업무 등이 있다.

재정업무는 주로 극장운영에 필요한 재정과 관련된 모든 업무를 담당한다. 극장의 공연사업과 각종 부대사업을 통해서 얻어지는 수익을 총괄하고, 극장운영에 필요한 각종 시설경비, 경상비의 지출, 세금업무 등을 담당한다.

특히 재무회계는 극장의 수익과 관련된 사항이므로 극장의 예산을 수립하고, 극장운영을 통해서 얻어지는 각종 수익과 지출경비에 대해서 결산시 회계기준에 따라 투명하고 철저하게 관리되어야 한다.

2000년대부터 국·공립 및 지방자치단체 산하 문화예술회관의 재정자립도와 경쟁력 강화를 위해서 극장경영의 전문적인 외부인사 인선 및 법인화, 민간 위탁경영이 점차 대두되고 있다. 기존의 순환식 근무제도로 인해 전혀 문화예술과 무관한 공무원이 문화예술회관을 운영하기 때문에 전문성 부족과 관료주의 타성으로 인해 전문적인 공연프로그램 개발 및 마케팅 부재로 인해 지역주민들로부터 외면받아왔다. 따라서 공연예술분야의 전문성 확보와 적극적인 공연마케팅을 통해서 재정적 자립도를 위해서 민간위탁 경영 시스템이 현재 점차 자리를 잡아가고 있는 실정이다.

(3) 예술단체 경영

예술단체경영(Company Management)은 이른바 예술활동을 조직적으로 하는 단체 또는 집단들이 각각의 예술활동을 할 수 있는 재원마련과 단체운영을 말한다. 즉 연극을 하는 극단, 클래식을 연주하는 실내악단, 교향악단, 무용단, 국악단 등이 각각 공연기획 및 마케팅, 재정지원 방안을 마련하여 원활하게 각각의 단체를 운영하는 것을 말한다. 이러한 예술단체는 단체의 성격상 비영리단체로서 공공기관의 지원으로 운영되는 국·공립예술단체와 개인이나 문화재단, 기업 메세나를 통해서 재원을 지원받아 운영되는 민간예술단체로 나뉜다.

공공기관 지원의 국·공립극장 산하 예술단체의 경우 예산편성 및 방만한 운영으로 인해 예술단체의 창작활동 지원 및 자유로운 창작활동을 저해하는 요인을 제공하기도 한다. 세종문화회관의 경우 2005년부터 서울시 산하 7개의 예술단체를 별도 재단법인으로 분리하여 예술단체의 자유로운 활동 및 재정자립도를 높이려고 하는 시도가 있었다.

현재 국공립 예술단체들은 경쟁력 강화와 경영합리화를 통해서 공공재원 지원 및 운영에서 효율성을 확보하는 것이 최우선 과제이다. 특히 국·공립 예술단체의 경우 공연활동이 우선시되는 예술단체 운영이 절실히 필요하다. 보통 국·공립예술단의 경우 연간 공연일수는 1개월 정도밖에 되지 않고, 나머지는 모두 연습 또는 단원의 개인활동을 위한 시간으로 허비하는 경우가 많다. 예산문제에서 실제 공연활동을 위해서 지원되는 부분보다 오히려 전속단체 단원 급여 및 운영비에 투입되는 부분이 더 많아 공연활동의 질적 저하를 낳고 있다.

이러한 폐단으로 인해 관체제 운영에서 벗어나 법인화 추진, 예술감독제, 책임운영제 등이 대안으로 제시되고 있다.

특히 공공 예술단체의 운영합리화를 위해서 시 또는 지방자치단체의 여러 상주예술단체가 앙상블 시스템(Ensemble System)의 공연활동으로 연극 또는 오페라 같은 종합예술극의 경우 연극단체, 무용단체, 합창단, 교향악단 등 여러 단체가 공동으로 공연제작에 참여하는 시스템을 통해서 공연레퍼토리의 충실도 및 규모를 확장시켜서 공연활동의 범위를 넓히는 경우도 있다.

국립창극단의 정기공연 중 창극공연 레퍼토리는 대부분 앙상블 시스템으로 국립국악관현악단, 국립무용단 그리고 국립극단이 공동으로 참여하여 작품의 규모와 질적 수준을 높이는 데 기여하였다.

또한 공공극장은 장기적 공연레퍼토리를 기획하여 연간 공연활동을 할 민간 상주예술단체를 모집한다. 공연레퍼토리 심사를 통해서 좋은 작품을 선정하여 극장과의 계약관계를 통해서 전속출연계약을 체결한다. 공연수익은 연간 일정한 공연 횟수에 따라 수익금을 분배하는 방식으로 운영한다. 특히 파트너십 관계를 통해서 관객서비스, 공연프로그램 개발 등을 공동으로 추진하고, 민간예술단체는 재정적으로 안정된 운영, 극장은 공연예술단체의 노조와 갈등, 예술단 운영에 따른 예산절감, 업무의 복잡성을 줄여서 극장경영의 효율성을 높일 수 있는 것이 장점이다.

민간 비영리 재단 소속의 예술단체들은 직업적인 예술단체로 대표적으로 유니버셜 발레단, 세종솔로이스츠 등이 있다.

〈국립창극단 제92회 정기공연 '효녀심청'〉. 국립극장, 1997

(4) 공연기획사 경영

공연기획사 경영(Presenter Management)은 민간조직으로서 공연예술가의 자유로운 창작활동을 지원하고 아울러 다양한 공연예술활동을 통한 사회기여 및 이익창출을 목표로 한다. 우리나라에서 공연기획사로서 두 가지 목표를 실현해 온 공연기획사는 드물다. 예술경영관점에서 불과 15년 전만 해도 공연기획사는 우리나라에서 드물게 존재하였고, 다만 본질적인 목표인 자유로운 공연예술활동을 위한 단체(극단)들이 존재하였을 뿐이다. 우리나라에서 공연기획사로서 수익창출을 한다는 것은 협소한 공연예술시장에서 어려운 상황이었다. 그러나 2000년대 들어 대중문화의 활성화와 공연예술시장의 성장으로 인해 대형 뮤지컬 제작 및 해외 초청공연, 전문화 된 공연기획사의 등장으로 인해 그나마 투자와 수익창출로 공연기획사의 경영목표를 어느 정도 충족시키는 흐름이 이어지고 있다.

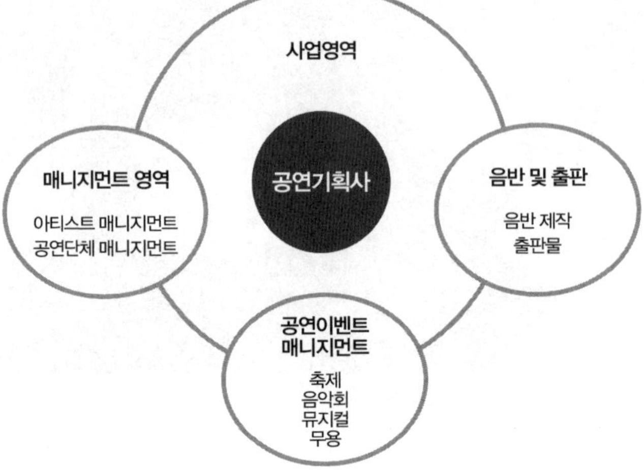

그림 10 공연기획사의 사업영역

근래 들어 공연예술분야에서 어느 특정 장르만을 전문적으로 경영하는 스타일의 공연기획사들이 늘고 있다. 예를 들어, 클래식 전문 공연기획사, 뮤지컬 전문공연기획사, 타악 퍼포먼스 공연기획사, 무용 전문 공연기획사 등 다양한 장르의 공연기획사들이 존재한다. 또한 엔터테인먼트 성격이 강한 기획사들은 공연배급사업을 비롯하여, 음반 및 출판사업, 축제 및 이벤트 기획, 아티스트 매니지먼트 등 다양하게 사업영역을 확장하고 있다.

이러한 현상은 전문화된 공연예술창작활동의 전문화이기보다는 상업적인 논리로 인해 공연활동을 통한 수익 창출에 좀더 비중이 커져 공연예술활동의 목적을 저해하는 폐단을 낳기도 한다.

❶ 공연기획사의 조직구성 및 업무분담

공연기획은 하나의 목표를 달성하기 위해서 나아가는 과정이다. 공연기획은 혼자서도 할 수 있는 업무이기도 하지만 공연기획을 세부적인 실행으로 옮기는 데 혼자의 힘으로는 절대 할 수 없는 일이다. 또한 혼자만의 독창적인 공연 아이디어를 혼자서 수행한다는 것은 거의 불가능한 일이다. 따라서 공연기획은 조직구성이 필요하고, 그에 따르는 전과정을 각각 분담하여 수행할 수 있는 개별적인 인력이 필요하다.

사실 국내에서 공연기획 단계에서 전문성을 갖고 프로젝트를 수행하는 일은 그리 많지 않다. 대부분 어느 한 사람에게 대부분 많은 일을 할당하게 되어, 기획단계에서부터 많은 문제점을 갖고 출발하여 결국 공연물에 좋지 않은 영향을 미치게 되는 경우도 많다. 이러한 문제점은 대부분은 영세한 공연기획사의 인력 구성에서 드러난다.

공연기획사의 경우 대부분 10명 미만의 인력으로 구성되어 있어 공연 프로젝트에 따르는 일련의 모든 업무과정을 팀별로 인력을 구성하여 실행하기 힘든 상황이다. 대부분은 한 사람이 몇 가지 업무를 동시에 수행해야 하는 상황이다.

공연기획사의 조직구성은 일반기업의 인사관리와 비슷한 점이 많다. 크게 세 가지 큰 범주에서 공연사업(Bussiness Project), 경영관리(Company Management), 마케팅(Marketing)으로 나뉜다.

㉮ 공연사업

공연사업은 공연기획사의 브레인(Brain)으로 어떤 공연 프로젝트를 기획하고 추진하는 조직이다. 공연사업의 업무는 공연 아이디어를 창출하여 구체적인 공연 프로젝트로 만들어내는 일을 한다. 또한 장기적인 공연 프로젝트는 대표자를 중심으로 공연기획에서부터 실행단계까지 전과정을 총괄한다.

㉯ 마케팅

마케팅은 공연사업팀에서 창출한 어떠한 공연 프로젝트를 성공할 수 있도록 촉매제 역할을 하는 조직이다. 즉 공연물을 홍보하고 재정적 이익을 창출할 수 있도록 마케팅을 펼치는 조직이다. 따라서 어떤 공연 프로젝트에 "상품적 가치"를 높인다고 볼 수 있는데, 아무리 좋은 공연물이라도 대중적 관심이 부족하면 그 공연물은 절대 성공할 수 없다. 사람들이 보지 않는 공연물은 아무리 좋은 작품이라도 좋은 평가를 받을 수 없기 때문이다.

오늘날 마케팅은 공연사업과 함께 가장 중요한 업무로 중요성이 높아지고 있기 때문에 반드시 전문적인 인력을 갖추어서 일종의 공연 서비스를 제공할 수 있도록 해야 한다.

㉰ **경영관리**

공연기획사의 경영관리는 주로 회계, 인사, 공연행정 등의 역할을 담당한다. 경영관리는 공연기획사의 재정운영 및 공연 프로젝트 예산편성 및 집행에 관련된 모든 업무를 총괄한다.

사회・문화적 변화의 흐름에 따라 공연예술분야도 다양한 공연예술장르에 따라 "특성화・전문화・세분화・대중화"를 전략으로하여 특정 공연예술 장르를 전문적으로 경영하는 전문화된 매니지먼트사들이 등장하였다. 이러한 추세는 '매니아 문화의 형성'과 공연예술 시장의 경쟁력을 강화하기 위해서 등장하였다. 특히 클래식, 뮤지컬, 악극, 국악, 무용 등 다양한 공연예술 장르의 전문적인 매니지먼트사들이 2000년 초부터 등장하기 시작하였다. 예를 들어, 2004년 벤처캐피털 KTB네트워크가 뮤지컬 전문 매니지먼트 사업에 착수하였고, 뮤지컬전문 매니지먼트사 오디뮤지컬컴퍼니와 신시뮤지컬컴퍼니, 무용전문공연기획사 MCT, 국악 매니지먼트사 T&C 등이 현재 활동하고 있다.

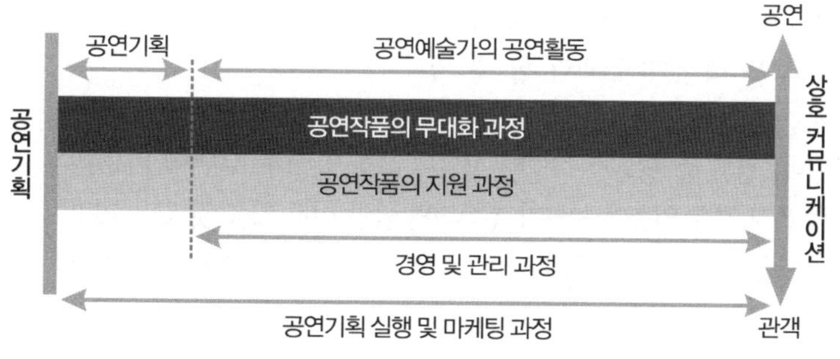

그림 11 **공연예술 매니지먼트의 과정**

음악속으로 〉〉 춤 기획 10년, MCT의 외길 행보

한국의 춤 사회에서 춤 기획은 과연 어떻게 자리 매김 되고 있는가? 그보다 앞서 춤 기획사의 존재방식은 어떠한가? 1990년대 중반이후 크림아트기획(대표 박상윤), 공연기획 210(대표 윤상진) 등이 의욕적인 출발을 보였으나. 현재의 위치는 다소 모호한 편이다. 그밖에 현재 크고 작은 춤 기획사들이 난립하고 있으나 전문적인 마인드로 체계적인 춤 기획을 만족스럽게 수행하고 있는 곳은 매우 드물다.

우리나라에서 전문적인 춤 기획사들이 제대로 안착할 수 없는 이유는 여러 가지다. 우선 첫째는 자체의 능력을 지적할 수 있을 것이다. 그러나 이 문제는 춤 기획자들의 전문적 능력의 한계를 지적하기에 앞서 춤이라는 예술이 한국사회에서 시장성을 확보할 수 없다는 본질적 문제와 맞물려 있다고 보는 것이 더 정확한 진단일 듯 싶다.

둘째는 전문 춤 기획사가 존재할 수 없도록 하는 춤 사회 내의 굴절된 환경과 풍도의 문제를 거론할 수 있다. 최근 글쓴이는 춤 사회의 여러 현상을 바라보면서 춤 주체들이 각자의 위치에서 본연의 역할에 충실하라는 주문을 여러 차례 주장한바 있다. 본연의 의무에 충실하라는 얘기는 비단 무용가들에게만 해당되는 것은 아니다. 비평가라는 이름을 달고 있는 오늘의 춤 지식인들은 과연 본연의 자세에 얼마만큼 충실히 임하고 있는가?

비평가의 역할에 머물지 않고, 또는 아예 비평가로서의 의무를 방기(放棄)한 채 춤 기획에 더 열중하는 비평가들이 존재한다는 것은 무용계로서는 불행한 일이다. 일회성과 기록의 부재성을 함축한 춤 예술의 특성에 준하면, 예술작품의 해석/평가는 물론 기록적 가치를 도모하는 춤 비평가는 문화 권력의 핵심에 있다고 해도 과언이 아니다. 춤 비평과 기획을 겸업하는 이들이 존재한다는 것은, 그 자체가 전문 춤 기획자들의 생존을 위협하기에 충분한 것이 된다. 그런 속에서 춤 전문 공연기획사 MCT의 외길 10년은 무용사적으로 볼 때 값진 결과라 할 수 있다.

MCT가 가꾸어온 지난 10년의 이미지는 대표로 맡고 있는 장승헌이라는 인물의 사람됨과 연관하여 회자된다. 원로 춤 평론가 김영태 선생은 그를 일컬어 "두부"에 비유했다. 사람 좋아 보이는 스폰지 같은 인품에 누군가 건드리면 금방 상처 입을 것 같은 내면의 유연함은 두부와 닮아있다. 두부는 일상의 식탁에 쉼 없이 오르는 흔한 음식이지만,

고단백의 영양소를 담지하고 있음을, 그 진가는 망각되기 십상이다. MCT의 장승헌 대표는 우리 춤 사회에서 두부 같은 존재다. 그의 곁은 언제나 정겨운 모습의 전홍기가 지킨다. 그들은 무용계 깊은 곳에서 춤 문화를 잉태하는 아름다운 동반자다.
장승헌은 올해도 어김없이 선 굵은 기획공연을 마련했다. 고(故) 황무봉 선생 추모 10주기 기념공연 〈당신의 춤 사랑, 뒷 그림 이어갈 때〉가 대표적이다. 이 행사는 서울을 비롯 부산, 진주 그리고 일본 공연까지 강행했다. 또 3년 전 타계한 최현 선생 추모 3주기공연 「누군가 다녀갔듯이」, 그리고 인간문화재 강선영의 불멸의 춤 인생 70년을 결산하는 무대를 가졌다.
MCT는 2005년 한국춤평론가회(대표 김경애)에서 수여하는 특별상을 수상했다. 1995년 창립 이래 지금까지 10여 년 동안 지속적인 기획공연을 통해 춤 대중화를 선도한 공로를 인정한 결과다. 유례없는 만장일치로 특별상을 수상하는 영예를 안았다는 점에서 MCT의 수상은 그 의미는 배가된다. 아울러 「공연과 리뷰」가 수여하는 예술 공헌상을 동시에 수상하는 기쁨을 누렸다.
MCT는 수공업적 형태에 머물러 있는 춤의 생산/유통/소비의 구조를 전문적 시스템으로의 전환시키는데 일조했다는 점에서 의의 있다. 전문성을 바탕으로 한국의 춤 기획을 선도한다는 입장에서 향후 MCT는 장기적 안목에서 보다 설득력 있는 비전과 전략을 세워야 할 것이다. 단지 춤 공연을 효율적으로 이루어질 수 있도록 '도와준다'는 차원에서 이제는 문화/산업으로서의 춤, 자본의 논리에 입각한 시장성 확보라는 관점에서 접근되어야 한다. 새로운 시대에 걸맞는 MCT의 분발을 기대한다.

성기숙, 「댄스포럼」 2006.1월호

제2장

공연 기획

1 | 공연기획이란

(1) 공연기획의 역할

우리가 어떤 공연예술 작품을 만들기 위해서는 그 작품을 공연할 수 있는 무대(Stage)가 필요하고 작품을 수행하는 행위자(배우) 또는 아티스트(연출가, 무대미술가 등) 그리고 그 작품을 보는 관객이 필요하다.

이러한 개별적인 공연예술 요소를 하나로 묶어 주어 완전한 무대화 된 공연예술로 만들어 주는 역할을 하는 것이 바로 공연기획의 역할이다. 즉, 공연기획이라는 과정을 통해서 어떤 공연예술을 완성된 작품으로 무대화하는 것이 기획의 역할이다.

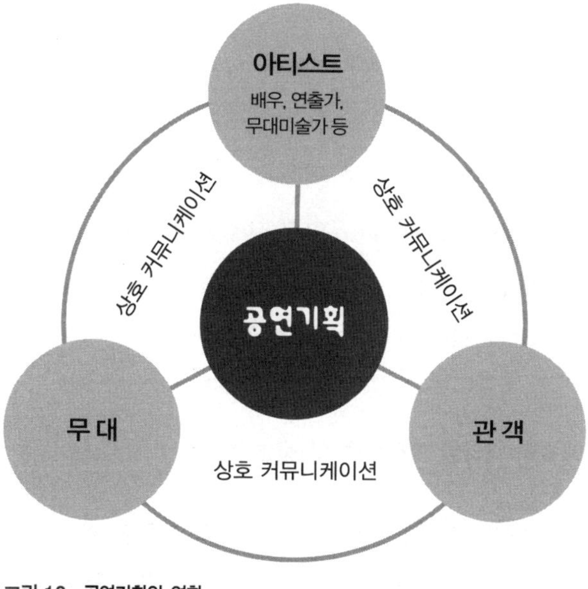

그림 12 공연기획의 역할

이 과정은 어떤 공연예술 작품을 기획하여 많은 관객들이 작품을 관람할 수 있도록 해 주는 총괄적인 업무를 말한다.

(2) 공연기획의 기본요건

우리가 어떤 회사를 설립하여 운영하려고 한다면, 어떤 것을 사업의 대상으로 할 것인가 하는 목표가 있을 것이다. 이와 더불어 그 목표를 수행하기 위한 업무, 즉 조직구성 및 운영, 사업목표에 필요한 제반적인 업무(생산, 홍보, 영업, 조직운영, 회계)를 고려해야 한다.

공연기획도 하나의 어떤 사업 또는 프로젝트를 구체적으로 실행하기 위한 전반적인 업무이다. 따라서 공연기획은 하나의 어떤 목표를 수행하는 프로젝트이고, 공연기획자는 그 과정을 수행하는 전문적인 관리자(매니저) 또는 조직(매니지먼트 컴퍼니)이다.

공연예술 작품을 무대화하기 위해서는 다양하고 복잡한 업무의 실행과정을 거치면서 비로소 하나의 무대작품을 관객에게 보여 줄 수 있다. 그 다양하고 복잡한 업무를 수행하기 위해서 공연기획의 과정은 전문적 · 효율적으로 운영되어야 한다. 이러한 복잡한 공연기획 단계를 효과적으로 수행하기 위해서 공연예술기획의 요건을 제대로 갖추고 있어야 한다.

❶ 문화예술의 다양한 지식습득 및 정보수집

공연예술 장르는 다양한 문화예술분야와 교류한다. 공연예술과 순수예술(전시, 설치미술), 공연예술과 영상예술, 공연예술과 문학이 접목된 다양한 공연프로그램이 무대에 올려지고 있다. 또한 공연예술 장르 간에도 다양한 형식적·예술적 접목이 이루어지고 있다. 오페라와 뮤지컬, 뮤지컬과 논버벌 퍼포먼스 등이 서로 접목되어 퓨전화된 공연예술 장르로 새로운 장르를 탄생시키기도 한다.

이러한 관점에서 문화예술의 다양한 정보를 수집하여 다양한 매체적 접근을 통해서 창조적 공연예술 장르로 만드는 것이 공연기획자가 갖추어야 할 조건이다. "창조적 이벤트의 현장이 바로 공연예술 기획이다."라는 말처럼 창조적인 공연기획에 앞서 문화예술의 다양한 정보를 수집하고, 그것을 다시 창조하여 공연기획자가 상상하는 공연에 활용하는 것이 성공적인 공연으로 가는 지름길이다.

❷ 문화적 감수성과 창의적 기획력 배양

문화적 감수성은 예술적 호기심과 취향에서 출발한다. 우리는 가끔 어떤 공연을 보고 "예술적 충격을 받았다."라고도 하고, 외국여행을 하는 동안 어떤 문화적 충격을 받았다는 말을 자주한다. 즉 충격은 곧 호기심 또는 예술적 감동과 일맥상통한다. 어떤 공연예술 작품을 보고 받은 충격이 그 작품이 속해 있는 장르의 호기심을 유발시킨다.

호기심의 유발은 자연스럽게 공연예술 작품의 실천적 참여로 이어진다. 따라서 문화적 감수성은 문화예술의 지식을 쌓아가는 과정으로 전환된다. 곧 문화적 감수성이 창의적 기획력을 배양시킨다는 것이다.

❸ 경영자로서의 업무수행능력 배양

공연예술기획은 더 이상 예술을 창조하는 예술적 마인드로 접근하는 순수한 예술이 아니다. 공연예술기획은 예술적 안목과 경영의 덕목이 서로 조화를 이루어야 한다. 공연예술경영에서도 말했듯이 공연예술은 사람들에게 공연예술이라는 예술적 서비스를 제공하는 것이다. 공연을 무대에 올리기 위해서는 제일 먼저 제작과정이 필요하다. 이 제작과정에서는 당연히 재정적 지출이 있게 마련이다. 따라서 공연제작을 위해 필요한 제작비용을 충당하기 위해서 최종적으로 무대화된 공연무대에서 관객에게 예술적 서비스 제공의 대가로 재화를 얻는 것이다.

경영이라는 측면에서 볼 때 공연예술기획은 일반적인 경영업무를 수행하게 된다. 경영자로서의 업무수행은 다양하고 복잡하다. 어떻게 하면 공연이라는 재화를 사람들에게 많이 팔 수 있을까를 고민해야 한다. 또한 어떻게 하면 적은 비용으로 최대한의 수익을 올릴 수 있을 것인가를 고민해야 한다. 결국 그 고민은 많은 사람들에게 좋은 공연을 알리고, 공연의 가치를 설득력 있게 설명해 주어야 한다.

일반적인 상품을 생산하고 소비하는 과정에서 그 생산품을 파는 사람의 입장이 바로 경영자의 업무요, 공연예술에서 공연기획자의 업무이다. 따라서 공연예술기획은 경영자로서의 업무수행 능력을 배양하는 것이 성공적인 공연기획을 위한 첫걸음이 되는 것이다.

❹ 공연의 가치성 평가

공연기획자는 예술가적 감수성과 경영자적 업무수행 능력이 서로 조화를 이루어야 한다. 성공적인 공연이란 예술성과 대중성이 서로 조화를 이루어야 성공한 공연이라고 할 수 있다.

공연예술의 예술적 아우라를 저버린 채 상업적인 면만 부각하여 공연제작을 한다면 반드시 성공적인 공연이라고 평가할 수 없다. 그렇다고 공연의 예술적인 측면만 부각하여 공연제작을 한다면 비록 예술적으로 성공했을지라도 관객이 찾지 않는 실패한 공연이 된다.

이러한 공연예술이 갖고 있는 양면성의 실패사례를 종종 우리 주변에서 무대에 올려지는 작품들을 통해서 이미 알고 있다. 따라서 공연기획은 공연작품이 갖는 예술성을 보존하면서 많은 사람이 이 작품을 볼 수 있도록 하는 대중성을 갖춘 공연 프로젝트를 준비해야 하는 것이다. 결국 이러한 공연예술의 양면성은 공연의 가치성을 평가하는 잣대가 되는 것이다.

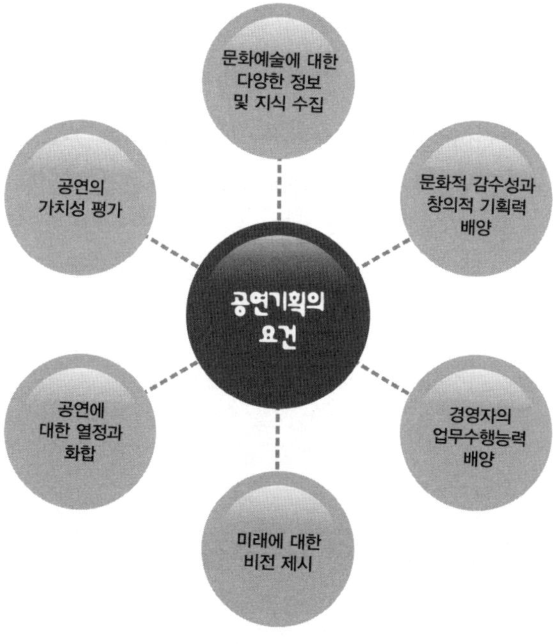

그림 13 공연기획의 기본 요건

❺ 공동체 조직으로서 화합의 자세

공연은 꿈을 이루는 작업이다. 공연에 참가하는 사람들은 공연을 통해서 자신의 성취감을 얻는다. 공연기획에 임하는 모든 사람들은 하나의 목표를 완성하기 위해서 자신이 맡은 일에 열정을 갖고 최선을 다해야 한다.

공연제작은 혼자서 하는 일이 아니다. 공연제작은 다양한 사람이 참여하여 하나의 완성된 작품을 만들어 가는 과정이다. 따라서 각자 공연제작에 임하면서 하나의 완성된 작품을 완성하기 위해서 다양한 사람들의 다양한 의견이 있을 것이고, 각자 맡은 업무가 있을 것이다. 하나의 목표를 위해서 서로 함께 일해야 할 부분에서 서로간의 의견 충돌 또는 업무상의 불협화음이 생길 수도 있다. 서로간의 불협화음은 결국 최종적으로 공연에 악영향을 미치게 되고 공연을 실패로 만들고 만다. 따라서 하나의 목표를 성취하기 위해서 모인 사람들이므로 서로 목표완성을 위해서 화합하는 자세가 필요하다.

2 | 공연 구상

(1) 공연 아이디어를 위한 자료수집

공연 아이디어 또는 소재는 우리의 일상생활 속에서 얻어진다. 또한 그것은 우리가 보고 듣는 모든 것에서 찾을 수 있다. 즉 자료수집이 필요하다는 말이다. 우리는 매일 신문 또는 방송을 통해서 그날 그날 우리가 얻고 싶어하는 모든 정보를 손쉽게 얻을 수 있다. 이렇듯 공연 아이디어를 구상하기 위해서는 먼저 일종의 소재거리를 찾는 작업이 필요하다. 오늘날처럼 매스미디어가 발달된 시대에서 공연에 관련된 소재를 찾는 것은 예전보다 훨씬 그 범위가 넓어졌다.

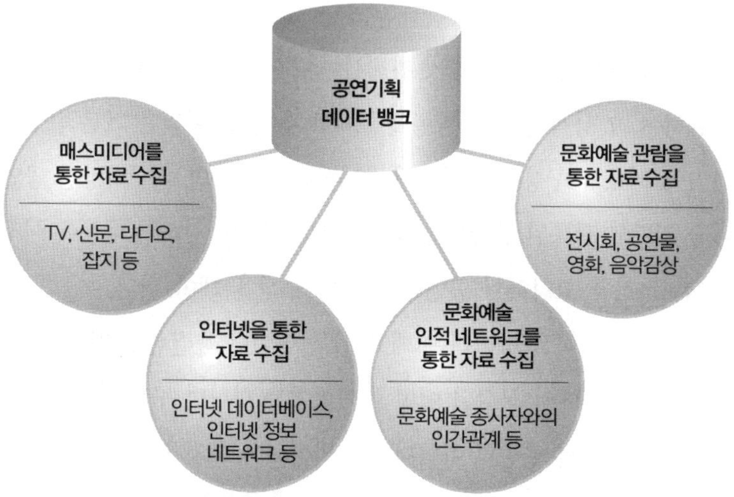

그림 14 공연 아이디어 자료 수집경로

공연 아이디어의 구상은 다양한 정보망을 통해서 수많은 정보를 얻을 수 있는데, 그 중에서 얻어진 자료들을 꼼꼼히 메모해 두는 것이 필요하다. 아울러 정리된 자료를 쉽게 열람・분류하여 자료적 가치로 활용할 수 있도록 하기 위한 데이터베이스 구축도 좋은 방법 중 하나이다.

데이터베이스를 통해서 축적된 정보들 중 새롭고 독창적인 소재거리가 있다면 그것을 통해서 새로운 공연의 소재를 얻을 수 있다. 구체적인 공연 프로젝트로 수행하기 위해서 머릿속에 생각난 아이디어를 구체적인 소재로 현실화시키고, 공연물이라는 형식에 맞추도록 하는 일종의 공연 아이디어 구상이라는 과정이 필요하다.

(2) 공연 아이디어 구상

어떤 공연물을 무대에 올리기 위해서는 공연장르에 따른 예술 장르로 분류하여 그 성격에 따른 방향을 고려해야 한다. 이것은 기본적인 공연 프로젝트의 구상에 속하는데, 오늘날 많은 공연물은 다양한 공연예술 장르와 접목된 종합예술 장르로서의 성격이 강하기 때문에 이러한 점을 적극 고려하여 공연 아이디어 구상을 해야 한다.

공연 아이디어를 구상하는 데 어떤 원칙이나 특별한 요건은 없다. 그러나 머릿속에서 구상된 어떤 아이디어를 하나의 구체적인 주제로 표현하기 위해서 일종의 아이디어를 발상하여 그것을 표현하는 것이 중요하다.

먼저 공연 아이디어를 구상해야 하는데, 구상하는 공연의 분류와 성격을 파악하는 것이 중요하다. 예를 들어, 구상한 공연이 음악, 연극 또는 뮤지컬, 무용, 전통예술 등 어느 장르에 속하는지를 알고, 다른 장르와 결합된 공연물일 경우 다른 장르의 성격과 본 공연물의 성격을 잘 파악하여 결정해야 한다.

일반적인 아이디어 발상법을 활용하는 방법도 좋은 예가 될 수 있는데 이러한 발상법 자체가 결론이 아니라 결론에 도달할 수 있게 해주는 수단이다. 공연 아이디어를 구상하는 데 중요한 것은 먼저 혜안적인 시각으로 우리 주변에서 일어나는 모든 사회적 · 문화적 현상의 면밀한 관찰 속에서 얻어지는 어떤 특정한 아이디어를 하나의 공연물로 만들 수 있는가 하는 진지한 생각이 필요하다. 그렇게 얻어진 아이디어를 구체적인 주제로 이끌어내는 것이 바로 아이디어 발상법을 통해서 얻어질 수 있는 것이다.

아이디어 발상법은 개인 또는 집단적으로 이루어질 수 있는데, 이에는 개인의 아이디어를 발상하는 개별적 발상법과 집단적으로 아이디어를 발상하는 집단적 발상법(Brain Storming & Idea Meeting)이 있다.

❶ 개별적 발상법

개인이 어떤 사회적 · 문화적 현상 또는 일상적 소재거리나 문학적 텍스트 등 모티브가 되는 소재를 갖고 있다고 가정하고, 단편적인 이미지 또는 생각의 조각을 체계화시켜 하나의 완성된 공연소재로 만들어내는 것이다.

예를 들어, 〈심청전〉이라는 판소리를 무대화된 연극 장르의 작품으로 만든다고 가정해 보자.

방식	질문 내용
특성 열거	구상 아이디어들의 특성을 부분적으로 생각한다.
결점 열거	구상한 아이디어들이 갖는 결점들은 무엇인가?
희망점 열거	구상한 아이디어가 갖는 결점과 특성을 고려할 때 대안은 무엇인가?
기능 개선	여러 개의 구상 아이디어들을 하나로 집약한다.
문제 치환	구상한 아이디어들의 특성 · 결점 · 희망점들을 결합하여 다른 문제로 대체하여 생각한다.
설문법	질문을 던져서 생각하게 한다.

ⓐ 특성열거

- 모노드라마로서 창자와 고수가 등장
- 대중적인 소재의 우리 고전문학에 속함
- 심봉사, 뺑파, 황봉사, 심청 등 등장
- 해학적 · 교훈적인 메시지를 담고 있음

ⓑ 결점열거

- 등장인물의 변화가 없음(1인 창자가 다역의 목소리 연기)
- 대사가 고전문체로서 일반인이 알아듣기 쉽지 않음
- 무대의 변화가 없음
- 완창무대의 경우 시간이 오래 걸림
- 지루해질 수 있음
- 관객이 대부분 중장년층임

ⓒ 희망점 열거

- 드라마적 구심점과 완결성이 있었으면 한다
- 대사내용을 쉽게 알아들었으면 한다
- 무대와 등장인물의 변화가 있었으면 한다
- 작품이 갖는 해학적인 면을 강조하고 싶다
- 재미와 감동을 전하고 싶다
- 젊은 세대도 감상할 수 있도록 한다

ⓓ 기능개선과 문제치환

- 심청전이 갖는 특성 중 해학성을 살리고, 제시된 결점을 해결하고 희망하는 것을 얻기 위해 어떤 것으로 해야 하는가
- 현대적 뮤지컬 장르로 만들 것인가
- 작품이 갖는 고전을 그대로 유지하며 연극적 장르로 창극화할 것인가
- 노래와 무용, 음악이 총체적으로 들어간 가무악극으로 만들 것인가

ⓔ 최종공연 아이디어 확정

- 고전적인 미를 살리고, 지루하지 않도록 노래와 무용, 음악이 총체적으로 들어간 가무악극 "심청전"으로 확정

국립창극단은 판소리 5대가 중 하나인 "심청가"를 완판장막창극으로 구성하여 국립창극단, 국립무용단, 국립국악관현악단, 극립극단 예술단체가 공동으로 참여하여 가무악이 서로 조화를 이루는 현대적 종합예술극으로 완성시켰다.

〈'심청전' 공연〉, 국립극장, 2011

❷ 집단적 발상법

집단적 발상법은 주로 공연기획을 위한 아이디어 회의 단계에서 이루어지는데, 개별적으로 준비해 온 아이디어를 자유로운 대화와 토론을 통해서 하나의 구체화된 공연기획 아이디어로 도출해 내는 것이다. 따라서 독창적인 아이디어를 자유롭게 말할 수 있고, 그것을 개인이 자신의 아이디어로 표출할 수 있도록 분위기를 제공하는 것이다. 또한 자연연상 토론이 지나치게 편중되어 흐르지 않도록 하는 중재역할이 필요하다.

㉮ 공연기획 아이디어 회의 준비

공연기획 아이디어의 테마는 구체적이고 목표는 뚜렷한 것이어야 한다. 개별적으로 팀원에게 공연기획 아이디어의 회의일정, 개별적인 아이디어 준비사항을 미리 공지하여 준비해 올 수 있도록 한다. 공연기획 아이디어 회의에 참석한 팀원들은 원활한 진행을 위해서 다음 사항을 준수하며 의견을 교환한다.

㉯ 회의진행

- 회의 주재자는 리더로서 지시하는 회의가 아닌 조정자로서 역할에 충실해야 한다.
- 회의 주재자는 가능한 자신의 의견을 내지 않고, 발언이 중단되었을 경우에 유도역할을 할 수 있도록 몇 가지 의견을 제시하기도 한다.
- 아이디어 발제자의 의견을 존중하면서 회의를 진행해야 한다.
- 서기는 발제자의 발언을 정확하게 기재하는 한편, 발제자별로 분류하고 특성에 따라 기재하는 것도 바람직하다.
- 집단적 발상법으로서 공연기획 아이디어회의는 어떤 공연 아이디어를 위한 창출수단이지 결코 목적이 되어서는 안 된다.

아이디어 발언의 준수사항
• 회의시간은 2시간을 넘지 않도록 하는 것이 좋다. • 참석인원은 7~10명으로 하는 것이 의견교환 시간을 단축할 수 있다. • 개인의 개별적 발언을 비판하지 않는다. • 회의에서 개별적으로 나오는 어떠한 발언이든 의견으로 취급한다. 그러나 회의를 크게 벗어나는 아이디어 발언은 삼가도록 해야 한다. • 다양한 발언이 나올 수 있도록 분위기를 조성한다. • 개별적으로 발언된 의견 및 아이디어의 찬성여부를 분명히 한다.

표 6 정동예술단 2004년 정기공연 공연기획 아이디어회의록

<table>
<tr><td>일 시</td><td colspan="3">2006년 12월 22일(목) 오후 7~9시</td></tr>
<tr><td>장 소</td><td colspan="3">예술단 사무실</td></tr>
<tr><td>참석자</td><td colspan="3">단장, 공연실장, 안무장, 총무, 국악장, 풍물장, 객원예술감독</td></tr>
<tr><td>주 제</td><td colspan="3">정동예술단 2007년 정기공연 아이디어 실무회의</td></tr>
<tr><td rowspan="2">회 의</td><td colspan="2">주재자</td><td>회의기록</td></tr>
<tr><td colspan="2">단장</td><td>공연실장</td></tr>
<tr><td rowspan="7">개별발언 요 약</td><td>단장</td><td colspan="2">• 전통 가・무・악 공연으로 새로운 창작작품을 기획하여 무대화
• 가・무・악극 창작작품으로 정동극장의 전통예술무대의 브랜드 가치를 높이는 공연으로 구성
• 2007년 전통상설무대 작품 시연회로서 고정 레퍼토리화할 수 있는 작품으로 구성</td></tr>
<tr><td>객원 예술감독</td><td colspan="2">• 정동극장 무대규모에 맞게 작품규모 구성
• 퓨전 가무악극 형식으로 구성
• 정・중・동의 미를 살리되 타악과 역동적인 춤사위로 공연재미 부여</td></tr>
<tr><td>공연실장</td><td colspan="2">• 시연회 일정 및 공연무대의 특성상 창작 가무악극은 실연 불가능, 가무악 옴니버스형식의 무대로 구성
• 정동극장 전통상설무대 주요 관객들인 외국 관광객들의 한국전통공연예술 프로그램 선호도에 맞게 공연 프로그램을 구성
• 복고풍 트랜드-한국 최초의 국립전통가무악 예술단-협률사 창단 100주년으로 공연을 문화적 이슈화시킬 수 있음</td></tr>
<tr><td>안무장</td><td colspan="2">• 창과 국악반주를 곁들인 무용극으로 구성
• 기존의 전통무용을 퓨전화시킨 무용 레퍼토리 구성
• 사물놀이와 무용이 서로 조화를 이루는 작품으로 구성</td></tr>
<tr><td>총무</td><td colspan="2">• 한정된 공연 제작비 내에서 작품을 구성
• 정동극장 무대 시스템으로 대형 작품으로 구성하기 힘듦
• 2007년 전통상설무대의 공연레퍼토리로 구성 가능한 작품으로 구성</td></tr>
<tr><td>국악장</td><td colspan="2">• 가・무・악극으로 하기에 모든 여건이 힘듦
• 퓨전국악 스타일의 연주곡목 구성
• 기존의 가・무・악으로 구성된 옴니버스식 공연레퍼토리 구성</td></tr>
<tr><td>풍물장</td><td colspan="2">• 타악퍼포먼스식 공연레퍼토리로 창작 퍼포먼스 구성
• 협률사라는 단체와 공연레퍼토리를 연구하여 적극적으로 이번 정기공연에 활용
• 공연의 시각적인 면을 부각시키는 사물놀이의 연주스타일을 연구하여 활용</td></tr>
<tr><td colspan="2">결론 요약</td><td colspan="2">• 정동극장 사정상 가무악극 공연이 불가능하므로, 가・무・악 옴니버스 공연레퍼토리로 하되 자연스럽게 이어지는 공연형식이 되도록 공연레퍼토리 구성
• 공연주제 및 공연명에서 한국 최초 근대식 극장에서 하였던 협률사의 '소춘대유희' 공연의 자료수집 및 자문, 검토의 필요성 인식
• 한국 전통공연예술의 정・중・동의 미를 살리는 공연레퍼토리로 구성
• 정동극장 전통상설무대의 공연레퍼토리로 활용할 수 있는 공연프로그램으로 구성
• 협률사의 '소춘대유희'의 검토 후 2차 실무자 회의를 통해서 공연주제 및 공연명으로 결정할 것을 협의
• 2차 전략회의는 2007년 1월 중순경에 합의</td></tr>
</table>

3 공연프로젝트의 기본계획안

공연 기본계획안이란 공연아이디어 기획회의을 통해서 도출해낸 공연소재를 현실화 · 구체화시키는 것을 말한다. 어떤 공연을 성공적으로 개최하기 위한 첫단계로서 공연프로젝트의 기본방향을 설정하는 단계이다. 이 단계에서는 다음과 같은 질문을 통해서 기본계획안의 방향에 필요한 요건을 갖추어야 한다.

6W3H 원칙은 우리가 너무 쉽게 알고 있는 것으로 어떤 일을 하는데 기본방향을 잡아가는 일종의 기본계획이다. 그러나 공연프로젝트는 이 6W3H 원칙에 마케팅 측면을 도입하여 공연을 관람할 대상(Whom) 선정과 공연프로젝트의 구성 및 운영사항이 들어간다.

그림 15 6W3H 원칙에 따른 공연프로젝트의 기본계획수립

아래의 사항이 확실하게 검토된 후 하나의 정리된 기본계획안을 작성하여 공연프로젝트를 진행하는 팀이 다시 한번 최종적으로 검토한 후 구체적인 공연프로젝트의 기본계획서를 작성하여 본격적인 프로젝트 실행단계로 들어간다.

(1) 공연프로젝트의 기본계획서

공연의 기본계획서는 앞으로 최종공연을 무대화하기 위해서 진행과정을 계획성을 갖고 일하기 위해서 작성한 계획서이다. 공연의 기본방향이 설정되고 최종적으로 기획회의를 통해서 결정되었기 때문에 앞으로 이 공연프로젝트를 어떻게 이끌어 갈 것인가에 기초하여 기본계획서를 작성한다.

기본계획서는 가장 중요한 문서로서 공연기획사의 모든 것을 보여주는 것이다. 어떤 관련단체에 이 공연프로젝트를 제안할 때 이 공연프로젝트를 실행할 수 있는 능력과 자질을 보여주는 것이고, 공연프로젝트를 제안했을 때 공연의 주최, 후원, 협찬을 받을 수 있는 기본적인 설명자료로서 설득력을 갖고 있는 공식적인 문서이기 때문이다. 따라서 공연기본계획서의 작성은 객관성과 설득력을 갖추어야 하는데, 다음의 작성요령에 따라 작성하면 좋은 사업계획서가 될 수 있다.

기본계획서의 작성요령을 준수하여 작성하게 되면 충분히 좋은 사업계획서로서 앞으로 진행되는 복합적인 공연프로젝트의 업무를 성실히 수행할 수 있는 하나의 지침서로서 역할을 할 수 있을 것이다.

공연프로젝트의 기본계획서에는 공연프로젝트의 명칭, 취지와 개요, 공연내용, 예술가 선정, 사업성, 홍보와 마케팅, 추진일정, 소요예산 등이 상세히 정리되어 있어야 한다.

:: 공연기본계획서의 기재사항

- 공연프로젝트의 기본사항(제안사의 공연주제 또는 부제 포함, 명칭, 일시, 장소)
- 제안자 또는 제안 공연기획사 명칭, 제안일
- 세 가지 공연프로젝트의 협력이 결정되었을 시 공연프로젝트의 주최 • 협찬 • 후원 기재
- 공연의 추진배경
- 공연프로젝트의 취지 및 개요
- 공연프로젝트의 업무분담조직 구성안
- 공연프로젝트의 내용
- 본 공연프로젝트의 차별성과 특징
- 공연프로젝트의 홍보계획안
- 공연프로젝트의 마케팅계획
- 공연프로젝트의 실행일정(Floor Sheet)
- 사업 소요예산 내역서
- 공연프로젝트에 따른 기대효과 또는 예상수익 분석

추가기재사항: 공연기획서를 어떤 공공기관 또는 단체에 제안할 시에는 다음의 몇 가지 사항을 추가한다

- 공연기획단체의 대표 이력
- 공연기획단체의 활동경력
- 언론 및 홍보용 포트폴리오(기획단체가 기획 및 주관한 행사에 관련된 모든 참고자료, 공연전단 및 팸플릿, 공연자료, 언론보도자료 등)

:: 공연기본계획서 작성요령

- 공연계획서는 추진사항이므로 미래를 정확하게 전망하도록 충분한 사전탐색 후 작성되어야 한다.
- 공연기본계획서에 필요한 자료수집이 필요하다.
- 6W 원칙에 따라 작성되어야 한다.
- 누가 보아도 이해하기 쉽게 작성되어야 한다.
- 객관성을 갖추고 정확하게 작성되어야 한다.
- 체계적으로 일목요연하게 작성되어야 한다.
- 설득력을 갖추기 위해서 다양한 시각적 디자인 요소와 도표, 그림을 수록을 하는 것이 좋다.

(2) 공연기획서 작성

❶ 표지

공연제목과 공연을 소개하는 카피로 구성되고(주로 하단에) 공연기획사의 명칭과 연락처 등 작성자 정보가 들어 있다. 한 눈에 들어올 수 있도록 복잡한 요소를 최대한 자제하고, 간결하고 명확하게 작성하도록 한다.

❷ 차례

기획서 전체를 개괄하고 기획서의 진행을 예상할 수 있도록 목차를 적어 두는 것이 좋다. 대제목과 소제목을 구분해 준다. 표지와 목차는 전체 공연기획서의 대표자라 할 수 있다. 따라서 선명하고 깔끔한 레이아웃과 색상을 선택하도록 한다.

❸ 공연개요

공연개요는 어떤 공연인지를 가장 핵심적으로 보여 주는 것으로 기획서의 처음에 배치하는 것이 자연스럽다. 공연개요에는 공연제목, 공연장소, 공연일시, 주최 · 주관 · 후원 · 협찬, 출연자 정보, 공연프로덕션팀 소개, 티켓가격, 공연문의처 등이 포함된다. 이 중 아직 정해지지 않은 것은 미정, 또는 예정이라고 밝혀야 한다.

또한 개요 작성시 텍스트와 함께 사진 또는 그림을 배치하면 기획서를 검토할 때 더욱 쉽게 이해가 될 수 있다.

❹ 기획의도

공연의 취지와 목적, 콘셉트, 특징, 차별성, 포지셔닝 등을 표현하는 부분이다. "왜 이러한 공연을 기획하였고, 진행할 예정인가"에 대해 주장하는 부분이다. 따라서 일목요연하게 공연기획의도가 드러날 수 있도록 작성하는 것이 효과적이다.

❺ 공연내용

공연의 시놉시스 또는 공연프로그램을 소개하는 것이다. 공연개요와 마찬가지로 사진과 그림, 더불어 영상을 같이 첨부하면 더욱 효과적이다. 공연내용을 일목요연하게 정리하여 누구나 쉽게 공연내용을 이해하기 쉽게 작성한다.

❻ 홍보마케팅 계획

주요 관객대상 또는 대중에게 어떻게 홍보마케팅을 할 것인가를 작성한다. 먼저 주요 관객대상을 설정하여 필요한 주요타겟, 2차 타겟으로 구분하여 집중적으로 홍보할 수 있는 방안을 제시하는 것이다. 홍보마케팅 방안으로 TV 스폿광고, 신문잡지 광고, 포스터, 플래카드, 보도기사 · 인터뷰, 인터넷광고 등 매체별 광고계획과 티케팅 방법으로 단체관람유도, 관람권 할인, 협찬사와 연계한 할인제도, DM발송 등 티켓판촉전략도 제시한다. 홍보마케팅 일정은 전체일정 부분에 포함되나 별도의 표로 정리하여 첨가하는 것도 좋은 방식이다.

❼ 예산안

보통 공연의 예산안은 공연투자 및 협찬을 위해서 제안하는 제안서 외에는 비공개 사항이다. 예산편성은 보통 출연료, 대관료, 제작비(무대, 음향, 조명, 특수효과), 홍보비, 기획진행비(인건비, 식비 등)로 구분한다. 또한 예비비는 5~8% 정도를 책정하여 예산에 포함시킨다. 예산을 편성할 때는 충분한 공연제작 여건을 면밀히 검토한 후에 지출과 수입예상을 파악하여 정확하게 작성해야 한다. 예산조달방법과 예산 지출시기 등도 함께 포함시킨다.

사전에 견적서를 첨부하는 등 기획서의 내용과 실제 집행액에 있어서 많은 차이가 나지 않도록 한다.

❽ 기대효과 및 예상수익분석

지출예산은 고정되어 있지만 수입은 공연입장권 판매 및 협찬, 기타 수익에 따라 변동한다. 공연수익은 크게 입장권수입과 협찬수입, 기타 부가수익(팸플릿, 기념품 판매 등)으로 구분할 수 있는데 대부분의 경우 입장권수입과 협찬수입이 크다. 입장권수입을 예상하려면, 티켓가격, 공연장 총좌석수, 공연횟수, 객석점유율, 평균입장권가격의 변수를 파악해야 한다. 통상 객석점유율 계산을 통해 수익률을 예상하게 된다. 수익률은 평균 객석점유율이 몇 %일 때 손익분기점(B.E.P)에 도달하고 몇 명이 입장하면 얼마의 수익이 발생하는지를 파악한다. 또한 수익계산 시 입장권판매수수료, 문예진흥기금, 부가세 등도 고려해서 정확히 예측하여 예상수익분석을 작성해야 한다.

❾ 추진일정표

공연기획서는 공연시작일 1~2달 전에서 길게는 1년 전에도 작성될 수 있다. 기획서 작성일부터 공연시작일까지의 스케줄을 잡아 본다. 일정표의 종류는 연간일정표, 월간일정표, 일간일정표가 있다. 이 세 가지 모두를 작성하며 차질없이 공연 진행의 계획을 세우는 것이 효과적이고, 공연당일 혼선이 적다. 캐스팅, 홍보, 작품준비 등 업무별 추진일정과 담당자를 정한다.

❿ 기획사소개

공연기획사의 소개서는 협찬사 또는 제작투자 클라이언트에게 신뢰를 주기 위해서 필요한 문서로 주로 제작사의 대표자 약력, 직원수, 연혁, 자본금, 매출액 규모, 주요 클라이언트 등을 소개한다.

공연은 여러 회사와의 협업 속에서 이루어지는 것이 보통이므로, 서로간의 신뢰를 지키는 것이 중요하다.

⑪ 관련자료

공연기획사 또는 기획사가 추진하였던 공연에 관련된 방송, 언론보도자료, 증빙서류, 공연사진자료 등을 첨부한다. 잘 정리된 관련자료는 기획서 보다도 오히려 더 큰 역할을 발휘할 수 있다.

이상의 기본적인 사항은 공연기본계획서에 반드시 기재되어야 하며, 첨부자료로서 컨소시엄 형태의 공연추진을 위한 대외협력 제안서, 홍보・마케팅을 위한 방송・언론사용 보도자료를 작성하는 것이 좋다. 만약 협찬사의 유치를 통한 안정적인 공연예산 확보를 위해서는 협찬제안서 또는 투자유치 계획서를 따로 작성하는 것이 필요하다.

공공기관 또는 특별한 단체에서 지원하는 공연단체의 선정인 경우 주최측이 제시하는 사업계획서의 양식에 맞게 작성해야 한다. 예를 들어, 한국문화예술위원회 또는 서울시 문예진흥기금 신청시 공연예술단체가 지원금을 지원받기 위해서 공연물이 정해지면 공공기관에서 제시하는 "신청사업기금 신청서" 양식에 맞게 사업계획서를 작성하여 제출하는 것이 좋다. 이 신청양식도 일반적으로 공연기본계획서 작성요령에서 크게 벗어나지 않으며, 주로 공연이 갖는 공공성을 중요시하게 생각하기 때문에 이 점을 유의하여 작성하는 것이 좋다.

:: 공공 공연예술진흥기금 지원신청 기재요령 및 예시

- 신청주체: 신청단체명, 신청사업명 기재
- 신청단체의 법적 자격: 신청단체의 사업자등록번호 기재
- 신청단체 연락처: 공연단체의 주소, 전화번호, 이메일주소 기재
- 신청단체 대표자 인적사항: 공연단체 대표자 주민등록번호, 성명, 주소, 연락처 기재
- 신청단체 일반현황: 단체 설립연도, 단체구성인원, 단체 운영예산 등 기재
- 신청단체 활동내용: 신청단체의 설립목적과 임무성격에 따라 연극, 무용, 음악 등 단체성격 기재
- 주요사업 및 활동사항: 신청단체의 공연실적 기재
- 신청사업의 개요: 신청사업의 개략적인 사업내용 소개
- 신청사업의 심의희망 분야 및 세부장르: 신청사업의 세부적인 특성 기재-예) 전시, 문학, 무용, 연극 등
- 사업기간: 신청사업의 기간 기재-예) 2011. 9. 18~2011. 12. 17
- 사업장소: 신청사업의 장소 기재
- 소요액: 총사업비 및 지원신청액 기재
- 첨부서류 및 자료목록: 신청단체의 주요활동실적에 따른 증빙자료-예) 공연팸플릿, 사진자료 등
- 세부사업내용: 신청사업명, 기획의도, 사업내용소개-사업 참여자(주최 · 주관 · 협찬), 사업프로그램 사업참가인원, 소요시간 등 기재
- 신청사업추진전략: 신청사업추진을 위한 홍보 및 마케팅 등 기재
- 지원신청액: 총사업사업비의 %로 추정하여 지원신청액 기재
- 수입예산: 신청단체 자체 부담금, 협찬금 등 기재
- 지출예산: 신청사업 지출내역(특별출연진 사례비, 의상, 조명, 음향, 소품, 홍보, 교통비, 숙박비 등) 기재
- 신청사업 기대효과: 신청사업 후의 기대효과(공연횟수, 관객동원, 지역문화 향수확대)등 기재
- 신청사업의 목적: 문화예술의 저변확대 및 문화교정을 통해서 수감자에게 문화적 향수를 제공하고자 기획된 전통예술 공연이다. 또한 광역시 및 수도권 지역을 제외한 지방 소도시에 위치한 교도소를 방문하여 재소자에게 직접 우리 전통예술을 체험하고, 아울러 다양한 프로그램의 관람을 통해서 교화될 수 있도록 구성된 공연사이다.
- 공연작품명: 문화교정을 위한 전국 교도소 방문 "신소춘대유희(新笑春臺遊戲)" 공연
- 공연기획의도: 문화적 소외 계층 중에 문화적 혜택을 받지 못하는 전국 교도소 수감자들을 위로하기 위한 문화교정 사업의 일환으로 추진되는 전통예술 공연사업이다. "신소춘대유희"는 무대 위에서 펼쳐지는 새로운 웃음 가득한 놀이로 춤, 노래, 음악이 삼박자를 맞추어 하나의 종합예술극으로서 수감자들에게 웃음을 전하고, 그들이 밝은 사회로 나아갈 수 있는 희망의 메시지를 전하는 무대가 되도록 문화교정 예술프로그램으로 기획
- 공동 사업자
  - 주최 · 주관: 정동예술단(확정)
  - 협찬: 참조아테크(확정)
  - 후원: 협의중
- 공연일시: 2011. 9. 18~2011. 12. 17
- 공연장소: 교도소마다 신청을 받아 총 9개 교도소로 확정-방문 교도소 내 야외상설무대/실내무대

▸ 공연소개: 2011년 4월 CBS, 서울신문, 국악신문, 경향신문 등에서 한국 최초의 국립전통예술단 '협률사'의 부활을 알리는 좋은 작품으로 소개되었던 "신소춘대유희"는 총 4회 공연 전회 매진공연을 기록하였던 성공적인 전통예술공연이었다. 따라서 문화교정 예술프로그램으로 재구성되어 극장식 무대가 아닌 공연공간이 있는 어디에서나 쉽게 공연할 수 있도록 재구성하였다.

▸ 공연프로그램 소개

- 태평진연무: 임금이 베푸는 진연에서 나라의 태평성대를 기리는 연회로서 태평진연무(泰平進宴舞)는 한국의 대표적인 궁중무용인 춘앵전, 무고, 검무, 태평성대를 하나의 레퍼토리로 엮어서 궁중무용의 진수를 보여 주는 공연이다.
- 신국악가요 "꽃분내야"/ "배 띄워라": 작곡가 채치성이 작곡한 국악가요 "꽃분내야"와 박범훈이 작곡한 "배띄워라"는 국악의 대중화를 위해서 우리 생활과 친숙한 전통소재와 시적 감수성으로 풀어낸 전통가곡 형식의 창작국악가요이다.
- 창작 가 · 무 · 악 "춘풍에 돛달고 노니세": 이 작품은 어부의 노래를 사물놀이, 국악관현악, 무용, 창으로 구성한 창작 가 · 무 · 악극으로 사물놀이와 국악관현악의 협연으로 시작하여 무용, 그리고 남도민요 "자진육자배기/뱃노래"로 끝나는 화려하고 웅장한 가무악의 대향연 무대이다.
- 작은 창극 "뺑파전": 한국 최초의 국립전통예술단 '협률사'의 대표적인 공연물로서 판소리의 창극화를 시도되었던 입체창의 형식으로 된 창극이다. 판소리 5대가 중 심청가 중 한 대목을 단막극화한 뺑파전은 뺑파가 딸을 잃고 시름에 잠긴 심봉사를 꼬여 함께 살다가 맹인잔치 참석차 상경도중 황봉사와 함께 도망치는 부분을 마당극 형태로 구성한 작품이다. 이 작품은 해학적 익살과 풍자가 넘치는 단막 창극이다.
- 사물과 전통춤의 퓨전 타악 퍼포먼스 "태무천 타악무": 대지의 기를 끌어모아 하늘에 바치는 일종의 무천의식의 형태를 우리 고유의 농악놀이와 전통춤의 형식으로 풀어 보는 창작 타악 퍼포먼스이다. 사물놀이패의 농악놀이로 시작하여 모듬북과 사물놀이의 연주가 서로 밀고당기는 팽팽한 조화 속에 소고를 든 무용수들이 등장하여 소고춤과 바라춤이 모듬북의 웅장한 북소리와 사물놀이의 재주가 서로 조화를 이루며 대단원의 피날레를 장식하는 현대적 타악 퍼포먼스으로 새롭게 구성한 퓨전 국악무대이다.

▸ 공연 소요시간: 70분

▸ 공연장소: 방문 교도소 내 야외상설무대/실내무대

▸ 공연참가인원: 총 26명

- 무용: 7명
- 창극(소리): 3명
- 국악관현악(피리/태평소/대금/해금/거문고/가야금/아쟁/장단): 8명
- 사물놀이(꽹과리/징/장고2/소고): 5명
- 사회/연출/진행: 3명

▸ 신청사업의 기대되는 성과

공연횟수 총 9회로 방문교도소 총 1만 6000명이 공연을 관람할 것으로 예상한다. 문화예술로부터 가장 소외받는 계층인 교도소 재소자들을 대상으로 우리 전통예술 공연을 통해서 문화적 교정 · 교화할 수 있는 공연사업이다. 특히 지방 중소도시의 교도소를 공연장소로 하여 우리 전통예술의 저변확대 및 문화적 혜택을 제대로 받지 못하는 재소자들에게 즐거움을 제공하여 밝은 세상의 희망을 심어주는 효과가 기대된다.

▸ 사업추진전략

• 문화교화를 위한 공연레퍼토리

교도소 재소자들을 대상으로 하기 때문에 그들의 문화적 취향을 고려하여 웃음과 권선징악의 도덕적 메시지를 전하는 창극 프로그램으로 구성한다. 또한 노래, 춤, 음악이 서로 조화를 이루는 가무악 공연으로 자칫 지루해지기 쉬운 전통공연예술에 색다른 재미를 줄 수 있도록 구성한다.

• 교도소 재소자 프로그램 신설

공연을 관람하는 수감자들에게 공연무대에 참여할 수 있는 기회제공을 위해 공연뒷풀이로 강강술래와 판굿놀이를 접목하여 직접 공연출연진과 함께 뛰놀 수 있는 참여 프로그램 신설

▸ 홍보를 위한 미디어 마케팅

"문화교화를 위한 전통공연예술"이라는 새로운 이슈를 제공하는 홍보마케팅으로 사회적 관심유도

〈2011 신나는 예술여행 전국교도소방문 순회공연〉. 정동예술단, 2011

4 | 공연프로젝트의 전략분석

공연프로젝트의 기본계획안이 수립되면 공연기획사는 공연프로젝트를 면밀히 살펴보면서 공연의 전략분석회의를 갖는다. 전략분석회의는 앞으로 이 공연프로젝트를 진행하였을 시에 과연 성공할 수 있는가 또는 성공적인 공연을 위해서 어떠한 면이 보충되어야 하는가를 회의를 통해서 분석하고 미리 예측하여 사전에 철저하게 준비하는 단계이다.

아래에 제시한 전략분석내용을 전략분석회의를 거쳐 수정안을 최종적으로 확인한 후 본격적인 공연 실행업무에 들어가는데, 중요한 것은 항상 미리 준비하고, 앞으로 진행하는 공연업무의 객관적이고 정확한 예측을 통해서 개별적으로 분담된 업무수행에 차질이 없도록 해야 한다는 것이다.

:: 공연프로젝트의 전략분석내용

- 공연프로젝트의 방향설정에 따른 제반 사항검토
- 사업예산에 따른 지출 및 수입내역 검토
- 공연프로젝트에 따르는 조직구성 및 업무분담의 효율성 적극 검토
- 공연프로젝트의 특성에 따르는 장점 및 단점 검토
- 공연프로젝트의 특성에 따른 장점을 최대한 살릴 수 있는 기능적 요소추가
- 공연프로젝트를 수행하는 데 법률적·경제적 환경 적극 검토
- 공연프로젝트가 갖는 사회문화적 환경 적극 검토
- 공연 홍보·마케팅시 관객의 서비스 적극 검토
- 공연프로젝트의 외부 공연행정(섭외·극장대관·아티스트 매니지먼트·협찬의 협조사항) 검토
- 공연프로젝트의 실행 일정에 따르는 업무수행 검토
- 기타사항

전략분석회의시 논의된 문제점의 요소를 사항별로 분류하여 살펴보는 것도 중요한데, 공연프로젝트는 반드시 성공적이야 한다는 명제하에 공연의 성공적인 요인과 불확실한 문제점 그리고 약점을 정확하게 분류하여 이러한 문제점을 적극 검토하여 수정 · 보완해야 한다.

그림 16 공연프로젝트 전략회의 검토사항

5 공연프로젝트 협력의 기능과 역할

어떤 공연프로젝트를 실행하는 데는 반드시 주도적인 역할을 하는 단체 또는 주최가 있어야 한다. 우리가 공연포스터 또는 공연팸플릿을 보면 앞표지에 공연명, 공연일시, 장소, 주최, 주관, 협찬, 후원이라는 문구를 볼 수 있다. 공연정보에서 공연 참여자는 공연을 제작하고, 재정 및 물질적 협찬, 그리고 누가 이 공연을 지원해 주는가를 나타낸다. 이것이 바로 공연프로젝트의 협력을 나타내는 것이다.

(1) 공연프로젝트의 협력관계

공연주최사는 공연에 관련된 모든 업무를 총괄하는 단체이다. 공연에 관련된 모든 일을 해야 하기 때문에 그 업무는 복잡하고 잘못 추진하는 경우는 재정적 부담으로 실제 공연추진이 되지 못하는 경우도 발생한다. 따라서 공연주최사는 공연 프로젝트의 규모와 대외적 이미지를 정확하게 분석하여 성공적인 공연을 추진하기 위한 주최자로서의 역할・협찬・후원기능과 역할을 파악해야 한다.

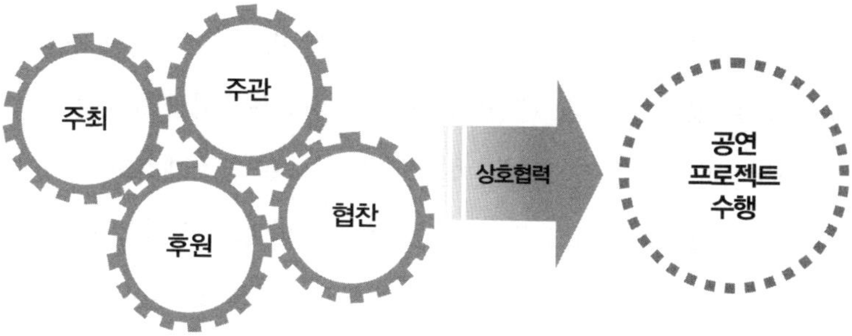

그림 17 공연프로젝트 협력

(2) 공연참여자의 기능과 역할

❶ 주최

공연프로젝트를 기획하여 실행하는 주체로서 공연을 일괄적으로 지휘하는 것을 주최(Organizer)라고 한다. 주로 주최는 공연 프로젝트를 대내외적으로 대표하는 단체로서 역할을 하는 것이다. 동시에 공연추진에 따르는 모든 업무를 총괄적으로 관리해야 하는 주관자로서의 역할도 맞는다. 요즘 같이 공연프로젝트의 업무가 복잡하고 다양해지면서 주최는 기존의 주최로서의 역할을 모두 전담하는 것이 어려워졌다. 따라서 공연프로젝트의 대외적 홍보효과와 수익구조의 안정성을 위해서 공동주최로 기능과 역할을 분담하는 경우가 늘어나고 있다.

국내에서 공동주최의 경우 대부분 예술의 전당, 세종문화회관, 국립극장, 정동극장과 같이 대외적 신임도가 높은 문화예술회관들은 공연기획사와 함께 공동주최를 하는 경우가 많다. 이러한 공동주최의 경우 극장은 공연장의 대관, 홍보 및 마케팅을 대행하고, 실질적인 공연기획업무는 주로 공연기획사가 맡는 경우가 많다. 또한 공연프로젝트의 홍보마케팅 효과를 극대화하기 위해서 방송·언론사와 공동주최를 하는 경우도 있다. 매스미디어의 효과를 위해서 신문사는 관련기사로 공연소개, 공연 출연진 인터뷰 등을 신문에 소개하고, 방송사의 경우 광고방송(Spot)으로 홍보와 수익창출의 효과를 얻을 수 있다.

공연주최는 대외적으로 공연의 이미지를 대표하고, 인지도를 높이는 효과로서 공연주최의 역할을 하고, 대신에 내부적으로 공연의 구체적인 실행업무는 전문적인 공연기획사에서 전담하는 경우도 많다. 이러한 경우는 공연주최 단체가 대외적 신임도는 높으나 실질적인 공연실행업무의 능력이 부족한 경우 전문적인 공연기획사가 모든 것을 전담하는 주관업무를 대행한다.

❷ 주관

공연의 주최(Presenter)는 상징적인 공연의 명분과 공연프로젝트에 관련된 모든 책임을 지고 있고, 주관단체는 실질적인 업무를 전문적으로 담당하는 것을 말한다. 보통 공연의 주관단체는 전문적인 공연기획사가 담당하는데, 문화예술단체 내에 전문적인 기획과 공연행정을 담당하는 팀이 별도로 있는 경우 주최 및 주관을 동시에 맡는 경우도 있다.

공연의 주관단체는 실무를 담당하기 때문에 주최단체보다 오히려 공연프로젝트의 모든 사항을 담당한다. 1980년대까지만 해도 국내에 전문적인 공연기획사가 별로 없었기 때문에 방송・언론사의 문화사업부 등에서 주관업무까지 전담하는 경우가 많았다. 그러나 근래에는 공연기획사가 많이 생기면서 기획사의 규모와 능력에 따라 주관업무를 담당하고, 대형 문화축제의 경우 행사주관단체를 공개입찰로 하여 주관 공연기획사를 선정하여 주관단체가 행사의 성격에 따라 개별적으로 주관업무를 담당하는 경우도 있다.

❸ 협찬

아무리 좋은 공연이라도 재정적인 면이 뒷받침이 되지 않으면 그 공연은 절대 성공할 수가 없다. 오늘날 같이 공연예술의 제작규모가 커짐에 따라 엄청난 제작비가 들어간다. 따라서 협찬(Sponsor)의 중요성이 강조되고 있다. 따라서 협찬을 어떻게 받느냐에 따라 공연의 성패가 달려 있다. 현재 우리나라 공연제작 시스템은 공연티켓 판매로는 공연이 상업적으로 성공을 거두기가 힘든 추세로 가고 있다.

협찬은 주로 기업의 재정적 지원으로 이루어지게 된다. 협찬을 통해서 자회사의 기업이미지와 제품의 이미지를 홍보하고, 아울러 기업문화의 메세나활동을 통해서 대외적인 신임도를 높일 수 있기 때문이다. 기업이 협찬을 하고 공연 주최단체는 그 기업의 광고를 홍보용 인쇄물 또는 광고에 기재한다.

협찬이라고 해서 반드시 재정적인 지원만을 받는 것은 아니다. 가끔 기업의 제품 또는 공연과 관련된 캐릭터 상품 등을 지원받는 경우도 있다. 협찬을 받기 위한 마케팅을 적극적으로 수행하는 데 중요한 것은 협찬기업의 대외적 신임도 및 문화예술계의 공신력을 철저하게 고려하여 협찬 마케팅을 해야 한다. 중요한 것은 협찬을 통한 기업의 홍보효과를 설득력 있게 설명해 주어야 한다.

❹ 후원

협찬과 후원(Supporter)의 의미를 자주 혼용하는 경우가 많다. 그러나 협찬과 후원의 의미는 전혀 다르다. 협찬이 공연의 재정적 · 물질적 지원이라는 의미를 담고 있다면, 후원은 공연물의 공신력을 얻기 위한 하나의 선전적인 전략에 속한다. 즉 후원은 어떤 공연의 대외적인 공신력을 높이기 위해서 공공적 성격의 기관 또는 관련단체를 참여시키는 것이다.

국내에서 후원은 대부분 문화관광부, 공공기관, 문화예술관련 전문단체들이 참여하는 경우가 많다. 이러한 공공기관의 후원선정은 공연프로젝트를 홍보하는데, 대중으로부터 공연의 공신력을 얻고 대중의 참여를 높일 수 있는 홍보효과에 기여한다. 오늘날 대부분의 공연기획에서 공연팸플릿에 공신력을 가진 단체장의 '축하글'을 통해서 공연의 질적인 수준을 홍보하는 데 중요한 역할을 하는 경우도 있다.

후원의 선정은 대부분 공연기획을 시작할 때부터 미리 선정하여 적극적으로 후원을 위한 준비를 하는 경우가 많다. 후원을 위한 마케팅은 주로 공연프로젝트가 갖는 예술성과 윤리적 판단 기준, 사회적 필요성, 문화적 욕구충족 등 공연을 통한 문화와 사회의 기여도 측면을 강조하여 설득력 있게 접근해야 한다.

6 | 공연프로젝트의 예산편성 및 집행

어떠한 사업을 하든지 모든 일에는 반드시 비용이 들게 마련이다. 공연사업도 장기적인 공연이든 일회성 공연이든 공연제작에 비용이 들게 마련이다. 몇 번의 공연을 위해서 몇 개월의 준비과정이 필요하고 필요한 비용이 지출된다.

비영리성을 목적으로 공공기관에서 하는 무료공연이라도 반드시 비용이 들게 마련이고, 많은 관객이 와서 성공적인 공연으로 만들기 위한 일련의 재정적 서비스가 제공되는 경우도 있다. 공연사업에도 이러한 원칙하에 공연에 드는 비용과 수익에 대한 객관적이고 정확한 예산편성이 필요하다.

오늘날 대부분 공연물의 제작규모가 커지면서 예산편성은 가장 중요한 공연기획 업무에 속하며 전문적인 회계 및 경영전문가를 통해서 자문을 받는 경우도 많다.

공연프로젝트의 사업예산은 공연프로젝트의 기본계획서에 수록하는데, 공연물의 기본추진방향과 목적에 따라 공연물의 내용에 필요한 예산안을 정확하게 기재해야 한다.

공연프로젝트의 예산은 주로 수입예산과 지출예산으로 나뉘는데, 지출예산은 공연프로젝트에 들어가는 고정적인 예산이고, 수입예산은 공연수익으로 얻어지는 수익금을 미리 예측하는 유동적인 예산이다. 공연프로젝트의 진행에 많은 돈이 들어간다고 해서 지출예산을 많이 줄이면 공연프로젝트에 나쁜 영향을 미칠 수도 있다. 따라서 지출예산은 앞으로 공연을 통해서 들어올 수입예산을 근거로 하여 예산을 편성한다.

공연프로젝트의 예산편성에 있어서 다음 사항을 고려하여 예산을 편성하면 성공적인 공연을 수행하는 데 지름길이 될 것이다.

:: 공연예산 편성시 고려사항

- 공연프로젝트의 목적에 따른 영리성과 비영리성 검토
- 공연사업 주최단체의 성격에 따른 지출예산안 편성
- 공연장소에 따른 수입예산의 전망
- 공연프로젝트의 내용에 따른 구체적인 지출내역 상세분류
- 공연에 영향을 미치는 외부적 요소고려(사회경제의 흐름, 날씨, 기타 사항)
- 공연프로젝트의 변수에 대처하는 예비예산편성 검토

(1) 수입예산

공연의 수입예산은 공연목적에 따라 그 성격을 달리한다. 영리성을 목적으로 하는 경우는 앞으로 공연을 통해서 얻어지는 수익에 대한 객관적이고 정확한 데이터를 예측하고 미리 수입예산을 편성해야 한다.

공연수익은 보통 협찬을 재정적 · 물질적 수입, 입장료 수입, 광고수입, 방송매체 수입, 팸플릿 또는 캐릭터 상품판매 수입 등으로 구성된다.

❶ 협찬 수입의 편성

기업은 자사의 홍보조건으로 공연에 협찬을 하게 된다. 기업은 반드시 자사의 홍보를 극대화시킬 수 있는 공연에 협찬을 한다. 홍보를 극대화하기 위해서 협찬사는 주로 대형 작품들, 외국 초청작품 등 관객이 많이 몰리는 공연에 협찬을 할 수밖에 없다. 이러한 경우 재정적 협찬이 많을 수도 있고, 적을 수도 있다.

어떤 공연은 협찬금으로 공연제작비를 충당하는 경우도 있다. 이러한 경우는 사실 극소수 정도이고, 대부분 그리 많지 않은 협찬금 또는 기업제품을 협찬으로 제공받는 경우도 있다. 물질적 재화로 협찬을 받는 경우는 공연프로젝트의 성격을 고려하여 관객 서비스의 차원에 포함되기 때문에 마케팅의 측면에서 고려되어야 할 사항이다. 이러한 물량협찬은 공연수익에 큰 도움을 주지 못한다.

협찬수입금은 다른 수입항목보다 규모가 크기 때문에 최종 수익금 결산시 따로 결산을 하는 것이 좋고, 사전 제작비항목에서 차지하는 비중이 크기 때문에 협찬수입으로 제작비가 충당되는 경우 반드시 협찬수익금을 따로 기재해야 한다.

❷ 공연입장료 수입의 편성

입장료수입을 편성할 때 주로 공연의 성격, 공연장의 대관계약, 티켓의 판매대행에 따른 사항을 검토해야 한다. 만약 공연프로젝트가 공공기관의 공공기금을 지원받는 경우는 입장권 판매에 따른 공공기금 보조금비율을 객관적으로 예측하여 입장권 수입예산을 편성해야 한다.

극장과 공연기획사의 대관계약조건에서 입장권 판매료의 일정비율을 분할하여 수입을 나누어 갖기로 하는 계약이 체결되면 입장권 판매수익 분할에 따른 수입예산을 편성해야 한다.

티켓링크(www.ticketlink.co.kr) 또는 인터파크(www.interpark.co.kr) 같은 입장권 판매대행사를 통해서 입장권의 판매수수료를 지불해야 하는 경우 매표대행에 따른 수수료 지출을 고려하여 입장권의 수입예산을 편성해야 한다.

❸ 기타 공연수익의 예산편성

공연팸플릿의 광고게재수입은 공연팸플릿의 어느 페이지에 광고가 게재되느냐에 따라 광고금액이 다르다. 보통 표지광고와 내지 1면에 광고를 게재하는데 그 수익금은 일반 잡지광고에 비해 많지 않다.

공연팸플릿의 판매수입은 공연 시 공연장 로비에서 공연을 소개하는 프로그램을 판매하여 생기는 수입이지만 팸플릿의 판매가격이 천원 단위이므로 큰 수입을 올릴 수 있는 항목은 아니다.

방송매체의 수입은 본공연을 촬영하여 방송4사 또는 케이블 TV에 방영하는 조건으로 수입을 예상하지만 대부분은 본공연의 TV 스폿방송을 조건으로 무료로 녹화방영을 수락하는 경우가 많다. 따라서 수입금 항목에서 차지하는 비중은 높지 않다.

캐릭터상품의 판매수입은 공연에 관련된 기념품 등을 제작하여 판매하는 것인데, 보통 아동극 또는 뮤지컬, 오페라, 클래식 공연에서 공연과 관련된 옷, 장남감, 음악CD, 모자 등이 캐릭터 상품에 속한다. 이 역시 수입금 항목에서 차지하는 비중은 높지 않다.

(2) 지출예산

지출예산은 공연프로젝트에 들어가는 고정적인 예산이므로 합리적인 예산편성을 통해서 최대한 예산절감효과와 공연에 필요한 모든 업무에 알맞게 집행되어야 한다. 따라서 수입예산을 근거로 하여 지출예산을 편성한다. 그렇지만 유동적인 수입예산에 의존하여 지출예산을 편성하지 않는 것이 좋다.

지출예산의 항목은 공연에 관련된 모든 것이 포함된다. 따라서 아무리 작은 항목이라도 반드시 지출비용 항목에 포함시켜야 한다. 가끔 아주 작은 공연비용이 항목에서 누락되어 최종적인 공연결산처리에서 문제점이 발생하는 경우도 있다. 지출예산 편성은 지출항목의 성격에 따라 몇 가지로 분류된다.

:: 공연프로덕션의 지출항목

- 출연진 사례비(A,B,C급으로 나뉘며, 배우, 반주가 등)
- 작품료(각색, 저작권, 각본, 개사, 번역)
- 연출료(협력연출, 조연출, 안무, 음악)
- 디자인 · 렌탈 · 제작 비용(조명, 무대, 의상, 소품, 음악, 특수효과장치, 악기 등)
- 무대 스태프(조명, 무대, 의상, 음향, 무대감독, 분장 등)
- 공연진행비용(식대, 연습지도료, 연습실료, 공연부대시설 이용료 등)
- 대관비용(공연장의 객석규모와 대관기간에 따라서 비용책정, 극장과 공연협력관계(주최 · 주관)를 맺는 경우 공연입장료 수익금의 비율에 따라서 비용책정)
- 진행인력 · 매표요원 사례비(공연장 진행요원, 매표보조 요원 등)

❶ 공연프로덕션 비용

공연프로덕션 비용은 주로 공연무대에 실제 올려지는 모든 것 또는 올려지는 데 필요한 보조항목을 포함한다. 이 비용은 공연프로젝트의 예산편성에서 가장 중요한 부분으로 비용지출이 많다.

❷ 홍보마케팅 비용

보통 홍보비용이라고도 하는데 오늘날 공연은 마케팅의 개념 속에서 홍보를 포함시키기 때문에 홍보마케팅 비용이라고도 한다. 홍보마케팅 비용에는 공연프로젝트를 홍보하기 위한 여러 가지 비용지출항목이 있다. 또한 홍보와 마케팅에 필요한 여러 가지 업무수행을 위한 진행비가 포함된다.

오늘날 초대형 공연의 범람으로 홍보마케팅 비용이 공연프로덕션 비용의 절반을 차지 할 정도로 공연홍보를 위해서 엄청난 비용을 지출하고 있다.

홍보마케팅에서 매스미디어 홍보와 마케팅비용은 공연협력관계(주최 · 주관 · 후원)가 방송국 또는 신문사인 경우 광고에 따르는 막대한 홍보비용을 절감할 수 있다.

표 7 홍보마케팅 수단의 구분

홍보인쇄물 제작비	홍보전단, 포스터, 대형 현수막, 홍보용 공연기념품, 공연프로그램 DM발송용 홍보물, 초대장 등
홍보인쇄물 배포비	포스터 및 전단 배포 대행비용, DM발송비용, 현수막, 대형 포스터 배포비용
광고비	TV · 라디오 스팟광고, 신문잡지 광고, 전광판 광고, 버스광고 등
마케팅 진행비	기자간담회, 접대비, 시연회, 공연 사전사후 고객서비스 인쇄물 제작비

❸ 여비

여비는 보통 국내외 순회공연(Touring Management), 외국공연단체의 초청공연에 따른 경비지출항목을 말한다. 초청공연인 경우 항공료, 무대 및 의상소품에 관련된 화물운송료, 숙박비, 일비, 식비, 화물통관료, 공연 전용버스 대여료 등이 여비에 포함된다.

근래 외국 공연단체의 초청공연이 늘면서 여비가 지출예산에서 차지하는 비중이 높아졌다. 또한 국내 공연단체가 해외로 초청공연을 가는 경우 주최측이 문화관광부 또는 한국관광공사라 하더라도 주관단체에서는 지원예산하에서 공연출연진 비자신청, 공연용품 화물운송료, 숙박료, 진행비 등에 충분히 지출예산을 편성하여 주최측으로부터 충분한 여비를 제공받아야 한다.

❹ 예비비

실제 공연제작 시에 미리 편성된 예산 안에서 모든 지출이 정확하게 맞아 떨어지지 않는다. 따라서 예비비는 공연진행 중에 예측하지 못한 일의 발생 시에 대비하여 비용을 따로 떼어 두는 것이다. 예비비의 비율이 높을 경우 사전의 지출계획이 정확하지 않다는 것을 의미하기도 한다. 따라서 사전의 정확한 예산항목을 잡도록 하고, 보통 5~8% 정도의 비율로 책정하는 것이 적당하다.

(3) 예산 집행

책정된 예산은 투명하고 합리적으로 집행되어야 한다. 특히 공공기관의 공연물일 경우 행정기관의 승인과 감사를 통해 공개하는 것을 원칙으로 한다. 보통 지출예산은 책정된 범위 안에서 지출되어야 하며 수입예산은 유동적이므로 상향조정하여 최대한 수익성을 높여야 한다.

항목별 분류에 따라서 지출되는 예산은 지출명세서에 정확하게 기재되어야 하며, 출연자 및 무대스태프의 계약시 명시된 지불조건에 따라서 현금 또는 송금을 통해서 지불된다. 보통 출연자의 사례비 또는 무대와 관련된 프로덕션의 제작비 지불시 원천징수 또는 세금계산서를 받는 것이 공연결산시 세무와 회계처리를 위해서 꼭 필요하다.

수입예산도 협찬금 또는 광고료, 그리고 입장권 판매를 통한 수익금의 정확한 증빙자료를 남기기 위해서 영수증, 소득세 원천징수, 입장권 수익의 전용계좌를 개설하여 정기적으로 관리를 해야 한다.

표 8 정동예술단 정기공연 '신소춘대유희'의 예산편성 예

지출예산의 편성				(단위: 천 원)
구분	항목	산출내역	금액	비고
사례비	개사,각색료	2,000 x 1 명	2,000	기금
	연출료	5,000 x 1 명	5,000	기금
	안무료	2,000 x 1 명	2,000	기금
	조연출	800 x 1 명	800	자체
	사물단 지도료	1,000 x 1 명	1,000	기금
	작곡료	700 x 4곡	2,800	기금
	무용단 출연료	300 x 15명 x 4회	18,000	자체
	국악단 출연료	300 x 16명 x 4회	19,200	자체
	사물단 출연료	300 x 10명 x 4회	12,000	자체
	성악단 출연료	300 x 4명 x 4회	4,800	자체
	객원 출연료	500 x 5명 x 4회	10,000	기금
	조명디자인		4,000	
	조명감독	500 x 1명 x 4회	2,000	자체
	음향감독	500 x 1명 x 4회	2,000	자체
	분장	15 x 50 x 4회	3,000	
	무대감독	500 x 1명 x 4회	2,000	자체
장 치 제작비	무대디자인		4,000	
	무대장치		10,000	자체
	의상	30벌 x 350	10,500	자체
	소품	빵파전 소품 x 10종	2,500	
홍보비	인쇄홍보물 제작	전단, 포스터, 프로그램, 기타	3,700	기금
	육교현수막		800	기금
	대형 현수막		500	기금
	신문/잡지광고비	주간신문/잡지광고 x 1회	1,500	기금
	홍보물 배포비		2,000	기금
진행비	섭외비/행정비		2,000	자체
	회식비		1,400	
	연습식비		3,000	
	공연식대		1,000	
	진행인력(무대보조)	6명 x 100 x 4회	2,400	자체
	안내요원	5명 x 70 x 4회	1,400	자체
대관료	기본대관료	3일 x 1,500	4,500	자체
	연습실 대관료	5일 x 300	1,500	자체
	부대설비 이용료		2,000	자체
예비비	예비비		5,000	
	합계	150,300(총액) - 95,100(자체) = 55,200	150,300	

수입예산편성			(단위: 천 원)
구분	항목	산출내역	금액
수입	협찬		30,000
	입장권 판매	S석 x 30 x 50석 x 4회, A석 x 20 x 260석 x 4회	26,800
	광고		5,000
	프로그램 판매		800
	합계		62,600

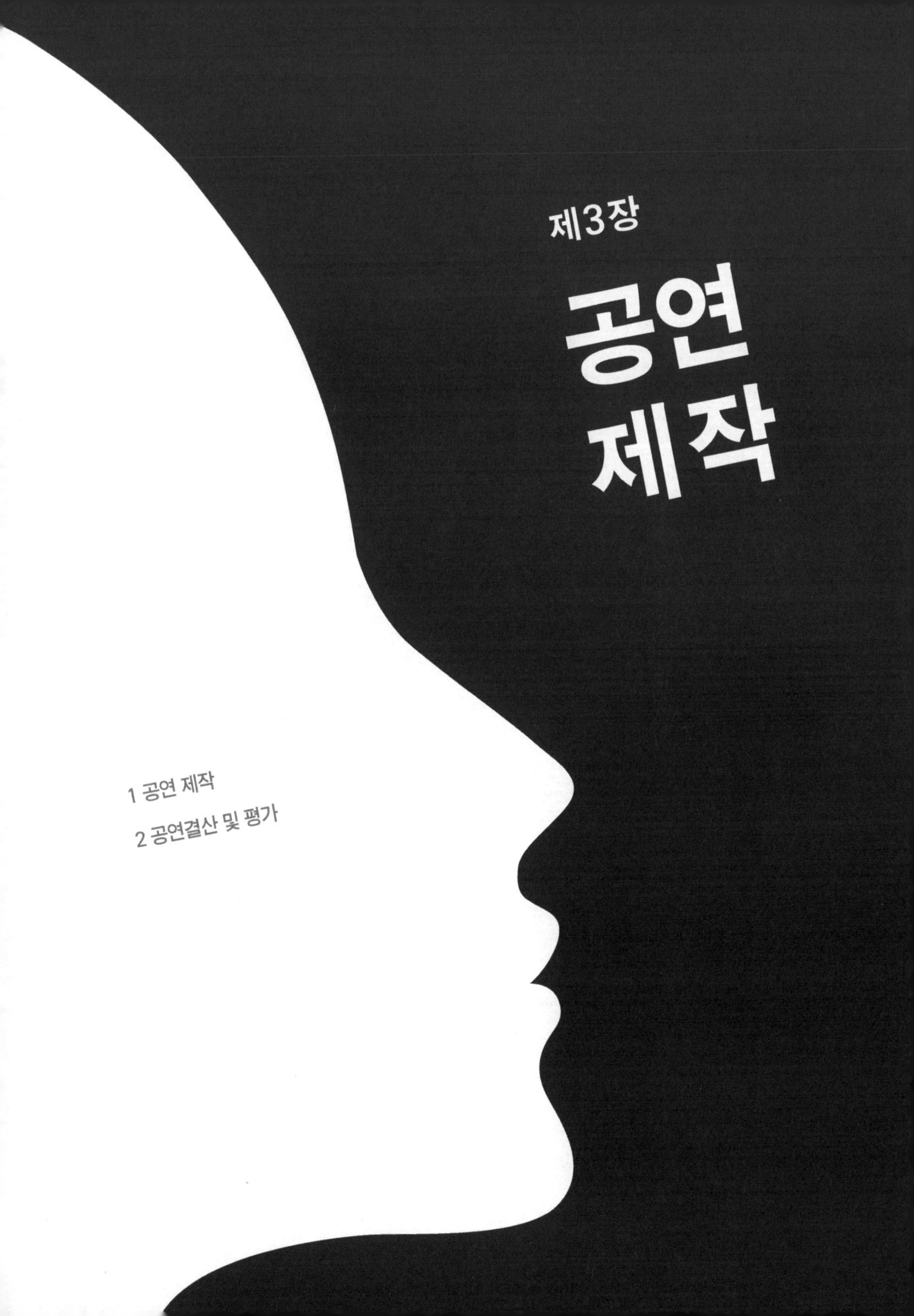

제3장

공연 제작

1 | 공연 제작

(1) 공연 사전제작 회의

공연의 기획단계에서 이루어진 다양한 의견을 수렴하고 공연프로젝트 사업을 최종적으로 실행하기로 결정을 하면 바로 공연제작에 필요한 공연 사전제작회의를 갖는다. 공연의 제작회의에서는 향후 공연물을 최종무대에 올리기까지 실질적인 업무를 수행하는 과정의 조직구성과 공연추진 일정관리, 공연무대의 섭외, 출연자의 오디션 및 연습, 공연프로덕션의 계약, 홍보마케팅, 공연운영, 공연평가와 결산으로 나뉜다.

:: 공연제작회의시 논의사항

- 공연물의 공연일시 확정
- 확정된 공연일시에 따른 공연제작업무의 추진일정 잡기
- 공연프로젝트의 업무수행을 위한 조직구성
- 공연장소의 섭외(극장 또는 야외무대)
- 공연출연진의 오디션 및 섭외
- 공연프로덕션에 관련된 전반적인 계약체결
- 홍보마케팅
- 공연리허설
- 공연
- 공연프로덕션 철거
- 공연평가 및 결산

위 사항의 구체적인 의견교환을 통해서 개략적인 요점이 도출된 후 논의사항의 구체적인 업무수행이 이루어지도록 한다.

(2) 공연제작

❶ 공연일시 확정

공연일시 확정은 공연물이 최종완성되는 단계로서 이 일정에 맞게 공연프로덕션 업무를 조정한다. 따라서 공연일시를 결정하는 것은 공연에 관련된 내부적인 조건과 외부적인 조건을 고려하여 확정해야 한다. 내부적인 조건으로 공연을 준비하는 기간을 충분히 고려하여 최종공연일에 완성된 프로덕션을 무대에 올릴 수 있는지를 확인해야 한다. 외부적인 조건은 공연기간의 사회 · 문화 · 경제 등을 고려하여 충분히 성공적인 공연이 될 수 있는 사회여건이 마련되어 있는가를 확인해야 한다.

최종공연일이 확정되면 이에 따라 공연에 관련된 모든 업무가 이 스케줄에 맞게 조정되어 움직이게 된다. 보통 대형 공연프로젝트의 경우 최소 준비기간이 1~2년 정도 소요되고, 연극공연의 경우 최소 6개월~1년 정도의 시간이 필요하다. 공연물의 공연일시 확정은 공연을 준비할 수 있는 충분한 시간적 여유와 제작진 구성에 따른 업무분담이 제대로 이루어지는가를 고려하여 공연일시를 확정하는 것이 좋다.

❷ 확정된 공연일시에 따른 공연제작 업무의 추진일정 잡기

공연프로덕션 업무의 일정잡기는 보통 초기·중기·말기 3단계로 분류하여 추진한다.

초기: 공연프로덕션 및 공연업무의 조직구성, 예산안 편성, 협찬사 제안한다.

중기: 집중적으로 홍보마케팅에 집중할 수 있도록 한다.

말기: 공연홍보 및 최종점검이 필요하다.

❸ 공연프로덕션팀의 구성 및 계약

공연프로덕션팀을 구성하는 것은 공연의 성패를 가늠하는 중요한 요소이다. 공연프로덕션팀의 구성은 대본작가, 연출가, 안무가(무용), 배우, 지휘자(음악 또는 발레), 무대스태프 등을 구성하는 것이다. 주로 어떤 작품 아이디어가 나오면 제작자가 그 작품 아이디어를 무대작품으로 만들 수 있는 작가와 작품을 수정하는 드라마투르그를 비롯하여, 현실화시키는 연출가, 배우, 무대 스태프 등을 섭외하기 위한 작업에 들어간다.

보통 작가와 연출가가 섭외되었으면 작품을 위한 배우를 오디션 또는 연출가 임의의 선출과정을 통해서 배우를 선정한다. 또한 공연음악을 위한 작곡가 또는 연주자, 공연의 성격에 따라 안무가가 필요한 경우도 있다. 중요한 인물이 선정되면 바로 작품의 무대화작업을 위한 무대 스태프를 구성해야 한다. 보통 조명·의상·무대제작에 필요한 디자이너, 무대 위의 것을 조정하는 분야별(조명·음향·무대)에 관련된 오퍼레이터 또는 감독이 필요하다.

공연프로덕션의 구성은 공연작품의 성격과 성공적인 공연을 위한 최상의 프로덕션팀을 구성해야 한다. 우리나라 공연예술가 시장의 경우 미국 또는 유럽처럼 예술가 유니온 시장이 활성화되지 않아 개인 또는 공연기획사의 친분에 의한 예술가 섭외를 통해서 공연프로덕션 팀이 구성되는 경우가 많아서 작품의 질을 살리는 데 실패하는 경우가 많다. 따라서 공연예술 프로덕션에 관련된 제도적인 공연예술가 시장의 활성화와 유니온(union system) 제도의 정착이 선행되어야 할 것이다.

무대 스태프와의 계약은 보통 친분 또는 공연 컴퍼니와 관계를 통해서 쉽게 공연계약을 체결하는 경우가 많다. 공연기획사의 경우 무대 스태프와 계약을 체결하고 계약금의 일부를 선불하고 잔금은 공연 후에 지불하는 방식으로 계약을 한다.

몇 년 전만 해도 공연이 끝나고 무대 스태프에게 지불해야 할 계약금을 주지 못해 소송문제가 공연예술계에서 빈번히 일어나곤 하였다. 대부분의 경우 공연의 실패로 인해 제작비조차 충당하지 못하기 때문에 공연프로덕션의 작가 · 연출 · 배우 등 중요한 역할을 하는 사람들에게만 계약금을 지불하고, 무대 스태프(조명 · 음향 · 의상 · 음악 등)를 소홀히 생각하는 것이 관행이었다. 이러한 불미스러운 일은 아직 우리나라의 무대 스태프의 권익을 보장하는 협회가 활성화 되지 못하고, 채불시 법적 대응할 여건이 마련되어 있지 못했기 때문이다. 더욱이 공연프로덕션에 따른 소송건에 대처한 관련 법률조항조차 마련되어 있지 못했던 상황이라서 그 피해는 더욱 컸다.

무대 스태프의 계약은 반드시 법적인 효력을 가질 수 있도록 계약서를 작성해야 하며 상호 신뢰를 바탕으로 공연에 충실할 수 있도록 공연운영팀에서 무대 스태프를 배려하는 태도가 필요하다.

❹ 공연운영팀의 구성

공연프로덕션팀의 구성만큼 중요한 것이 공연행정, 홍보, 마케팅 등을 담당할 공연운영팀을 구성하는 것이다. 보통 극장의 경우 공연운영팀이 있어 이러한 공연업무를 수행하기도 하고, 공연기획사의 경우 공연프로젝트가 진행되는 동안 새로운 공연운영팀을 구성하기도 한다.

공연프로덕션팀이 실질적인 공연의 무대화작업을 위한 팀구성이라면 공연운영팀은 공연프로젝트의 대내외적인 행정업무를 담당하는 팀이다. 공연준비 초기 공연기획사는 대표를 중심으로 하여 공연행정, 홍보, 계약과 섭외, 마케팅, 공연진행 등의 업무를 분담하여 팀별로 실질적인 공연업무를 수행한다.

공연운영팀은 매니지먼트의 성격이므로 팀별로 공연수행에 따른 업무를 창조적·적극적인 자세로 임할 수 있도록 충분히 개인의 능력과 자질을 파악하여 구성하는 것이 필요하다.

❺ 공연무대의 선정 및 대관계약

공연단체 또는 공연기획사가 추진하는 공연프로젝트를 추진하는 경우 공연일정을 잡고, 바로 공연할 장소를 섭외해야 한다. 공연의 규모와 성격에 따라 극장의 객석규모를 파악하여 공연무대를 선정해야 하는데, 공연무대의 대관일정에 따라 공연일정이 변경되는 경우도 있다. 따라서 공연무대를 찾는 것은 공연의 성격을 규정짓고, 향후 공연수익에 결정적인 영향을 미친다.

대부분의 관객은 주로 객석규모가 700석 이상의 대극장을 선호하며, 다양한 기대심리에 따라서 극장의 선호도가 다르다.

:: 극장 선호도에 영향을 미치는 요소

- 공연횟수 및 공연물의 성격
- 공연장의 객석규모 및 무대시설
- 공연장 주변의 교통편리성
- 공연장의 주변환경
- 공연장의 주변부대시설 서비스 활용도
- 공연장의 신뢰도

이러한 선호도에 맞는 극장은 대부분 서울지역을 중심으로 세종문화회관, 예술의 전당, LG아트센타, 국립극장 등 주로 객석규모가 크고, 교통편이 편리하고 공연장의 부대시설이 잘 갖추어진 극장을 선호한다. 그렇다고해서 이처럼 조건이 좋은 극장을 대관하기가 쉬우냐 하면 그렇지 않다. 대부분 이러한 대형 극장의 대관스케줄은 적어도 1년 전부터 미리 대관이 잡혀 있다. 게다가 좋은 공연일정에 따라 대관을 하는 경우 기존 대관료에 프리미엄이 붙는 경우가 있어 대관하기가 그리 쉬운 일이 아니다. 따라서 대형 공연프로젝트의 경우 1년 전부터 그 다음년도의 대관스케줄에 따른 대관공고가 극장별로 나오면 꼼꼼히 살펴본 후 미리 대관신청을 하는 것이 필요하다. 예전에 극장을 대관하는 데 드는 비용이 보통 제작비중에서 20%를 차지하였지만 오늘날에는 30%에 이를 정도로 대관비용도 공연제작비에서 큰 부담을 차지하고 있다.

공연장 외에 대형 공연프로젝트의 경우 체육관 또는 직접 조립식 공연장을 설치하여 공연을 하는 경우도 있다. 조립식 공연장을 설치하는 경우 공연이 최소한 1년의 장기 공연일정이고, 그 밖에 장기적인 공연레퍼토리 시리즈로 하는 경우에 오히려 기존극장을 대관하여 공연하는 경우보다 지출비용을 줄일 수 있는 장점도 있다.

공연장에 따라서 대관이 이루어지는 절차는 다를 수 있다. 각 공연장은 홈페이지에 대관공고를 게재하고 신청을 받는다. 세종문화회관의 경우는 대관신청서의 양식을 홈페이지에 게재하여 신청을 받는 반면, 예술의 전당의 경우는 따로 대관전용 홈페이지를 개설하여 (http://www.sacticket.co.kr/ SAC/RentFront/)시스템화하여 운영하고 있다.

공연장의 대관료는 극장마다 계절, 요일, 시간에 따라 다르게 기본 대관료가 책정되고, 이 밖에 공연장의 특수설비(조명, 음향, 악기 등)를 이용할 경우 부대시설 이용료가 추가된다.

공연장이 선정된 후 공연할 극장의 운영팀에 문의하여 대관절차에 따라 대관신청을 하고, 대관계약서를 잘 읽어 본 후 대관계약을 해야 한다. 대관계약은 계약시 계약금을 미리 지불하고 공연 후 잔금을 지불하는 방식으로 이루어진다.

대관공고	대부분 극장의 정기대관은 연간 상하반기로 나누어 인터넷 및 기타 언론매체를 통해서 공고되며, 수시대관은 정기대관의 일정을 파악하여 대관담당과 협의하여 진행한다.
대관신청접수	극장별 대관사용신청서 양식 및 공연단체 소개, 그리고 공연프로그램, 사업자등록증 또는 주민등록증을 극장대관 담당자에게 제출하여 신청한다.
대관심사	신청단체에 한하여 대관심사가 이루어지는데, 공연운영팀 및 경영팀에서 대관 가부를 결정한다. 심사기간은 극장마다 다르며, 보통 2주~4주 정도 소요된다.
대관결정통지	대관승인이 결정되면 대관신청자에게 통보한다.
대관계약	대관승인통지서에 계약일을 명시하여 계약을 체결한다. 극장의 대관담당자와 계약을 체결하며, 흔히 대관계약금으로 대관료의 20~30%를 미리 지불한다.
대관료완납 및 입장권 검인	대관공연단체는 대관개시 일주일 또는 3일 전까지 대관료를 납부하며, 공연입장권 검인을 받는다.
부대시설 이용 및 무대 셋업	대관공연단체는 극장외 부대시설(분장실, 무대장치, 조명, 음향 등)의 부대시설이용에 대한 계획서 및 무대셋업에 대한 스케줄을 대관담당자를 통해서 극장무대스탭과 협의한다.

그림 18 극장의 대관절차

표 9 정동극장의 대관료 책정기준

(단위 : 원, 부가가치세 별도)

구 분		공연장 오전 (10:00~14:00)	공연장 오후 (14:00~18:00)	공연장 야간 (10:00~22:00)	공연장 대관료	공연장 철야 (24:00~04:00)	쌈지마당	비 고
기본시설 이용료	평일	●			620,000	1,000,000	200,000 2시간	오전, 오후, 야간 행사대관하는 경우 4시간 기준 1,000,000
			●		620,000			
				●	620,000			
		●	●		820,000			
			●	●	920,000			
		●	●	●	1,120,000			
	토, 공휴일	평일, 대관료의 20% 할증					〃	
	공연준비	평일에 준함					〃	
	※ 1. 04:00~10:00, 22:00~24:00 추가 대관의 경우 1시간당 200,000원 추가 2. 행사 대관의 경우 1시간 추가시 300,000원 추가							

구 분	항목	금액	비 고
부대시설 사용료	그랜드 피아노(1일)	100,000	조율비 별도
	녹음료(1작품)	DAT 50,000 릴 40,000 카세트 30,000	테이프 별도
	음향 편집료(1작품)	200,000	
	연기효과기(1회공연)	20,000	재료비 별도
	핀스포트 조명기(1회공연)	20,000	1대
	샤막(1회공연)	30,000	
	덧마루(1작품)	10,000	평당
	드라이아이스효과기(1회공연)	20,000	재료비 별도
	고무판(1작품)	100,000	테이프 별도
	무대덮개(1작품)	100,000	
	전광판(1회공연)	30,000	
	wireless mic(1회공연)	30,000	1채널당(배터리 별도)
	wireless mic(1작품)	100,000	외부기자재(설치비)
	연습실(1일)	100,000	
	리프트(1회공연)	30,000	
	회전무대(1회공연)	30,000	

표 10 세종문화회관 공연장 대관신청서

접수번호: 호

<table>
<tr><td colspan="8">재단법인 세종문화회관 공연장 사용신청서</td></tr>
<tr><td rowspan="5">신청인</td><td>단체(공연자)명</td><td colspan="6"></td></tr>
<tr><td>주 소</td><td colspan="3"></td><td>우편번호</td><td colspan="2"></td></tr>
<tr><td rowspan="2">성명(대표자명)</td><td rowspan="2" colspan="2"></td><td colspan="2">대표전화번호</td><td colspan="2"></td></tr>
<tr><td colspan="2">전화번호(담당자)</td><td colspan="2"></td></tr>
<tr><td>주 소</td><td colspan="6"></td></tr>
<tr><td rowspan="3">공연부분</td><td>공연 (행사)명</td><td colspan="6"></td></tr>
<tr><td>시 설</td><td>대극장</td><td></td><td>세종M씨어터</td><td></td><td>세종체임버홀</td><td></td></tr>
<tr><td>공연(행사) 주요내용</td><td colspan="6">(서식 제1-2호:공연계획서첨부)</td></tr>
<tr><td rowspan="6">대관구분 및 일자</td><td>대관구분</td><td colspan="6">□정기대관 □수시대관 □기타 ( )</td></tr>
<tr><td>대관목적</td><td colspan="3">대 관 일 자</td><td colspan="3">공연 회수 ( )회</td></tr>
<tr><td>준비대관</td><td colspan="6">20 . . .~20 . . .(일간)</td></tr>
<tr><td>공연대관</td><td colspan="6">20 . . .~20 . . .(일간) 시 분</td></tr>
<tr><td>철수대관</td><td colspan="6">20 . . .~20 . . .(일간)</td></tr>
<tr><td>기타사항</td><td colspan="3"></td><td colspan="3"></td></tr>
<tr><td colspan="8">위와같이 재단법인 세종문화회관 시설사용을 신청합니다.

20 년 월 일

신청인 (인)
재단법인세종문화회관 사장 귀하</td></tr>
</table>

표 11 공연(행사)계획서

공 연 (행사) 계 획 서	
주최 : 주관 : 후원 등:	
공연(행사)소요시간 : 입장료예상가격 :	
공연(행사)시간 : 미성년자관람여부 :	
공 연 개 요	
출연 및 단체소개	
사용자 주요공연경력	
첨부 ①공연줄거리 ②공연 및 출연계약서 ③사업자등록증 ④기타공연계약서	

표 12 〈서식 제5-1호〉 세종문화회관 부대설비 사용신청서
(개정 2006.12.29, 2007.12.17, 2008.3.26, 2009.4.23, 2010.12.30)

부 대 설 비 사 용 신 청 서

신청인	단 체 (공연자)명		대표자 성 명	(인)	전화 번호	
	주 소					
대관기간	200 년 월 일 ~ 20 년 월 일 (일간)					

부대설비 내역 및 사용료 (원, VAT별도)

구 분	종 류	단 가	수 량	회 수	기 간	금 액	비 고
악 기	그랜드	70,000					조율비 별도
	업라이트	13,000					
	파이프 오르간	400,000					
중 계	TV중계 및 녹화	600,000					3시간기준
	라디오중계	100,000					〃
	실황 녹음	100,000					
	인터넷 중계	400,000					
	VTR 촬영 및 현장 중계	150,000					
조 명	PANI 4KW	75,000					
	PANI 1.2KW	60,000					
	FOLLOW SPOT 3KW	40,000					
	포그머신	5,000					포그액별도
	드라이아이스	10,000					드라이아이스별도
	SVOBODA	5,000					대당기준
	Effect Light	30,000					대당기준
	STROVE 3KW	10,000					대당기준
	PAR 46	2,000					8대기준
	PAR 64	1,000					1대기준
	MR16	1,000					
	Scroller(Fore Runner)	5,000					
	Black Light(Wild Fild Fire)	5,000					
	Source four	5,000					
	Fresnel Spot 5kw	10,000					
	이동용 콘솔	50,000					
	Grand MA콘솔	60,000					
	Moving Light Spot1.2kw	50,000					
	Moving Light Wash1.2kw	50,000					

무 대 기 계	음향 반사판	대극장	100,000					
		M씨어터	50,000					
	오케스트라 피트		30,000					
	회 전 무 대		30,000					
	이동 무대(수동)		25,000					대당기준 인력별도
	삭제(2009.4.23)							
	리프트		10,000					
음 향	녹음 및 녹화	D A T	20,000					녹음·녹화 및 재생 매체 사용자부담
		릴테이프	20,000					
		카 세 트	20,000					
		MD	20,000					
		CDR	20,000					
		Multi recorder	30,000					
		VTR,DVD녹화	60,000					
	재생	VTR,DVD, CD 복사	10,000					
		DAT	10,000					
		MD	10,000					
		카세트	10,000					
		릴테이프	15,000					
		CD	10,000					
		Multi recorder	15,000					
		VTR, DVD	15,000					

표 13 〈서식 제5-2호〉 세종문화회관 부대설비 사용신청서
(개정 2006.12.29, 2008.3.26, 2009.4.23, 2010.12.30)

부대설비 내역 및 사용료 (원, VAT별도)								
구 분	종 류		단 가	수 량	회 수	기 간	금 액	비 고
음향	무 선 마 이 크		20,000					
	이동용 음향시스템		250,000					
	모니터 스피커		10,000					1대 기준
	유선마이크		5,000					
	SR(확성)		100,000					
	음향 효과 편집		5,000					CUE 당
	콘솔 사용료(F.O.H콘솔)		50,000					추가설치시 적용
	이펙터(잔향기)		2,000					
	리미터/콤프레서/게이트		2,000					
	딜레이		2,000					
	이퀄라이저		2,000					
	TV 모니터		10,000					
	지휘자 카메라		20,000					
	마이크 스프리터 시스템		20,000					
	인터컴 1set(기본설비 외)		2,000					1set-pack,headset
	무선인터컴		5,000					1대기준
영 상	대극장빔프로젝트(30,000)		900,000					
	M씨어터 빔프로젝터(12,000)		400,000					
	이동용 빔프로젝트(3,000)		50,000					
	LCD모니터시스템		50,000					
	LCD모니터용 자막 편집		50,000					
	이동용스크린(2.1*1.8)		16,000					
무 대	덧마루(33㎡ 기준)		50,000					
	무용용 고무판	대극장	400,000					1 SET 기준
		M씨어터	300,000					

	샤막			20,000						
	대극장이동스크린(22*12)			100,000					1일당	
	M씨어터이동스크린 (14*.8)			100,000					1일당	
	의자, 보면대, 보면대조명 등			50,000					10~80SET기준 추가 10SET/10,000	
기 타	의상 및 소품									
기 타	세탁기									
추 가 지 원	디자인 (음향,조명)	종합구성물		1,000,000					작품	1) 장소에 상관없이 일괄적용
추 가 지 원	디자인 (음향,조명)	기타작품		500,000					작품	
추 가 지 원	감독료 무대 음향 조명	종합구성물		1,000,000					작품	1) 장소에 상관없이 일괄적용 2) 일 단위 적용 시 공연일부터 7일 초과 8일부터 50% 할인. 3) 작품단위 적용시 21일 이내 기준금액, 21일 초과 시(매 14일 추가시마다) 기준액의 50% 가산. 4) 각 분야별 구분 적용 5) 순수음악회의 사용료 제외 (사회자, 협연자 부분 확성 등)
추 가 지 원	감독료 무대 음향 조명	기타작품		500,000					작품	
추 가 지 원	감독료 무대 음향 조명	종합 구성물	무대	120,000					일	
추 가 지 원	감독료 무대 음향 조명	종합 구성물	음향	120,000					일	
추 가 지 원	감독료 무대 음향 조명	종합 구성물	조명	120,000					일	
추 가 지 원	감독료 무대 음향 조명	기타작품	무대	110,000					일	
추 가 지 원	감독료 무대 음향 조명	기타작품	음향	110,000					일	
추 가 지 원	감독료 무대 음향 조명	기타작품	조명	110,000					일	
추 가 지 원	무대기술 인력지원	무대		100,000					1일 1인	무대3, 음향3, 조명3, 기계3.
추 가 지 원	무대기술 인력지원	음향		100,000					1일 1인	
추 가 지 원	무대기술 인력지원	조명		100,000					1일 1인	

❻ 공연제작의 역할분담

공연기획사의 공연프로덕션팀이 구성되면 이에 따른 공연역할 전담사를 선정하는 것이 필요하다. 공연역할 전담은 공연의 주체, 주관을 선정하는 것이다. 극장공연의 경우 자체가 주최가 되고, 민간공연기획사가 주관이 되는 경우가 많고, 공동제작을 겸하는 경우도 있다. 또한 극장과 언론사, 또는 극장과 민간투자회사, 기업이 주최와 주관의 역할을 공동분담하는 경우도 있다. 보통 대형 공연 프로젝트의 경우 공연의 홍보 및 대외적 신임도를 위해서 공공극장과 언론사가 공연제작의 역할분담을 하는 경우가 많다.

극장과 공연단체가 공연제작 역할을 분담하는 경우는 주로 연극 작품이 선호되는데, 연극제작에 필요한 안정적인 수익보장이 되기 때문에 선호한다. 극장이 공연무대와 제작비 일부를 제공하고, 공연단체는 실제 공연을 담당하고 공연결산시 수익금을 배분한다.

오늘날 대형 공연의 경우 거대한 자본이 투자되는 영화산업 동향을 따르고 있는 추세이다. 따라서 방송언론 · 투자 · 배급 · 제작이라는 네 가지의 범주에서 컨소시엄 형태의 대형 공연프로젝트가 추진되기도 한다. 이러한 경우 문화예술에 관련된 전문 엔터테인먼트 투자회사가 공연프로젝트에 거대자본을 투자하여 실제작비를 대고 공연결산시 수입지분을 나누어 갖는 경우도 있다.

❼ 협찬 및 후원사의 섭외와 계약

오늘날 대형 공연프로젝트는 협찬사를 섭외하여 재정적 지원을 받도록 하는 협찬 마케팅의 중요성이 높아지고 있다. 철저하게 준비된 공연기획안을 마련하여 기업의 협찬을 받아내는 것은 공연제작 초기에 많이 소요되는 제작비를 충당하는데 공연입장권 수익보다 더 큰 성과를 올릴 수 있기 때문이다. 협찬사를 선정하는 것은 공연의 성격과 규모 그리고 공연을 통한 시너지효과를 얻을 수 있는 문화에 관련된 다양한 이벤트적 디렉토리를 충분히 제시할 수 있는 협찬마케팅 전략을 수립해야 한다.

기업의 메세나활동을 적극적으로 유도하여 공연협찬을 통해서 기업의 대외적 이미지 및 프로모션적 홍보를 설득하기 위해서 공연기획안을 비롯한 협찬제안서를 작성하여 직접 기업의 홍보실을 방문하여 협찬 제안을 하는 경우도 있다. 협찬 제공시 협찬사의 계약요건을 반드시 지켜야 하며 협찬금의 지급시기와 방법을 반드시 서로 명시하여 협찬사와의 관계가 원활하게 유지될 수 있도록 하는 것이 필요하다.

후원사를 선정하는 것도 협찬사 선정시 고려되는 사항을 포함하여 공연의 대외적 이미지를 좋게 부각시킬 수 있는 공공기관 또는 기업, 문화예술관련단체를 선정하는 것이 좋다. 후원사가 선정되면 후원사를 통해서 공연의 대외적 이미지를 부각시킬 수 있도록 마케팅에 활용하는 것도 필요하다. 아울러 공연프로그램 제작시 후원사 대표의 축하글을 수록하는 것도 공연의 좋은 이미지를 실어 주는 데 도움이 된다.

❽ 출연진 오디션

공연프로덕션팀에서 중요한 역할을 담당할 프로덕션팀이 정해지면 공연작품에 출연할 배역의 오디션이 실시된다. 만약 공연기획단계에서 스타 시스템에 의한 주요배역이 정해지면 그 밖의 배역을 결정하는 오디션이 실시되기도 한다. 오늘날같이 대형공연의 경우 공연의 기획단계에서 주요배역을 미리 선정해놓고 출연섭외를 하는 경우도 있다. 그렇다고 오디션이 중요하지 않은 것은 아니다. 오디션은 공연예술가의 자질을 향상시키고, 공연예술가 시장을 활성화시키며, 공연에 맞는 가장 적합한 배역을 선정하는 것이다. 더욱이 오디션을 공연홍보에 활용할 수 있다. 따라서 오디션 없이 연출가 또는 임의로 배역을 정해서 공연을 하는 경우 공연의 질적인 성공에 큰 영향을 주지 못한다.

보통 공연의 오디션은 공연에 맞는 배역을 선정하는 기준이 마련되고, 이에 따른 심사위원을 확정, 오디션 일시, 장소가 결정되면 오디션 공고를 하게 된다. 오디션 공고는 신문 또는 기타 문화예술관련 잡지, 인터넷 등에 광고를 기재하여 가능한 많은 지망자가 오디션에 참여할 수 있도록 홍보한다. 오디션 공고시 반드시 응시자의 자격요건, 공연내용, 응시자의 준비사항, 문의사항을 꼼꼼히 기재하여 오디션을 받을 수 있도록 공고해야 한다.

심사는 예심과 본심으로 나뉘어 치르게 된다. 심사는 객관성과 공정성을 갖추고 심사해야 한다. 오디션 심사결과는 개별통지 또는 공고를 하며 오디션을 통해 선발된 출연진들은 연출자 또는 예술감독를 중심으로 공연일정에 맞추어 모든 것이 진행될 수 있도록 화합시키고, 연습이 제대로 될 수 있도록 배려해야 한다.

⑨ 연습일정 및 프로덕션 디자인의 결정

공연의 성격과 규모에 따라 연습의 형태 및 기간도 정해진다. 오페라의 경우 작품의 스케일이 크기 때문에 보통 4~5개월의 연습일정이 필요하고, 노래와 연기연습 등이 필요하다. 연극과 뮤지컬, 그리고 무용의 경우 보통 3개월 정도의 연습기간이 필요하며 음악과 연기, 춤등의 연습이 필요하다. 또한 오케스트라 공연의 경우 보통 리허설까지 포함하여 5~8회 정도의 연습기간이 필요하다.

공연연습기간 중에 연출자를 비롯하여 드라마트루그, 무대감독, 음악, 조명, 의상, 무대 디자이너들은 항상 연출부와 작품콘셉트를 논의하면서 집중적으로 완성된 작품에 모든 프로덕션을 집중시켜야 한다.

프로덕션 디자인(조명, 음악, 의상, 소품, 무대 등)팀들은 완성된 작품의 기초 시안을 연출부와 서로 교류하면서 작품 콘셉트에 맞는 디자인 시안을 검토하고 최종 디자인을 무대에 구체화 시킬 수 있도록 노력해야 한다.

⑩ 공연홍보물 디자인의 시안결정 및 공연홍보마케팅

공연기획단계부터 공연홍보와 마케팅계획을 수립하여 최소한의 비용으로 최대한 홍보마케팅 효과를 얻을 수 있도록 노력해야 한다. 보통 공연홍보는 공연기획단계부터 매스미디어 매체에 부각시키는 것이 장기적인 공연일 경우 유리하다. 공연주체, 공연프로덕션팀, 공연일정 및 장소 등이 확정되면 홍보마케팅안을 마련한다.

수립된 계획안의 일정에 맞추어 먼저 공연홍보물의 디자인 시안을 결정해야 한다. 일반적으로 공연 주요배역의 공연사진이 들어가거나, 인물위주의 디자인 시안이 아닌 편집디자이너에게 의뢰하여 구상적 디자인(illuster) 시안을 최종 공연홍보용으로 사용하는 경우도 있다.

공연홍보용 디자인을 결정하는 것은 일반 사람들이 포스터 또는 전단을 보고 한 눈에 이 공연이 무슨 공연이라는 것을 확실하게 알아볼 수 있도록 최대한의 시각적 효과를 부각시켜서 공연의 기대심리를 자극시켜야 한다.

㉮ 홍보인쇄물의 제작 및 배부

홍보인쇄물은 공연일정에 따라 최소한 1개월 전에 제작이 들어가야 한다. 공연기획과 홍보 마케팅팀의 홍보 아이디어회의를 통해서 최종 디자인 콘셉트를 디자인회사에 의뢰하여 포스터 및 전단 디자인 시안을 검토하여 인쇄에 들어간다. 공연프로그램의 경우 공연 3일 전에 제작되는 경우가 많다. 제작된 포스터 및 전단은 배부 대행업체를 통해서 포스터를 배부한다. 특히 포스터의 경우 아무 곳이나 배부할 수 없으므로 각 구청에 전단물 부착신고를 해야 한다. 공연전단은 문화예술계와 관련성이 있는 단체 또는 공공기관, 관련 인사들에게 우편(DM)으로 발송하며, 문화예술관련기관에 배부하여 많은 사람들이 볼 수 있도록 한다.

대형 현수막 및 광고간판은 공연장 및 시내 중심가의 육교 또는 거리에 배부되기 때문에 최대한의 홍보효과를 살릴 수 있도록 디자인 시안 및 설치장소를 살펴보아야 한다.

또한 버스광고의 경우 시내 중심지역을 운행하는 주요 버스노선을 살펴보고 버스광고회사에 의뢰하여 버스광고의 효과를 충분히 살려야 할 것이다.

㉯ 보도자료

보통 외부에 홍보하는 보도자료는 매스미디어의 특성에 따라 언론사용, 방송용, 문화예술 관련단체용으로 나누어 보도자료를 작성해야 한다. 특히 오늘날 공연프로젝트는 방송사와 언론사의 홍보역할이 가장 효과적이기 때문에 공연의 독창성과 사회문화적 이슈를 부각시켜서 공연의 홍보효과를 얻을 수 있도록 해야 한다.

극장 자체의 주최공연은 언론 홍보가 유리한 반면 공연기획사는 어려움이 많아 직접 각 언론사의 문화부 관련 기자를 방문하여 공연정보를 제공하는 경우도 있고, 공문으로 보내는 경우도 있다.

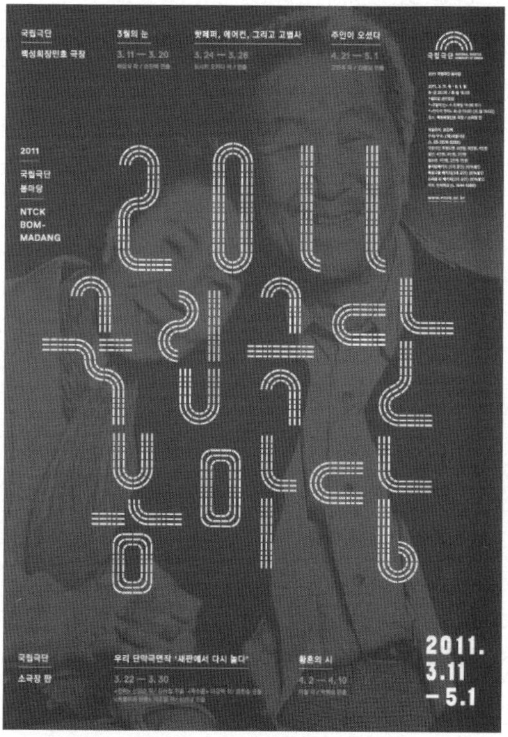

〈2011 국립극단 봄마당〉. 국립극단, 2011

무엇보다 언론사의 기자들은 여러 가지 문화예술에 관련된 정보를 수집하므로 일일이 여러 공연기획사에서 보내오는 보도자료를 읽어 볼 시간적 여유가 없다. 따라서 홍보담당자는 적극적으로 공연을 홍보하기 위해서 발로 뛰는 자세가 필요하다.

음악속으로 〉〉 봄날의 유희 – 신소춘대유희

17~18일 오후 8시 정동극장 100년 전 조선 최고의 전통 연희단 '협률사'가 공연했던 〈소춘대유희〉를 재현한다. 〈소춘대유희〉는 무녀들의 춤, 판소리, 명창들의 소리, 재인들의 무동춤 등 가무악으로 구성된 전통연희공연. 특히 이 곳에서 판소리 대화창(입체창)이 공연되어 판소리의 창극화가 처음 시도되었다.

정동예술단은 100년 전 협률사가 공연했던 〈소춘대유희〉의 골격에 현대적 감각의 옷을 입혀, 국악을 처음 접하는 관객들도 부담없이 즐길 수 있도록 했다. 17일 1부 공연은 산조합주, 태평진연무, 삼고가락무, 판굿과 진도북춤이 펼쳐진다. 18일에는 부채죽선이 만들어내는 아름다운 조형미가 오프닝을 장식한다. 전라도 우도굿에서 비롯된 설장구놀이, 창작국악관현악곡 〈방황〉 신국악가요 〈꽃분네야〉, 〈배 띄워라〉를 들려준다. 판소리 심청가의 눈대목을 극화한 〈작은 창극 뺑파전〉이 이어진다. 모듬북의 웅장한 북소리와 사물놀이의 재주가 어우러진 퓨전 타악 퍼포먼스 〈태무천 타악무〉가 대미를 장식한다.

김후남 기자, 「경향신문」 2004.04.16

공연 〉〉 극장식 전통가무악 100년만에 부활

한국 최초의 극장식 전통 가무악 공연인 소춘대유희(笑春臺遊戲)가 100년 만에 되살아난다. 정동극장 예술단은 17～18일 정동극장에서 〈신소춘대유희〉를 새롭게 선보인다. 소춘대유희는 어떤 특정한 작품을 지칭하는 것이 아니라 기녀들의 춤과 판소리, 명창들의 판소리, 재인들의 무동춤 등이 복합적으로 어우러진 연희를 일컫는다. 1902년 최초의 근대식 극장이었던 '희대(戲臺)'에서 국립 전통예술단인 협률사가 선보여 큰 인기를 모았다. 한국 전통연희가 서구식 극장공간 속으로 들어가게 된 셈이다.

지금의 새문안교회 자리에 있었던 희대는 1902년 고종 등극 40주년 칭경예식을 위해

설립된 근대식 극장. 칭경예식을 위해서 조선 왕실은 협률사(協律司)라는 관청을 두었다. 협률사에서는 가무에 뛰어난 명인(名人)·명창(名唱)을 서울로 모았는데, 그 수가 170명에 이르렀다고 한다.

그 해 농산물 흉작과 일본·러시아와의 국제적 문제로 예식이 연기되고, 협률사는 소춘대유희라는 전통연희공연을 보여 줬다. 그러나 관원들이 협률사 공연물이 나라의 풍속을 망친다고 고종에 건의함으로써 1906년 협률사는 폐지된다.

신소춘대유희는 극적인 요소와 즉흥적인 연희가 조화를 이루는 무대. 민속무용 궁중무용 토막창극 농악 산조 민요 등 고전물과 창작 타악 퍼포먼스, 신국악가요 등 현대적 레퍼토리들이 어우러져 흥과 재미를 선사할 것으로 보인다.

17일과 18일 오후 8시 1, 2부로 나뉘어 공연된다. 17일에는 〈산조합주〉, 궁중무용인 〈태평진연무〉, 창작 가무악 〈춘풍에 돛달고 노니세〉, 〈삼고가락무〉, 〈판굿과 진도북춤〉이 선보인다. 18일에는 〈죽선 자수춤〉, 〈설장구놀이〉, 국악관현악곡 〈방황〉, 신국악가요 〈꽃분네야〉, 창극 〈뺑파전〉, 〈달바래 살풀이춤〉, 퓨전 타악 퍼포먼스 〈태무천 타악무〉 등이 무대에 오른다.

1만~3만원. 100주년 기념 이벤트로 함께 관람 온 이들의 나이를 합쳐 100살이 될 경우 50%를, 5명 이상 관람할 경우 30% 할인해 준다. 751-1500

이보연 기자, 「세계일보」 2004.04.14

㉰ **기자간담회**

기자간담회의 성격은 주로 엔터테인먼트적인 대중공연에서 적극적으로 활용된다. 공연예술계에서 기자간담회는 과거에는 주로 해외 유명 아티스트 초청공연이나 대형 공연프로젝트에 한정되어 기자간담회를 마련하였다. 대형 공연프로젝트의 경우 공연기획단계부터 주최 · 주관이 대외적으로 명성 있는 단체이고, 공연이 갖는 독창성과 대중성이 강하다면 기자간담회를 갖는 것이 공연 홍보효과를 위해서 필요하다. 그러나 현재는 기자간담회 또한 홍보 및 마케팅의 방법으로 사용되면서 반드시 대형규모의 공연에 국한해서 이루어지는 것은 아니다.

㉱ **방송광고**

근래 들어 뮤지컬, 오페라, 해외유명 공연예술단체 초청공연의 경우 방송 스팟광고를 하는 경우가 많다. 언론매체보다 대중 홍보효과가 더 크기 때문에 많은 광고비용이 들어도 방송광고를 한다. 특히 언론사 또는 방송사와 함께 공동개최하는 경우 방송광고는 방송사에서 전담하기 때문에 홍보비용 절감효과를 얻을 수 있다. 홍보담당자는 TV 광고, 전광판 광고, 라디오 광고의 방송 편성표에 따른 광고비용을 계산하여 시청률과의 상관관계를 파악하여 스팟광고를 할 필요가 있다. 최근에는 방송 프로그램 내용에 참여하여 공연을 간접적으로 홍보하는 경우가 있다. 예를 들어 출연자들끼리의 경쟁을 통해 공연에 직접 참여할 수 있는 기회를 준다던지, 혹은 뮤지컬의 의상을 제작하는 미션을 수행하는지의 경우이다. 시청자는 프로그램을 즐겁게 시청하면서 동시에 공연의 정보를 파악할 수 있다.

⑪ 공연프로젝트의 점검회의

공연준비단계의 중반기에 접어들면 공연준비사항을 확인하기 위해서도 공연프로덕션팀과 공연운영팀 간의 공연프로젝트 점검회의를 자주 하는 것이 좋다. 원활한 공연제작을 목적으로 공연프로덕션팀 간에도 연출팀과 무대 스태프 간의 회의를 통해서 최종무대화된 공연을 가상하여 공연준비사항을 점검해야 한다. 팀 간에 공연 프로젝트의 콘셉트를 공유하고, 팀 간의 마찰을 대화를 통해서 서로 타협점을 찾아가며 공연을 목표로 다시 한 번 화합할 수 있기 때문이다.

공연운영팀의 경우 공연행정업무와 홍보마케팅 업무의 진행상태를 점검하고, 미비한 점을 보충하는 차원에서 주간 또는 월별로 운영회의를 하는 것이 필요하다.

⑫ 공연입장권의 발매 및 초대권 배부

공연기획단계에서 공연운영팀에서 공연입장권의 가격을 결정하고 공연의 세부적인 사항이 확정되면 공연입장권의 발매에 들어간다. 대부분의 공연은 공연 1달 전에 입장권을 발매하지만 공연규모에 따라서 공연예매기간을 앞당겨 1년 전부터 발매하는 공연도 늘어나고 있다. 또한 공연마케팅의 입장권 판매전략에 따라서 다양한 판매 루트를 활용하기도 한다.

입장권의 예약 및 판매는 보통 주최단체에서 입장권대행 판매사에 위탁하여 전산발매 시스템에 따라서 티켓링크, 티켓파크 그리고 주관업체를 통해서 발매하는 경우도 있다.

일반적으로 초대권 발매는 공연의 홍보를 위해서 사용된다. 공연에

술계에서 초대권 문화가 심각하게 공연예술계의 성장에 해를 끼치는 관행으로 초대권 문화를 없애자는 논의가 계속되고 있다. 초대권의 배부는 주로 언론사의 기자, 문화예술계 관련인사, 협찬사 등에 배부되는 것이 관행이지만 공연 초기 관객유치를 위해서 초대권 발매를 남발하는 경우 공연에 악영향을 끼치게 된다. 공연 초기 입장관객을 분석해 보면 초대권 관객이 관객유치에 크게 도움을 주지 못한다. 따라서 초대권 배부는 반드시 꼭 필요한 범위 내에서 해야 한다.

2000년대 들어 국내 공연예술계에서도 초대권의 철저한 관리를 통해서 일부 언론사를 제외하곤 초대권 배부를 하지 않는 공연이 늘어나고 있고, 나름대로 홍보마케팅의 일환으로 초대권과 입장권의 장점을 결합시킨 입장권 할인 서비스를 실시하여 좋은 반응을 얻고 있다.

공연운영팀은 공연 전까지 날마다 입장권의 예매현황을 파악하여 판매분과 잔여분을 기록하고, 예매추이를 파악하여 공연대표자에게 보고해야 하며, 이를 토대로 공연중간단계에서 홍보마케팅 전략을 보완할 수 있다.

⑬ 공연 셋업 및 테크니컬 리허설

공연 셋업은 실제로 조명, 음향, 무대장치 등을 설치하는 것이다. 무대셋업은 대형 공연프로젝트일 경우 3~4일 정도 시간이 소요되고 보통은 2일 정도 소요된다. 보통 무대장치팀, 조명팀, 음향팀이 무대 스태프 회의를 통해서 전체 무대 스태프의 일정에 따른 스케줄을 상의하고, 무대 셋업 작업에 들어간다. 무대 셋업 작업이 끝나면 팀별로 최종 확인작업을 마무리하고, 바로 무대 테크니컬 리허설을 준비한다. 테크니컬 리허설을 통해서 무대장치, 무대전환, 조명큐와 메모리 확인, 음향큐를 시험해 보고 최종 무대 스태프의 작업을 종결시킨다.

⑭ 리허설

리허설은 보통 공연 하루 전날 하는데, 드라이 리허설(dry rehersal)과 드레스 리허설(dress rehersal)로 진행된다. 드라이 리허설은 출연배우들이 평상복 차림으로 무대에서 리허설을 하고, 드레스 리허설은 실제 공연에 맞게 공연의상을 입고 리허설을 한다. 드레스 리허설시 무대감독은 장면전환에 따른 모든 부분을 체크하고, 조명 및 음향 등 미비한 점을 마지막으로 체크해야 한다.

보통 드레스 리허설에 맞추어 언론·방송홍보를 위해 기자들을 초청하여 사진촬영과 공연출연진 인터뷰를 병행하는 경우도 있기 때문에 공연홍보 담당자는 리허설 일정을 미리 기자들에게 제공해 주어야 한다.

일반적으로 극장의 대관일정에 따라 리허설의 시간적 여유가 부족하여 첫회 공연에서 조금씩 공연을 다듬어가는 경우가 많다. 이러한 경우 공연초기 관객들에게 좋지 않은 이미지를 심어줄 수 있기 때문에 충분한 시간적 여유를 갖고 해야 한다. 그러나 이 또한 공연홍보로 이어질 수 있다. 리허설을 관계자들만의 평가기간으로 끝내는 것이 아니라, 홈페이지 및 블로그를 통해 공연마니아 혹은 서포터즈로부터 실제 금액의 보다 많은 할인율을 적용해 관람하게 한다. 그 다음 설문조사 및 피드백 시간을 통해서 수정사항을 체크하여 더욱 완성도 높은 공연이 이루어질 수 있다.

(3) 공연진행

공연 시작단계에서 잘 준비된 공연은 충분히 노력한 만큼 성공적인 공연을 마무리할 수 있다. 따라서 모든 공연팀은 긴장된 자세로 공연에 임해야 한다. 보통 공연 3시간 전 다시 한번 최종 리허설을 갖고, 모든 공연프로덕션과 관련된 모든 부분을 다시 한번 체크한다. 일반적으로 공연에서 점검할 사항을 보면 다음과 같다.

❶ 무대 시스템 셋업 최종점검

최소 공연 3시간 전 공연 최종 리허설이 끝나고 무대감독은 프롬프터 시트(prompt sheet)를 확인하고, 조명 오퍼레이터는 조명큐와 메모리, 그리고 조명의 안전점검을 한다. 뮤지컬 또는 오페라의 경우 음악반주팀의 악기 세팅 및 사운드 체크를 최종적으로 점검한다. 무대장치팀은 막 전환에 따른 무대기계를 음악, 조명과 함께 최종점검 하도록 한다.

❷ 무대 스태프의 최종회의

각 무대 스태프팀의 최종 셋업 점검이 끝난후 무대 스태프는 공연에 들어가기 앞서 다시 한번 팀(team)간의 셋업정보를 공유하고, 미비한 점을 확인하여 수정할 수 있도록 조치를 취한다. 아울러 공연운영팀의 공연진행상황을 다시 한번 점검할 필요가 있다. 특히 공연 전과 공연 후의 상황을 무대 스태프와 협의 한다.

❸ 매표원과 진행요원 전체 회의

공연시작 3시간 전에 입장권 현장판매 및 좌석권 교환에 앞서 공연운영팀이 매표소의 매표원, 실내요원과 객석안내원을 소집하여 전체회의를 한다. 공연운영 담당자는 매표원에게 유료입장권과 초대권 손님의 좌석배치 및 관리를 할당하고, 실내 매표요원과 객석안내원에게 관객안내의 세부적인 사항을 전달한다. 또한 공연프로그램 및 포스터, 기타 공연과 관련된 캐릭터 상품을 담당하는 인포센터 담당자들에게도 공연프로그램 판매에 따른 세부적인 사항을 전달한다. 아울러 각 담당자들에게 명찰을 꼭 착용하여 관객들이 쉽게 공연과 관련된 사항을 문의할 수 있도록 하고, 무선연락망(Inter-Com) 시스템으로 문제발생시 바로 연락될 수 있도록 한다.

❹ 모든 진행요원 실전배치

전체회의가 끝나고 매표소에서 관객들이 입장하기 1시간 전에 바로 모든 진행요원은 각자의 업무를 수행하는 곳으로 실전배치한다.
진행요원 개개인은 공연의 대표자인 마인드를 가지고 적극적이고 상냥하게 행동하도록 한다.

❺ 관객대기

매표소에서 좌석표를 받은 공연관객들은 극장 로비에서 대기하고 있다. 대극장의 경우 관객들이 편안하게 앉아서 대기하는 경우도 있고, 극장 로비에 배치된 기타 공연전단을 보며 대기하기도 한다. 중요한 것은 관객들이 입장하기 앞서 편안하게 대기할 수 있도록 배려하는 것이다. 보통 극장의 부대시설이 제대로 갖추어진 경우 관객대기시 관객들이 편히 쉴 수 있도록 다양한 서비스(식음료 서비스, 쉼터, 기타 공연 프로그램 소개) 등이 제공되지만 그렇지 못한 경우 공연기획사에서 모든 것을 준비해야 한다. 쉴 수 있는 로비에 좌석이 부족한 경우, 미리 로비석을 충분히 배치해야 한다.

❻ 무대 최종점검 및 오프닝 신 세팅

무대 스태프들은 팀별로 공연무대와 관련된 모든 시스템을 점검하고, 무대감독은 조명, 음향, 연주팀 등과 관련된 모든 준비사항을 점검한다. 관객이 입장하기 전에 무대 위에 오프닝 신 세팅을 마친다.

❼ 관객입장

관객입장시 공연장 로비에서 안내방송을 통해서 공연장 내부로 음식물 및 음료수 반입을 삼가해 줄 것을 미리 방송한다. 실내 매표요원은 관객의 좌석표를 받고, 지정된 좌석 공간을 안내해 준다. 관객들은 좌석안내원의 안내를 받아 지정된 좌석에 앉는다.

❽ 공연안내

보통 공연안내는 공연이 시작되기 5분 전 공연장 안에서 안내방송 및 무대 앞면 좌우측의 모니터를 통해서 방송되는데 영어, 일어, 중국어 등 3개 국어로 공연소개를 한다. 특히 외국인을 위한 공연 안내방송은 짧은 멘트로 외국인이 쉽게 이해할 수 있도록 신경을 써서 공연안내 멘트를 작성해 놓는 것이 필요하다. 공식적인 자리에서의 번역은 전문가에게 맡기는 것이 좋으며, 자막 또한 공연 내용의 일부라는 생각을 갖고 세심한 주의를 기울여야 한다. 아울러 원활한 공연진행을 위해 핸드폰을 끄고, 사진촬영을 삼가해 달라는 안내방송을 한다.

❾ 공연진행

공연시작을 알리는 멘트 또는 신호음이 나온 후 무대막이 오르면서 공연이 시작된다. 공연진행은 무대감독의 역할로 배우의 등퇴장, 장면의 전환 등 무대 위에서 이루어지는 모든 부분을 책임진다.

공연 스케일이 큰 경우 1부와 2부로 나뉘어 1부가 끝난 후 휴식시간(Intermission)이 10분 정도 주어진다. 극장 안내요원은 관객들이 공연의 2부가 시작되기 전에 바로 입장시킬 수 있도록 안내방송, 신속한 입장, 좌석안내를 통해서 2부 공연에 영향을 주지 않도록 배려해야 한다.

❿ 커튼콜

공연이 끝난 직후 출연진의 관객인사가 이어진다. 커튼콜(Curtain Call)은 관객과 출연진이 서로 교감을 하는 순간이다. 또한 음악회의 경우 커튼콜을 통해서 관객에게 앙코르를 유도하는 시간이기도 하다. 출연진은 커튼콜시, 관객의 앙코르 요청시 준비한 프로그램을 추가로 공연해주게 된다. 커튼콜 준비는 공연 연습단계에서부터 미리 출연진들이 준비를 하는 것이 좋다. 커튼콜시 출연진의 이색적인 커튼콜은 관객에게 이 공연에 대한 강렬한 인상을 남기기도 한다.

⑪ 관객퇴장

커튼콜이 끝나고 막이 내려진다. 바로 객석에 불이 들어오면 관객들은 퇴장한다. 관객 퇴장시 안내요원은 관객들에게 예의를 갖추어 답례인사를 한다.

⑫ 팬 서비스

공연을 관람한 관객들에게 고객 서비스의 배려로 마련되는 출연진과의 직접적인 교감의 시간이다. 보통 팬사인회 및 사진촬영을 하는데, 공연 준비단계에서 공연운영팀은 이러한 팬 서비스(Fan Service)를 개최할 것인가를 결정하여 공연시 극장로비에 안내문 또는 안내방송을 한다.

일반적으로 포토존(photo-zone)을 마련하여 관객들에게 사진촬영을 할 수 있도록 제공한다.

⑬ 극장로비 매표현황, 정산 등 최종 마무리

공연결산 이전에 현장에서의 입장권 판매 및 초대권 매표현황을 미리 기록해 두고, 현장판매를 통해 얻은 수익금 등을 파악하여 공연운영자가 최종적으로 점검하여 대표자에게 보고한다. 아울러 공연결산업무에 차질이 없도록 공연수익현황을 철저하게 점검한다.

⑭ 무대 시스템 철수

무대 시스템 철수는 극장이 아닌 야외에서 공연한 경우는 공연직후 바로 철수작업에 들어가지만 일반적으로 극장공연의 경우 공연 다음날 오전에 철수작업에 들어간다.

극장대관시 조명과 음향을 극장 자체에서 빌려 사용한 경우 무대장치, 의상, 소품 등을 철수하지만 극장에 조명과 음향을 대여하여 들여온 경우 무대장치, 의상, 소품 등과 함께 철수해야 한다. 보통 무대세트 및 장치, 소품은 무대제작업체에서 철수하고, 조명과 음향의 경우도 대여업체에서 철수한다. 극장에서 대여한 경우 극장 무대 스태프들이 철수한다. 무대 시스템을 외부에서 렌탈한 경우 공연운영자는 무대 시스템 대여료를 철수작업 직후 지불하기도 하지만 보통 공연한 며칠 후에 지불하기도 한다.

⑮ 객석정리–진행요원 미팅/철수

최종적으로 관객이 퇴장한 이후 진행요원은 객석을 정리한다. 극장의 경우 극장의 청소용역이 객석을 정리하지만 일반적으로 대관 또는 극장이 아닌 공연장소에서 공연한 직후 객석정리(쓰레기 또는 의자정리)는 진행요원이 한다. 객석정리가 완료되면 공연운영담당자는 진행요원과 최종미팅을 통해서 공연답례를 한다.

⑯ 뒷풀이

관례적으로 공연이 끝나면 공연과 관련된 모든 사람들이 모여 함께 공연 뒷풀이를 한다. 뒷풀이는 공연제작에 참여한 모든 공연자들과 스텝들의 노고에 답례하는 자리이다.

무대 밖의 지휘자 – '하우스매니저'

| 기사입력 2007-07-12 15:40

하나의 공연이 성공적으로 시작하여 끝나기 위해서는 무대 위의 배우들과 무대 아래의 연출진들의 많은 노력과 능력들이 중요하다. 하지만 이들 못지않게 중요한 역학들을 하는 사람들이 있다. 바로 공연장에서 관객과 관련된 모든 일에 책임을 지며, 더 나아가 공연장의 이미지를 만들어가는 '하우스매니저' 들이다.

노동부 서울지방노동청 서울종합고용지원센터에서는 이색직종인 '하우스매니저' 에 대해 김명수 하우스매니저(現 국립극장 하우스매니저)와 인터뷰를 통해 자세히 알아보았다.

– '하우스매니저'는 어떤 일을 하나요?

하우스매니저는 공연장을 찾는 모든 관객들이 편안하고 쾌적한 환경속에서 공연을 관람하실 수 있도록 도우미 역할을 하는 사람입니다.

공연 전에는 그날의 특이상황을 점검 안내원을 교육하며 공연1시간 전부터 로비에서 관객을 안내합니다. 귀빈관람 및 장애우, 노약자분들이 관람하는 경우 이분들을 안내하며, 단체관람의 경우 공연내용이나 관람예절들을 설명하기도 하며, 불만고객이나 다른 사람에게 불편을 주는 관객의 경우 이분들을 잘 설득하여 좋은 공연관람이 되도록 도움을 주는 역할을 하기도 합니다.

공연이 시작되면, 로비의 청소상태, 냉난방상태를 점검 관객들의 공연관람을 도와주는 역할을 합니다. 공연종료 후에는 모든 관객들이 돌아가실 때까지 불편함 점이 없도록 안내를 하기도 합니다. 이제 모든 관객이 가시고 나면 매니저의 하루 일과가 끝나는 시간입니다.

– 이 일을 선택하시게 된 동기는?

1987년 우연한 기회에 국립극장에 입사를 했습니다. 처음 해보는 낯선 일이었지만 저에게는 무척 흥미롭고 재미있는 일이었습니다. 그 당시만 해도 매니저란 직업이 없었지만 혼자서 꾸준히 역할을 하고 흥미를 갔던 중 같이 근무하시던 분이 하우스매니저 관련된 책을 주셨습니다. 그 책을 갖고 공부하던 중 매니저에 관한 내용을 윗분들에게 보고하고 매니저 제도도입을 하면서 자연스럽게 매니저 일을 하게 되었습니다.

– 이 직업의 매력이라고 한다면?
공연이란 모든 공연의 종류, 관객이나 날씨 등 모든 것들이 변수가 생길 때가 많습니다. 이런 변수들을 잘 조율하여 관객들의 요구사항을 맞혀주는 것이 역할이며 많은 변수 등을 해결하고 공연을 시작했을 때의 쾌감은 마치 마약처럼 희열을 느끼기도 합니다. 또한 휴일도 없고, 항상 저녁 늦게 끝나는 직업이다 보니 개인 사생활이 없어 몸도, 마음도 지칠 때가 많습니다. 하지만 관객들이 많이 오셔서 재미있게 관람하시고 가시는 길에 수고했다는 말 한마디에 모든 피로감이 사라집니다.

– '하우스매니저'가 갖추어야할 자질은 무엇인가요?
하우스매니저의 제1덕목은 열린 마음, 희생정신과 정확한 판단력입니다. 내가 아닌 관객의 입장에서 생각하고 도움을 주어야만 그분들이 만족을 합니다. 공연장에서 많은 사람을 상대하다보면 짜증날 때도, 제지하는 것도 있을 수 있습니다.
제지할 경우 규정을 이야기하고 제지하는 것보다는 한번 더 생각하고 열린 마음으로 다가가 관객의 이해를 구해야합니다 그래야만 관객이 기분 좋게 받아들이고 이해를 합니다. 또한 공연의 상황은 매일 틀리기 때문에 정확한 판단력은 필수입니다. 판단의 시기를 놓치는 경우 공연자, 관객 모두에게 피해를 줄 수 있기 때문에 정확한 판단이 중요하며 가능하면 관객의 입장에서 판단을 하는 것이 중요하다고 생각합니다.

– '하우스매니저'를 희망하는 사람들이 준비해야할 것은 어떤 것이 있을까요?
저는 공연장을 자주 찾는 것이 중요하다고 생각합니다. 물론 공연을 많이 보고 공부를 많이 하는 것도 중요하지만 공연장을 자주 찾아 익숙해지는 것이 중요하다는 생각입니다. 공연장에 찾아가서 차도 한잔하고 여러 가지 시설들도 구경하고 또는 자원봉사를 통해서 친숙해지는 것도 좋을 듯 합니다. 또한 공연장을 찾을 때 공연만 보지 말고 조금 일찍 도착해서 로비, 화장실, 편의시설 등을 다니면서 구경도하고 자기의 생각도 해 보는 게 좋을 것 같습니다.

– 앞으로 이 분야의 고용전망은 어떻게 보시나요?
하우스매니저란 제도가 우리나라에서 생기기 시작한 것이 오래되지 않았습니다. 그 당시만 해도 공연을 하고 관객은 공연을 보고 돌아가면 되는 것으로 생각했습니다.

하지만 공연이 문화산업이 되면서 관객의 서비스욕구가 생기고 공연장의 CEO들은 이것을 당연한 것으로 생각하게 되었습니다.
물론 아직도 전국의 공연장에서 하우스매니저가 없는 공연장이 많지만 이런 공연장도 관객의 요구에 따라 매니저는 필수적이라 생각합니다. 앞으로도 많은 공연장이 생기고 모든 공연장은 관객서비스의 중요성과 요구에 따라 매니저란 직업도 전망 밝을 것으로 생각합니다.

– 마지막으로 이 분야로의 취업을 희망하는 사람들에게 해주고 싶은 말이 있다면?
공연을 좋아하고 남에 대한 배려의 마음을 가지신 분이라면 충분히 매력적인 직업이라고 생각합니다. 하지만 매니저가 부와 명예를 주고 화려하고 편안한 직업은 아니라고 생각합니다. 화려한 조명과 박수는 무대 위의 주연배우들이 받지만 무대 밖에서 주연배우들이 빛날 수 있도록 도와주는 것이 하우스매니저의 역할입니다.
스스로를 낮추고 남을 위해 하는 일이지만 공연종료 후에 느끼는 희열은 앞으로도 계속 하우스매니저의 일을 할 수 있도록 힘을 주는 원동력이라 생각합니다. 언젠가는 나이가 들어 후배에게 이 일을 물려주더라도 자원봉사자로서 정장에 나비넥타이를 메고 오시는 관객들을 안내할 수 있도록 열심히 노력 할 생각입니다.

출처 : 국정넷포터 김재훈(hoonever@netsgo.com)

2 | 공연결산 및 평가

공연이 끝나고 공연의 재정적 결산은 충실히 하는 반면 공연평가를 소홀히 하는 경우가 많다. 보통 시간적 여유의 부족으로 공연평가를 소홀히 하는 면이 있으나 공연기획에서 공연의 결산과 평가는 다음 공연을 위한 하나의 준비과정이라고 생각해야 한다.

공연결산과 평가는 공연성과를 분석하여 다음 공연에 이를 참고로 하여 더 좋은 공연물을 제작하기 위한 것이다. 따라서 다음 항목에 대한 상세한 분석이 필요하다.

공연결산은 공연운영팀에서 수행한다. 보통 다섯 가지의 관점에서 공연성과와 보완점을 분석하여 결산한다. 공연기획단계에서 제시된 공연재정 결산, 공연의 질적 서비스, 공연홍보와 마케팅, 관객확보 등 분석을 통해서 최종적으로 공연평가를 내리고, 향후 공연프로젝트에서 보완해 나간다.

(1) 공연재정의 결산

공연결산 부분에서 가장 중요한 항목으로 공연을 통해서 공연을 주최한 단체가 재정적으로 흑자를 보았느냐 아니면 적자를 보았느냐를 최종으로 평가하는 것이다. 공연재정의 결산은 반드시 투명하게 결산되어야 공연흥행 평가를 정확하게 할 수 있다. 또한 공연의 기획단계시 수입예산 편성에서 최종적으로 예상한 수익을 달성했는가를 평가할 수 있다.

표 14 공연재정의 결산항목

재정결산의 주요항목	
수입내역	지출내역
• 입장권 판매수입 • 협찬수입 • 광고수입 (공연 전단 또는 공연프로그램 인쇄물 광고) • 프로그램 판매수입 • 기타 수입	• 공연기획서, 소요예산 내역서의 지출 항목별로 지출예상 금액에 따라 실지출액 비교 • 지출완납금과 지출미납금 내역 비교 • 입장권판매에 따른 수수료 비교 • 기타 잡비

(2) 공연의 질적 서비스

공연의 질적 서비스를 객관적으로 평가하는 것은 불가능하다. 관람객수, 언론 방송의 공연비평, 공연관련 비평가의 비평 등을 종합하여 외부적인 공연평가자료를 분석한다. 아울러 내부적으로 공연프로덕션팀과 운영팀 간의 객관적인 입장에서 공연평가를 해야 한다. 간혹 공연의 성과가 좋지 않은 경우 팀간의 마찰로 인해 불화가 생기는 경우도 있다. 따라서 공연결과를 놓고 세부적인 원인을 찾아서 분석 비판하는 것이 필요하다.

공연의 질적인 측면을 평가할 때 평가자료로서 활용하기 위해서 공연운영팀에서 공연기간중 관객설문조사를 비롯한 외부 공연평가자료를 첨부하는 것이 필요하다.

(3) 공연홍보와 마케팅의 분석 및 평가

공연기획 시 공연의 목표에 따라 공연이 홍보되고, 마케팅이 수행되었는가를 평가하는 것으로 공연운영팀에게 가장 중요한 공연평가 자료가 된다. 보통 공연홍보와 마케팅분석은 공연의 흥행과 직접적으로 관계된 문제이므로 공연재정의 결산과 병행하여 하는 것이 좋다.

공연홍보와 마케팅분석은 공연기획서상의 계획 안에 맞게 실행되었는가를 먼저 검토해야 한다. 따라서 다음 항목을 세부적으로 분석하여 사업결과보고서를 작성하는 것이 필요하다.

:: 공연홍보와 마케팅의 분석항목

- 공연기획 의도와 목표에 충실한 공연이었는가?
- 작가와 연출이 제대로 구성되었는가?
- 공연프로덕션이 제대로 구성・실행되었는가?
- 추진일정에 따라 업무가 제대로 수행되었는가?
- 기간 및 제작과정상의 문제점은 무엇이었는가?
- 홍보와 마케팅 계획이 제대로 수행되었는가?
- 협찬 및 후원사의 공연협력이 제대로 이루어졌는가?
- 예상관객 현황과 실관객현황 비교
- 수입예산과 지출예산에 맞추어 실제수입 및 지출현황 비교
- 매체(언론사, 방송 등)의 공연소개 및 평가자료
- 가격의 관객 반응
- 공연일시의 외부적인 호응도
- 관람객 설문조사 분석자료

:: 공연평가 첨부자료

- 언론사 공연 소개 및 비평 신문기사 스크랩
- 방송용 광고 및 인터뷰 비디오 테이프 녹화자료
- 공연관련 기사가 수록된 잡지 및 기타 자료 스크랩
- 공연 참석 관객설문조사 통계자료 분석
- 동일한 시기의 비슷한 공연의 언론사 공연소개 및 비평기사 스크랩

:: 사업결과보고서 작성요령

- 표지: 공연명, '사업결과보고' 문구, 평가일시, 공연기획사명
- 공연 참여진
- 목표설정 및 기획의도 분석
- 작품 선정 및 작가, 연출진 분석
- 구성 및 제작과정의 문제점 및 마케팅 분석
- 입장권 판매현황
- 보고
- 공연평 분석
- 분석
- 종합평가
- 공연프로젝트를 위한 제언

제4장

공연 마케팅

일반적으로 경영에서 마케팅은 "생산자로부터 소비자 또는 사용자에게로 상품과 용역이 이동되는 과정에 포함되는 모든 활동이며, 마케팅은 경제의 특정개념을 초월하는 개념이며, 이익을 전제로 한 사업만을 의미하는 것은 아니다"라고 정의하고 있다. 사전적 의미로서 예전에는 마케팅의 기능을 상품광고, 시장조사, 판매촉진 등을 통해 판매량을 극대화하는 것 정도로 생각했지만 최근에는 고객과 관련된 모든 활동으로 그 의미가 확대되었다.

일반적으로 예술경영의 관점에서 마케팅은 "다양한 시장에서 일어나는 대중과의 교환활동을 효과적으로 경영하는 것 또는 단순히 상품을 파는 차원을 넘어서 광범위한 의미에서의 커뮤니케이션이다"라고 정의하고 있다.

이러한 마케팅의 여러 관점을 종합해 보면 포괄적인 개념으로서 마케팅은 경영활동 전반을 포함하는 것으로, 이러한 경영활동 중에서 어느 하나만을 따로 규정지어 '마케팅'이라고 규정할 수 없다. 그렇다고 경영활동의 전반적인 내용이 모두 마케팅을 포함하는 것은 아니다. 보통 전문적인 영역으로서 마케팅은 크게 상품선정, 가격책정, 유통, 판매촉진, 시장조사로 영역을 구분하고 있다.

1 | 공연 마케팅이란?

순수한 공연예술활동에서 확대되어 '공연예술산업' 또는 '공연예술시장'이라는 일반경영의 논리가 공연예술에 도입되면서 공연마케팅이라는 개념도 생겨났다. 경영활동의 전문적인 영역으로서 마케팅에 속하는 상품선정, 가격책정, 유통, 판매촉진, 시장조사를 공연예술시장에 대입하면 다음과 같다.

표 15 공연마케팅의 영역

시장조사	관객동원을 위한 다양한 관객관람실태 조사
상품선정	공연의 소재 또는 내용
가격책정	공연관람료
판매촉진	공연을 위한 홍보와 광고
유 통	공연장소

즉 공연예술시장에 공연주체를 홍보하고, 공연물을 소비자에게 소개하고, 공연작품의 이해를 통해서 관객을 참여시키고 아울러 예술적 목표를 위해서 공연물의 예술적 가치를 높이는 것이다.

이러한 공연의 목적은 창작자의 예술활동을 보장하고 아울러 대중에게 예술활동을 관람하게 하는 것이다. 즉 공연이라는 다양한 예술상품을 소비자이자 고객인 청중에게 알리는 데 있다. 아울러 공연 주체는 공연창작활동으로 얻어지는 경제적 수익을 통해서 왕성한 공연창작활동의 발판을 마련하는 것을 목적으로 한다.

(1) 공연마케팅의 필요성

우리나라 공연예술시장에 본격적인 공연마케팅이라는 개념이 도입된 지는 10년 정도이다. 몇 년 전만 해도 한국 공연예술시장에서는 공연예술계의 인식부족으로 인해 많은 오해를 불러오기도 하였다. 특히 이러한 인식부족의 문제는 공연예술활동이라는 개념과 범주 속에서 공연예술계 내의 전근대적 인식에서 찾을 수 있다. 공연예술을 바라보는 전근대적 인식은 공연예술의 지원 및 보호정책의 부족과 공연예술계의 전문인력 부족을 들 수 있다.

공연 마케팅의 인식부족으로 인해 단지 마케팅은 판촉을 위한 활동으로 규정짓고 공연예술활동의 특성을 왜곡하여 공연예술활동 그 자체를 알리기보다 그것을 포장하여 공연예술의 본질을 왜곡시키기도 하였다.

공연예술계 자체 내에서 마케팅을 공연예술의 영리추구에만 집착된 개념으로 받아들이는 태도, 즉 단순히 공연입장권 판촉행위로만 간주하였다. 물론 공연예술활동을 널리 알리고 영리 추구도 마케팅 활동에 포함되지만 공연예술활동의 궁극적인 목적은 좀 더 많은 사람이 좀 더 완성된 공연예술상품을 소비할 수 있는 여건(서비스, 공연예술 작품의 질, 관객의 감동)을 마련하는 것이다.

공연을 창작하여 관객에게 공연입장권을 판매하여 수입을 올리는 것이 공연예술경영의 목표는 아니다. 공연예술이 갖는 예술적 성취를 이루어내는 것도 중요한 목적이기도 하다. 아울러 공연예술활동은 일반적인 상품과 달리 재화를 주고 그 상품을 사서 개인이 혼자서 오랫동안 그 상품을 소비할 수 있는 것이 아니다. 공연장을 통해서 공연예술의 창작자와 직접적인 만남을 통해서 그 상품을 소비할 수 있고, 그것은 다른 일반적인 상품과 달리 소멸성을 갖고 있다는 것이다. 공연장이라는 장소에서의 공연주체와 소비자의 만남은 공공성을 갖고 있다. 따라서 이것은 공공의 감시를 받고 그것에 쉽게 영향을 받는다.

비영리조직(공연예술단체, 문화예술회관, 전시장 등)도 기업과 마찬가지로 소비자(고객)가 존재하며, 그들을 대상으로 유무형의 상품과 서비스를 제공한다. 상품과 서비스를 제공하는 주체와 제공받는 소비자의 관계 속에서 교환이 발생하며, 교환이 이루어지는 시장과 경쟁이 존재한다.

공연예술 마케팅은 최종적으로 관객의 욕구를 정확하게 파악하여 그에 합치되는 공연작품과 서비스 또는 아이디어를 기획 · 개발하고 사실을 전달하며 각 공연활동의 주체가 최소한의 비용으로 최대의 고객만족, 최대의 경제적 가치를 창출할 수 있도록 하는 것이다. 또한 공연예술활동의 궁극적인 목적인 좀 더 많은 고객들이 완성도가 높은 공연예술상품을 소비할 수 있는 여건을 마련하는 것이다.

(2) 공연마케팅의 특징

공연산업은 단순한 물질적인 상품이 아닌 유 · 무형의 복합적인 성격을 지님으로 인해 일반적인 상품의 마케팅과는 구분된다. 비록 관객이 빈손으로 들어가더라도 빈 머리 또는 빈 감성으로 돌아가지는 않으며, 어떤 유형적인 재화 또는 제품과 달리 공연시장에서 공연물은 관객의 경험(관람행위로 얻어지는 정신적 · 감성적 인지)에 의해 만족을 얻는 것이다. 따라서 일반적인 상품에 비해 복잡하고 다양한 마케팅의 전략이 필요하다. 공연마케팅은 1차원적인 경제적 논리에서 상품판매 촉진만을 목표로 하는 것이 아니라 좀 더 세부적이고 다양한 목표 지향성을 갖고 마케팅전략을 수립하는 것이다.

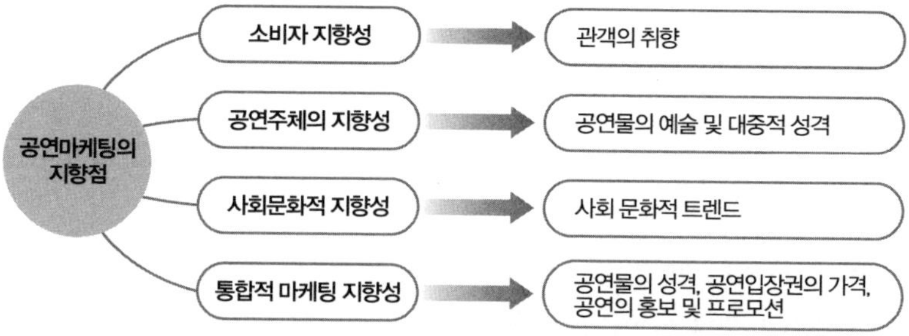

그림 19 공연마케팅의 특징

(3) 공연마케팅의 접근방식

공연 마케팅의 접근방식은 일반적인 경영학의 마케팅론을 기초로 하여 그것을 세분화하고 공연예술시장의 특성에 맞게 접근시키는 방법론을 제시하고 있다.

일반적인 마케팅의 관점에서 볼 때 먼저 마케팅을 위한 환경을 파악하고, 마케팅관리 과정을 통해서 시장분석, 목표시장을 선정한 다음 마케팅전략을 세우고, 이에 따르는 다양한 마케팅 방법론을 조합하여 마케팅활동에 전념할 것이다.

일반적인 마케팅론을 통해서 어떻게 공연마케팅에 접근할 것인가를 묻는 질문을 예를 들어 보자.

① 공연관람객이 공연물을 보고 무엇을 얻는가?
② 20・30대의 젊은층 관객은 어떠한 공연장르를 선호하는가?
③ 젊은층 관객을 잡기 위해서 어떠한 작품을 선정할 것인가?
④ 흥행에 성공하기 위해서 이 작품을 어떻게 만들어갈 것인가?
⑤ 젊은층 관객이 이 공연을 보러 오게 하기 위해서 공연입장권 가격은 어떻게 책정해야

하는가?
⑥ 젊은층 관객에게 우리 공연을 알리기 위해서 어떠한 매체를 활용하여 홍보를 할 것인가?
⑦ 젊은층 관객은 어떠한 공연장에서 이 작품이 무대에 올려지기를 원하는가, 아니면 어디서 공연을 해야 많은 사람이 찾을 것인가?
⑧ 공연입장권을 어떻게 판매할 것인가?
⑨ 이번 공연을 본 사람이 얼마나 만족하고 있을까?

❶ 시장세분화 전략 Segmentation

위의 마케팅 지향적 질문을 마케팅에 접근시키면, 질문 ①은 공연관람객이 공연을 통해서 정신적 · 감성적으로 무엇을 얻는가를 파악하는 것으로 공연시장에서 다양한 고객들을 분류하고 다양한 기준을 갖고 공연시장에서 동질적인 성격을 가진 집단을 분류하여 공연시장에서 고객의 취향을 파악하는 시장세분화 마케팅전략에 속한다. 즉 공연을 관람하는 고객이 공연을 보면서 정신적 만족감을 얻는지, 아니면 교양습득을 하는지 등의 다양한 만족실태를 분석하여 동일한 성격을 가진 집단을 분류하는 것이다.

❷ 표적시장 선정 Targeting

표적시장 선정이란 질문 ①에서 얻어진 결과를 통해서 질문 ②의 주요 고객층을 표적으로 삼아 공연물의 성격을 선정하는 것이다. 즉 관객의 취향을 파악하여 젊은층의 고객을 표적으로 한다면 그들이 선호하는 공연장르를 선정할 것이다. 시장세분화 데이터를 토대로 주요 고객층의 표적으로 삼아 공연을 선정하게 된다.

❸ 포지셔닝 전략 Positioning

포지셔닝 전략이란 질문 ③의 표적시장이 선정되면 바로 선정된 표적시장에 맞추어 공연물의 성격을 선정할 것인가 하는 질문이다. 예를 들어, 젊은층 고객이 선호하는 공연예술장르가 '뮤지컬'로 의견이 모아지면 뮤지컬 콘셉트로 전략을 수립하여 공연기획을 하게 될 것이다.

❹ 공연상품 전략 Product

공연상품 전략이란 질문 ④에서 어떠한 공연콘셉트가 정해지면 그 공연콘셉트로 어떻게 고객에게 접근할 것인가 하는 질문이다. 예를 들어, 뮤지컬로 공연콘셉트가 정해지면 어떠한 뮤지컬로 고객에게 접근할 것인가 하는 전략을 세워야 한다. 아울러 구체적인 뮤지컬 작품선정을 하게 될 것인가, 국내 창작뮤지컬로 할 것인가 아니면 해외뮤지컬을 무대에 올릴 것인가를 고민하게 되고, 선택된 뮤지컬을 어떻게 관객에게 접근할 것인가를 고민하게 된다.

❺ 공연상품의 가격전략 Pricing

질문 ⑤는 선정된 공연물의 입장권 가격을 결정하는 것이다. 뮤지컬 공연을 한다고 하였을 때 기존의 뮤지컬 시장의 공연입장권 가격을 파악하고, 젊은층 고객을 공연에 많이 끌어들이기 위해서 입장권 가격을 어느 정도로 책정해야 하는가를 다양한 가격결정의 요인을 분석하여 공연입장권 가격을 책정하는 것이다.

❻ 공연커뮤니케이션 전략 Communication or Promotion

질문 ⑥은 선정된 공연물을 고객에게 알리기 위한 홍보질문이다. 주요 고객층이 선정된 그들에게 공연물을 알리기 위해서 어떠한 홍보전략을 수립하여 홍보할 것인가를 고민해야 한다. 예를 들어, 젊은층이 자주 이용하는 인터넷 홍보매체 또는 TV광고를 활용할 것인가를 주요 고객층의 문화적 취향을 파악하여 활용하는 것이다.

❼ 공연상품 유통전략 Place

질문 ⑦은 공연물을 어디에서 어떻게 고객에게 제공할 것인가를 결정하는 것이다. 공연물을 어느 극장에서 무대에 올리는 것이 사람들이 많이 참석할 것인가, 아니면 어느 시기에 공연을 무대에 올려야 관객이 많이 찾을가를 공연장과 관련된 다양한 정보(위치, 교통편의, 젊은층의 특별한 휴일) 등을 수집한다.

❽ 관객개발 People

질문 ⑧은 고객관리 프로그램의 일환으로 공연 후 공연주최측의 공연을 관람한 고객을 대상으로 하는 지속적인 사후관리 서비스의 일환이다. 즉 이번 공연을 통해서 공연주최측이 고객에게 제공한 공연물의 평가를 받고, 아울러 공연 주최측의 고객을 위한 다양한 서비스 평가의 다양한 조사를 통해서 향후 고객의 서비스 개선을 위한 마케팅이라고 할 수 있다. 이러한 데이터를 통해서 공연주최측은 잠정적인 관객개발의 모델안을 제시하고, 아울러 향상된 공연 서비스를 제공하는 발판을 마련하게 된다.

2 | 시장세분화 전략

일반적인 상품마케팅에서도 시장조사는 마케팅전략을 수립하는 데 필수적인 전제조건이다. 일반적으로 시장은 이질적 욕구를 가진 다양한 소비자의 집합으로 구성되어 있다. 그러나 소비자 개개인은 모두 다르지만 특정 제품군의 태도, 의견, 구매행동 등에서 비슷한 소비자 집단이 존재하게 마련이다. 이러한 비슷한 성향을 가진 사람을 다른 성향을 가진 사람의 집단과 분리하여 하나의 집단으로 묶는 과정이 필요하다. 이 과정을 시장세분화라고 한다.

공연예술의 시장세분화(Market Segmentation)란 공연예술 시장에 접근하는 데 일정한 기준을 세워 이 기준에 따라 비슷한 성격의 소비자(관객)를 집단으로 나누어 비교 및 분석하는 것이다. 이러한 데이터를 참고로 하여 공연예술시장의 마케팅전략을 수립하고, 이에 따라 공연예술시장의 변화에 신속하게 대응하는 것을 말한다. 시장세분화의 목표는 선택된 세분시장(segment)을 통해서 동질적인 소비자(관객)에게 맞는 차별적인 마케팅믹스 전략을 개발하는 데 있다.

공연예술시장에서도 문화연령대, 소득수준, 라이프스타일, 문화적 취향 등의 다양한 시장조사를 통한 다양한 관객조사자료를 토대로 관객을 유치하려고 노력하고 있다.

공연마케팅은 공연예술시장을 세분화시켜서 개별적으로 동질적인 소비자(관객) 집단의 특성을 파악하고, 각각 세분화된 시장을 서로 비교하여 기회요건이 맞는 공연시장을 개척, 고객의 욕구에 맞는 마케팅믹스 개발, 공연프로덕션 및 부대 서비스의 애호도, 공연물의 경쟁력 확보, 공연예술시장의 변화대응전략 등을 수립할 수 있다.

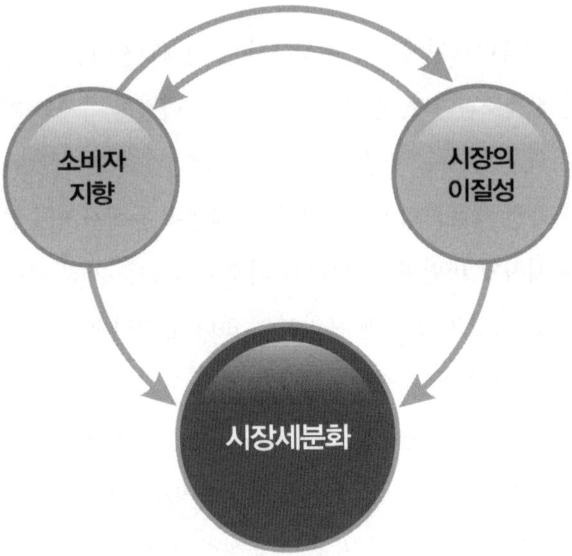

그림 20 시장세분화의 특성

(1) 시장세분화의 기준

우리나라의 공연예술시장은 규모와 수익구조가 체계적이지 못하기 때문에 시장세분화의 요건에 따라 객관적인 기준을 적용한다는 것은 약간의 무리가 따른다. 이러한 문제점은 공연시장의 규모와 통계학적으로 공연수요의 측정이 가능한가, 또는 공익수익의 규모와 체계적인 공연시장구조 그리고 과연 공연시장에서 소비자들에게 접근이 용이한가 하는 접근방식이 선행되어야 할 것이다.

표 16 시장세분화의 전제조건

시장세분화 요소	내 용
동질성(Identifiability)	세분시장 내에 공연 소비자의 욕구가 동질적이어야 하고, 비슷한 성향을 가지고 있어야 한다.
접근가능성(Accessibility)	세분시장이 어떤 특성을 가진 소비자로 구성되어 있고, 이들에게 접근할 방법이 무엇인지 알 수 있어야 한다. 매체를 통하여 목표소비자에게 공연상품을 알릴 수 있어야 한다.
측정가능성(Measurability)	각 세분시장의 규모와 구매력의 측정이 가능해야 한다.
실천성(Substantiality)	세분된 시장이 독자적인 별개의 마케팅활동을 실행할 수 있을 정도의 수익성과 가치가 보장되어야 한다.
차별성(distinguishability)	하나의 마케팅믹스 전략에 각각의 세분시장이 서로 다르게 반응이 나타나야 한다.

(2) 시장세분화의 변수

시장세분화의 변수는 주로 인구통계학, 사회학, 경영학의 마케팅론에서 방법론을 차용하였다. 시장세분화의 변수에는 개인적 특성변수에 따라 인구통계적 변수, 심리분석적 변수, 라이프 스타일 변수가 있고, 소비자의 행동적 변수에 따라 구매행동적 변수, 사용상황변수, 추구효익 변수, 라이프 스타일 변수 등이 있다.

공연시장에서 주로 차용한 변수는 ① 인구통계적 변수, ② 라이프 스타일 변수–구매행동적 변수·사용상황변수, ③ 소비자의 형태적 변수, ④ 소비자의 구매정보 및 의사결정 변수를 사용하고 있다.

표 17 공연시장 세분화의 기준

구분	구분 요인	구분기준	구분기준에 따른 예
개인적 특성변수	인구통계학적 요인 (Demo-graphics)	성별	남, 여
		연령	- 20대, 30대, 40대, 50~60대 - 젊은층, 중장년층, 노년층
		지역	- 대도시, 중소도시, 농어촌…… - 서울, 충청, 경기, 영남, 호남……
		소득	월수입 100만원 이하, 150~200만원……
		학력	중졸, 고졸, 대졸, 대학원졸 이상……
		직업	전문직, 공무원, 기술자, 자영업, 학생……
		종교	천주교, 불교, 개신교, 무교……
	심리적 요인 (Psycho-graphics)	라이프 스타일	자신의 여가활용(Activities), 자신의 관심사(Interests), 사회를 바라보는 자신의 의견(Options)에 따라 생활태도, 자신의 신념, 여가시간활용패턴, 대중매체 활용도 AIO분석
		사회계층	상류층, 중류층, 하류층
소비자 행동적 변수	추구하는 편익 (Benefit)	소비자가 공연상품에 어떤 가치와 의미를 부여하며 그 효율을 기대하는가의 정도에 따라 나누는 변수	관심분야의 흥미, 교양습득, 지식습득 새로운 경험, 기분전환, 자기과시, 우월감 등
	공연상품의 접근성 (Accessibility)	공연관람횟수, 공연관람동기 공연관람의 유무	공연입장권 구매경험의 유무 연간 공연관람 회수 연간 4회, 연간 10회 이상 공연관람 동기는 - 선물, 데이트, 과제, 가족, 무료공연 초대
		공연에 따라 공연애호도, 공연 부대서비스 이용에 따라	공연장의 공연물의 성격 - 뮤지컬, 연극, 무용에 따른 소비자의 애호도 공연의 서비스(할인혜택, 경품제공, 공연장 이용편익성) 등의 인지도
		공연관람을 위한 접근의 용이성	공연장 위치, 거리, 교통편
		공연입장권 가격의 민감도	공연규모에 비례한 공연입장권의 가격책정 정도
		미디어 패턴	TV광고, 신문광고, 현수막, 인터넷 공연기대, 입장권 구매동기 등
		공연상품 구매의사결정	공연정보탐색경로, 공연의 다양한 정보 (작품의 질, 출연진, 연출, 공연장평가 등), 공연입장권 구매 후의 만족도 등

❶ 인구통계적 변수

인구통계적 변수는 지역, 연령, 성별, 가족규모, 수명, 직업, 교육수준, 종교 등과 같은 사회경제적인 요인과 관련된 변수를 조사 및 분석하여 접근하는 가장 기초적인 자료로 활용한다. 특히 공연시장에서 인구통계학적 변수는 지역, 연령, 성별, 직업, 교육수준 등이 기초적인 표본기준으로 가장 많이 활용되고 있다.

인구통계적 변수를 활용한 시장세분화 마케팅전략은 세분된 시장의 외연이 명확하기 때문에 시장접근이 용이하다는 장점이 있다. 그러나 오늘날 공연관객의 욕구가 차별화되지 않은 추세에서 점차 효용성이 떨어지는 단점이 있다. 따라서 기본적으로 1차적인 시장세분화 기본정보로서 라이프 스타일 변수, 그리고 형태적 변수 등의 2차적인 자료접근방식에 활용할 수 있다.

❷ 라이프 스타일 변수

근래 들어 문화마케팅(Culture Marketing)에 많이 활용되고 있는 세분화시장 변수이다. 라이프 스타일(Life Style)은 사람들의 생활양식·행동양식·사고방식과 같은 모든 생활측면의 사회적·문화적·심리적 차이를 전체적인 형태를 기준으로 사회학 분야에서 차용한 개념이다.

라이프 스타일 변수는 소비자 행동을 결정하는 주체가 합리적인 경제계산을 근거로 하여 소비자로서 행동할 뿐만 아니라, 주체성을 가지고 자신의 생활방식을 설계하는 생활인의 의식을 갖게 되었다는 것을 전제로 성립한다. 즉 생활태도, 사회문화적 신념, 여가활동, 대중매체의 활용도 등을 주기마다 조사하여 마케팅의 목적에 활용한다.

❸ 소비자의 형태적 변수

시장접근도에서 구체적으로 접근하는 방식으로 어느 특정공연의 구체적인 심리 그리고 행위 등을 형태적으로 파악한 변수이다. 형태적 변수에는 공연을 통해서 추구하는 편익, 공연관람 횟수, 공연태도, 공연애호도, 공연감상 접근의 편리성(공연관람에 접근성), 입장권 가격의 민감도, 공연장 부대 및 공연 서비스 경험 등을 종합해서 데이터를 분석하는 것이다.

❹ 소비자의 구매정보 및 의사결정 변수

형태적 변수에서 확장된 개념으로서 소비자가 미디어 매체를 통해서 공연의 정보수집과정 및 공연입장권 구매의사결정 과정 속에서 이루어지는 변수이다. 즉 공연의 정보수집(홍보광고, 홍보인쇄물, 인터넷, 공연기대, 입장권 구매동기 등) 및 구매의사결정과정(공연의 다양한 정보-작품내용, 출연진, 할인혜택 등)으로 공연 마케팅에서 가장 많이 활용하는 시장세분화 변수이다.

(3) 시장세분화 방법

시장세분화 방법은 통계학에서 차용한 군집분석(Clustering Analysis)이다. 군집분석은 일반적으로 다수의 변수를 사용하여 시장을 세분화할 경우 가장 자주 사용되는 다변량통계 분석방법으로서, 대상을 대상의 특성(인구통계적 · 심리적 · 행동적, 소비자 편익, 공연상품의 접근성)에 따라 유사한 집단으로 분류하는 데 사용하는 마케팅 조사기법이다.

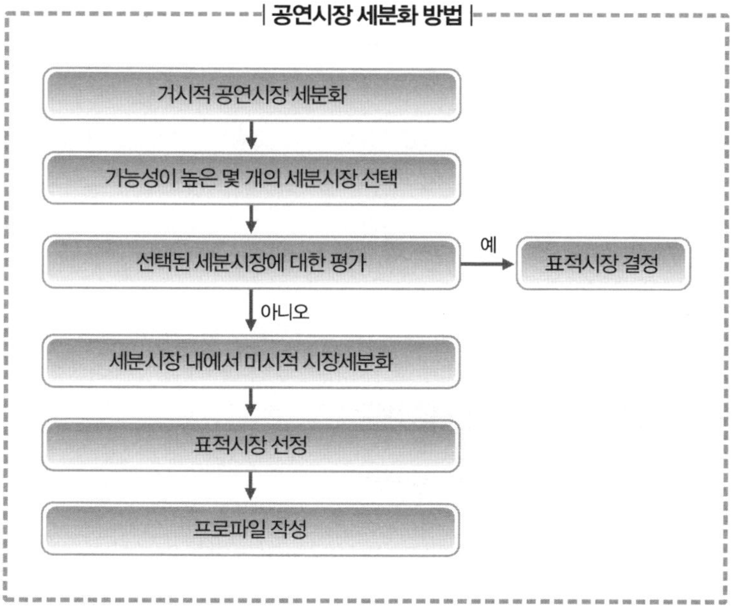

그림 21 시장세분화 방법의 도식화

:: 시장세분화 조사과정의 필요요건

- 연구목적
- 마케팅에 필요한 가설설정
- 자료수집에 사용할 방법(면접, 우편설문, 전화설문, 관찰 등)
- 적합한 표본산정(연구결과를 적용할 표본)
- 자료수집 경로
- 수집된 자료의 분석방법
- 담당 경영자가 원하는 분석데이터 설정
- 자료수집 및 조사를 위한 예산산정 및 기대효과와 비교
- 정보를 활용할 수 있는 구체적 방안기술

:: 시장세분화의 조사절차

- 조사설계 : 탐색을 위한 조사, 기술을 위한 조사, 또는 인과론적 가설검정을 위한 조사
- 사용할 세분화기준
- 자료의 원천 : 1차 자료, 2차 자료, 혼합형 자료(표준화된 1차 자료)
- 사용할 조사기법: 면접, 우편설문, 전화설문, 관찰
- 표본설계 : 표본의 유형과 크기
- 현장조사의 절차와 통제방법
- 분석방법
- 정보의 추정가치
- 인력 활용방안과 시간표
- 소요예산

:: 군집분석 실행의 필요단계

- 대상들의 유사성(similarity) 정도를 측정하는 데 사용할 변수선정
- 조사대상 간의 유사성을 대상 간의 거리(distance)로 계산
- 조사대상을 유사한 집단으로 묶음. 가장 가까운 거리에 있는 대상부터 순차적으로 묶어 감
- 묶여진 군집간의 특성차이를 가장 유의하게 보여 주는 군집의 수를 채택하고 군집별로 이름을 설정함

(4) 세분시장의 분석

시장을 세분화한 다음에는 세분화된 각 시장 중에서 어떤 시장을 표적시장으로 하여 마케팅에 들어갈 것인가를 결정하게 된다. 표적시장 선정을 위하여 세분시장별 매력도평가를 한다. 각 세분시장의 규모와 성장성, 상대적 경쟁력, 공연기획사 또는 공연단체와의 적합성 등 3C(Customer, Competition, Company)분석을 통하여 최종적으로 가장 매력적인 표적시장을 정하게 된다.

표 18 세분시장의 3C분석

3C	평가요소	평가기준의 예
Customer 분석	• 공연시장에서 시장규모 • 공연시장에서 시장성장률	• 공연시장에서 시장규모(수익및 제작규모, 대중성 등)가 적절한가 • 앞으로 성장가능성이 높은 시장인가 • 각 세분시장별 잠재수요는 어느 정도인가
Competition 분석	• 현재의 시장 경쟁력 • 잠재적 시장 경쟁력	• 현재의 공연시장에서 경쟁력을 갖추고 있는가 • 새로운 경쟁사의 진입가능성이 높은가 • 틈새시장의 진입가능성이 있는가
Company 분석	• 공연주체측의 공연목표 • 공연단체의 자원활용 • 공연을 통한 시너지 효과	• 공연기획사의 공연목표와 일치하는가 • 공연에 투입되는 인적·물적·기술적 자원의 역량 및 평가 • 공연을 가치효용에 마케팅믹스 요소를 연계시켜 시너지효과를 얻을 수 있는가

표 19 운현궁 관람객 설문조사서 통계

NO	항목	산출내용
1	성별	남 47%, 여 53%
2	연령	10~20대: 11%, 20~30대: 18%, 40~50: 27%, 60~70: 44%
3	지역	종로구(27.3%), 서대문구(8.5%), 중구(12,7%),동대문구(15.2%), 용산구(7.9%), 마포구(8.5%) 강동구(2.8%), 강서구(5.7%), 강남구(1.2%), 서초구(1.3%), 은평구(2.9%), 경기도(3.2%), 기타 지방(1.9%)
4	월소득	50만 원 이하(18.5%), 50만~100만 원(27.6%), 100만~150만 원(19.5%),150만~200만 원(17.3%), 200만~250만 원(8.5%),250만~300만 원(2.3%), 300만~400만 원(8.5%), 400만 원 이상(2.1%)
5	학력	국졸이하(23.5%), 국졸(22.5%), 중졸(19.8%), 고졸(16.5%), 대졸(8.5%), 대학원졸(1.2%)
6	직업	무직(16.5%), 자영업(13.9%), 전문직(1.2%), 공무원(5.2%), 기술자(9.1%), 학생(12.8%), 주부(18%), 판매원(9.5%), 사무직(9.7%)
7	주말 여가시간 활용	TV시청(63%), 가사(10.6%), 여행(3.5%), 스포츠(8.8%), 영화감상(2.3%), 취미활동(3.2%), 외식(4.7%), 기타(4.9%)

8	사회문화정보 취득매체	신문(25%), 방송(57%), 인터넷(10.2%), 잡지(6.5%), 기타(1.3%)
9	문화행사 관람경험	경험(78.8%), 무경험(21.2%)
10	공연장르 호응도	클래식(3.5%), 연극(4.5%), 무용(9.4%), 전통예술공연(21.8%) 대중음악(27.7%), 기타(10.5%), 잘모르겠다(22.6%)
11	서울시 고궁 호응도	경복궁(29.9%), 덕수궁(18.5%), 창경궁(17.2%), 창덕궁(12.4%), 경희궁(10.2%), 운현궁(11.8%)
12	운현궁 정보취득매체	운현궁 간판(23.7%), 입소문(21.3%), 신문(6.8%), 인터넷(7.3%) 관광안내책자(17.8%), 문화행사홍보책자(16.9%), 유선방송(5%) 공중파방송(1.2%)
13	운현궁 방문횟수	1회(52%), 2~5회(32.3%), 6~10회(12.5%), 10회 이상(3.2%)
14	운현궁 방문목적	관광(30.2%), 교육(18.5%) 시간적 여유(18.3%), 문화행사 관람(17.5%), 혼례식(15.5%)
15	운현궁의 견해	다른 궁에 비해 너무 작다(18%), 교통이 불편하다(12.9%), 볼거리가 별로 없다(21.3%), 아담하고 좋다(2.5%), 무응답(45.3%)
16	운현궁 행사 관람경험	주말공연무대(21.1%), 전시행사(9.4%), 특별기획행사(13.8%), 정례행사(16.7%), 혼례식(12.8%) 관람경험 없음(26.2%)
17	운현궁 주말공연무대 관람경험	재미있다(21.3%), 지루하다(33.8%), 별로 흥미 없다(21.5%),무응답(1.3%)
18	운현궁 부대서비스	교통서비스(12), 우천시(13)
19	입장권 가격	비싸다(10.5%), 저렴하다(78.4%), 적정하다(11.1%)

3 표적시장 선정전략

표적시장 선정은 여러 세분시장 중에서 고객의 욕구를 충족시켜 주고, 공연주최측에 최대의 이익을 가져다 줄 수 있는 시장을 선정하는 것이다. 시장세분화를 통해서 몇 개의 잠재적 세분시장으로 나눈 다음에는 세분시장별 3C분석과 수요예측 등을 통해서 공연단체가 가장 유리한 하나 또는 그 이상의 표적시장을 선정한다.

표적시장 선정은 시장의 규모, 성장률, 경쟁요인, 적합성 등을 고려해야 한다. 각각 세분시장의 매력 정도를 분석하여 공연시장에서 경쟁상황을 고려하여 가장 좋은 시장기회를 제공해 줄 수 있는 특화된 시장을 선정한다.

표적시장 선정의 목적은 마케터가 각각의 표적시장이 측정이 가능한가, 최소한의 이윤이 보장될 만큼의 시장규모가 되는가, 시장접근이 용이한가 등을 분석하여 여기에 공연주최측의 제반사항에 대입하여 수행할 마케팅전략을 세우게 된다.

일반적으로 마케팅에서 표적시장 선정은 세분화 정도에 따라 ① 비차별적 전략, ② 차별적 전략, ③ 집중적 전략의 세 가지로 접근할 수 있다.

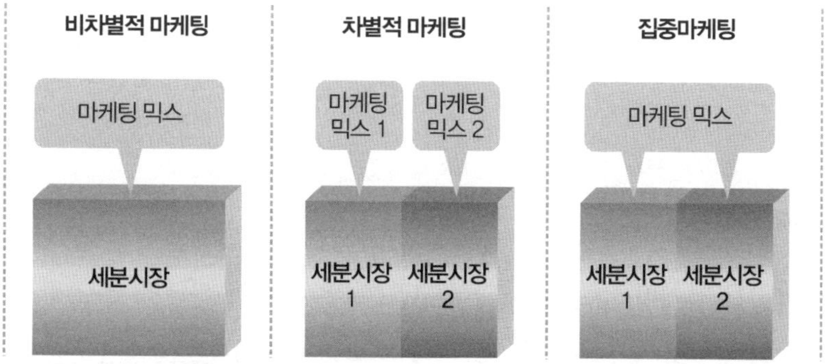

그림 22 표적시장 선정 접근방식

(1) 표적시장 선정전략

❶ 비차별적 마케팅

비차별적 마케팅(non-differentiated marketing)은 구매자 욕구의 개인적 또는 집단적 차이보다는 공통적인 욕구에 맞추어 동일한 마케팅 믹스(Product + Price + Place + Promotion)를 적용시키는 마케팅전략이다. 공연예술상품을 일반적인 제품처럼 표준화시켜서 일반대중을 초점으로 하여 공연상품의 유통 및 홍보마케팅의 전략을 수립한다. 주로 공연예술시장에서 무차별적 마케팅전략은 공연홍보전략의 용이성 및 공연입장권의 가격산정에서 저가격정책을 활용할 수 있으나 공연홍보 비용이 많이 든다. 공연예술시장에서 일반적으로 공공성이 있는 주최가 개최하는 축제 및 공연에서 이러한 비차별적 마케팅이 활용된다.

비차별적 마케팅은 세분시장의 규모, 공연이 갖는 공공성, 단체관람을 통한 입장권 할인정책 등을 고려하여 마케팅 전략을 수립해야 한다.

❷ 차별적 마케팅

차별적 마케팅(differentiated marketing)은 상이한 구매자 욕구에 맞추어 복수의 세분화된 각각의 시장에 맞는 마케팅믹스를 활용하는 전략이다. 이 전략을 활용하여 공연상품에 관객들의 만족도를 높이고, 비차별적 마케팅보다 공연수익도 많이 올릴 수 있지만 각각 세분된 공연상품, 공연상품 티켓가격, 공연홍보를 결정하고 운영하는 데 비용이 많이 든다.

오늘날 대부분의 마케팅에서 활용하는 전략으로 공연상품의 특성, 공연홍보전략, 공연티켓 가격결정 등에 예상 공연수익률이 향상될 것으로 판단될 때 적합하다.

❸ 집중적 마케팅

집중적 마케팅(Concentrated Marketing)은 표적마케팅으로 세분화된 공연시장 중 어느 특정 공연시장에 초점을 맞추어 마케팅믹스를 집중시키는 마케팅 전략이다. 다양한 공연예술시장에 맞추어 마케팅을 하게 되면 마케팅 비용 및 시간에 드는 노동력이 크기 때문에 많은 어려움을 겪는다. 반면 다양한 공연시장에서 어느 특정 시장을 선택하여 집중적으로 마케팅을 하는 것은 마케팅의 비용절감효과, 특정시장에 집중하게 되기 때문에 특정 공연시장의 전문성을 갖고 접근할 수 있다. 따라서 시장선택의 우위권을 갖게 되어 특정시장에 대한 높은 시장점유율을 갖게 된다.

집중적 마케팅은 공연시장에서 대중의 취향과 기호변화에 민감하고, 그 틈새시장에 다른 경쟁자가 진출하게 되면 시장성이 떨어지게 되는 단점이 있다.

표 20 **표적시장 선정전략의 비교**

전략구분	특징	장단점
비차별적 마케팅	• 다양한 표적 시장 접근 • 대중적 공연시장 겨냥 • 대중성이 있는 보편적 공연상품	• 경제적 • 공연산업 규모의 경제 • 시장기회 적음 • 흥행성이 보장된 공연의 경우 활용

차별적 마케팅	• 다양한 표적마케팅 접근 • 다양한 소비자 니즈에 다양한 대응 • 세분시장별 마케팅전략 수행	• 공연소비자 인식, 이미지 강화 • 마케팅믹스가 복잡하다. • 마케팅비용 과다 • 공연수익저하 우려 • 각 세분시장의 구분이 명확한 경우 활용
집중적 마케팅	• 특정 표적시장의 접근 • 특정 세분시장에만 마케팅 집중 • 틈새시장 개념	• 한정된 자원으로 효율극대화 • 마케팅활동을 전문화 • 특정시장에서의 거점확보 • 고객 니즈 변화시 위험 • 공연주최측 공연상품 자원이 제한적이거나 추가적인 세분시장 진출을 위한 교두보를 확보 하고자 할 때 활용

(2) 표적시장 선택기준의 요인

표적시장의 선정은 세분화된 공연시장을 확인하고 그 시장이 갖는 가치를 평가하는 것이다. 따라서 표적시장 선정의 절차는 다음의 3단계로 나누어 객관적으로 접근하는 것이 필요하다. 표적시장 선택을 위해서 다음의 사항을 고려하여 표적시장을 선정해야 한다.

❶ 표적시장의 매력도

㉮ 세분시장의 규모와 성장률

세분시장에서 현재 공연시장의 규모 또는 어떤 특정시장의 성장할 가능성, 그리고 현재 시장의 수익성을 파악하는 것이 선행되어야 한다.

㉯ 공연상품의 주기적 수요성

공연상품은 일반적인 재화처럼 일정한 제품수명주기가 있는 것이 아니다. 그러나 공연상품은 소비자의 욕구에 의해 정기적 또는 주기적으로 공연레퍼토리를 상연할 수 있다. 따라서 공연상품의 상연은 공연소비자의 수요 또는 사회문화적 트랜드, 계절적 주기 등에 영향을 미친다. 예를 들어, 크리스마스 시즌에 항상 무대에 오르는 정기 레퍼토리로 고전발레 "호두까기 인형"은 어린이와 가족들을 위한 시즌 공연상품의 전형이 되고 있다.

〈'호두까기 인형' 공연〉. 국립발레단, 2013

㉰ **세분시장의 경쟁구조적 매력성**

세분시장의 경쟁구조적 매력성은 세분시장에 진입하려는 경쟁자(동일한 장르의 공연상품 상연, 또는 공연장 개관 등), 진입대체하려는 공연상품의 위협성, 공연소비자의 공연상품의 취향과 기호의 탄력성, 공연상품 생산자(예술가, 기획자)와 소비자(관객) 간의 공연티켓 및 서비스 협상력, 대체상품의 진입(영화, 이벤트, 스포츠, 무료공연 등) 등의 경쟁적 세분시장의 구조를 파악해야 한다.

㉱ 환경적 요인의 대체능력

공연시장은 정치 · 경제 · 사회 등의 변화에 어느 정도 영향을 받는다. 특히 공연시장의 공연법에 관련된 법률적인 문제, 공연관람층의 확대, 문화적 트랜드, 정치사회적인 큰 파장을 일으키는 사건 등도 반드시 고려해야 할 것이다.

예를 들어, 1986년 9월에 처음으로 발생해 10여 차례의 강간 · 살인으로 이어지는 엽기적인 사건으로 국내의 대표적인 미해결 살인사건으로 기록된 '화성연쇄살인사건'을 소재로 하여 극작가 김광림이 쓴 희곡 "날 보러와요"는 1996년 연우소극장에서 초연된 이래 2003년 "살인의 추억"이라는 영화로 개봉되어 흥행이 되자, 사회적으로 큰 파장을 일으켰다.

〈영화 '연평해전'〉, 로제타시네마, 2015

또한 2002 한일 월드컵의 마지막 날을 하루 앞둔 2002년 6월 29일 오전 10시 25분 무렵, 서해 북방한계선(NLL) 남쪽 3마일, 연평도 서쪽 14마일 해상에서 일어났던 연평해전을 2015년에 영화로 흥행되어 많은 국민들로 당시의 가슴 아픈 당시의 실상을 회상케 하였다.

❷ 표적시장의 경쟁우위성

㉮ 공연생산자의 이미지

공연생산자(공연기획사 또는 배급사, 공연장)의 이미지는 공연예술의 세분시장에서 갖는 공연상품의 특성과 공연상품에 따라 소비자의 이미지가 달라진다. 또한 공연생산자가 만들어내는 일련의 공연상품에 소비자의 평가(공연출연진의 유명세, 연출자, 작품의 충실도 등), 공연장소의 편의성 등 공연생산자의 이미지는 시장경쟁의 우위성을 가질 수 있다.

㉯ 공연생산자의 자원시스템

공연생산자 조직의 인적자원의 질, 상호협력 시스템, 정보수집능력, 공연상연을 통한 축적된 경험, 의사결정 시스템 등은 공연시장에서 경쟁우위성을 갖는 데 중요한 요소로 작용한다. 특히 공연생산자의 재무구조, 재원조달, 재정적 자립도 등은 시장경쟁우위성에 크게 작용한다.

:: 표적시장의 선정시 고려사항

- 특정 공연상품으로 하나의 세분시장에 집중적으로 공략하는 마케팅전략을 세울 것인가?
- 특정 공연상품으로 관련된 전체 공연시장을 공략하는 마케팅전략을 세울 것인가?
- 특정 공연시장을 중심으로 그 시장이 원하는 공연상품들을 제공하는 마케팅전략을 세울 것인가?
- 복수의 공연상품을 세분시장에 결합시키는 마케팅전략을 세울 것인가?
- 전체의 공연시장을 확보하여 가능한 모든 공연상품을 공급하는 마케팅전략을 세울 것인가?
- 포지셔닝 주제를 중심으로 시너지를 극대화하는 방식으로 공연상품, 프로모션, 티켓가격, 공연유통전략을 어떻게 조정할 것인가?
- 표적시장에 부분적으로 접근할 것인가, 아니면 전체적·종합적인 접근방식으로 마케팅믹스를 할 것인가?
- 표적시장의 프로파일을 이용하여 표적고객의 구매행동을 철저하게 이해하고, 마케팅성과를 극대화할 수 있도록 현실적·시장적응적인 표적세분시장별 독특한 전략을 수립할 것인가?
- 표적시장의 프로파일을 이용하여 표적고객의 구매행동을 철저하게 이해하고, 마케팅성과를 극대화할 수 있도록 현실적·시장적응적인 표적세분시장별 독특한 전략을 어떻게 수립할 것인가?
- 다른 표적시장을 위한 마케팅전략과 개념적 및 운영상 시너지 극대화를 모색할 수 있는가?

❸ 표적시장의 적합성

㉮ 공연생산자의 예술경영 목표의 적합성

공연생산자(공연기획사 및 공연장)는 추구하는 자신의 목표에 적합한가 또는 기존 공연시장의 고객에게 쉽게 접근할 수 있는가, 공연티켓 가격, 기존 공연상품과의 차별성, 공연상품이 공연홍보매체에 이슈화될 수 있는가, 공연상품의 상연에 따른 제반적인 유통경로에 적합한가를 고려한다.

㉯ 세분시장 사이의 시너지와 결합을 통한 컨소시엄 가능성

공연기획사 또는 공연장, 아티스트와 기획사, 아티스트와 아티스트, 공연 간의 접목 등 다양한 세분시장 간의 전략적 제휴 등을 통해서 Win-Win할 수 있는 마케팅전략 제휴를 제고한다.

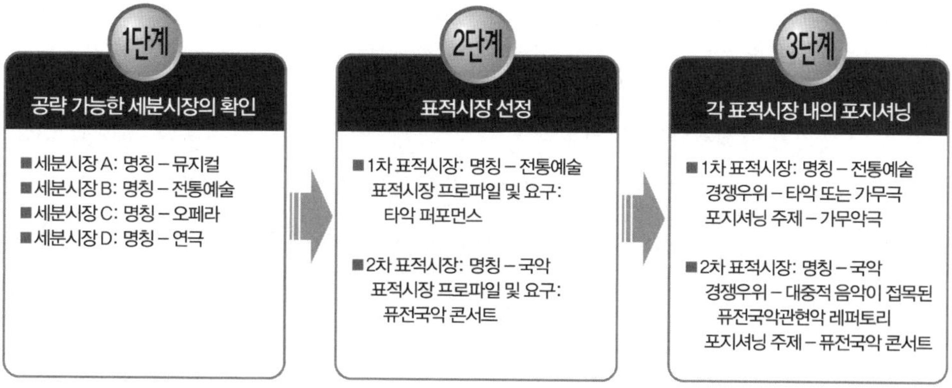

그림 23 표적시장 선정절차 도식화

4 | 포지셔닝 전략

포지셔닝(Positioning)은 시장 내에서 고객의 마음에 자리매김하는 것을 의미한다. 공연예술시장에서 공연생산자의 포지셔닝 전략은 공연시장 세분화를 기초로 정해진 표적시장 내에서 공연소비자의 마음에 시장분석, 고객분석, 경쟁분석 등을 기초로 하여 얻은 전략적 위치를 계획하는 것이다. 따라서 시장에서 경쟁우위 또는 차별적 위치를 차지하여 고객의 욕구를 충족시키는 서비스를 표적시장에 제공하는 것이다.

포지셔닝 전략은 시장을 세분화하고 그 안에서 표적시장을 선정한 후 공연생산자가 표적시장 내에서 어떠한 포지셔닝을 확보할 것인가를 결정한다. 우리가 공연을 관람할 대상, 관객에게 어떤 이미지를 어떻게 심어 줄 것인가 등은 포지셔닝 전략에서 파악될 수 있다.

일반적인 마케팅에서 포지셔닝 전략은 통합적인 마케팅믹스를 통해서 가능하다. 따라서 공연포지셔닝 전략은 차별화되고 독창적인 전략이 필요하고, 표적시장 내 공연소비자 중심으로 중요한 요소에 집중해야 한다.

결국 포시셔닝 전략은 표적시장 내에 공연생산자가 공연소비자에게 자사의 대외적 이미지 및 공연상품에 어떠한 이미지를 심어 주느냐에 따라 자사의 공연상품 가치를 높여 공익수익을 보장받을 수 있다.

(1) 포지셔닝 전략의 원칙

❶ 공연생산자가 목표로 하는 공연소비자의 마음 속에 하나로 자리매김함

공연생산자(공연기획사, 공연단체, 공연장)가 목표로 하는 것을 공연소비자의 인식 속에서 자리매김하여 공연소비자에게 공연생산자가 만든 공연상품이 확실하게 연상되는 좋은 느낌을 심어 주어야 한다.

❷ 공연생산자의 브랜드 가치는 독창적 · 차별적 이미지

공연생산자가 공연소비자에게 심어 주는 이미지는 단순하면서도 일관된 이미지로 독창적 · 차별적인 브랜드 가치를 갖추어야 한다. 또한 브랜드 가치는 다른 경쟁사와 확연히 구별 할 수 있어야 한다.

❸ 모두가 원하는 하나를 위한 집중적 관심 및 투자

공연생산자가 표적시장의 고객 모두를 만족시켜 줄 수는 없다. 그러나 모두가 원하는 하나를 위해서 공연생산자는 집중적인 관심 및 투자를 통해서 공연생산자와 공연상품의 브랜드 가치를 높일 수 있다.

❹ 포지셔닝은 반드시 공연소비자의 시각에서 전략수립

공연생산자만으로 수립된 포지셔닝 전략을 일방적으로 공연소비자의 마음 속에 주입시키는 것은 포지셔닝이 아니다. 결국 이러한 포시셔닝 전략은 실패한다. 따라서 공연소비자의 시각에서 포지셔닝의 평가기준 및 전략을 수립해야 한다.

❺ 표적공연시장 내의 경쟁범위 정의

표적공연시장 내에서 경쟁범위를 어떻게 정하고, 정의하느냐에 따라 포지셔닝의 내용이 달라질 수 있다. 따라서 공연생산자는 반드시 표적공연시장 내에서 경쟁범위를 설정하고, 어떻게 정의하느냐에 따라 공연생산자가 얻는 포지셔닝 결과가 달라질 수 있다. 즉 공연상품에 따라 할 것인가 아니면 공연장을 중심으로 표적공연시장의 경쟁범위를 정의할 것인가는 엄연히 포지셔닝의 내용이 다르다.

(2) 포지셔닝 전략의 종류

포지셔닝 전략의 목표는 공연소비자에게 공연생산자의 브랜드 가치를 심어 주는 것이다. 따라서 공연생산자가 목표로 하는 포지션을 확립하기 위해서 다양한 포지셔닝 기준을 통해서 마케팅믹스를 활용할 것이다. 일반적 포지셔닝은 공연상품 및 공연서비스의 속성, 공연 서비스의 용도, 공연상품의 티켓가격과 질적 관계, 공연서비스의 등급, 공연서비스 이용자, 그리고 경쟁자 등에 근거하여 이루어질 수 있다.

공연생산자가 자사의 공연상품을 포지셔닝하는 데는 여러 가지 방법이 있으나 크게 다음 다섯 가지로 분류하여 볼 수 있다.

❶ 공연주체 및 공연상품의 속성에 의한 포지셔닝

가장 널리 사용되는 포지셔닝 방법으로 다른 경쟁 공연상품과 다른 편익이나 속성을 지녔다고 공연소비자에게 인식시켜 주는 것이다. 즉 경쟁의 공연상품이 가지지 못하는 특징 또는 경쟁상품이 소구하지 않는 속성, 종전 공연생산자의 공연상품에 부족했던 점을 부각시켜 포지셔닝하는 방법이다.

예를 들어, 종전의 아동극단체는 일반적인 극장에서 1회성 또는 방학시즌에나 볼 수 있는 공연을 하고, 어린이에게 주는 편익 또는 다양한 서비스가 부족하였다. 따라서 아동극 극단은 빈 극장을 찾아 공연할 수밖에 없는 악조건 및 일부 어린이뮤지컬이라는 상표성만 내세워 어린이의 눈높이에 맞지 않는 공연물을 제작하여 1회성 공연으로 끝나 버리는 경우가 많았다. 또한 어린이의 문화체험을 통한 감성교육이 강조되고 있는 사회적 분위기 속에서 종전에는 일반적인 극장에서 공연하기 때문에 어린이 관객을 위한 다양한 편익시설 및 서비스가 없어서 단지 공연감상만으로 끝나는 경우가 많았다.

그러나 국내에서 최초의 아동극 전용극장인 '사다리아트센터'는 어린이를 위한 다양한 놀이문화시설을 갖추어 어린이 전용문화놀이센터로 개관하였다. 사다리아트센터는 어린이의 눈높이에 맞는 다양한 공연을 1년내내 볼 수 있는 공연상품의 속성과 어린이 전용도서실, 어린이 얼굴 사진전, 연극놀이교실, 책 읽어주는 이벤트 등 어린이를 위한 다양한 편익을 제공하고 있다. 사다리아트센터는 "꿈으로 오르는 사다리를 만들어 준다"는 캐치프레이즈를 내걸고 교육적인 측면은 사다리 아트센터의 극장 브랜드 가치를 심어주는 것을 포지셔닝의 목표로 하고 있다.

〈사다리아트센터 홈페이지〉. 사다리아트센터, 2005

❷ 공연소비자의 관람상황에 의한 포지셔닝

공연소비자의 관람상황에 의한 포지셔닝은 소비자가 필요한 사용상황을 고려하여 마케팅 전략을 세우는 것이다. 보통 1년 중 특별한 공휴일(어린이날, 어버이날, 크리스마스 시즌) 등의 특별한 날을 위한 공연은 공연소비자의 관람상황에 의한 일반적인 포지셔닝이다. 크리스마스 시즌에는 온가족이 함께 즐길 수 있는 고급공연예술인 "호두까기인형"을 볼 것이다. 또한 어버이날에는 부모님을 전통예술 및 전통가수들의 "OOO의 특별 디너쇼" 같은 공연이 열릴 것이다. 또한 송년 및 신년에는 특별한 송년음악회가 열릴 것이다.

영화 또는 전시회와는 달리 공연은 공연소비자가 어느 때나 관람할 수 있는 것이 아니다. 일반적 공연장에서 하는 공연은 혼잡한 퇴근시간 또는 저녁시간에 공연을 시작한다. 따라서 공연소비자들은 자신이 공연을 보고자 극장의 공연시작 시간에 맞추어 공연을 관람해야 한다.

2004년 빅히트를 기록하였던 뮤지컬 "맘마미아"는 추억 팝그룹 아바의 노래로 구성된 뮤지컬송으로 인해 특히 30~40대에게 인기를 끌었던 작품이다. 보통 공연관람층이 30~40대이고 대부분 아줌마들이 주요 관객이었다.

보통 공연장의 공연시간이 저녁공연이므로 아줌마들이 공연을 볼 수 있는 시간적 여유를 내기가 쉽지 않은 공연시간이었다. 예술의 전당은 공연시간을 오전 11시로 조정하여 아줌마들이 시간적인 여유를 갖고 쉽게 공연을 볼 수 있게 하여 포지셔닝에 성공하였다.

〈뮤지컬 '맘마미아'〉. 극단 신시컴퍼니, 2014

❸ 특정 공연소비자에 의한 포지셔닝

어떤 공연물이 특정관객 계층에 적합하다는 것을 강조하여 포지셔닝 하는 것이다. 정동극장은 2004년부터 "Live Addiction"이라는 심야 콘서트를 공연했는데 이는 젊은 록매니아층을 겨냥하여 릴레이 라이브 콘서트를 개최한 것이다. 이른바 언더그라운드 음악계에서 활동하는 실력 있는 밴드와 뮤지션의 공연을 볼 수 있는 것은 홍대앞 클럽 또는 특별한 뮤직페스티벌을 통해서 만날 수 있었다.

정동극장은 2000년대 '매니아 문화 트랜드'를 읽고 한국 마이너 레이블에 소속된 실력 있는 밴드와 뮤지션들을 초청하여 6월 한 달 동안 렐레이로 매주 금요일과 토요일 밤 10시 30분에 심야콘서트를 열었다. 이것은 대중음악 못지않게 나름대로 한국의 대중음악 속에서 매니아층을 형성해가고 있는 언더그라운드 음악을 오버그라운드로 붐업시키고, 매니아층을 넓힐 수 있는 대표적인 특정 공연소비자에 의한 포지셔닝의 사례이다.

〈정동극장 'Live Addiction 2004'〉. 정동극장, 2004

❹ 경쟁 공연상품에 의한 포지셔닝

공연경쟁사 또는 경쟁공연상품과 비교하여 자사의 공연상품만이 줄 수 있는 혜택과 편익을 강조함으로써 포지셔닝하는 방법이다. 상호비교를 통해서 기존 공연상품으로 충족되지 않은 소비자들의 욕구를 공략하는 방법이다.

공연기획사의 경우 이 공연기획사가 상연한 공연작품의 질적인 측면을 내세워 다른 공연기획사의 공연상품과 비교하여 자사 공연상품의 우수성을 홍보하는 전략이 여기에 속한다. 또한 기존의 작품을 보완하여 좀 더 완벽한 공연작품으로 다시 재상연하는 공연상품도 있다. 공연시장에서 경쟁공연상품의 포지셔닝은 주로 뮤지컬 시장에서 자주 활용되는데, 뮤지컬의 오리지널 공연팀과 국내 공연팀의 공연비교를 통해서 오리지널 공연팀의 우수성을 홍보하는 경우도 있다.

〈뮤지컬 '시카고' 공연〉. 극단 신시뮤지컬컴퍼니, 2003

뮤지컬의 경우 극단 신시가 밥포시의 뮤지컬 "시카고"를 영국 웨스트엔드 오리지널팀 초청공연과 국내 공연팀으로 공연을 하였다.

국내팀은 2000년 국내의 대표적인 뮤지컬 배우들이 출연하였고, 나름대로 흥행에 성공했던 작품이다. 다시 이 작품을 런던 웨스트엔드 오리지널팀을 초청하여 2003년 7월 국내에서 공연하였다. 기존의 국내출연진으로 구성된 작품과 오리지널팀의 공연작품은 작품의 질, 무대세트, 의상, 노래, 출연진 등에서 많은 비교가 될 것이다. 또한 뮤지컬 "지저스 크라이스트 슈퍼스타", 뮤지컬 "캣츠" 등의 초대형 뮤지컬 작품을 비롯하여, 오페라, 발레 등이 종종 오리지널팀 초청공연과 국내팀 공연을 비교하여 오리지널팀의 우수성을 강조하여 흥행수익을 보장받으려 한다. 특히,뮤지컬 "캣츠"는 1981년 영국 런던에서 초연된 이후 전 세계 30여 개 국, 300여 개가 넘는 도시에서 공연되며 2015년 지금까지 120만 명 이상이 관람, 영원한 스테디셀러로 사랑받고 있는 작품이다.

〈뮤지컬 '캣츠'〉. 설앤컴퍼니, 2013

❺ 공연소비자의 빈 자리를 채워 주는 포지셔닝

표적시장에서 선도자가 이룩해 놓은 공연 브랜드를 추격자가 그대로 모방하는 것은 좋은 대응책이 되지 못한다. 공연시장에서도 일반적인 상품처럼 선도자가 이룩해 놓은 독창적이고 차별화된 공연상품을 그대로 모방하여 공연을 무대에 올리지만 성공하는 사례는 별로 없다.

중요한 것은 누가 먼저 새로운 표적시장을 개척했는가에 따라 경쟁 우선권이 개척자에게 돌아간다. 추격자가 기존의 선도자가 이룩해 놓은 공연상품보다 더 우수한 공연상품을 무대에 올린다고 할지라도 기존의 선도자가 이룩해 놓은 공연상품의 브랜드 가치는 변화하지 않는다. 따라서 추격자는 2인자로서 남게 된다. 따라서 공연상품의 우수성 못지않게 누가 먼저 새로운 표적시장개척에 선두주자가 되는가도 중요하다.

〈'두드락' 공연〉. 두드락프로덕션, 2005

추격자는 모방을 통해서 선도자가 이룩한 공연상품을 좀 더 보완하고, 질적으로 우수하게 만들기보다는 "어떻게 소비자의 머릿속에 있는 빈 자리를 찾아낼 것인가"를 고민해야 할 것이다. 공연소비자의 빈틈을 찾기 위해서 기존의 공연시장에 역행하는 아이디어 또는 뒤집어 생각할 수 있는 아이디어를 구상하는 것도 중요하다.

1990년대 말부터 우리나라에 불기 시작한 논버벌 타악퍼포먼스 열풍은

PMC 프로덕션의 "난타"와 "도깨비스톰", 두드락프로덕션의 "두드락"이 있었다. 현재까지도 이 공연상품들은 나름대로 지속적인 업그레이드를 통해서 나름대로 논버벌 타악퍼포먼스 시장에서 인기를 얻고 있지만 2003년 말부터 서서히 하향추세를 걷고 있다. 그러한 상황에서 몇몇 공연단체는 논버벌 타악퍼포먼스 시장을 개척한 선두주자들의 작품을 모방하여 비슷한 류의 공연작품을 무대에 올리지만 그리 성공한 작품은 없다.

1999년 미국과 영국 웨스트엔드에서 중국 소림사의 마셜아츠(Matial Arts)라는 장르로 소림사의 무술을 주제로 공연된 작품이 이색적인 흥행을 하면서 우리나라에서도 기존의 논버벌 타악 퍼포먼스 시장에 새로운 개척 표적시장으로 ㈜예감에서 무술, 태권도, 아크로바틱, 코미디가 결합된 복합적인 논버벌 마셜 아츠 퍼포먼스 "Jump"를 무대에 올렸다. "Jump"라는 작품은 원래 "별난가족"이라는 작품으로 상연되다가 5년 동안 작품개발을 통해서 현재의 "JUMP"라는 마셜아츠 퍼포먼스로 공연하게 되었다. 이 작품은 기존의 논버벌 타악 퍼포먼스 장르 포지셔닝에서 벗어나 공연에 엔터테인먼트적인 요소를 결합하여 새로운 공연시장을 개척하여 성공한 작품이다.

즉, 추격자로서 기존의 타악 퍼포먼스 시장을 모방하는 것이 아니라 공연소비자의 머릿속에 새로운 공연장르를 심어 주는 계기가 되었다.

〈마셜아츠 퍼포먼스 'JUMP'〉. (주)예감, 2006

(3) 포지셔닝 전략의 절차

표적시장의 포지셔닝 전략은 크게 아래의 5단계 과정을 거친다.

❶ 1단계: 공연소비자 분석

공연소비자들이 선호하는 표적공연시장에서 얻고자 하는 것이 무엇인가, 그리고 기존의 공연상품에 어떤 불만을 가지고 있는지 등 공연소비자의 요구와 기존 공연상품의 문제점을 파악하는 과정이다.

공연장에 대한 공연소비자들의 평가를 파악하려고 한다면, 먼저 공연장 평가기준을 통해서 공연소비자 분석을 할 것이다. 공연소비자들

〈국립창극단 어린이 창극 '토끼와 자라의 용궁여행'〉. 국립극장, 2001

이 느끼는 극장의 유명도, 극장의 분위기, 공연무대 시스템의 우수성, 교통 및 주차시설의 용이성, 일련의 공연작품의 대외적 평가, 티켓가격, 할인 및 쿠폰 등을 파악해야 할 것이다.

❷ 2단계: 표적시장 내의 경쟁공연생산자 확인

표적공연시장에 새롭게 상연하는 공연작품의 경쟁상대를 파악하는 과정이다. 특히 표적공연시장을 어떻게 설정하느냐에 따라 경쟁자가 달라질 수 있다.

판소리 5대가에 속하는 "수궁가"를 창극으로 무대에 올린다고 할 때 기존 창극하는 공연단체만이 경쟁자가 될 수 있으나 공연소비자의 관점에서 보면 창극공연을 관람할 때 모든 판소리, 창극, 가무악극 등으로 구성된 현존하는 모든 "수궁가" 작품이 경쟁공연상품이 될 수 있다. 기존작품이 어른위주의 공연으로 오리지널 작품이 갖는 대사에서 한자어가 쓰여서 쉽게 이해할 수 없는 문제점이 있을 수 있다. 따라서 기존의 공연상품과 다른 성격의 "수궁가"를 기획해야 할 것이다. 아동극 같은 만화적 상상력과 우리 전통소리를 결합한 "토끼와 자라의 용궁여행"이라는 아동 창극의 작품으로 어린이가 쉽게 이해할 수 있고, 가족이 함께 즐길 수 있는 작품으로 만들어서 표적공연시장에 접근해야 할 것이다.

❸ 3단계: 경쟁공연상품의 포지션 분석

경쟁공연상품이 공연소비자에게 어떻게 인식·평가받고 있는지를 파악하는 것이다. 경쟁공연상품의 속성과 공연소비자가 어떻게 경쟁공연상품에서 무엇을 느끼는지 하는 평가기준을 설정하여 알아보는 것이 필요하다.

표 21 경쟁공연상품의 포지션 분석 - 창극

평가기준	평가요소		
작품성격	창극	판소리완창무대	개작 가무악극 또는 개작 아동뮤지컬
장르	연극	음악	뮤지컬 또는 코미디
주요출연진	유명한 창극배우 다수출연	인간문화재급 명창 신인 판소리 이수자	유명 연예인
티켓가격	10만원대 가격	5만원대 가격	2만원대 가격
프로덕션팀 구성	유명연출가 유명 무대미술가 참여	신인연출가 및 무대미술가 참여	유명한 타장르의 연출가 또는 유명 의상디자이너
부가서비스	단체관람 및 특정이벤트를 통한 티켓할인혜택	협찬 또는 후원업체와 연계를 통한 쿠폰혜택	

❹ 4단계: 자사 공연상품의 포지션 개발

경쟁사의 공연상품에 비하여 공연소비자의 욕구를 더 잘 충족시킬 수 있는 적합한 자사의 공연상품 포지션을 결정한다. "작은 변화가 큰 변화를 일으킨다"라는 말처럼 공연상품에서 타사의 공연상품에 비해 세밀한 부분에 포지셔닝을 하게 되면 그것이 공연홍보 및 흥행수익에 큰 도움을 주는 경우도 있다.

기존의 "춘향전"은 원작에 충실하며, 오페라 또는 창극, 무용극 등

〈국립창극단 제111회 공연 창극 '춘향'〉. 국립극장, 2005

으로 유명 인간문화재 또는 유명연예인, 유명 공연예술인을 출연시키는 것으로 작품성을 보장받으려고 하였다. 2005년 국립창극단의 제11회 정기공연 창극 "춘향"은 기존의 원로 인간문화재급 주요 출연진에서 벗어나 21세기 국악계를 이끌어갈 차세대 젊은 명창을 위주로 출연진이 구성되었다.

국악계에서 새로운 실험정신으로 활동하고 있는 이자람, 창극단 차세대 명창 박애리 등을 주인공으로 하여, 완판창극을 공연시간을 2시간 정도로 단축시켜 공연관람시간을 조정하였다. 또한 정일성 연출로 기존 창극에 볼 수 있었던 수절하는 여주인공의 이미지가 아닌 사랑에 적극적이고 과감한 청춘남녀의 사랑으로 젊은 관객에게 어필할 수 있는 공연무대로 "젊어진 창극"를 만날 수 있게 하였다.

따라서 2005년 국립창극단의 "춘향" 공연은 기존의 창극의 이미지에서 벗어나 출연진을 젊은 피로 수혈하고, 신세대의 사랑방식에 맞는 연출력을 통해서 공연홍보와 공연수익에 도움을 주었다.

❺ 5단계: 표적시장에서의 포지셔닝 확인 및 재포지셔닝

표적시장 내에서 포지셔닝 전략이 실행된 후에는 자사 공연상품이 목표한 위치에 포지셔닝 되었는지 확인하는 것이 필요하다. 공연홍보 및 공연수익으로도 마케팅전략의 효과를 알 수 있지만 평가기준을 세밀히 분류하여 전문적인 조사를 통해서 보다 구체적으로 공연소비자와 표적 공연시장분석을 해야 한다.

PMC 프로덕션의 "난타"는 1997년 초연 공연이래 18년이라는 세월 동안 "난타"라는 공연상품을 다양한 관객층 확보를 위한 시도–"어린이 난타", 외국관광객을 위한 365일 매일 "난타" 공연을 볼 수 있도록 상설공연화, 그리고 해외시장 진출–1999년 영국 에든버러 페스티벌 진출 이후 2003~2004 뉴욕 브로드웨이 진출, 2004년 미국 브로드웨이 난타전용극장 개관 등 한국 대표적인 공연문화상품으로 자리매김하였다.

〈뮤지컬 타악퍼포먼스'난타'〉. PMC 프로덕션, 2015

특히 2014년은 넌버벌 퍼포먼스 '난타'가 국내공연사상 최초로 관객1000만명을 돌파했다. 지난 1997년 10월 10일 초연한 이후 17년 만에 세운 기록이다.

PMC 프로덕션의 "난타"는 지속적인 관객개발 및 작품을 지속적으로 재창조하는 과정을 통해서 표적시장에서의 포지셔닝 및 재포지셔닝의 대표적인 성공사례이다.

5 공연상품의 전략

일반적으로 '상품'이란 소비자가 필요와 욕구에 의해 '상품구매'로부터 얻고자 하는 편익과 효용의 대상이 되는 모든 것을 말한다. 공연시장에서 상품이란 공연 그 자체를 말한다. 따라서 공연상품은 일반적인 상품과 달리 공연 그자체가 갖는 무형적 서비스의 특성을 갖고 있다.

공연상품은 영화처럼 똑같은 작품을 재생산할 수 없는 소멸성을 갖고 있다. 아무리 동일한 공연명과 작품내용의 공연상품이라도 그것을 구성하는 요소는 항상 같을 수 없다. 공연 그 자체와 관객이 함께 해야지만 소비되는 동시성을 갖고 있다. 또한 공연상품은 소비자와 생산자의 상호커뮤니션으로 만들어진다.

공연상품이 갖는 소멸성과 상호커뮤니션의 특징은 공연예술시장에서 공연예술가에게 창조적 활동과 끝임 없는 공연상품의 레퍼토리를 재확대시키도록 한다. 우리는 매년 크리스마스 시즌에는 발레 "호두까기 인형"을 본다. 아무리 몇십 번을 보았던 관객일지라도 매년 관람하는"호두까기 인형"에 같은 반응을 느낄 수 없다. 아무리 동일한 공연상품이라도 누가 제작, 연출, 무대 디자인을 맡았는가에 따라 작품의 콘셉트가 달라질 수 있기 때문이다. 또한 관객과 예술가의 상호커뮤니케이션이 푸치니의 오페라 "라보엠"을 확대 재생산하여 고전을 현대로 확대한 뮤지컬 "렌트"로 재생산하도록 하였고, 베르디 오페라 "아이다"를 뮤지컬 "아이다"로 재생산하도록 하였다.

공연상품은 일반적인 상품과 달리 소비자가 공연을 보고 얻은 무형의 서비스를 가장 중요시한다. 관객이 공연을 보기 위한 일련의 소비활동에서 편익 및 효용의 부가적인 가치이다. 공연시장에서 '예술성과 상업성'이라는 두 가지 목표실현을 위해서 공연시장에서는 공연상품의 전략은 공연기획자, 예술가, 마케터가 서로 조화를 이루어 예술성과 상업성에서 좋은 공연작품을 완성해야 한다는 것을 말한다.

〈뮤지컬 '아이다'〉. 신시뮤지컬컴퍼니, 2005

〈뮤지컬 '렌트'〉. 신시뮤지컬컴퍼니, 2004

공연시장에서 공연상품은 영리를 목적으로 하는 기업의 상품과 달리 예술적 가치와 상업적 가치를 동시에 갖추고 있어야 한다.

(1) 확장된 공연상품의 구성

일반적으로 상품이란 생산된 유형적 재화와 서비스를 포함하는 개념이다. 확장된 공연상품이란 공연소비자(관객)가 공연상품을 통해서 얻고자 하는 다양한 유·무형적 서비스를 비롯한 공연소비자의 기대심리 및 공연상품의 잠재력에 따라 공연상품을 분류하는 것이다.

일반적인 마케팅에서 확장된 상품의 개념을 공연시장에 도입하여 확장된 공연상품을 분류하면 다음과 같다.

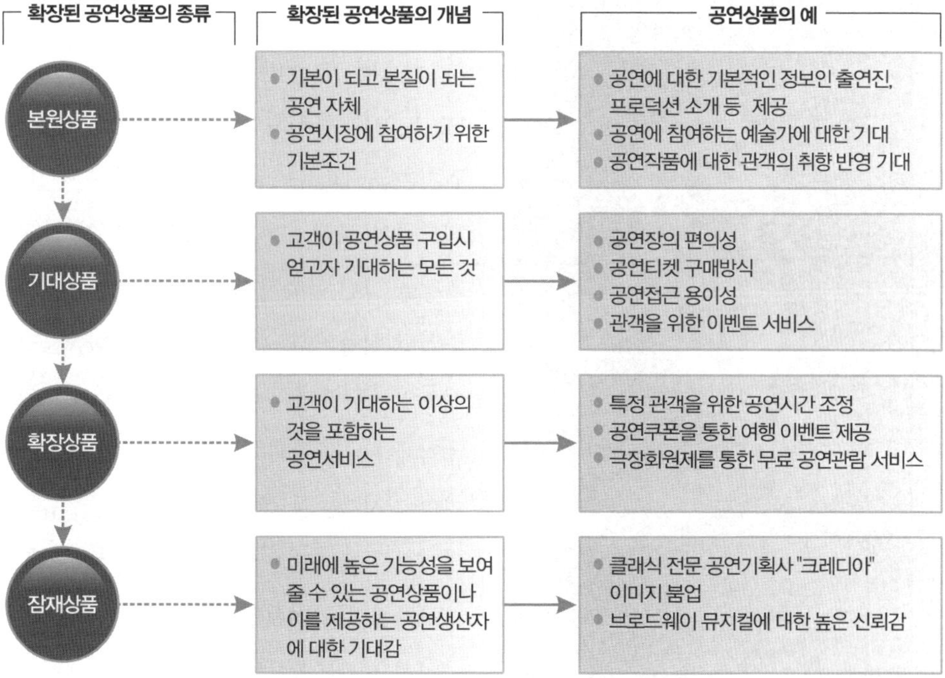

그림 24 **공연상품의 구성**

❶ 본원상품

일반적으로 마케팅에서 본원상품(Generic Goods)은 공연시장에서 공연생산자가 공연상품을 공연소비자에게 제공하는 기본조건을 말한다. 본원상품은 공연자체를 말하고 공연의 기본적인 정보를 제공하는 것을 말한다. 즉, 공연에 출연하는 출연진, 제작진 등 공연프로덕션의 모든 정보를 제공하는 것이다. 공연소비자는 이러한 본원상품의 정보를 통해서 공연을 기대하게 되고, 공연소비자의 공연취향, 즉 자신이 좋아하는 출연진, 연출가, 또는 작품의 성격 등이 반영되었을 때 공연소비자는 더욱 공연에 많은 기대를 하게 되어 공연티켓을 구입하게 될 것이다.

〈뮤지컬 '헤드윅' 공연〉. (주)제미로, 2005

2000년대 오프브로드웨이에서 큰 인기를 끌었던 존 카메론 미첼(John Cameron Mitchell)의 뮤지컬 "헤드위그 앤드 앵그리 인치(Hedwig and the Angry Inch)"는 주인공 헤드윅이 트렌스젠더의 정체성을 찾아가는 과정을 그린 록뮤지컬로 영화로 제작되기도 하였던 작품이다. 이 작품은 강렬한 하드록 밴드의 콘서트식 공연구성으로 인해 젊은 음악세대의 취향과 사회적 이슈 및 젊은 세대의 감성코드를 이어 주는 것으로 신규 공연기획사 제미로가 2005년 판권을 사서 우리나라에서 공연하였다.

특히 영화 "말아톤"과 뮤지컬 "오페라 유령"의 출연으로 인해 신세대 배우로 명성을 얻고 있는 조승우의 변신무대와 뮤지컬 "헤드위그 앤드 앵그리 인치"의 작품특성으로 작품홍보에 큰 역할을 하였다.

뮤지컬 "헤드위그 앤드 앵그리 인치"는 2005년 4월 대학로 라이브에서 초연무대를 거쳐 연일 매진공연을 통해서 뮤지컬 헤드위그 콘서트까지 열리는 대성공을 거두었다.

❷ 기대상품

기대상품(Expected Goods)은 소비자가 상품구매 시 얻고자 기대하는 것을 말한다. 즉 관객이 공연을 관람하는데 공연 자체뿐만 아니라 공연관람을 위해서 하는 모든 일련의 행위에 기대하는 모든 것을 말한다.

예를 들어, 공연소비자가 공연을 보기 위해서 공연입장권 구매방식을 인터넷 예매, 공연장 방문구매, 협찬사를 통한 할인구매, 공연이벤트를 통한 커플입장권 할인쿠폰, 단체관람을 위한 공동입장권 할인구매 등, 공연을 보기 위해서 공연장을 방문하는 데 교통편의 및 주차시설의 용이성, 공연시간, 공연장 안에서 휴식시설 편의성 및 식음료 판매, 클래식 공연의 경우 극장의 음향시설(음향반사판 시설의 용이성), 극장의 객석시설 및 냉난방시설, 안내 데스크의 친절도 및 공연시설 안내 등이 기대상품의 범주에 속한다. 기대상품은 관객이 공연관람에 다양한 욕구가 있기 때문에 위의 사항 외에 다양한 기대요소가 있다.

정동극장 '전통상설무대' 공연의 경우 주로 외국인 관광객을 대상으로 공연을 하기 때문에 여행사와 협의하여 공연시간을 관광객의 시간 편의에 맞추어 조정하기도 한다. 평상시 3~9월에는 오후 8시 공연, 10월부터 다음해 2월까지는 오후 4시 공연으로 공연시간을 조정하였다. 또한 여행사의 관광패키지 상품의 조건에 맞추어 관광객이 용이한 시간에 맞추어 공연을 하기도 한다. 이러한 공연시간 편의는 봄과 여름 시즌에는 낮의 길이가 길어 외국인 관광객이 다양한 관광코스를 거쳐 마지막 관광패키지 코스로 정동극장 '전통상설무대' 공연을 관람할 수 있도록 하고 있다. 반면 가을과 겨울 시즌은 낮의 길이가 짧아 관광객에게 시간적 여유를 주고자 공연시간을 오후 4시로 조정하여 공연을 운영하고 있다.

〈2006 상설 전통예술무대〉, 정동극장, 2006

❸ 확장상품

확장상품(Augmented Goods)은 공연소비자가 기대하는 것 이상을 제공하는 공연생산자의 서비스를 말한다. 확장상품은 기대상품에서 확장개념으로 소비자의 공연상품 기대심리에서 확장하여 공연생산자가 미리 공연소비자의 기대 이상의 것을 제공하려는 기획된 서비스를 말한다.

오늘날 상업적인 전략으로 기획되는 공연의 경우 공연자체의 중요성 못지 않게 관객의 심리를 끌어들이기 위한 확장상품 전략을 중요시하게 생각한다. 즉 공연을 보는 것 못지 않게 관객에게 공연을 보는 것 외에 다양한 볼거리 또는 부가적인 감성 이벤트를 통해서 공연감상에 추가하여 공연의 확실한 마음잡기에 전략적으로 마케팅을 펼치고 있다.

이러한 확장상품의 전략은 공연기획자의 새로운 아이디어 발상을 통해서 구체화시킬 수 있는데, "축제는 곧 놀이이다" 또는 "마음껏 먹고 즐겨라" 등의 문구처럼 공연이라는 상품의 특성을 벗어나는 개념 또는 다른 문화적 코드(여행 패키지, 파티문화, 매니아 취향의 이벤트 등)를 연계시켜 공연상품의 소비자 서비스를 확장시키는 것이다. 일반적으로 공연시작시 음식물을 극장 안으로 반입할 수 없는 것이 상식이다. 그러나 이러한 극장 에티켓에서 과감히 벗어나 공연도중 간식을 제공한다든지, 클래식 공연은 엄숙한 분위기 속에서 감상을 해야 한다는 고정관념에서 탈피하여 어린이가 쉽게 클래식음악에 접근할 수 있도록 배려하는 "떠들어도 되는 음악회"(클래식 앙상블-얌모얌모 콘서트), 영화 "록키호러픽처쇼"를 뮤지컬로 만들어 공연한 뮤지컬 '록키호러픽처쇼'의 경우 컬트영화 매니아의 관람문화를 관객참여로 승화시켜서 관객에게 주인공이 되는 이벤트를 제공한다.

〈뮤지컬 '록키호러픽처쇼'〉, 2010

관객이 공연관람 후 공연출연진과의 팬사인회 및 사진촬영, 연극의 경우 공연 후 바로 무대와 객석에서 공연주역과 함께 서로 작품내용을 대화로 나누는 시간 또는 클래식공연의 경우 해외 유명 아티스트를 공연관람 후 연주자와 함께 연주자의 간단한 마스터클래스를 갖는 시간 등이 일반적인 공연의 확장상품 전략에 속한다. 또한 극장관객 회원제도로서 매년 극장을 찾은 관객 중 추첨을 통해서 특별한 날 무료로 공연초대권을 우편으로 보내주어 공연소비자가 감동받아 극장 동호회로까지 이어지도록 하는 관객개발 서비스는 확장상품 전략에 속하는 마케팅 전략이다.

❹ 잠재상품

잠재상품(Potential Goods)이란 확장상품을 넘어서 미래에 공연생산자가 자신의 제품을 경쟁공연상품과 차별화시키기 위한 수단으로서 공연상품의 브랜드 가치를 더하거나 공연제작비용을 줄이기 위해서 창조할 수 있는 어떠한 공연상품의 변화 또는 서비스, 프로그램이나 시스템을 말하는 개념이다.

잠재상품은 보통 공연기획사 또는 극장의 브랜드 가치와 병행하여 고려되는 개념으로 지속적 · 일관적인 마케팅 전략을 수립하여 공연기획사 또는 극장의 브랜드 이미지를 공연소비자들에게 심어 주기 위해서 공연생산자의 목표를 반영한 일련의 창작 공연작품 시리즈, 또는 새로운 공연작품을 개발하는 공연상품 전략이다.

공연시장에서 잠재상품은 주로 공연기획사 또는 극장의 대표적인 작품의 업그레이드를 통해서 선보이는 공연작품을 비롯하여, 2004년 안톤 체홉 서거 100주년을 기념하여 몇몇 극단에서 기획한 연작

〈안톤 체홉 서거 100주년 기념 '갈매기'〉. 정동극장, 2004

"체홉 작품 시리즈" 공연, 우리나라의 유명 연출가 '오태석 연극제' 등은 잠재상품으로 극작가의 모든 작품을 볼 수 있는 기회를 공연소비자에게 심어 준다.

뮤지컬 "맘마미아"의 경우 2004년 국내에서 초연하였다. 이 작품은 1999년 영국 웨스트엔드에서 초연된 이후 우리나라 뮤지컬 매니아 사이에서 기대되는 작품으로 인정받았다가 2002년 신시뮤지컬컴퍼니에서 판권을 사서 제작진 기자회견, 오디션, TV광고, 공연시작 1년 전부터 입장권 판매 등을 시작하였다. 신시뮤지컬컴퍼니는 영화마케팅을 공연마케팅에 최초로 적극 도입하여 국내 초연 2년 전부터 미리 공연의 대대적인 공연상품전략을 통해서 미리부터 대중의 관심을 유도하였고, 공연소비자에게 "맘마미아"라는 뮤지컬 상품에 기대감을 심어 주어 결국 2년 전부터 국내에서 화제가 되었고, 2004년 초연 이후 흥행에 성공하여 연장공연까지 하였다.

1994년 설립된 클래식 공연예술전문 공연기획사인 '크레디아'는 공연기획 및 배급, 아티스트 매니지먼트 등의 활동을 통해서 1995년부터 기업과 연계하여 협찬과 공동주최 형식으로 해외의 유명 클래식 음악가를 비롯하여 국내에서 배출한 세계적인 클래식 음악가, 무용단, 그리고 대중예술계에서 활동하는 해외 유명 재즈뮤지션, 대중음악인을 초빙하여 성공적인 공연마케팅을 수행해 왔다. 특히 2003년부터 호암아트홀의 운영위탁경영과 고객을 위한 클럽 발코니 커뮤니티(Club Balcony Community) 등으로 호암아트홀의 극장 브랜드 가치를 '고급 공연예술의 전용극장'으로 성공적으로 변화시키고, 클럽 발코니와 스폰서십마케팅을 통해서 명실상부한 국내에서 가장 신뢰받는 "고급 공연예술의 메카"로 평가받고 있다. 따라서 고급 공연예술 장르를 선호하는 공연소비자의 경우 잠재적으로 '크레디아'에서 기획하는 공연에 강한 신뢰감을 갖고 공연상품의 기대도 매우 호감적이라고 할 수 있다.

〈공연예술전문 공연기획사 '크레디아-클럽 발코니' 홈페이지〉. 크레디아, 2006

(2) 공연상품 믹스

오늘날의 공연기획사들은 펀드레이징을 통한 거대 엔터테인먼트를 추구하는 하나의 기업이다. 또한 공연장도 상품을 만들어 내는 공장처럼 2~3개의 극장에서 끊임없이 다양한 공연물이 무대에 오른다. 오늘날 대기업 및 투자회사의 공연시장 진입을 통해서 뮤지컬, 오페라 등 몇몇 공연장르 중심으로 스케일 및 규모의 경제논리가 지배한다. 이처럼 산업화되어 가는 공연시장에서 공연상품믹스는 투자를 통한 이익환수를 목적으로 하는 경제논리처럼 공연예술시장에서도 상품전략의 중요한 요소로 인식되고 있다.

우리나라 공연시장이 산업화로 가는 도입기에서 공연상품믹스 개념의 도입이 맞지 않겠지만 향후 4년 안에 공연시장에서도 공연기획사 또는 극장의 브랜드 이미지가 어느 정도 확립되고, 대형공연기획사가 안정기를 맞이할 때 반드시 필요한 전략이 될 것이다.

일반적으로 상품믹스는 판매자가 구매자에게 이용할 수 있도록 제공하는 모든 상품과 상품 종류를 말한다. 공연상품의 믹스는 공연생산자가 공연수익을 위해서 공연상품을 보완하는 과정, 공연소비자가 공연상품을 구매할 때 영향을 미치는 공연상품의 속성을 파악하여 경쟁공연상품과 비교하여 공연상품을 보완하거나, 새로운 공연상품을 개발하는 것이다.

공연상품의 믹스는 공연생산자의 공연실적 또는 공연장르의 다양성, 공연상품 믹스에 포함된 공연 장르의 수, 동일한 공연장르 내에서 공연물의 다양성, 공연상품의 종류가 공연제작, 유통경로, 소비과정까지의 연관성을 파악하는 것이다.

공연상품 믹스는 공연상품의 보완, 공연상품 리포지셔닝, 공연상품의 확장으로 나뉜다.

❶ 공연상품의 보완

공연생산자가 공연수익을 위하여 공연상품을 보완하는 것이다. 공연상품의 보완은 주로 공연의 개작, 연출, 무대세트, 홍보디자인, 오리지널 작품 수입 등 다양한 각도에서 기존의 공연상품을 보완하는 작업을 한다. 근래 한국 공연시장에서 공연상품의 보완은 공연기획에서부터 제작에까지 공연무대, 출연진, 무대세트, 조명, 음향, 의상 등으로 점점 대형화되는데 오페라, 뮤지컬, 발레 등 주로 순수공연예술이 대형 공연제작풍토로 이어지고 있다.

〈오페라 '투란도트'〉. 국립오페라단, 2011

푸치니의 오페라 "투란도트"는 이탈리아 라 스칼라극장 버전과 대형 종합운동장의 특설무대에서 하는 야외 오페라 버전의 공연스케일과는 엄청난 차이가 있다. 또한 바그너의 오페라도 실내공연과 실외공연은 작품의 규모(출연진, 무대세트, 의상, 소품, 조명, 음향 등)에서 엄청난 차이가 있다. 중국 대륙의 색을 가미해 재탄생한 오페라 〈투란도트〉가 한국무대에 오른다.

국립오페라단(예술감독-이소영)이 2011년 공연으로 마련한 무대는 천씬이 연출을 비롯해 소프라노 쑨씨우웨이, 테너 목워렌 등 190여 명의 중국국가대극원 단원들이 참여해 대형 무대를 마련 관객들로부터 극찬을 받았다.

오페라 〈투란도트〉는 중국 고대 자금성을 배경으로, 얼음처럼 차가운 공주 투란도트의 마음을 얻기 위해 왕자 칼라프가 수수께끼를 푸는 과정을 그린다.

공연기획사는 대형화 공연을 통해서 공연상품을 보완하여 대형화 공연작품에 따른 제작비 충당과 수익을 위해서 공연 펀드레이징, 공연홍보, 공연입장권 고가정책, VIP 서비스 등 다양한 마케팅 전략을 펼친다.

❷ 공연상품의 리포지셔닝

공연상품의 리포지셔닝은 경쟁력 있는 공연상품의 속성을 변경함으로써 공연소비자에게 새로운 이미지를 심어 주려는 전략이다. 공연기획사와 공연장의 위탁운영 시스템으로 기획사의 공연상품을 특화시키고 공연장을 활성화시킨다. 지방자치단체의 문화예술회관 활성화를 위한 공연프로그램 배급 시스템, 공연단체의 운영을 위한 전문적인 공연배급사와의 컨소시움 등 다양한 리포지셔닝을 선택한다.

LG아트센터 초청공연인 매튜본의 댄스 뮤지컬 "백조의 호수"는 아름답고 우아하며 여성스러운 발레의 이미지에서 탈피하여 남성이 창조하는 힘과 관능적인 백조를 창조해냈다.

1995년 런던 웨스트엔드에서 초연한 이래 최고의 화제가 되었고, 2003년 초청되어 최고의 찬사를 받았다. 또한 2005년 초청공연에서는 LG전자의 광고에 활용되어 방송을 통한 확실한 홍보효과를 얻어 대성공을 거두었다.

〈매튜본의 '백조의 호수' 공연〉. LG아트센터, 2005

❸ 공연상품의 확장

특정한 계층 또는 특정 공연소비계층이 누릴 수 있는 점을 소구하는 방법으로 특정 유형의 공연상품을 확장하는 전략을 말한다. 근래 들어 우리나라 공연예술시장의 고급화 전략으로 인해 점점 '공연상품의 고급화'추세로 변화하고 있다.

공연상품의 상향확장(공연상품의 고가전략)은, 공연소비자가 특정공연을 관람할 수 있을 정도의 충분한 경제적 여유를 갖고 있지 않으면 엄청난 입장권 가격으로 인해 도저히 엄두가 나지 않는 경우가 많다. 공연시장에도 불어닥친 "웰빙" 열풍은 어느 정도 성공적인 성과를 거두는 경우도 있지만 관객을 고려하지 않은 공연입장권 가격 책정과 가격에 비해 공연작품의 질이 떨어져 실패하는 경우도 있다.

〈클래식 음악회〉. 마제스틱청소년 오케스트라 어린이재단, 2015

공연상품의 하향확장(공연상품의 저가전략)은 저가의 공연상품을 확장시키는 것이다. 공연예술의 특성상 일반적인 영화관람료 수준으로 공연입장권 가격을 책정하는 것은 불가능하다. 정부 및 지방자치단체, 공공기관의 입장료 보조지원을 받아 공연입장권 가격을 저가화시켜, 보다 많은 사람이 관람할 수 있도록 하는 '사랑의티켓 제도'도 이미 우리나라에서 보편화되어 있다.

사랑티켓사업은 관람비용의 부담으로 인해 문화혜택을 받지 못하는 취약계층의 공연·전시 관람료를 일부 지원함으로써 문화접근성을 높이고 문화향수 여건과 미래적 잠재 관객 개발에 기여하기 위해 추진되고 있다.

(3) 새로운 공연 레퍼토리 개발

일반적인 상품의 경우 상품수명 주기가 있듯이 공연상품도 마찬가지기는 하나 공연상품의 경우 반드시 상품주기가 있는 것은 아니다. 공연상품은 어떠한 상품주기가 끝나면 더 이상 사용할 수 없는 것이 아니라 지속적으로 새로운 예술가의 의해서 공연이 확대재생산되는 것이 특징이다.

극단 산울림은 36년 동안 사무엘 베케트의 부조리극 "고도를 기다리며"를 공연하였다. 공연예술에서 영원한 고전이라는 작품은 시대유행을 타지 않고 세대가 거듭나도 여전히 고전으로 사랑받게 마련이다.

1998년 국립무용단은 공연레퍼토리 개발을 통해서 전통무용과 시문학, 그리고 서양의 고전발레 기교가 결합된 무용극 "자연인, 티벳의 하늘"을 무대에 올렸다. 이 작품은 동양 샤머니즘의 기원을 통해서 동양춤의 근원을 찾고 국립무용단의 공연레퍼토리를 확장시켜 한국무용의 새로운 관객을 확보하려고 하였다.

〈극단 산울림 '고도를 기다리며' 공연〉. 산울림소극장, 2015

예술은 창작활동이다. 예술가의 자유로운 창작활동은 새로운 공연작품을 만들어내는 과정이다. 따라서 공연시장에서 공연소비자가 새롭다고 인식하는 새로운 공연상품 개발은 중요한 과제이다.

공연시장에서 신상품 개발은 우선 공연예술가의 자유로운 창작활동을 보장하고, 사회문화적 변화에 따라 공연시장요구에 효과적으로 대응하며 경쟁공연상품에 대처하기 위해서이다. 공연제작자는 공연예술가와의 공연작품 개발을 위해서 사회문화적 흐름에 따라 공연시장의 변화양상, 공연프로덕션의 구성, 공연마케팅, 조직관리, 예산편성 등 다양한 각도의 전략을 수립하여 새로운 공연상품의 개발에 노력해야 한다.

❶ 새로운 공연상품 개발과정

㉮ 공연생산자의 전략적 분석과 계획

공연상품의 경우 서비스상품으로서 공연상품개발에 따른 변수가 많이 발생한다. 따라서 공연생산자의 이미지와 명성, 공연생산자의 브랜드 가치에 공연소비자의 포지셔닝을 파악하는 것이 필요하다.

:: 새로운 공연작품 개발에 실패하는 경우

- ▸ 소비자 필요와 취향변화 — 2003년 이후 퇴조해 가는 타악 퍼포먼스 제작붐에 편승
- ▸ 공연작품의 결함 — 작품내용의 진부함, 극적완결성 부재, 등장인물 성격화에 실패
- ▸ 공연제작예산 부족 — 공연작품이 예산부족으로 인해 개작되는 경우
- ▸ 부적절한 공연마케팅 전략 — 수요가 한정된 공연관객층만 대상으로 타켓
- ▸ 공연 시장 진출 타이밍을 놓침 — 유행에 민감한 공연상품의 경우 공연시기를 적절히 고려해야 함
- ▸ 경쟁공연상품의 적극적 대응 — 확연히 차별화되지 않은 동일한 공연작품을 동시에 올리는 경우
- ▸ 공연제작진의 결함 — 공연작품과 맞지 않는 연출가, 출연진을 섭외한 경우
- ▸ 제작사의 경영진과 제작진의 불화 — 제작진의 자유로운 창작활동을 침해하는 경영진의 월권행위
- ▸ 경기(景氣)불황
- ▸ 천재지변 등

㉯ 공연시장 조사 및 기회파악

공연상품이 공략하고자 하는 공연시장의 크기와 잠재성장력을 파악하는 것이다. 공연시장의 규모와 성장성이 새로운 공연상품의 성공여부를 좌우한다.

㉰ 공연아이디어 창출

새로운 공연상품의 아이디어뿐만 아니라 기존의 공연상품을 보완하기 위한 아이디어 창출도 필요하다. 공연아이디어 창출을 위한 공연기획회의 또는 공연소비자 시장조사를 통해서 새로운 공연아이디어를 얻는다.

㉱ 공연상품의 콘셉트 개발과 평가

공연상품 콘셉트는 새로운 공연상품이 어떤 특성과 요소를 가질 것인가를 파악하는 것이다. 정립되지 않은 공연아이디어를 공연상품의 콘셉트로 전환시키는 과정에서 공연소비자의 필요와 욕구의 만족 여부

를 평가해야 한다. 특히 공연상품 콘셉트는 공연생산자의 공연취지, 새로운 공연상품의 장점, 공연제작의 재원마련, 공연상품의 독창성과 우수성, 표적시장 내에서 새로운 공연상품의 성장성과 경쟁력 등을 기준으로 평가해야 한다.

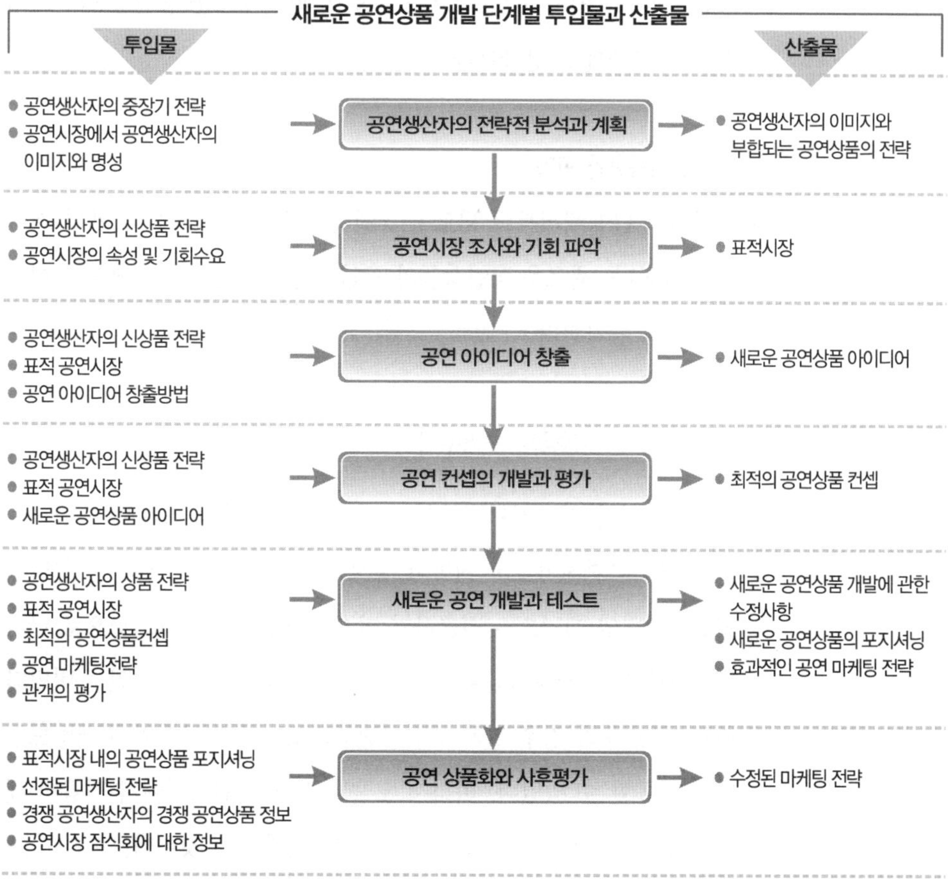

그림 25 공연레퍼토리 개발단계의 도식

㉮ 새로운 공연상품 개발과 테스트

공연제작에 들어가기 앞서 새로운 공연상품의 기대효과에 엄격한 수요예측 및 마케팅 전략을 수립하여 새로운 공연상품을 테스트한다. 전반적인 마케팅 요소반응까지 분석하여 실제 공연시장 조건하에서 새로운 공연상품의 제작여건에 따른 공연기획과 투자, 홍보, 공연입장권 가격, 공연시기 및 장소 등을 분석하여 새로운 공연상품의 기대효과를 예측하고 평가한다.

㉯ 공연상품화와 평가

공연기획 단계에서부터 새로운 공연상품의 일관성 있는 마케팅 전략이 필요하다. 새로운 공연상품의 공연수익 구조분석과 공연시장 성장잠재력를 평가한다.

❷ 새로운 공연상품의 수명주기

공연시장에서 적극적인 마케팅도입이 이루어지기 위해서는 반드시 장기적인 공연레퍼토리 개발이 중요하다. 1회성으로 끝나는 공연은 공연마케팅의 개념으로 접근하기 어렵다. 예를 들어, 1회성으로 끝나는 개인무용의 작품발표회는 마케팅의 도입이 힘들다. 반면 논버벌퍼포먼스 '난타'의 경우 장기적인 공연레퍼토리로 적극적인 마케팅도입으로 성공할 수 있었다. 따라서 오늘날 우리 공연시장에서 시급히 해결될 문제는 장기적인 공연레퍼토리를 개발하는 것이다.

이미 말한 바와 같이 공연상품은 상품의 수명주기에 민감하지 않지만 대중적인 공연상품의 경우 공연상품의 주기가 있게 마련이다. 일반적으로 공연상품주기는 공연시장에 진출하여 공연상품이 성장 및 성숙, 쇠퇴하는 기간을 말한다. 따라서 공연기획단계부터 새로운 공연상품의 상품수명시기를 예측하여 공연계획을 수립하는 것이 필요하다.

㉮ 도입기

새로운 공연상품이 처음 공연시장에 출시되었을 때 공연소비자가 공연상품을 구매하게 되는 단계로 공연생산자의 특정표적 공연시장 개척자로 계획된 공연상품의 포지셔닝 전략에 따라 실행된다. 이 단계는 공연홍보마케팅에 집중하는 기간으로 공연수익보다 공연홍보에 지출되는 비용이 더 많다.

㉯ 성장기

공연소비자에게 새로운 공연상품정보가 안정화되었을 때 공연수익은 증가된다. 이 단계에서는 주로 공연수익 환수를 통해서 도입기에 미흡했던 공연인력과 출연진 보충, 그리고 공연장 확대를 하게 된다.

㉰ 성숙기

표적공연시장에서 어느 정도 공연소비자가 안정화추세로 가게 되면 공연수익은 감소하기 시작한다. 이 단계에는 확보한 표적공연시장을 유지하고자 좀 더 다양한 홍보마케팅의 일환으로 기업과 연계를 통해서 다양한 공연할인서비스, 단체관람 홍보, 이벤트 등이 제공된다.

㉱ 쇠퇴기

표적 공연시장에서 타 경쟁공연상품이 진입하거나 공연소비자의 취향이 변화되면 공연수익이 감소하게 된다. 따라서 공연생산자는 기존 공연상품을 새로운 표적공연시장에 맞추어 공연상품을 보완하기도 하고, 철수하기도 한다.

:: 두드락 프로덕션 공연주기

▸ **도입기**

한국의 풍물놀이에 근원을 두고 서양의 음악과 연극적 요소를 결합시킨 논버벌 비트 퍼포먼스 그룹 '두드락프로덕션'은 1995년부터 공연작품 개발을 통해서 1998년 8월 서울 문예회관 대극장에서 초감각 비트퍼포먼스 "두드락"을 초연하였다. 공연시장 도입기로서 주로 공연수익보다 공연홍보에 많은 재정이 지출되었다.

▸ **성장기**

초연된 공연레퍼토리를 두 번의 버전업(Version Up) 과정을 통해서 2001년 정동극장에서 "2001 두드락"이라는 타이틀로 총 7개 씬을 중심으로 조명, 무대소품, 타악기 업그레이드를 통해서 새롭게 선보였다. 정동극장에서 3개월간의 장기공연을 통해서 흥행에 성공하였고, 2002년 에든버러 페스티벌에 초청되어 인정을 받았다.

▸ **성숙기**

2002~2003년에 전국순회공연 및 해외공연, 그리고 다양한 축제 초청공연활동을 통해서 어느 정도 두드락 공연이 널리 홍보되었고, 다양한 관객층이 관람할 수 있었다. 또한 다양한 홍보마케팅의 일환으로 무료공연, 이벤트 공연을 하였다.

▸ **쇠퇴기**

2001년부터 논버벌 퍼포먼스 '도깨비스톰', '난타' 등이 전용극장 공연을 통해서 새로운 전환기를 마련하였다. 아울러 2003년부터'야단법석'을 비롯한 다양한 논버벌 퍼포먼스 공연시장에 타 경쟁공연상품이 진입하게 되었다. 논버벌 퍼포먼스 시장의 확대와 경쟁상품이 다품종화되면서 두드락프로덕션도 새로운 시장개척이 필요하였다. 2004년 하반기부터 새로운 버전작업을 통해서 마술, 칵테일쇼, 사물리듬을 보완하였다. 한층 업그레이드 된 작품으로 2005년 9월 남대문 메사팝콘 두드락 전용극장을 통해서 해외 관광객 마케팅 및 새로운 버전으로 보완하여 장기 롱런공연에 들어갔고, 2006년 5월에 막을 내렸다.

6 | 공연상품의 가격전략

일반적으로 가격(Price)은 소비자가 제품이나 서비스의 대가로 지불하는 금액을 말한다. 우리가 공연장에 가서 공연을 보기 위해서는 입장권을 구입해야 하는데, 공연마케팅의 관점에서 공연물, 공연장소 및 기간, 홍보를 통해서 결정된 공연입장권의 화폐적 가치를 관객이 돈을 주고 공연을 보는 것을 말한다.

입장권 가격은 공연시장에서 상품의 교환가치로 공연소비자가 공연상품을 선택할 때 중요한 결정요인이 된다. 공연상품의 가격결정은 일반적인 상품의 가격결정보다 가격이 탄력적이며, 공연시장의 상황에 따라 다양한 변수가 존재한다. 즉 공연상품의 원가, 타 공연상품과의 가격경쟁력, 공연상품의 예술적 가치, 공연이 갖는 공공성, 공연장르 등을 고려하는 가격전략이 필요하다.

(1) 공연상품의 가격 특성

❶ 공연상품의 가치와 가격

공연상품은 일반적인 상품과 달리 서비스적 측면이 강한 상품이다. 공연상품의 가치는 공연소비자의 심리적 요인에 영향을 받는다. 즉, 공연상품은 예술적 가치와 정신적 가치가 높은 서비스상품이다.

해외의 유명 오페라단 초청공연이라든지 세계유명 교향악단의 공연 입장권가격은 일반적인 사람들이 생각하기에도 매우 비싸다. 공연주최자의 입장에서는 공연단의 출연료, 여비, 체류기간 등 여러 가지 사항을 고려해서 원가를 책정하여 적정한 입장권 가격을 결정할 것이다. 또한 초청 공연단체의 명성도는 입장권 가격에 영향을 준다.

예를 들어, 베를린 필하모닉(Berlin Philharmonic)과 홍콩 필하모닉(Hongkong Philharmonic)의 연주실력은 분명한 차이가 있을 뿐만 아니라 단체의 명성도 분명히 차이가 있다. 따라서 이 두 단체의 공연입장권 가격에도 분명히 차이가 있다. 클래식음악 애호가의 입장에서는 입장권 가격이 비싸더라도 분명히 베를린 필하모닉 오케스트라의 공연을 더 보고 싶어 할 것이다.

이것은 입장권 가격이 비싸다고 해서 다른 공연물을 대안으로 선택할 수 없는 독자적이라는 공연상품의 특성 때문이다. 이러한 공연의 가치적 가격변수는 오히려 편익을 중심으로 하는 가격전략보다 가격결정에 영향을 미치기도 한다.

❷ 공연상품의 편익과 가격

공연상품의 가격 자체만으로 공연소비자에게 유용한 정보를 제공하기 어렵다. 공연상품에도 일반적인 상품과 같이 고객의 편익(benefit)이 존재한다. 공연을 보기 좋은 자리에서 보는 것은 그만큼 편안하게 공연을 관람할 수 있는 편익을 주기 때문에 좋은 자리를 이용하는 비용을 지불해야 한다. 또한 소극장에서 공연을 보는 것과 대극장에서 보는 것에도 분명한 편리성의 차이가 있다.

❸ 공연상품의 공공성과 가격

오늘날 대부분의 공연상품은 고품격을 추구하는 흐름이다. 고품격 공연상품이라는 전략하에 공연상품가격이 높게 책정되어 사회적으로 문제시되는 경우도 있다. 공연주최측의 공연수익 극대화를 목표로 공연문화가 갖는 공공성을 해치는 경우도 많다. 주로 해외 유명공연단체 초청공연인 경우 엄청난 입장권 가격 때문에 사회적인 거부반응이 생길 수도 있다.

〈신소춘대유희〉, 정동극장, 2004

공연의 공공성을 공연의 목적으로 하는 경우 주로 공연제작 원가 또는 공연의 가치에 상관없이 아주 저렴하게 또는 무료로 공연을 해야 한다. 그러나 아무리 정부 또는 지방자치단체의 지원을 받는 공공극장이라도 공연제작 원가보다 낮게 가격이 책정되면 결국 실패한 공연이 되고 만다. 결국 공공극장의 재정자립도는 보장받지 못하게 된다.

공공극장의 경우 공공성을 위해서 시민을 위한 공연을 기획하여 입장권 가격을 저렴하게 책정하여 많은 관객을 확보하기도 한다. 예를 들어, 정동극장 "청소년문화특별활동"으로 기획된 전통공연은 일반적인 전통예술무대 공연 입장권의 1/5가격으로 청소년에게 우리 전통문화를 체험할 수 있는 교육적인 공연프로그램을 운영한다.

(2) 공급자 위주의 일반적인 가격결정 방법

❶ 원가기초 가격결정

일반적인 상품은 원가에 일정액의 이윤을 붙여 가격을 책정한다. 이 방식은 공연공급자의 관점에서 가격을 책정하는 방식으로 공연소비자의 가격요구사항을 수용하지 못한다. 공연입장권 가격의 단위당 원가는 관람객의 수에 따라 다르고, 관람객의 수는 입장권 가격에 의해 달라진다. 따라서 공연입장권을 판매하여 공연상품의 이윤을 회수하지 않는다. 공연상품은 입장권 판매수익뿐만 아니라 공공기관의 지원 또는 협찬이 존재한다. 따라서 원가를 기초로 하여 가격을 책정하는 데는 무리가 있다.

공연상품의 원가는 공연제작비용과 공연시 발생하는 모든 비용을 말한다. 즉 공연프로덕션비용은 작가 • 연출 • 출연진의 사례비를 포함하여 무대비용(조명, 음향, 무대장치, 소품, 의상 등), 공연행정비 등 공연예산편성시 들어가는 모든 비용이다. 또한 일반적인 서비스 상품처럼 원가를 책정한다면, 회당 공연횟수 또는 회당 객석수의 원가를 말한다.

❷ 경쟁기초 가격결정

경쟁기초 가격결정은 경쟁사의 상품가격 책정에 맞추어 자사의 상품가격을 책정하는 것으로 상품수요나 상품원가 요인보다는 경쟁자 가격책정을 중심으로 가격을 결정하는 것이다. 공연시장에서 몇몇 공연단체가 동일한 공연 장르의 작품을 공연한다고 하더라도 비슷한 공연입장권 가격을 형성한다. 그러나 동일한 공연시장 내에서 경쟁관계의 공연단체가 많이 존재하는 경우 비슷한 공연입장권 가격을 형성하기 힘들다.

공연시장에서 동일한 공연장르를 공연하는 신생 공연단체가 진입하게 되면, 이 공연단체는 저가정책으로 시장진입을 하려고 할 것이다. 또한 동일한 공연장르를 공연하는 단체라도 단체의 인지도가 다른 단체에 비해 높거나 다른 단체보다 경쟁우위에 위치하려고 공연제작에서 몇몇 중요한 초빙연출자 또는 배우, 그리고 해외의 유명공연단체를 초빙하여 공연입장권 가격을 고가로 책정하여 마케팅 전략을 펼치는 경우도 있다.

이러한 경우 공연공급자의 입장에서 가격책정이 이루어지기 때문에 저가정책은 순수공연이 갖는 예술적 가치성을 떨어뜨릴 수 있고, 고가정책은 공연에 비해 작품성이 떨어져 관객의 비난을 받는 경우도 있다.

(3) 수요자 위주의 일반적인 가격결정 방법

❶ 공연상품의 가치기초 가격결정

공연상품의 가치기초 가격결정은 공연소비자의 취향과 공연가치의 평가에 의하여 가격이 결정된다. 공연소비자는 자신이 어떤 공연상품에 기대심리와 가치를 금액으로 환산하여 공연을 볼 것인가를 결정한다. 포지셔닝 전략에도 설명했듯이 공연소비자는 공연입장권 가격을 비롯하여 공연 관람을 위해서 비용을 지출하는 모든 행위(교통비, 주차비, 식음료비등)의 비용을 지출하게 된다. 공연소비자는 공연관람을 위한 모든 소비행위를 따져 보고 공연관람을 결정하여 공연입장권을 구입하게 된다.

일반적으로 사람들은 공연예술상품의 가격이 영화 또는 스포츠 같은 문화예술분야보다 상대적으로 가격이 높은 것을 이해하기 힘들 것이다. 이것은 공연상품이 갖는 속성 때문이다. 공연상품은 영화처럼 필름을 여러 개 복사하여 몇백 개에 달하는 영화관에 가서 쉽게 볼 수 있는 서비스 상품이 아니고, 한정된 공연장에서 공연이 지속되는 동안 배우들과 무대스태프가 계속하여 예술활동을 해야 하는 노동집약적 서비스 상품이기 때문이다. 따라서 공연입장권이 보통 몇 만 원씩 하는 것은 이러한 서비스 상품의 작업과정을 보았을 때 당연한 것이다.

예를 들어, 영화관람을 좋아하는 사람이 관람료 8,000원을 지불하고 영화관람하는 것과 작은 소극장에서 하는 연극공연 관람료가 2만원 하는 연극을 보는 것을 비교한다면 영화를 관람할 것이다. 물론 연극을 좋아하는 사람은 2만원을 내고 반드시 공연을 볼 것이다. 따라서 연극을 좋아하는 사람은 3만원이라는 입장권 가격에 민감하게 반응하지 않을 것이고, 대체로 다른 연극도 대충 이 가격에 볼 수 있다는 관습적으로 연극 공연입장권 가격이 이 정도라는 것을 인식하고 공연을 관람할 것이다.

특별히 정부 또는 공공기관의 지원을 받는 공연의 경우 공연입장권 가격이 영화관람료와 비슷하게 책정된 경우도 있다. 이러한 경우 공연단체에게 예술창작활동 보조금을 비롯하여 세금면제 혜택을 주기 때문에 이러한 가격으로 공연을 할 수 있는 것이다.

60만원 하는 오페라 공연입장권 가격이 일반적으로 서민들에게는 사회적 거부반응을 일으킬 수 있으나 오페라를 좋아하는 애호가라면 이 정도의 가격에도 불구하고 공연을 관람할 것이다.

❷ 공연이 갖는 공공성기초 가격결정

공연예술경영의 윤리는 공연상품이 갖는 공공성을 중요시한다. 공공성에 기초하여 가격을 결정하는 것은 결국 고가정책을 펼칠 수 없다는 것이다. 우리나라 공공극장의 경우 공연수익을 목적으로 하는 공연물과 공공성을 목적으로 하는 공연물의 비율을 어느 정도 맞추어야 한다.

시민의 문화공간으로서 갖는 공공성과 많은 사람들이 관람할 수 있도록 배려하는 일련의 "시민을 위한 ○○공연"은 극장 및 공공기관의 재원을 지원받아 공연입장권의 가격을 일반적인 공연입장권 가격보다 낮게 책정하여 많은 사람이 고급 공연예술장르를 관람할 수 있도록 제공하고 있다.

이러한 공공성이 강한 공연의 경우 공연의 질적인 문제로 인해 지적을 받기도 하지만 대체적으로 극장 브랜드 가치의 업그레이드를 위해서 공공성에 기초하여 가격결정을 하기도 한다.

(4) 공연입장권 가격의 책정방식

공연입장권의 가격은 공연물의 성격, 공연장소 및 공연시기, 공연프로덕션팀의 명성도 등을 고려하여 책정하게 된다.

❶ 공연물의 성격

연극공연과 대형 오페라 공연의 입장권 가격은 동일할 수 없다. 연극시장에는 비슷한 입장권 가격이 형성되어있고, 오페라, 클래식 등의 공연도 비슷한 입장권 가격이 형성되어 있다. 따라서 공연시장에서 공연장르에 따라 비슷한 입장권 가격이 형성되어 있으며, 예외적으로 해외초청 공연 및 작품의 규모, 또는 공공지원 및 협찬의 정도에 따라 어느 정도 입장권 가격이 달라질 수 있다.

❷ 공연장소 및 시기

극장객석의 규모에 따라 공연의 제작규모 및 입장권 가격이 달라진다. 객석규모가 큰 극장에서 공연을 하는 경우 그 만큼 대형 공연물이므로 입장권 가격이 높은 편이다. 세종문화회관, 예술의 전당, 국립극장, LG아트센터 등은 입장권 가격이 비싸다.

공연시기에 따라 공연입장권 가격책정에 영향을 미친다. 공연시즌 또는 특별한 날짜 공연을 하게 되는 경우 극장대관료도 차별적으로 책정되므로 대관료의 부담이 입장권 원가책정에 영향을 미친다. 세종문화회관의 경우 공연시기에 따라 차별적인 대관료 책정으로 인해 사회적으로 문제시되기도 하였다.

❸ 공연프로덕션팀의 명성도

우리나라의 공연예술가의 명성도는 공연입장권 가격책정에 크게 영향을 미치지 못한다. 공연예술가의 명성도보다 공연제작규모와 특정 공연장르의 시장가격에 더 비중을 두기 때문이다. 공연출연진의 명성도에 따라 등급을 정하고, 차별된 출연료책정은 바로 입장권 가격의 원가에 포함된다.

해외·유명공연예술가의 명성도는 공연입장권 가격에 영향을 미치게 된다. 중요한 것은 공연예술가의 명성도에 따라 입장권 가격이 고가로 책정되었다면, 공연소비자들은 공연예술가의 명성도에 따라 공연을 보게 된다. 그러나 이러한 모든 해외·유명공연예술가의 초청공연이 명성도에 따른 고가의 입장권 가격만큼 좋은 공연을 보여 주는 것은 아니다. 또한 사회경제적 분위기에 따라 해외·유명공연예술가의 공연도 적절한 공연입장권 가격으로 공연을 볼 수 있는 기회가 있다. 1998년 IMF 경제체제에서도 유명한 피아니스트 블라디미르 아슈케나지의 피아노 리사이틀의 경우 예술가의 배려로 적절한 공연입장권으로 좋은 공연을 볼 수 있는 기회를 제공하기도 하였다.

(5) 좌석별 입장권 등급

공연장을 찾은 관객은 공연을 보다 좋은 자리에서 보기를 바란다. 공연을 보는데, 시청각적으로 잘 감상할 수 있는 좌석을 선택하는 것은 입장권 가격 등급에 반영이 된다. 보통 극장 객석 규모가 400석 이상인 중대형극장의 경우 좌석별 등급을 매겨서 입장권 가격을 차등화시킨다. 공연포스터 및 공연전단을 보면 R석 10만 원, S석 7만 원, A석 4만 원 등으로 좌석별로 입장권 가격이 다르다.

(6) 가격전략 유형

표 22 공연상품의 가격전략방향

구분	전략방향
상대적 고가격전략 (Skimming Pricing)	• 자사의 공연을 경쟁공연상품보다 입장권 가격을 높게 책정 • 공연입장권 가격이 공연의 가치를 대변 • 새로운 공연작품의 독창성과 차별성이 강한 경우 • 표적공연시장에서 독보적인 공연상품일 경우 • 타사의 고가전략으로 시장진입이 어려워, 결국 저가격전략으로 진입. 따라서 경쟁사가 참여하는 시점에 신작품 또는 가격을 낮추는 전략수립
상대적 저가격전략 (Penetration Pricing)	• 경쟁공연상품보다 낮은 가격책정 • 장기적인 레퍼토리 공연의 경우 저가전략으로 접근하는 것이 이익 • 특정표적공연시장에서 가격탄력성이 높음 • 다양한 할인 서비스를 통한 저가격전략 확대
대등 가격전략	• 공연시장의 시장가격으로 대등하게 가격책정 • 표적공연시장 내의 한정된 수요층

(7) 할인제도

할인가격 책정은 주로 공연 프로모션의 일환으로 공연수익의 향상을 위해서 실시하는 고객서비스의 일환이다. 전략적인 마케팅으로 공연상품의 성격과 공연시기에 따라 다양한 할인 가격책정 전략이 필요하다.

일반적으로 할인서비스의 마케팅은 단체관람, 관극회원, 공연시간, 기업연계 회원우대 할인서비스, 공연시즌 할인서비스 등이 있다.

단체관람 할인의 경우 학교, 기업, 여행단 등에 공연입장권 할인을 해 주는 것이다. 정상적인 공연입장권 가격에 비해 30~50%까지 입장권가격이 할인되고 있다. 요즘 기업들은 공연에 협찬을 자신의 고객 또는 직원을 위한 특별이벤트로서 "단체입장권 구입협찬"으로 대신하고 있다.

정동극장의 상설 "전통예술무대"는 주로 여행사의 단체관광객을 대상으로 서울 관광코스의 일환으로 '한국전통예술공연'을 패키지 여행상품으로 하여 단체관람 할인혜택을 제공하고 있다.

관극회원의 경우 극장 고객마케팅의 일환으로 회원제도에 따른 입장권 할인혜택을 제공하는 것이다. 어느 특정 극장에서 개최되는 공연의 관람횟수에 따라 차별적으로 회원 등급을 정하고, 극장주최 공연의 경우 20~30% 입장권 할인혜택을 제공하고 있다.

공연시간대 입장권 할인은 공연시기에 맞추어 일정기간 입장권 예매를 하면 할인을 제공하는 서비스이다. 공연생산자의 입장에서 예매를 통한 관객확보는 공연 프로모션에 좋은 영향을 주기 때문이다. '사랑의 티켓'은 일정기간('몇월 몇일 토요일 오후 2시까지 판매에 한하여~'라는 할인 입장권 구입기간 제시) 공연입장권 할인제도를 통해서 공연을 활성화시키고, '사랑의 티켓'을 구입한 관객들은 저렴한 가격에 공연을 볼 수 있다.

기업과 연계한 회원 우대할인은 주로 금융권 기업과 연계하여 카드사용 할인 포인트를 공연관람 입장권할인에도 적용을 받는 것이다. 주로 카드 마일리지제로 카드사용 실적누적에 따라 포인트가 쌓여서 이 포인트로 공연입장권을 구입할 경우 입장권 할인을 받을 수 있다. 주로 영화관람에 이 제도가 정착되었고, 근래 들어 공연시장에서도 활성화되고 있는 할인제도이다. 일반적으로 공연문화가 활성화된 서유럽에서 활용하는 공연시즌할인은 일반적으로 극장의 공연기획으로 시즌 공연레퍼토리 공연에서 활용한다. 보통 극장이 시즌 공연기획에 들어가서 6개월~1년 단위로 하여 기획시즌 공연레퍼토리를 홍보하고 극장회원 및 잠재적인 관객에게 집중적인 홍보를 한다. 전체 공연레퍼토리에 따른 공연패키지로 일반인들에게 사전에 일괄예매를 실시한다. 일괄예매에 공연입장권 할인혜택을 제공하여 좋은 좌석배정, 프로그램 또는 캐릭터 무료증정의 혜택을 제공한다.

〈사랑티켓 홈페이지 www.sati.or.kr〉. 한국문화예술위원회 · 서울문화재단, 2006

7 공연상품의 유통전략

일반적인 마케팅에서 유통은 상품을 어느 지역 또는 장소에 제공하는 것이 효과적인가에 대해서 전략을 수립하는 것이다. 즉 유통은 '유통경로', '장소'로 번역된다. 공연시장은 생산과 소비가 동시에 이루어지는 특성으로 '장소'의 개념으로 사용한다. 공연시장에서 공연상품의 유통은 공연생산자와 소비자가 만나는 공연장, 공연관람을 위한 입장권을 판매하는 장소 및 경로, 그리고 인터넷 정보네트워크를 통한 유통경로가 있다.

이러한 유통경로를 어떻게 활용하여 전략적으로 공연입장권을 유통시킬 것인가에 대한 유통전략을 수립하는 것이 선행되어야 한다. 표적공연소비자의 접근이 용이한 장소선택, 공연장의 대관료 비용과 효과, 경쟁공연상품의 공연장소와 차별되는 특성, 공연장의 고객 서비스 시설 및 공연지원서비스의 상태, 공연입장권 구매 및 결재 시스템의 편리성 등이 필수적으로 고려되어야 할 것이다.

(1) 입장권 유통장소 선정

극장은 관객과 공연상품의 유통(판매 및 소비)이 이루어지는 장소이다. 극장은 항상 다양한 공연상품을 마련하여 소비자에게 제공한다. 극장은 공연의 판매와 소비가 동시에 이루어지는 장소이기 때문에 공연을 무대에 올릴 수 있는 모든 시설 및 장비를 갖추고 있고, 공연관람을 위한 객석 및 기타 편의시설 등을 갖추고 있다. 공연상품의 유통 시스템은 공연시장, 고객의 시장조사, 공연타켓층, 고객편익, 문화시설 등을 고려하여 공연장을 선택한다. 공연상품유통으로서 공연장소 섭외는 공연장이 갖는 외부적 이미지, 공연장소의 접근성, 편익성을 공연상품 유통장소의 결정요소로 본다.

❶ 극장을 유통장소로 하는 경우

㉮ 공연장의 이미지

극장의 이미지는 공연상품 못지않게 관객들의 공연관람에 큰 영향을 준다. 공연장의 이미지는 극장의 공연기획에도 중요한 요소로서 극장의 브랜드 가치를 창출할 수 있다. 예를 들어, 국립극장은 전통공연 위주로 시즌 공연레퍼토리를 구성하기 때문에 보통 전통공연예술의 장소로서 이미지가 각인되었고, 예술의 전당은 현대적이고 고급스러운 오페라 및 클래식 공연장의 이미지가 강하다. 아울러 LG아트센터는 고급화된 대중예술을 비롯하여 순수공연예술을 중심으로 공연하는 극장으로 이미지를 굳혔다.

예를 들어, LG아트센터는 강남지역이 갖는 경제적 부유층이 밀집되어 있는 곳에 극장을 건립하였다. 입지조건에 맞게 LG아트센터의 공연프로그램은 주로 고급 공연예술을 즐기는 대상에 맞게 고가의 고급공연예술 프로그램을 제공한다. LG아트센터는 객석 및 극장 내부 구조를 전문적인 음악공연을 위해서 음향공학적으로 설계되었다. 또한 관객을 위한 부대 편익시설, 교통 및 주차시설, 식음료 부대시설도 갖추고 있고, 이와 연계하여 공연관람 후 쇼핑과 연계될 수 있는 입지적 요건을 갖추고 있다.

㉯ 공연장의 접근성

공연장의 접근성은 공연관람을 위해서 공연장에 쉽게 접근할 수 있는가 하는 것이다. 즉 공연을 보기 위해서 교통이 편리한가 또는 주차시설이 잘 되었는가를 말한다. 우리나라의 대부분 공연기획사들은 관객의 편의보다는 객석규모만을 생각하여 무조건 객석이 많은 세종문화회관, 예술의전당 등 특정 공연장만을 선호한다.

우리나라의 대표적인 공연장의 경우 입지조건상 교통 및 기타 문화생활을 위한 제반 문화지역권이 형성되지 못한 곳에 있어서 공연장 접근이 용이하지 못하다. 국립극장의 경우도 대중교통을 이용할 때 전철역에서 국립극장 전용버스로 갈아타든지, 아니면 국립극장까지 20분을 걸어 가야 한다. 또 공연장 주변에 먹거리, 쇼핑 등 문화생활과 관련된 편의문화시설이 부족하다.

특히 지방의 문화예술회관은 대부분 도심에서 벗어난 지역에 있어 일반인들이 그 지역의 문화예술회관이 어디 있는지조차 모르는 경우가 많다. 그러니 아무리 좋은 공연을 한다고 홍보하더라도 쉽게 공연장에 접근하기가 어렵기 때문에 외면을 받게 마련이다.

대학로의 경우 소극장 중심지로서 대중교통의 접근이 용이하고, 문화지역으로서 도보로 여러 공연장을 직접 보고 공연을 선택하여 볼 수 있는 장점이 있고, 문화지역으로서 쇼핑 및 다양한 문화공간이 있다. 근래 들어 지하보도를 통한 입구 진입이 매우 불편했던 예술전당의 경우 입구에 신호등을 설치하여 지상으로 접근하기 쉽게 바꾸었다.

〈(주)M-CONCEPT 제작 '델라구아다' 공연장〉.
세종문화회관 델라구아다홀, 2004

❷ 전문적인 공연장이 아닌 장소

공연상품이 유통하는 장소가 굳이 전문적인 공연장일 필요는 없다. 공연기획사의 입장에서 볼 때 극장에서 공연을 하는 것은 관객의 편익성과 공연제작 및 진행이 편리하지만 대관료라는 재정적 지출이 따른다. 또한 공연성격상 일반적인 극장을 이용할 수 없는 경우에는 야외경기장, 체육관, 대학강당 등을 공연장으로 활용하기도 한다.

해외의 경우 오페라를 야외에서 거대한 무대와 다양한 무대장치를 설치하여 웅장한 스케일의 야외 오페라극을 연출하기도 한다. 2002년 한·일 월드컵의 성공적인 개최기념으로 2003년 5월 서울월드컵 경기장에서 개최되었던 푸치니의 오페라 "투란도트"는 국내 최초 야외 오페라극이다. 제작비 70억 원에 중국 자금성 규모의 3배가 넘는 무대로 4회 공연에 약 12만 명의 인원이 동원되었다.

2002년 장안에 화제가 되었던 해외초청 "델라구아다" 공연은 서커스-퍼포먼스라는 특성으로 인해 일반적인 극장에서 공연을 할 수 없는 무대 메커니즘 때문에 이 공연에 맞는 새로운 공연장이 필요하였다. 그래서 세종문화회관 임대주차장 부지에 현대적인 실험공연장으로서 객석과 무대가 하나의 공연무대로 활용되는 공간이 만들어졌다. 극장으로 갖추어야 할 편의시설을 갖추고 옥상정원을 관객휴게공간으로 이용할 수 있도록 하였다. 2년 동안 "델라구아다"는 성공적인 공연을 하였고, 이 공연 이후 마셜아츠 퍼포먼스 "Jump" 공연도 성공적으로 수행할 수 있었다.

젊은 관객층을 대상으로 하는 음악 콘서트는 주로 대학의 강당 또는 야외에서 개최되기도 한다. 연세대 100주년 기념관은 대표적인 젊은 세대의 음악 콘서트장으로서, 신촌의 대학가를 중심으로 젊은 세대가 밀집되어 있는 지역이어서 관객동원에 유리하고 대학 공연장으로 저렴한 대관료가 장점이다.

❸ 온라인 공연장 홈페이지

인터넷 홈페이지는 자세한 공연정보를 얻을 수 있는 1차적인 매체이다. 인터넷에서 공연장의 홈페이지는 공연장의 얼굴로서 공연장의 이미지 및 공연상품의 유통에서 중요한 장소이다. 공연장 홈페이지는 e-Business 측면에서 기업이 일반소비자를 대상으로 운영하는 온라인 사업이다. 1차적으로 극장 및 공연의 정보제공뿐만 아니라 인터넷 공연입장권 예매시스템, 고객과 극장의 커뮤니티, 고객 서비스 제공 등의 다양한 인프라스트럭처를 구축하고 있다.

공연장 인터넷 홈페이지는 공연장과 고객이 1차적으로 만나는 사이버 공간으로서 지속적인 고객과의 커뮤니티를 통해서 고객에게 서비스를 제공하고, 아울러 다양한 공연정보 및 입장권 예매에 관련된 정보네트워크를 갖추고 있어야 한다.

현재 대부분 공연장 홈페이지는 오프라인 사업(극장운영)을 지원하고 홍보하는 온라인 시스템밖에 운영되지 못하는 경우가 많다. 앞으로 고객 서비스를 위한 다양한 콘텐츠 개발, 인터넷 입장권 전산시스템 확충, 고객과의 커뮤니티 프로그램 개발로 고객에게 더 가까운 공연장의 이미지를 심어 주어야 할 것이다.

〈정동극장 홈페이지 www.jeongdong.or.kr〉. 정동극장, 2015

(2) 공연입장권의 유통

관객은 극장에서 현장구매 또는 인터넷예매를 통한 공연입장권을 구입한다. 입장권은 화폐를 대신하는 교환상품이다. 공연입장권에는 공연관람정보가 기재되어있는데, 입장권 가격, 공연명, 공연일자와 공연장소, 관객이 공연장 안으로 들어가서 공연을 보는 지정좌석이 앞면에 기록되어 있고, 뒷면에는 공연입장권의 관리번호, 입장권 관리시 주의사항, 입장권 발행처 등이 기록되어 있다.

공연장이 정해지면 공연입장권 유통전략을 결정해야 한다. 입장권 유통전략의 목표는 고객의 입장에서 전략이 수립되어야 하며, 단지 상품을 판매하는 것에서 벗어나 서비스를 제공하는 관점에서 수립되어야 한다. 특히 협찬사 또는 홍보대행사를 통한 전략적 제휴는 공연입장권과 일반적인 상품과 연계시켜서 고객이 입장권 구입을 통해 '선물'을 받았다는 인식을 심어 주는 전략이 필요하다.

공연입장권은 공연을 관람하기 원하는 소비자가 쉽게 구입할 수 있도록 해야 한다. 예전에는 보통 극장에 전화를 하여 미리 예매하든지 극장을 직접 방문하여 구입하였는데, 요즘은 입장권 구입시스템이 다각화되어, 온라인으로 극장 인터넷 홈페이지, 온라인 공연입장권 판매대행사, 인터넷 포털사이트, 인터넷 쇼핑몰, TV홈쇼핑 등과 오프라인으로는 대형서점, 백화점, 카드사, 대형음반점 등을 통해서 공연입장권을 구입할 수 있다. 주로 전략적 제휴를 통한 입장권 판매는 제휴사의 상품구입 또는 카드의 사용실적에 따라 공연입장권 구입시 할인혜택을 받을 수 있도록 되어 있다.

공연마케터는 고객이 쉽고 편리하게 공연입장권을 구입할 수 있도록 입장권 유통전략을 수립해야 한다. 입장권 판매시기, 입장권 유통채널 확보에 따른 관리비용과 표적공연시장의 접근성을 고려하여 입장권 판매처의 수, 판매처 계약에 따른 분배금 및 수수료를 정해야 한다.

(3) 공연입장권의 유통방식

공연장 매표소는 공연입장권 예매보다는 현장판매와 예매표를 입장권으로 교환하는 장소로서 역할비중이 더 크다. 공연장의 매표소에는 매표원 등이 전반적인 공연 입장권을 현장판매하고, 전화예약과 인터넷 발급 입장권과 초대권을 관리한다.

영화관의 경우 입장권 판매수와 재고, 정산, 고객관리 등에 체계적인 전국 전산망 네트워크 시스템이 정착되어 입장권 관리를 편리하게 할 수 있다. 서울 주요 대공연장의 입장권관리는 인터넷 예매, 전화예매, 현장판매까지 전문적인 위탁업체에서 맡고 있다. 자체 전산시스템을 완벽하게 갖추려면 초기 설치비용, 전문적인 인력, 유지보수비용 등의 문제로 아직 정착되지 못한 상태이다.

LG아트센터의 경우 자체 전산시스템을 갖추고 있다. 특히 공연입장권 예매 중 인터넷 예매 비율이 60%에 이르고 있다. 이러한 전산시스템은 인터넷 전산시스템을 통해서 고객관리를 위한 데이터베이스를 구축할 수 있는 장점이 있다.

대부분의 극장에서는 인건비 절약 및 자체 매표소관리비용을 절약하기 위해서 티켓판매를 전문적인 티켓판매대행사에 위탁한다. 티켓

판매대행사는 지역예매처와 인터넷 등으로 이어지는 유통경로를 상호네트워크를 구축하여 각 극장의 단말기를 통해서 예약판매현황을 전달하여 극장은 티켓유통 정보를 파악할 수 있다.

티켓판매대행사는 자체 전산시스템을 통해서 자체가 보유한 고객정보를 통해서 공연홍보를 직·간접적으로 할 수 있는 장점을 갖고 있다. 그러나 대행사의 경우 입장권 판매대행 수수료로 인해 극장과 마찰을 빚을 수도 있다.

〈티켓링크 홈페이지 www.ticketlink.co.kr〉. 티켓링크, 2006

인터넷을 통한 티켓유통은 1990년 중반 엔터테인먼트 산업이 신속히 발달하면서 속속 등장하였다. 국내의 대표적인 티켓판매대행사인 티켓링크와 인터파크는 인터넷을 통해서 티켓을 판매하는데, 고객이 직접 공연정보와 동시에 좌석, 결제방법 등을 편리하게 이용할 수 있는 장점이 있어 이용률이 꾸준히 증가하고 있는 추세이다.

8 공연커뮤니케이션 전략

공연을 제작하여 적정한 공연입장권 가격이 책정되면 적극적으로 공연을 대중에게 알리기 위해서 공연생산자는 공연소비자와 커뮤니케이션을 해야 한다. 공연시장에 출시한 공연상품이 잘 팔릴 수 있도록 다각적인 촉진(promotion) 활동이 필요하다.

공연이 예술가에게 자유로운 창작활동의 무대라면 대중에게는 공연을 통해서 문화적 여유와 정신수양의 통로가 되는 것이기도 하다. 따라서 아무리 예술가 자신의 창작활동무대라도 사람이 찾지 않는 공연예술활동은 실패한 공연이다. 몇 해 전만 해도 창작무용공연인 경우 대부분 적극적인 공연마케팅 없이 개인창작활동 발표회식으로 1회 공연에 몇몇 친분 있는 사람을 초대하여 대부분 초대관객으로 객석을 채우는 경우가 많았다. 대표적인 공연커뮤니케이션 활동의 실패로 예술가 개인의 만족을 위한 공연으로 대중과의 커뮤니케이션이 이루어지지 못한다. 결국 커뮤니케이션의 실패로 무용 대중화의 실패만 계속될 뿐이다.

공연커뮤니케이션은 다른 마케팅 믹스와 마찬가지로 공연정보 전달과 구매의 장애요인을 제거하여 공연을 표적공연시장의 소비자가 구매하도록 공연정보 및 서비스를 제공하거나 설득하는 마케팅 활동이다.

(1) 공연 커뮤니케이션 과정

커뮤니케이션은 송신자와 수신자의 상호의사소통의 관계이다. 커뮤니케이션의 목적은 메시지 전달이다. 따라서 송신자는 자신이 전달하고자 하는 메시지를 정확하게 수신자가 받을 수 있도록 해야 하며, 수신자는 전달받은 메시지를 이해해야 한다. 이러한 커뮤니케이션의 개념처럼 공연 커뮤니케이션은 공연소비자에게 확실하게 공연상품을 홍보하고, 소비자가 제대로 수용할 수 있도록 해야 한다. 공연 커뮤니케이션 과정은 공급자의 커뮤니케이션과 수요자의 커뮤니케이션 과정으로 나누어 살펴볼 수 있다.

그림 26 공연 커뮤니케이션의 필요성

❶ 공연공급자의 공연 커뮤니케이션

공연공급자의 목표는 관객확보이다. 목표달성을 위해서 공연상품의 홍보가 필요하다. 홍보는 고객과의 커뮤니케이션 과정 속에서 이루어지는데, 1차적으로 공연정보를 제공한다. 공연정보는 공연일시 및 장소, 작품내용, 입장권 가격, 구매방법, 공연프로덕션 소개, 공연의 특성 등 공연의 다양하고 구체적인 정보를 말한다. 이러한 공연정보를 확실한 표적고객을 대상으로 제공함으로써 공연에 관심을 갖도록 유도한다.

공연의 정보제공은 곧 잠재고객에게 공연상품을 구매하도록 유도하는 설득이다. 공연공급자는 잠재고객이 기대하는 것을 충족시켜줄 수 있도록 공연상품의 정보에 소비자의 기대심리를 자극시켜야 한다. 예를 들어, 컨템포러리 재즈록의 거장으로 잘 알려진 팻 매시니 그룹(Pat Metheny Group)의 국내 첫내한공연은 그 동안 팻 매시니 그룹의 음악을 좋아하는 매니아에게는 기대되는 공연일 것이다. 이 그룹을 좋아하는 매니아들은 공연의 자세한 정보취득 없이 '첫 내한공연'이라는 문구와 '공연일시'만을 알고 바로 공연입장권 구매에 들어갈 것이다.

또한 뮤지컬 "캣츠" 공연을 한 번이라도 본 사람이라면 국내 출연진의 재공연에 굳이 관심을 가질 리 없다. 그러나 오리지널 브로드웨이 공연팀의 공연이라면 내연 공연이라도 본토 공연을 본다는 기대감에 다시 이 공연을 보려고 할 것이다.

공연공급자는 공연기획과 홍보과정 속에서 어떻게 고객을 설득하여 관객을 확보할 것인가를 전략적으로 접근해야 한다. 설득과정에는 표적고객의 취향과 기대심리를 자극하는 홍보전략이 필요하다.

오늘날 학교교육은 이론교육 중심에서 체험과 문화적 감성교육 시스템으로 변화하고 있다. 수업시간에 "연극이란 무엇인가" 이론교육으로는 연극을 자세히 알려 줄 수 없다. “백문불여일견”이라는 말처럼 직접 학생을 공연장으로 초대하여 공연을 보여 주는 것이 이론학습보다도 더 큰 학습효과를 얻을 수 있다. 체험교육을 경험한 학생은 성인이 되어도 공연에 호감적인 생각과 다른 문화상품에서도 상품구매의 폭이 넓어진다. 따라서 거시적이며 장기적인 고객확보 전략으로 문화예술기관과 문화관련단체들은 문화예술체험 프로그램 및 시민을 위한 공연개발과 확대를 통해서 문화예술 교육을 실시한다.

예를 들어, 1996년부터 정동극장에서 실시하는 “청소년문화특별활동” 공연은 청소년들이 우리의 전통예술공연을 직접 보고 체험할 수 있는 교육프로그램이다.

〈청소년문화 특별활동 공연〉. 정동극장, 2002

이 공연프로그램은 각 학교가 참여하도록 하고 있다. 학교에서 국악이론 수업을 받다가 직접 공연장을 방문하면 전통공연을 직접 봄으로써 이론수업보다 많은 것을 얻어갈 것이고, 나름대로 전통공연예술이 재미있는 공연장르라는 것을 느낄 것이다. 장기적인 관점에서 이러한 교육시스템은 전통예술공연의 잠재적 고객을 확보하는 것이기도 하다.

❷ 공연소비자의 공연 커뮤니케이션 과정

공연정보를 제공받은 공연소비자는 취득한 정보를 통해서 공연상품을 구매할 욕구를 일으킨다. 공연상품을 인식하는 과정 속에서 소비자는 자신의 예술적 취향과 경험을 통해서 이 공연상품이 자신에게 주는 기대를 따져 보게 될 것이다.

공연상품의 기대는 자신의 취향을 만족시켜 주는 공연특성과 상품가격, 공연편익의 소비자 기대심리이다. 특히 수용자들은 자신이 기대하는 메시지만을 받아들인다. 보통 공연관람을 하는 데 장애요인은 시간적 여유이다. 30~40대 여성층을 표적으로 하는 공연은 여성들의 생활방식에 따라 저녁공연시간은 부담이 될 수도 있다. 만약 공연시간을 오전 11시로 조정하면 주부들에게는 시간적 여유가 있을 것이다. 이러한 공연시간 조정은 수용자의 입장에서 공연정보의 메시지 전달에서 성공할 수 있는 전략이다.

메시지 전달에서 공연표적대상인 수용자의 코드를 맞추는 것이다. 일방적인 공급자의 입장에서 전달되는 메시지는 공연홍보에 큰 도움을 주지 못한다. 따라서 공연홍보매체라고 해서 똑같은 정보를 전달하는 것은 아니다. 특정문화를 선호하는 대상을 위한 홍보메시지를 부각시키거나, 전달매체의 특성에 맞는 공연상품의 이슈화, 수용자의 기대심리를 뛰어넘는 새로운 기대심리 전달 등이 공연소비자와 커뮤니케이션 과정에서 공연상품의 인식과 기대를 충족하는 홍보전략이다.

(2) 공연 커뮤니케이션의 전략수립

효과적인 관객확보를 위해서 공연 커뮤니케이션 전략을 수립해야 한다. 잠재고객에게 전달하고자 하는 공연상품의 메시지를 효과적으로 전달하기 위해서는 수립된 전략을 분석하여 효과적으로 접근해야 한다.

먼저 표적공연시장에 제대로 접근하였는가이다. 공연정보가 제대로 표적고객에게 전달될 수 있는 경로 및 수용자의 코드를 맞추는 것이 필요하다. 표적공연시장의 경쟁 공연상품의 홍보전략 벤치마킹, 공연상품의 메시지 전달에서 소비자의 기대심리를 자극할 특성을 분석한다.

공연상품의 메시지 전달을 위해서 효과적으로 활용하거나 지원이 가능한 커뮤니케이션 수단을 확보해야 하며, 확보된 커뮤니케이션 수단을 어떻게 마케팅 믹스하여 접근할 것인가를 파악해야 한다. 각 커뮤니케이션의 특성을 파악하여 어떻게 각 프로모션 매체에 메시지를 전달할 것인가를 파악한다. 또한 커뮤니케이션 과정 속에서 발생하는 비용 및 지원방법을 아울러 파악해야 한다. 이러한 커뮤니케이션 전략에 따라서 공연상품의 기대효과 및 관객확보를 예상할 수 있다.

(3) 공연 커뮤니케이션 수단

공연 커뮤니케이션의 수단은 홍보, 광고, 판매촉진(Promotion), 인적 판매로 나뉜다.

표 23 공연커뮤니케이션 수단

구분	홍보	광고	판매촉진	인적판매
매체	• 신문 · 잡지 · 방송 인터넷 게재용 보도자료 • 공연제작발표회 • 관극동호회 • 기업홍보광고 • 자체 간행물 • 공급자 공동체관계 • 출연진 명성에 따른 인터뷰	• 방송 · 인쇄매체광고 • 협찬 및 협력제휴 상품 스티커 광고 • 뉴스레터 • 공연배급사카탈로그 • 공연포스터/전단 • 현수막/간판 • 버스 · 지하철광고	• 공연시연회 • 무료관람권 배포 • 할인쿠폰 • 공연관련 이벤트 • 공연이벤트 추첨 • 관광상품패키지 • 관극회원 마일리지 • 홈쇼핑 이벤트	• 공연상품 리서치 • 입장권판매 인센티브제

(4) 통합적 커뮤니케이션 믹스

커뮤니케이션 믹스(Communication Mix)는 홍보, 광고, 판매촉진, 인적판매로 구성된 커뮤니케이션 수단을 통합적으로 운영하는 것이다. 즉 커뮤니케이션 수단의 특성을 파악하여 전략적으로 효과를 비교·검토하여 일관성과 보완성 있게 운영하여 최대한 홍보효과를 노리는 것이다. 공연상품의 콘셉트, 공연광고의 메시지, 공연상품의 홍보카피, 소구내용 등 일관성과 상호보완성을 갖고 추진하는 것이 통합적 커뮤니케이션(Integrated Communicaton)의 방향이다.

(5) 홍보전략

홍보는 보통 방송(TV·라디오), 인쇄매체(신문·잡지) 등을 이용하여 공연의 보도기사 또는 뉴스를 공연소비자에게 제공함으로써 공연수요를 촉진시키는 방법이다. 언론매체는 객관적이며 정확한 뉴스제공을 목적으로 하는 공공성이 강한 기관이다. 따라서 이러한 기사가 갖는 공공성과 진실성으로 인해 기사의 신뢰성을 대중에게 심어 줄 수 있다.

방송 및 언론매체는 사회문화적으로 이슈화될 수 있는 소재를 찾는다. 따라서 공연공급자가 방송이나 언론매체에 보내는 보도자료는 언론매체의 기사화과정에서 편집되어 공연공급자가 기대한 것보다 극적으로 홍보기사화되거나, 다른 관점에서 기사화될 수 있다는 것이다.

홍보비용의 측면에서도 언론매체를 활용한 홍보는 광고 또는 세일즈 프로모션, 인적자원 커뮤니케이션 수단보다 낮은 마케팅비용으로 큰 홍보효과를 얻을 수 있다. 공연마케터는 언론매체의 특성을 파악하여 이슈화될 수 있는 공연의 특성과 차별성, 객관적인 공연정보 제공으로 언론을 통해서 기사화될 수 있도록 준비를 해야 한다.

❶ 홍보전략의 수립

공연예술계에서 홍보는 가장 중요한 마케팅이다. 무차별적으로 공연소비자에 접근하는 홍보 전략은 소비자에게 신뢰감을 주지 못할 뿐만 아니라 언론사에서도 관심을 두지 않는다. 수용자 중심의 홍보마케팅 접근으로 세분화된 표적잠재고객에게 원하는 공연정보를 제공 및 설득하여 구매욕구를 심어 주는 것이 홍보전략의 목표이다. 전략적인 홍보계획을 수립하여 적극적으로 수행하는 것이 성공적인 공연홍보

홍보목표의 수립	- 공연상품의 가치인식 제고 - 공연의 신뢰성 제공 - 공연촉진비용 절감 - 긍정적인 공연홍보의 극대화로 홍보방향 제시
⬇	
표적홍보대상 및 홍보콘셉트 결정	- 공연홍보를 통해 접근하고자 하는 표적 공연소비자 파악 - 표적공연소비자의 취향 및 라이프 스타일 파악 - 홍보대상에 따른 공연홍보 콘셉트 결정
⬇	
홍보메시지와 수단선정	- 공연홍보대상의 관심유도 및 언론에서 사회문화적으로 이슈화할 수 있도록 보도자료 작성 - 공연홍보에서 노출과 주의효과가 높은 커뮤니케이션 수단 선정
⬇	
홍보계획의 집행	- 공연제작 발표회 및 시연회에 언론사 문화부 기자 초대 - 일간지 및 공연예술관련 월간지에 보도자료 배부 및 인터뷰 요청
⬇	
홍보결과의 평가	- 일간지 또는 월간지의 노출지면, 독자수 등 - 인지, 이해, 태도변화 및 구매의도 - 예상되는 관객기대 및 공연수익의 기대효과

그림 27 홍보전략 추진 단계

효과를 얻을 수 있는 것이다.

❷ 언론매체 특성에 따른 홍보전략

인쇄매체로서 신문이나 잡지는 방송매체보다 좀 더 섬세하게 공연홍보를 할 수 있는 매체이다. 신문은 일간지 및 주간지로 나뉘는데 공연홍보는 주로 일간지를 통해서 홍보된다. 1990년대 들어 신문에서 정보제공이 세분화 · 전문화되면서 엔터테인먼트 분야를 비롯하여 공연예술분야의 뉴스거리를 전문적으로 취재하는 문화부가 별도로 있다. 각 신문사들의 경제, 사회, 문화, 스포츠 등 세분화된 섹션으로 나누어 요일별로 특집을 수록한다. 주로 문화기사는 금요일 또는 토요일에 전문적인 문화예술에 관련된 정보를 제공한다. 공연홍보담당자는 신문사별로 문화섹션이 수록되는 요일을 파악하여 보도자료를 준비해야 한다.

잡지는 다양한 월간지들이 있다. 엔터테인먼트에 관련된 전문잡지, 여성지, 시사지들로 각 월간지의 특성에 따라 이슈화할 수 있도록 보도자료를 사전에 준비하는 것이 필요하다. 주로 잡지발행 한 달 전에 미리 공연정보자료 및 인터뷰 자료를 준비해서 보내 주는 것이 선행되어야 한다.

방송매체는 주로 3개 공중파 방송을 비롯하여 케이블 TV, 라디오 등이 있다. TV 홍보는 공연홍보를 가장 극대화시키는 방법이다. 메인뉴스는 사회문화적으로 이슈화되는 공연을 소개한다. 문화교양프로그램의 경우 집중적으로 공연소개를 하기도 한다. 케이블 방송은 문화예술 관련 전문케이블을 통해서 공연 인터뷰 및 직접공연을 촬영하여 특집으로 공연을 소개하기도 한다. 라디오는 적극적으로 공연홍보에 활용되는 매체이다. 주로 특정 프로그램의 청취자에게 초대권 배부를 통한 공연소개, 인기연예인이 출연하는 공연은 인기연예인이 방송에 출연하여 인터뷰를 하고, 음악회는 실황중계 등으로 공연을 보도한다.

언론매체는 자신이 주최 또는 후원으로 참여하는 공연홍보를 위해서 극대화하기도 한다. 근래 들어 해외 초청공연이나 대형 공연작품의 경우 언론매체가 공연의 참여자로서 특집기사 또는 문화교양프로그램를 통해서 적극적으로 공연홍보를 한다.

(6) 광고전략

공연광고는 특정 표적소비자 또는 불특정 소비자들에게 공연정보, 공연특성, 입장권 가격을 광고매체에 대가를 지불하고 광고를 하는 것이다. 광고는 기본적으로 광고 메시지와 광고횟수, 목표고객의 광고 내용에 따라 그 효과가 다르다. 광고에는 언론매체 광고, 협찬 및 협력을 통한 기업상품의 스티커 광고, 뉴스레터, 공연배급사의 카탈로그, 공연포스터, 전단지 등 다양한 광고매체가 있다.

광고매체의 장점은 홍보매체보다 공연주체자의 프로모션 목적을 정확하게 반영할 수 있고, 홍보매체의 간섭을 받지 않기 때문에 주체자가 의도하는 공연홍보의 목적을 정확하게 고객에게 전달할 수 있다.

광고목표는 공연마케팅 목표달성의 한 수단으로서 공연의 인지도 증대를 목표로 공연마케팅의 콘셉트가 표출되어야 한다. 즉 공연특성에 따른 공연이미지를 심어 주는 것이 가장 중요한 공연광고의 목표이다.

우리나라의 경우 공연시장이 아직 크지 않아 광고비 책정을 공연제작 예산의 20% 정도로 책정하여 공연광고를 하고 있다. 또한 대부분의 공연에서 광고비용이 많이 드는 TV 또는 신문광고보다는 잡지광고를 많이 활용한다. 근래 들어 해외 초청공연 또는 대형 오페라 뮤지컬의 경우 TV광고가 늘고 있다. 이것은 10억 원 이상의 거대자본이 투자되는 대형 작품으로서 제작비 회수를 위해서 보다 많은 관객을 확보해야 하기 때문에 점차 광고비의 비율을 30%까지 책정하여 TV광고 및 신문광고를 하고 있다.

❶ 광고전략 수립

광고전략은 단순히 공연을 알리거나 상기시키는 기능이 아닌 설득력 있는 공연광고를 통하여 공연소비자를 우호적 태도로 변화시킴으로써 궁극적으로 구매행동을 유발시키는 것이다. 광고전략은 목표고객, 어떤 공연상품 메시지를 어떻게 전달할 것인가 하는 전략을 수립하는 것이다. 일반적인 공연광고는 다른 일반적인 상품처럼 광고경쟁이 치열하지 않기 때문에 공연광고에서 입장권 가격은 크게 작용하지 않는다. 광고전략을 수립병행하여 광고매체 광고비용의 정확한 예산편성이 수행되어야 한다.

❷ 광고표현의 콘셉트 결정

광고목표와 광고비용을 정하면 표적공연시장에 전달할 광고메시지 콘셉트를 정해야 한다. 공연표현 콘셉트는 공연정보를 가장 효과적으로 전달하는 핵심메시지의 콘셉트를 정하는 것이다. 공연소비자의 기대욕구와 차별성을 중점적으로 전달할 메시지를 선택해야 한다.

❸ 광고매체의 결정

광고메시지의 선택이 잘 되어도 광고매체 선택이 잘못되면 원하는 광고효과를 거두기 어렵고, 광고비용으로 인한 재정적 손실도 크다. 따라서 효과적인 광고효과를 거둘 수 있는 매체를 선택하는 것은 커뮤니케이션 마케팅의 중요 결정사항이다. 공연광고 매체는 인쇄광고매체와 방송광고 매체로 크게 구분된다.

㉮ 인쇄매체 광고

인쇄매체 공연광고는 광고비용이 많이 지출되는 신문광고보다는 엔터테인먼트 관련 월간지에 광고를 게재하는 경우가 많다. 근래 들어 신문광고는 주로 지하철 배부용 무가 신문지를 중심으로 저렴한 광고비용으로 문화면 또는 2~3면에 수록하여 문화관련 소식과 함께 공연광고도 볼 수 있도록 한다.

월간지 광고는 주로 명성 있는 공연예술전문지를 중심으로 광고면에 따라 광고가격이 다르게 책정된다. 대형 공연의 경우 인터뷰 기사 또는 공연소개기사를 수록하는 조건으로 광고를 게재하는 경우도 있다.

㉯ 방송광고

TV광고는 광고제작 대행사를 통해서 별도로 드레스 리허설을 통해서 촬영하여 30~40초대의 스팟광고 프로그램을 제작하거나 스팟광고보다 저렴한 배너광고를 제작하기도 한다. 먼저 제작 광고프로그램을 한국방송광고위원회에 문의하여 광고심의를 거친 후 TV시청 시간대에 따라 차별화된 광고가격에 따라 표적 공연대상이 자주 시청하는 TV 프로그램의 시간대에 공연 스팟광고를 내보낸다. 그렇다고 광고주가 반드시 원하는 시간대에 광고를 할 수 없고, 인기 방송프로그램의 시간대는 비싼 광고료로 인해 공연광고의 경우 주로 오전 시간대 및 심야 시간대에 스팟광고로 내보낸다.

방송사가 공연주최 또는 후원으로 참여하는 경우 광고횟수뿐만 아니라 광고시간대도 유리하게 확보할 수 있다. 보통 공연광고는 공연 한 달 전부터 스팟광고를 하기 시작하여 공연 1주일 전에 광고횟수를 늘린다.

라디오 광고방송은 TV광고에 비해 광고비용이 저렴하다. 주로 라디오 방송 프로그램의 특성에 따라 스팟광고를 하거나, 특정 방송 프로그램의 청취자 초대권 행사를 통해서 직접적인 광고를 하는 경우도 있다.

㉰ **옥외광고**

옥외광고는 주로 공연장 입구 및 외벽 현수막 광고를 비롯하여 지하철 및 버스광고, 시내 중심지 육교 및 건물외곽 현수막 광고 등이 있다. 공연장 현수막 광고는 공연장측과 협의하여 대형 현수막을 제작하여 쉽게 광고현수막을 부착할 수 있다. 시내중심의 현수막 광고는 시 또는 구의 옥외광고물 관련 행정법으로 인해 옥외광고물 신고를 하고, 관할행정부서의 허가를 받아 현수막을 부착한다. 지하철 및 버스광고는 각 광고를 대행하는 대행사를 통해서 광고를 요청하여 표적 공연대상이나 대중이 가장 많이 이용하는 노선을 중심으로 대형 포스터 광고가 부착된다.

㉱ **인터넷광고**

인터넷광고는 주로 공연장의 홈페이지를 통해서, 또는 공연기획사의 홈페이지를 통해서 광고가 된다. 각 홈페이지에는 공연장 회원 커뮤니티를 통해서 각 회원에게 이메일을 통해서 공연정보가 전달되고, 예약하는 회원에 한하여 티켓 할인혜택까지 제공하기도 한다.

인터넷 포털 사이트가 공연주최 또는 협찬사로 참여하는 경우 포털사이트의 메인페이지의 배너광고 또는 POP업 광고를 통해서 공연홍보가 이루어지고, 특별 이벤트를 통한 할인혜택의 프로모션까지 병행되는 경우도 있다.

㉲ **공연포스터 및 전단지**

공연포스터 및 전단지는 공연주최측에서 직접 제작에 참여하는 것으로 공연포스터 및 전단지에 들어갈 공연정보를 직접 내용을 작성하여 인쇄물전문 디자인 업체에 의뢰하여 디자인작업을 거친 후 제작한다.

공연포스터 및 전단지는 공연홍보담당자 또는 홍보팀을 통해서 포스터와 전단지에 수록될 내용을 창조해내는 크리에이티브 과정이다. 공연의 콘셉트를 제대로 전달할 수 있도록 디자인 콘셉트와 카피문구를 창조해내야 한다. 공연포스터에는 공연 이미지(그림 또는 일러스트)를 배경으로 공연제목, 공연일시 및 장소, 공연문의, 공연 카피문구가 들어간다. 공연카피문구는 공연의 특성을 부각시키고, 소비자에게 공연의 기대심리를 자극할 수 있도록 창조해내야 한다. 예전에 클래식 음악회의 경우 대부분 카피문구 없이 "○○오케스트라의 몇 번째 정기연주회" 식의 딱딱하고 정형화되어 식상된 클래식음악회라는 이미지를 심어 주는 홍보가 주류를 이루었다. 그러나 오늘날 대부분의 클래식 공연도 차별화된 공연프로그램과 카피문구로 소비자들의 시선을 집중시키도록 세련되고 차별화된 공연포스터를 제작한다.

정동극장 개관 10주년 기념 아트프론티어 페스티벌 일환으로 개최된 재즈피아니스트 곽윤찬의 재즈콘서트는 태교와 관련된 특정한 관객을 대상으로 하는 재즈콘서트인 만큼 공연포스터에도 특정 관객의 시선을 끌 수 있는 삽화와 공연카피문구를 사용하였다.

공연포스터는 주로 대량으로 제작되어 공연장 주변지역 또는 주요

시내중심가 등에 부착되는데, 주로 포스터 부착 대행사를 통해서 배부된다. 대행사는 관할구역의 행정부서로부터 허가를 받아 지정된 홍보물 부착구역에만 공연포스터를 부착할 수 있다.

공연전단지는 디자인 콘셉트에 따라 다양한 형식으로 제작된다. 공연전단지에는 공연포스터의 이미지와 문구가 표지에 그대로 쓰이고, 내지면은 공연의 소개, 즉 공연카피문구, 공연소개, 특성, 출연진 등이 게재되어 있다. 공연전단은 주로 극장주변, 시내 서점 또는 주요 문화시설 등의 전단지 배부대에 배포된다.

〈정동극장 개관 10주년 기념 아트프론티어 페스티벌
'재즈피아니스트 곽윤찬의 태교 콘서트'〉. 정동극장, 2005

표 24 공연광고 매체의 장단점 비교표

구분	장점	단점
신문	• 대규모의 공연홍보 대상 • 공연정보 접근 즉시성 • 고소득층에 접근용이 • 광고스케줄 선택가능 • 많은량의 정보제공	• 불특정 대다수에 홍보하여 집중적 홍보 낮음 • 높은 광고비용 • 공고 통제력 낮음 • 일간지로서 지속적 광고 노출가능성 낮음
TV	• 대규모의 공연홍보 대상 • 소구대상 선택가능 • 원하는 광고 스케줄 선택가능 • 빠른 인지도 형성 • 스폰서십 • 판매촉진(merchandising) 가능	• 높은 광고비용 • 시장별 소구효과의 불균형 • 시청자의 높은 집중력 필요
라디오	• 소구대상 선택가능 • 원하는 광고 스케줄 선택가능 • 노출가능 시간의 다양성 • 다양한 특성적용 가능 • 광고비용 저렴	• 광고노출별 적은 소구대상
잡지	• 소구대상 선택가능 • 표적대상 집중적 홍보가능 • 기사와의 제휴가능 • 긴 광고수명 • 광고비용 저렴 • 판매촉진 가능	• 광고홍보 대상층 한정 • 구독률 증가속도가 느림. • 시장별 소구효과의 불균형
인터넷	• 광고스케줄 선택가능 • 긴 광고수명 • 표적대상 집중적 홍보가능 • 광고비용 저렴 • 스폰서십 가능 • 판매촉진 가능	• 시장별 소구효과 불균형 • 리드타임의 집중력 필요
공연포스터 및 전단지	• 높은 접근성 • 높은 노출빈도 • 소규모 폐기량(노출누락) • 즉시 노출가능 • 스케줄의 탄력성	• 소량의 공연정보의 전달 • 배포량/범위에 따른 비용 증가 • 좋은 부착 위치를 먼저 선점당할 가능성 있음. • 소구대상 선택 불가능 • 지역별 노출범위가 다름 (노출 누락 지역 발생 가능)

(7) 판매촉진 전략

판매촉진은 소비자의 구매를 유도하고 마케팅활동의 효율성을 높이기 위해서 광고·홍보활동을 제외한 모든 마케팅활동을 말한다. 공연시장에서 판매촉진 마케팅은 주로 장기 공연레퍼토리로 이미 공연이 진행되고 있는 공연이 성숙기로 접어들면서 새로운 관객확보와 공연제작비용 회수를 위해서 하는 경우가 많다. 판매촉진 전략은 단기적으로 공연소비자들이 구매활동을 촉진시킬 수 있고, 그 효과도 빠르게 나타난다.

공연판매촉진 전략은 주로 공연주최측의 공연시연회와 주체측의 관극회원 동호회, 공연주체로 참여하는 주최 및 협찬, 후원사와의 컨소시움을 통해서 할인 관람권 배포, 협찬사의 대량 입장권 구입, 할인쿠폰, 패키지 상품, 홈쇼핑 이벤트 등이 있다.

공연시연회는 주로 공연홍보를 위해서 공연주최측이 마련한 행사로 언론사 기자, 공연관계자, 예술인 등을 초대하여 공연시연을 보여주는 행사이다. 영화상연회처럼 일반인들도 초대를 통해서 잠재적으로 관객확보를 위한 입소문을 통해서 공연홍보가 이루어질 수 있도록 공연시연회의 접근방식을 변화시킬 필요가 있다.

관극동호회는 공연장 또는 공연기획사의 공연을 애호하는 관극회원 동호회로서 인터넷 중심으로 결성되는 것이 주류이다. 관극동호회는 인터넷 공연홍보에 중추적인 역할을 할 뿐만 아니라 공연붐을 조성하고, 사후평가까지 하기도 한다. 극장의 경우 관극동호회 회원에게 입장권 할인 및 고객감사 서비스로 무료공연을 하기도 한다. 특히 대중음악과 클래식 음악, 뮤지컬의 경우 몇몇 명성 있는 예술가의 팬

클럽 회원 동호회가 활성화되어 있다.

할인쿠폰의 경우 공연협찬사 또는 공동마케팅사와 함께 할인쿠폰을 일반 소비자들에게 제공하는 공연홍보 방식이다. 컨소시움을 맺은 업체의 구매 누적에 따라 소비자가 공연입장권 할인 쿠폰을 받는 것이다. 주로 공연계에서 카드사 및 백화점, 패스트푸드점 등과 제휴를

서울시가 시민들의 문화시설 이용을 늘리기 위해 입장료를 최대 50%까지 깎아주는 등 공격적 마케팅활동에 들어간다.

시는 오는 4월부터 시가 운영하는 6개 문화시설에서 연동할인제도를 시범운영키로 했다. 연동할인제도란 한 시설을 이용한 뒤 다른 시설을 다시 이용할 경우 입장료를 깎아주는 것이다. 이번에 할인대상이 되는 문화시설은 시가 운영하는 시립미술관, 역사박물관, 서울대공원, 어린이대공원, 세종문화회관, 서울열린극장(창동) 등이다.
프로그램은 우선 6개 시설을 세 그룹으로 나눠, 14일 안에 같은 그룹 내 다른 시설을 이용할 경우 입장료를 할인받을 수 있도록 했다. 이에 따라 시립미술관과 역사박물관, 서울대공원과 어린이대공원, 세종문화회관과 서울열린극장이 각각 한 그룹으로 묶인다. 예를 들어 700원을 내고 시립미술관을 구경한 사람이 관람권을 가지고 14일 안에 같은 그룹인 역사박물관으로 가면 할인가격인 400원만 내면 되는 식이다. 그러나, 시립미술관의 전시를 관람한 사람이 그룹이 다른 서울대공원에 가면 할인을 받을 수 없다.
시는 3개 그룹의 연동할인제도가 정착되는 대로 6개 기관을 모두 묶는 할인망을 만들기로 했다. 그 동안 시립역사박물관 등에는 특별전시 때를 제외하고는 관람객이 별로 없어 시민들을 위한 획기적 인센티브 제도의 마련이 절실하다는 지적을 받아왔다.
이와 함께 장기적으로는 ▶'서울예술카드'란 이름의 선불 문화 패스카드 ▶교통카드인 티머니카드와 통합해 문화시설 입장료를 돈을 쓴 만큼 포인트를 적립하게 하는 문화마일리지 제도 ▶시가 일정액을 지원하는 만큼 시민들이 할인을 받을 수 있는 '서울형 사랑티켓' 등의 도입을 검토 중이다. 민간업체와 제휴해 그 날 공연을 보고 난 티켓으로 시내 제휴식당에서 할인가에 식사할 수 있게 하는 방안도 고려하고 있다.

이원진 기자, 「중앙일보」 2005년 1월 11일

통해서 판매촉진시키는 방법을 채택하고 있다.

패키지 상품은 공동마케팅사의 제휴를 통해서 주로 관광상품과 연계하여 공연상품을 끼워서 판매를 촉진시키는 방법이다. 해외관광객을 대상으로 하는 전통예술공연의 경우 주변의 전통문화지역의 특성을 살려 전시–관광–쇼핑–공연관람–식사로 이어지는 패키지 상품 속에 포함시켜서 공동 프로모션을 한다.

케이블 홈쇼핑 이벤트는 세일즈 프로모션의 일환으로 정해진 시간에 특별 할인가격으로 입장권을 판매하는 방식이다. 근래 들어 대중적인 공연을 중심으로 케이블 홈쇼핑 프로모션을 실시하지만 기대만큼의 효과는 거두고 있지 못하다.

9 | 관객개발전략

모든 사람이 공연의 수요자가 될 수는 없다. 어떤 사람은 공연예술에 관심이 많아 자발적으로 공연관람을 애호하는 사람도 있을 것이고, 또 어떤 사람은 공연예술에 관심은 있으나 경제적 사정으로 공연관람을 주저하는 사람도 있다. 반면에 공연예술에 전혀 무관심한 사람도 있을 것이다.

공연관객이라도 특정 공연예술 장르에 열광적인 관객도 있을 것이고, 새로운 장르 또는 타장르에 무관심인 관객들도 있을 것이다. 이러한 일반대중의 공연예술 취향과 태도를 변화시켜서 공연예술에 관심을 갖게 하고, 적극적인 관객으로 참여시키는 것이 관객개발의 가장 중요한 목적이다.

공연시장에서 관객은 공연자체를 구성하는 요소이자 공연예술활동을 활성화시키는 촉진제역할을 한다. 관객개발은 공연예술경영의 가장 중요한 목표이다. 관객개발 전략은 관객이 극장 또는 공연컴퍼니의 공연상품에 최대한 만족하도록 지속적인 관객서비스 및 고객관리, 그리고 문화시장에 존재하는 잠재고객을 신규고객으로 수용하는 마케팅 기법이다.

관객개발의 필요성은 낙후된 지역의 문화예술회관 운영활성화, 극장재원 마련, 예술의 창작활동무대 확대, 시민의 문화예술 향유의 기회확대 등 궁극적으로 공연문화의 활성화에 있다.

관객개발의 범위는 극장과 공연컴퍼니를 중심으로 관객관리, 예술교육 등이 통합적인 프로세스로 적용된다.

(1) 관객관리

모든 공연소비자가 자사(극장 또는 공연컴퍼니)의 고정관객이 될 수는 없다. 오늘날 기업은 "모든 고객은 왕이다"라는 관념에서 벗어나 "실제 기업수익의 80%는 상위고객 20%에 의해 창출된다"는 고객마케팅 접근방식을 변화시키고 있다. 이처럼 공연예술시장에서도 모든 공연소비자를 대상으로 일시적 수준의 마케팅활동을 전개하기보다는 진정으로 자사(극장 또는 공연컴퍼니)에 공연수익을 주는 고객에게 보다 차별화되고, 세밀한 서비스를 제공하는 마케팅 전략을 구사한다. 질적으로 우수한 관객과의 관계를 지속적으로 유지함으로써 고정관객을 늘리려고 한다. 관객관리의 방식에는 정기회원제, 공연관극 마일리지 제도, 프로슈머 동호회(Prosumer Community)가 있다.

❶ 정기회원제

공연시장에서는 보통 극장 또는 공연컴퍼니에 회원을 모집하여 회원제를 운영한다. 회원제는 무료회원제와 유료회원제로 구분된다.

무료회원제는 관객확보의 차원에서 인터넷상 극장 또는 공연컴퍼니의 홈페이지를 통해서 무료회원 가입을 받고, 홈페이지 인터넷 예매 공연관람료 할인혜택, 공연정보의 이메일링 서비스, 공연초대 이벤트 등을 회원에게 서비스로 제공하고 있다.

유료회원제는 기존회원 및 신규회원에게 일정한 회원가입비를 지불하도록 하고, 일반관객과 무료회원보다 좀 더 향상된 공연서비스 혜택을 받게 하는 제도이다. 유료회원제도는 등급별로 Gold, Silver, Bronze 또는 연간회원 또는 평생회원으로 나누어 차별된 연간회비를 지불하고, 회원가입과 동시에 멤버십 카드가 제공된다. 유료회원으로 가입되면 공연입장권 할인혜택(10~30%)이 주어지며, 극장 또는 공연컴퍼니에서 제공되는 월간 공연정보지, 입장권 DM 발송, 공연프로그램 및 사은품이 무료로 증정된다. 또한 극장 또는 공연컴퍼니의 스폰서십을 맺은 기업의 상품 또는 서비스를 할인된 가격으로 받을 수 있는 장점이 있다.

예를 들어, 우리나라 클래식 전문 공연기획사인 크레디아는 1995년 공연애호가를 위한 정기회원제로 클럽 발코니(Club Balcony)를 운영하고 있다. 이 회원제는 크레디아에 기획된 모든 공연의 서비스 및 크레디아 후원사 및 제휴사와 연계한 서비스를 동시에 받을 수 있는 회원제이다. 현재 클럽 발코니는 온라인 회원이 4만 명, 평생 회원이 1000명에 이른다.

크레디아는 인터넷 홈페이지를 통한 회원가입으로 무료회원으로 등록되며 무료회원에게는 클럽 발코니의 월간 온라인 뉴스레터 E-Mail Friend를 통해 공연소식과 이벤트 정보가 무료로 제공된다.

유료회원제는 등급별로 4단계로 나누어 회원가입비를 책정하여 차별화된 관객서비스, 즉 공연할인혜택(크레디아 주최 및 제휴기획사, 연주단체 10~30%, 호암아트홀 기획공연 20% 할인), 예매수수료 면제, 회원카드를 통한 무료식음료 제공, 월간 공연정보지 제공, 협력 및 제휴사와의 연계를 통한 문화생활의 할인혜택 등을 제공받는다.

근래 들어 대부분의 극장과 공연컴퍼니를 중심으로 유료회원제를 정착화시켜 나가고 있으며, 유료회원제 방식에서 제공되는 서비스를 다양화시키려고 노력 중이다.

외국의 경우 공연예약(Subscription)문화를 정착시켜서 정기적인 공연의 관객을 확보하는데, 주로 시즌별 공연레퍼토리를 패키지로 묶어서 예약관객에게 공연입장권 할인혜택을 제공하고 있다. 이러한 예약관객은 실질적으로 시즌공연에 관객을 미리 확보하여 극장과 공연컴퍼니의 안정된 공연수익을 보장한다.

극장과 공연컴퍼니는 정기회원제를 통해서 고정관객을 확보로 고정수익을 통해 극장운영의 안정화를 기한다. 또한 회원등록을 통한 회원개인의 신상자료를 데이터베이스화하여 공연마케팅에 활용하고 있다. 정기회원 모집과 관리는 단순한 관객유치뿐만이 아니라 장기적이고 지속적인 예술인구의 저변확대를 위한 계획적이고 의도적인 활동이며, 동시에 부족한 운영재정을 확보할 수 있는 적극적인 방법으로 중요시되고 있다.

❷ 공연관극 마일리지제도

마일리지제도는 기업의 고객관리를 위해서 제품구입 금액의 일정액을 적립하여 적립된 포인트로 관련제품을 구입할 때 할인혜택을 주는 제도이다. 주로 카드사 및 이동통신사를 통해서 보편화되었다.

공연관극 마일리지제도는 공연관람을 위해서 입장권을 구입할 때 회원으로 가입하여 극장 또는 공연컴퍼니에서 개최하는 공연관람마다 지불한 입장권 금액의 일정 부분을 적립하여 적립포인트에 따라 공연할인혜택 확대, 특별이벤트 무료초청 등의 서비스를 제공하는 것이다.

관극 마일리지제도는 몇몇 소극장과 극단을 중심으로 하는 연극, 뮤지컬 등에서 실시하고 있다. 주로 극단 홈페이지, 극단동호회 카페에서 관극회원 가입과 동시에 회원 마일리지를 적용하여 20%의 할인혜택을 받을 수 있고, 포인트가 일정수준까지 쌓이면 최고 50%까지 입장권 할인혜택을 받을 수 있다.

❸ 프로슈머 동호회

2000년대 들어와서 이른바 '매니아 문화'가 우리나라에서도 정착되면서 단지 수용자로서 공연을 관람하는 단계에서 확대되어 스스로 공연문화를 만들고, 적극적인 공연관객으로 활동하는 시대가 도래하였다. 프로슈머(Prosumer)는 미래학자 앨빈토플러가 1971년 그의 저서 『미래충격』에서 처음 사용한 말로 생산자를 뜻하는 Producer와 소비자를 뜻하는 Consumer의 합성어로서 말 그대로 생산자적 기능을 수행하는 소비자를 말한다.

인터넷을 통한 네트워크의 발달과 공연예술장르의 전문적인 지식 교환 등을 통해서 형성된 프로슈머 동호회(Prosumer Community)는 특정 공연장르의 애호가에서 벗어나 공연제작의 투자자로서, 공연홍보자로서, 적극적인 관객으로서 공연에 참여하는 공연활성화를 위한 관객개발 전략에 중요한 마케팅 요소로 인식되고 있다.

우리나라 클래식 애호가들에게 인기 있는 작곡가인 구스타프 말러와 안톤 부르크너는 19세기 교향곡 작곡가로서 이들이 남긴 교향곡들은 연주시간이 1시간이 넘기 때문에 우리나라에서 연주되는 것은 단원의 오랜 연습과 과감한 공연기획이 아니면 도전하기 어려운 교향악 프로젝트이다. 따라서 우리나라 교향악단이 말러나 부르크너 교향곡 시리즈를 기획한다는 것은 관객확보와 재정적 투자없이는 불가능한 일이다.

〈부천필하모닉 '말러 싸이클링'〉.
부천문화재단, 2003

1999~2003년에 장장 4년 동안의 부천필하모닉의 "말러 전곡 시리즈 프로젝트"공연은 클래식계의 '말러 신드롬'은 물론 공연예술계에 커다란 획을 그었다.

부천필하모닉의 말러 신드롬은 인터넷을 통한 말러 애호가들(속칭: 말러리안)의 프로슈머 활동—인터넷 클래식 동호회(Goclassic.co.kr)의 경우 교향곡 토론의 주제로 가장 많이 등장하는 작곡가는 '말러'와 '브루크너'이다—에서 공연기획의 아이디어를 제공받았고, 장장 4년 동안 말러의 교향곡 시리즈는 해를 거듭하면서 공연초기에 우려했던 관객확보의 어려움을 극복한 공연이다. 특히 2001년 3월에 출범한 말러의 음악을 연구하는 동호회 "말러리아"는 기존의 매니아문화를 넘어서 공연참여하는 프로슈머로서 말러 연주 시리즈의 선곡, 공연홍보, 관객확보에 이르기까지 적극적인 공연의 생산자로서 참여하였다는 것에 의의가 있다.

1970년대 포크음악 감상실 '바람새'(windbird.pe.kr)는 포크음악을 사랑하는 전국의 2만 여명 포크뮤직 매니아들이 결성한 인터넷 동호회이다. 이 동호회는 전문적인 포크뮤직 연구가들로서 70년대 포크가수들의 음반을 복각하고, 또한 잊혀진 포크가수들을 다시 무대로 초대하여 '주문음악회(리퀘스트 콘서트)' 기획, 섭외, 재원마련, 홍보, 후원까지 전문적인 공연기획사로서의 영역까지 담당하여 7080세대들만의 문화를 다시 부흥시키는 데 크게 공헌하였다.

극장 또는 공연컴퍼니의 관객확보와 개발에 프로슈머 동호회를 참여시키기 위해서는 이들을 위한 온라인상의 커뮤니티 공간을 마련하여 공연과 관련된 다양하고 전문적인 정보를 지속적으로 제공하고, 예술가와의 대화, 공연평론에서부터 고객의 전문적인 정보까지 수용할 수 있도록 하는 커뮤니티를 구축해야 한다.

오프라인상 동호회 참여 활동의 이벤트를 마련하여 정기 관극활동, 전문지식 교류를 위한 워크숍 등을 마련하는 것도 프로슈머의 육성 및 참여에 좋은 기회가 될 것이다.

〈인터넷 클래식 동호회 'goclassic' 홈페이지 www.goclassic.co.kr〉. goclassic, 2006

(2) 공연예술교육

관객개발 전략에서 예술교육은 공공성의 측면에서 논의되는 문제로서 공공기관이 주최 또는 지원하에 이루어지는 문화향수의 기회확대 전략이다. 일반적으로 예술교육은 예술적 소양를 가진 교육자가 예술교육을 받지 않은 일반인들을 교육시키는 것이다. 공공성의 측면에서 국민의식 함양, 문화예술 발전, 문화향수의 기회확대 등 범문화차원의 목표를 갖고 있다.

그러나 공연마케팅의 관객개발 차원에서 공연예술교육은 관객과 후원의 개발과 관련하여 극장의 잠재고객 확보, 극장운영재원 마련, 극장의 브랜드 가치강화 등에 있다.

잠재고객 확보의 차원에서 공연예술교육은 청소년 또는 성인을 대상으로 공연예술 교육 서비스를 제공함으로써 공연예술의 이해와 접근을 용이하게 하고, 공연예술이 문화생활 속에 깊이 자리매김하도록 유도하는 것이다. 즉 공연예술 교육을 통해서 잠재고객 확대와 공연예술 마케팅의 전문화 및 극장경영의 안정화를 위한 재원을 확보하는 것이다.

극장의 공연예술교육은 일반적인 공공교육에서의 예술교육과 달리 공연문화체험을 중심으로 이루어지는 전문화된 교육시스템이다.

❶ 공연프로그램 및 이벤트를 통한 교육

일반인의 공연문화참여를 육성하기 위하여 예술교육을 받지 않은 일반인 또는 청소년이 쉽게 공연에 참여하고, 전문적인 지식없이 쉽게 공연을 이해시키기 위한 공연프로그램을 기획하는 것이다. 예를 들어, "해설이 있는 ~ ", "청소년을 위한~ ", "교과서에 나오는~"과 같은 카피문구로 된 공연은 주로 일반인의 공연참여를 높이기 위하여 공연입장권 가격을 저렴하게 책정하고, 아울러 해당 공연분야 전문가가 일반관객에게 특정 공연예술 장르를 쉽게 이해할 수 있도록 해설을 곁들어 공연감상을 할 수 있도록 하는 프로그램이다. 공공극장의 경우 예

〈정동극장 전국문예회관 순회공연 '달바래 풍굿놀이'〉. 정동극장, 2004

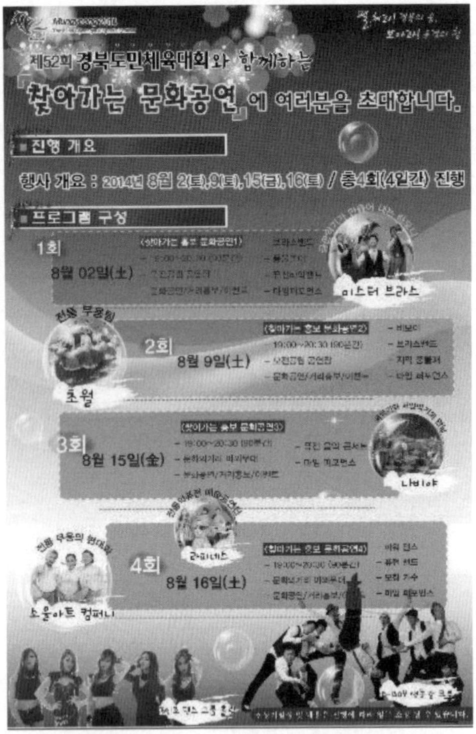

〈경북도민체전의 찾아가는 문화활동〉, 경상북도, 2014

술교육의 공공성 차원에서 전통공연, 클래식, 발레 공연 위주로 교육프로그램을 실시한다.

또한 이벤트를 통한 교육은 주로 중앙정부 문화관광부 지방자치단체 또는 공공극장에서 문화소외지역을 방문하여 그 곳에 거주하는 주민에게 문화예술의 향유 기회확대를 위해서 제공되는 무료공연이다. "찾아가는 문화활동", "찾아가는 국립극장", 공공기관과 연계하여 "지하철예술무대" 등은 공공기관의 국민문화 복지 차원과 공연예술단체의 창작활동 기회를 제공하는 차원에서 기획된 행사이다.

❷ 예술체험을 통한 교육

예술체험을 통한 교육 프로그램은 참여자가 직접 예술활동에 참여하는 형태의 교육프로그램으로 주로 예술강좌, 워크숍, 캠프 등으로 전문적인 예술가로부터 직접 이론과 실습을 병행하여 개인적인 예술적 취향을 발전시키고, 체험을 통한 예술활동을 할 수 있다.

예술의 전당의 경우 예술아카데미가 있어서 어린이를 위한 영재음악, 미술 등을 전문적인 예술가에 의하여 체험위주의 학습을 실시하고 있다. 국립극장의 경우 서울타워, 지구촌민속박물관, 전쟁기념관 등이 연계되는 "남산문화탐방" 문화예술현장 방문 프로그램으로 현장견학, 백스테이지 투어, 전통예술 관람 등을 통해서 학생에게 문화예술교육을 직접 체험할 수 있게 하는 프로그램을 실시하고 있다.

백스테이지 투어 프로그램은 국립극장 대소극장의 무대시스템을 견학하며 무대예절, 조명, 무대장치, 소품감상 등 공연작품이 무대에 오르는 모든 무대화 과정을 살펴보면서 직접 체험할 수 있도록 하였다.

SBA 서울애니메이션센터는 남산 주변 문화관련 기관들과 함께 여름방학을 맞은 청소년을 대상으로 하는 문화 연계 패키지 프로그램 '다 같이 돌자! 남산 한바퀴!'패키지 프로그램은 서울의 중심 남산에 위치한 문화관련 기관인 국립극장, 남산국악당, N서울타워, 남산골한옥마을, 서울애니메이션센터 등 총 5개 기관이 연계하여 기획, 구성하였다.

〈'다같이 돌자! 남산 한바퀴!'패키지 프로그램〉. SBA서울애니메이션센터, 2015

전통연희 체험프로그램은 초·중·고생별로 별도의 프로그램을 마련하여 창작놀이로 배우는 전통연희를 비롯하여 교과서에 수록된 전통예술을 관람할 수 있도록 공연프로그램을 구성하였다. 정동극장은 일반인과 청소년을 위한 장구교실 및 부채춤 교실을 운영하여 단체 또는 개인이 저렴한 수강료로 교육을 받을 수 있도록 체험프로그램을 운영하고 있다.

공연예술 교육에서 극장 또는 공연단체는 잠재고객 확보를 위해서 다양한 교육프로그램을 개발하고, 일관성 있는 교육프로그램 운영을 통해서 장기적인 고객개발을 수행해야 한다.

〈일반인과 청소년을 위한 체험 프로그램〉. 정동극장, 2015

〈예술의 전당 tour 안내 홈페이지〉, 2015

제5장

지역 축제 경영

1 | 지역 축제

(1) 지역 축제의 개념

고대 인간의 집단생활과 함께 시작된 축제는 고대 원시종교의 집단적 제의식과 집단놀이를 통해서 액운을 없애고 복을 불러 풍요와 건강을 기원하는 것에서 유래되었다. 점차 인간의 문명이 발달되면서 본래 종교적 제의성이 약화되고, 인간본위의 합리적 사고에 따라 오락성이 증가하게 되었다. 즉 종교 제의식에서 집단 구성원간의 가(歌)·무(舞)·악(樂)을 비롯해 다양한 유희적 놀이들이 축제의 기원이 되었다. 우리나라의 고대 문헌기록에서도 고대 부족국가 중 부여는 정월 '영고'라는 축제가 있었고, 고구려는 10월 '동맹', 예의 '무천'과 마한의 농공시필기인 5월과 10월의 제천의례 등은 일종의 종합예술의 성격을 띤 우리나라 축제의 원형이었다.

고대 제천의식에서 시작된 축제는 신성한 종교의례의 기능과 집단 구성원의 유희적 놀이판이었다. 이 놀이판에서 음주가무의 다양한 놀이문화는 신과 인간의 만남을 통해서 집단의 안녕과 기원을 염원하였다. 이러한 관점에서 볼 때 축제는 예술적 요소가 포함된 제의로서 인간사회가 문명화되면서 제의적 성격은 사라지고 유희적 성격으로 세속화되어 집단적 종합예술의 성격이 짙어졌다.

오늘날 축제는 지역공동체를 이루는 구성원들간의 동질성을 회복하고 지역 정체성의 확립을 위해서 유희문화를 통한 정서적 공감대를 형성하는 공동체의식의 역할을 하고 있다. 지역축제는 지역의 오랜

역사와 전통속에서 지역주민이 공동으로 참여하여 지역의 문화적 정체성과 지역주민의 화합의 행사로 개최되고 있으며, 아울러 축제를 통한 지역의 문화 · 관광자원 · 특산물 등을 홍보하는 지역경제의 차원에서 기획되고 운영되는 행사를 의미한다. 따라서 지역축제의 의미는 지방자치단체에서 지역의 문화적 전통속에서 생성되어 계승되는 문화적 유산으로 정기적 주기성을 가지며, 지역 공동체의 참여와 다양한 행사프로그램으로 구성되는 문화행사를 말한다.

고대	근대	현대
· 집단적 제천의식 · 집단적 유희를 통한 정서적 공감대 형성 · 유희문화의 발달 · 씨족사회의 결속력 · 풍농/풍어의 기원 · 집단적 무병장수의 기원	· 지역공동체의 동질성 회복 · 지역의 향토문화 계승 · 지역 유희문화의 예술적 가치 형성 · 지역발전을 위한 화합과 단결의 결속력 · 지역주민의 평화와 안녕 기원	· 지역 전통문화유산의 계승과 발전 · 개인 삶의 질 향상을 위한 여가문화 · 지역의 정체성 확립 · 지역발전을 위한 관광문화산업 · 지역 경제의 활성화를 위한 홍보의 장 · 문화 커뮤니티 형성의 장 · 지역 특성화를 위한 수단

그림 28 축제의 의미 변화 과정

(2) 지역 축제의 기능

전통사회에서 지역축제가 종교 · 사회 · 정치 · 예술의 가치를 창출하는 기능에 비중을 두고 있었다면 오늘날 산업사회에서 지역축제는 관광 · 경제 · 문화의 가치를 창출하는 기능에 더 큰 비중을 두고 있다.

❶ 사회 구성원간의 유희적 기능

축제의 유희적 기능으로서 축제에 참여하는 참여자들은 다양한 축제의 프로그램에 참여하면서 일상에서 탈출하여 재미와 즐거움을 통한 생활의 활력소를 찾고, 욕구불만을 해소하며, 축제의 여가문화를 통해서 자아실현의 의미를 찾는다.

❷ 지역 문화의 교육적 기능

지역의 전통문화속에서 생성된 지역축제의 경우 그 지역이 가지고 있는 고유의 전통 유・무형 문화재, 전통민속놀이, 생활풍습 등으로 축제프로그램을 구성하기 때문에 축제에 참여하는 참여자들은 이러한 지역의 전통문화체험프로그램에 참여하고 지역의 고유 전통문화를 체험함으로써 지역전통문화유산을 배울 수 있는 기회를 갖는다. 따라서 축제의 참여자는 축제에 참여함으로써 새로운 배움의 기회를 얻을 수 있다.

❸ 지역 사회의 통합적 기능

지역사회를 구성하는 지역주민은 축제의 주최자이자 참여자로서 역할을 한다. 1980년대 관제문화중심으로 운영되었던 일련의 지역문화행사들은 대부분 지역사회의 통합적 기능으로서 역할을 해왔다. 오늘날 지역축제는 다양한 취지와 목적을 갖고 있지만 기본적인 취지는 축제의 주최자로서 지역에 대한 애향심과 지역주민간의 화합과 단결을 기본으로 한다. 축제 행사프로그램으로 지역주민이 참여하여 군・면 단위의 체육대회와 행사프로그램을 마련하는 것도 바로 지역사회의 통합적 기능을 목적으로 한다.

❹ 지역 관광자원의 홍보 기능

오늘날 대부분의 축제는 지역 관광자원을 홍보할 수 있는 관광체험형 축제로 발전하고 있다. 지역을 찾는 외부 관광객들에게 그 지역이 가지고 있는 자연경관 · 지역문화유산 등을 홍보하기 위해서 투어리즘과 결합된 축제 콘텐츠를 개발하여 지역경제활성화에 기여하고 있다. 해돋이 이벤트 · 기차여행 등의 투어 프로그램 운영으로 지역을 찾는 관광객이 축제도 구경하고 지역의 관광지도 구경할 수 있도록 하고 있다.

정선아리랑 관광열차, 2015.

❺ 지역경제의 활성화 기능

1995년 지방자치단체 시대가 도래하면서 지방행정부는 지역경제를 활성화할 수 있는 다각적인 경영전략으로 새로운 축제 콘텐츠를 개발하게 된다. 지역전통문화 계승과 지역 공동체의 화합 중심의 축제에서 벗어나 지역 관광자원 활용과 지역 농수산 특산물 홍보를 통한 지역경제 활성화 정책으로서 관광·특산물 축제들이 탄생하였다. 지방자치단체의 지역경제활성화 정책중 기획·행정·경영의 효율성 측면에서 가장 쉽게 할 수 있는 정책이 바로 축제이기 때문에 오늘날 관광자원·지역특산물 축제들이 늘어나게 되었다. 양양송이축제·강경젓갈축제·금산인삼축제 등은 지역 특산물를 홍보하는 대표적인 축제들로 지역경제활성화에 도움을 준다.

❻ 지역간 문화교류의 기능

지역축제는 축제 참여자들간의 교류의 장이며 지역·국가 간의 문화교류의 장으로서 지역사회의 문화교류 역할을 한다. 즉 지역·국가 간에 새로운 문물·예술·의식·관습 등을 교류할 수 있는 기회를 참여자들에게 제공한다.

그림 29 지역 축제의 기능

표 25 지역 축제의 기능

분류 기준	종류	축제의 내용	대표적인 축제
프로그램 구성형식	전통문화축제	• 제례의식, 전통예술 및 민속놀이 위주로 구성되는 축제	• 강릉단오제, 처용문화제, 영월단종문화제 등
	예술축제	• 문학 · 미술 · 음악 · 무용 · 연극 · 영화 등 현대적인 전시예술 및 공연예술 · 다원예술 · 영상예술 위주로 구성되는 축제	• 부산국제영화제, 춘천국제마임축제, 대관령국제음악제, 광주비엔날레, 전주세계소리축제 등
	종합축제	• 전통문화축제, 예술축제, 체육행사 및 오락 프로그램 등이 혼재되어 있는 축제	• 아산성웅이순신축제, 한밭문화제, 인천해양축제, 안양문화예술제 등
	기타 축제	• 오락프로그램 위주의 축제, 추모제, 지역미인선발대회 위주의 축제	• 충주수안보온천제, 보령머드축제, 천안흥타령축제 등
개최목적	주민화합축제	• 지방자치단체의 전통적으로 개최되어 온 전통문화축제, 시 · 군민의 날 등의 축제	• 백제문화제, 고성수성문화제, 청원문화제, 태안문화제 등
	문화관광축제	• 지방자치단체의 관광자원을 활용한 축제	• 무주반딧불축제, 김제지평선축제, 함평나비축제, 청도소싸움축제 등
	산업축제	• 지방자치단체의 지역농수특산물, 지역 산업기반을 활용한 축제	• 대구섬유 · 패션축제, 금산인삼축제, 대구약령시축제, 순창장류축제 등
	특수목적축제	• 지역 유 · 무형문화재 행사 또는 향토인물 추모행사	• 안성남사당바우덕이축제, 김유정문학축제, 남이장군사당제 등

(3) 지역 축제의 유형

일반적으로 지역축제의 유형을 분류하는 기준은 다양하다. 그러나 공통적으로 축제의 개최목적, 개최주체, 축제프로그램, 축제의 소재, 구성형식 등의 기준에 의해서 분류하는 경우가 많다. 문화체육관광부에서는 축제의 분류기준을 프로그램의 구성형식과 개최목적에 따라 분류하고 있는데, 프로그램 구성형식에 따른 축제의 유형은 '전통문화축제', '예술축제', '종합축제', '기타 축제'로 분류하고, 개최목적에 따른 축제의 분류기준은 '주민화합축제', '문화관광축제', '산업축제', '특수목적축제'로 분류하고 있다.

2 | 지역 축제의 경영

지역 축제의 경영은 크게 기획단계(Planning), 준비단계(Pre-Production), 실행단계(Production), 결산 및 평가(Post-Production)로 살펴 볼 수 있다.

(1) 기획 단계 (Planning)

축제 기획의 단계는 축제의 콘셉트 설정, 축제의 브랜드 가치 설정, 축제의 표적대상 선정, 축제의 주체자 선정, 축제의 형태와 프로그램, 축제의 시기 및 장소, 축제 홍보마케팅전략 수립, 축제의 예산수립 및 편성을 결정하는 단계이다.

❶ 축제의 콘셉트 설정

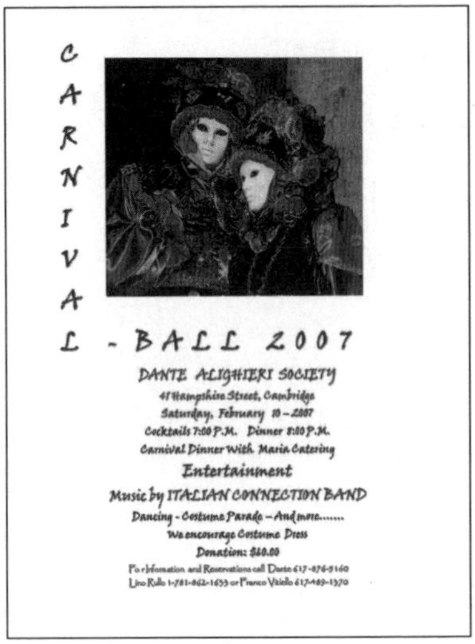

〈베니스 가면축제 포스터〉.
www.carnevalevenezia.com

축제의 콘셉트와 목적을 명확하게 설정하는 단계로서 축제의 콘셉트가 제대로 설정되었을 때 기획을 전개할 수 있다. 오늘날 축제는 다양한 목적과 콘셉트를 가진 축제들이 늘어나고 있는 추세이다. 이러한 축제 콘셉트의 설정은 지역의 정체성, 차별성, 일체성, 체험성, 고객지향성의 요소를 분석하여 설정하는 것이 필요하다.

오늘날 축제의 성공은 지역의 개성표출이 얼마나 잘 되느냐에 달려있다. 지역의 개성이라는 것은 바로 지역정체성으로서 지역주민, 지역 기업, 축제 방문객을 모두 포괄하여 축제속으로 참여를 이끌어낼 수 있는 프로모션 전략이다. 지역의 정체성이 반영된 축제 콘셉트는 지역 발전을 위한 경제적 부가가치를 창출할 수 있다. 지역의 정체성을 분석하는데 고려사항으로는 지역사회에 축제의 자극, 주역주민의 동의, 복합적인 축제의 파급효과, 축제를 통한 시대적 트렌드에 맞는 지역 활성화 도출 방안 등이 고려되어야 한다. 예를 들어, 이태리의 베니스 카니발축제는 일종의 가면축제로서 축제기간 동안 다양한 가면과 화려한 전통의상을 입고 축제프로그램에 참여하기 때문에 축제 방문객들이 축제에 사용되는 다양한 가면을 구입한다. 결국 방문객의 가면 구입은 지역특산물로서 베니스 지역의 경제적 부가가치를 창출한다.

오늘날 축제는 다른 축제와 차별성이 없이는 대중의 관심을 끌기가 힘들다. 따라서 다른 지역축제와 차별화될 수 있는 축제 콘텐츠 개발과 차별화 전략으로 축제 개최지만의 독창적인 프로그램 개발을 통해서 대중의 관심을 끌 수 있다. 예를 들어, 2000년대부터 국내 해안가 지방자치단체들이 너도 나도 '신년해돋이축제'를 개최하지만 너무도 많은 해돋이축제들의 난립으로 지역만의 차별화된 축제로서 발전되고 있지 못하다. 결국 차별화되지 못한 축제 콘셉트는 지방자치단체의 예산낭비를 초래할 수 있다.

오늘날 축제는 다양한 참여자들의 자발적인 축제참여 없이는 성공적인 축제를 이끌어가기 힘들다. 80년대 관제중심의 지역군민체육대회와 같이 의도적으로 참여자를 동원하여 치러지는 축제는 참여자의 일체감을 확보하기 어렵다. 따라서 다양한 축제 참여자들이 참여할 수 있는 축제의 보편성을 토대로 참여자들의 일체감을 형성하는 축제 콘셉트가 필요하다.

지역의 관광자원을 활성화하는 축제들의 경우 축제의 체험성을 부각시켜서 좋은 성과를 얻고 있다. 축제의 방문객은 단지 축제 장소에 방문하여 공연관람만하는 수동적 형태의 축제프로그램에서 벗어나 자신이 직접 프로그램에 참여하는 것에 좋은 호감도와 인상을 남긴다. 따라서 오늘날 축제들은 가족중심의 관람객들이 모두 체험할 수 있는 다양한 체험프로그램을 개발하는데 많은 노력을 하고 있다.

오늘날 축제는 앉아서 방문객을 기다리는 것이 아니라 적극적으로 방문객을 유치하기 위한 고객지향적 홍보마케팅을 펼치고 있다. 축제가 개최되기 1년 전부터 미리 홍보마케팅 계획을 통해서 다른 지방에 홍보사절단을 파견하여 축제 홍보 및 이벤트를 펼치고 있으며, 축제 방문객을 위한 다양한 이벤트를 병행하기도 한다.

❷ 축제의 브랜드 네이밍 설정

오늘날 대부분의 축제들은 불특정 다수가 참여하는 축제가 주류를 이룬다. 그러나 축제에 참여하는 모든 방문객들에게 만족을 줄 수 없다. 더구나 오늘날 축제의 브랜드 아이덴티티가 강조되는 시대에 축제 참여대상이 불분명한 것은 브랜드 네이밍을 갖기 힘들다. 대부분의 지방자치단체의 축제들이 축제기간 동안 방문객 동원수에 따라서 축제의 성공여부를 판단하기 때문에 이러한 현상이 더욱 고착화 되어가고 있다. 더욱이 방문객 동원수를 늘리려는 방편으로 대중가수 위주의 프로그램은 자칫 축제의 목적과 차별성에 심각한 악영향을 미친다. 따라서 축제의 콘셉트에 따라 다양한 축제 프로그램을 공급할 수 있는 공급자 초청 및 차별화된 축제 콘셉트를 통해서 브랜드 네이밍을 형성할 수 있다.

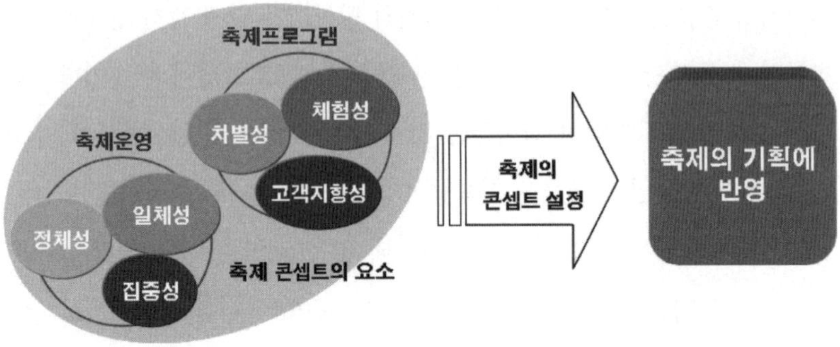

그림 30 축제의 콘셉트 설정

❸ 축제 표적 대상의 선정

축제에 참가하는 대상은 축제의 공급자와 수요자로 구분하여 살펴볼 수 있는데, 축제의 공급자는 축제의 주최자이자 축제의 성격에 따라 축제프로그램에 참여하는 단체(예술단체, 예술가, 프로그램과 관련된 단체 등)이고, 축제의 수요자는 축제의 성격에 맞는 표적 방문객과 일반 방문객으로 구분한다. 축제 성격이 특정한 문화적 계층을 겨냥하는 예술제와 같은 축제의 유형인 경우 표적 대상(예술인)이 분명하고, 이들이 중요한 축제의 수요자가 된다. 예를 들어, 청소년영화제라는 축제의 경우 축제의 성격이 청소년을 대상으로 하기 때문에 표적대상은 청소년이 되는 것이고, 그 외 일반 방문객으로 나누어 축제의 수요자를 구분할 수 있다. 종합문화축제의 경우 불특정 대다수의 방문객이 모두 축제의 수요자가 될 수 있으나 표적대상은 지역주민이 중심이 되어야 축제의 수요자를 확대할 수 있는 기본적인 축제 수요자의 인적구성이 이루어진다.

❹ 축제 주체자의 선정

축제의 주체자는 주최 · 주관 · 협찬 · 후원을 의미한다. 지역축제의 주최자는 축제를 기획하여 실행하는 주체로서 축제를 일괄적으로 지휘하는 것을 말하는데, 주로 주최는 축제를 대내외적으로 대표하는 역할을 한다. 축제의 주최자는 축제의 상징적인 명분과 축제에 대한 모든 책임을 지고 있다. 일반적으로 지방자치단체가 축제의 주최자가 되는데, 별도로 공동주최형식을 띄기도 한다. 지방자치단체가 축제의 기획 · 운영을 체계적으로 위임할 수 있는 축제추진위원회를 별도로 구성하여 지방자치단체와 축제추진위원회가 공동 주최로 하는 경우이다. 주관은 축제의 실질적인 업무를 전문적으로 담당하는 것을 말한다. 그래서 지역축제의 주관은 지방자치단체에서 축제를 전문적으로 운영할 민간이벤트업체를 입찰공고를 통해서 선정하는 경우도 있다. 이러한 경우 축제입찰에 참여한 각각의 전문적인 민간이벤트업체들은 축제의 주최자가 요구하는 총체적인 축제 운영 계획안을 프레젠테이션과 심사를 통해서 소개하고 최종적으로 축제 주관업체로 선정된다. 또한 축제의 주관업체가 지방자치단체가 위임한 축제위원회가 맡는 경우도 있다. 또한 전통민속예술제와 같은 축제의 경우 그 지역의 법인화된 예술단체가 주관업체로 참여하는 경우도 있다.

〈2015 명량대첩축제〉

❺ 축제 형태의 결정

축제의 형태는 선정된 축제의 콘셉트와 주제에 따라 축제의 성격에 맞는 축제형식을 결정하는 것이다. 일반적으로 축제의 다양한 유형들

중 선정된 축제콘셉트가 어떤 축제의 유형에 속하는지를 파악하여 축제의 형태를 결정한다. 축제형태의 결정은 바로 축제의 프로그램 구성과 축제의 브랜드 네이밍에 직접적으로 영향을 준다. 예를 들어, 영화축제의 경우 영화제 성격이 강한 축제의 유형으로 영화제 성격에 맞는 축제프로그램들로 구성될 것이며, 그것을 통해서 축제의 브랜드 네이밍이 결정된다. 또한 지역 농수산 특산물을 주제로 하는 축제의 경우 그것을 홍보할 수 있는 장으로 특산물 주제로 먹거리와 관련된 다양한 체험프로그램들로 구성될 것이며, 그것에 따라 축제의 브랜드 네이밍이 결정된다.

❻ 축제의 프로그램 구성

축제의 프로그램 구성은 축제의 성패를 결정하는 중요한 평가요소가 된다. 축제의 방문객을 만족시켜줄 수 있는 행사들을 구성・연출・운영하는 모든 것을 축제의 프로그램 구성이라고 할 수 있다. 보통 규모가 큰 축제의 경우 별도로 축제의 프로그래머를 두어 전문적으로 축제프로그램을 기획・구성할 수 있도록 한다. 축제의 프로그램 구성은 메인 프로그램(Main Program), 서브 프로그램(Sub Program), 시너지 프로그램(Synergy Program)으로 이들 모두 축제의 콘셉트・성격・형식・대상에 맞게 구성되어야 한다. 일반적으로 지역축제의 프로그램은 공연・체험・전시・스포츠・판매의 5가지로 요소로 구성되는 경우가 많다.

〈2012 영동포도축제〉

메인 프로그램은 본 행사로 축제의 가장 중요한 프로그램으로서 주로 메인무대에서 펼쳐지는 개폐막식과 축제의 콘셉트와 성격에 맞는 프로그램들로 구성된다. 서브 프로그램은 부대행사로 축제 기간 중 다양한 장소에 펼쳐지는 공연 · 체험 · 전시 · 스포츠 등의 형식으로 된 프로그램들로 구성된다. 시너지 프로그램은 축제의 홍보를 위한 이벤트 및 본 축제와 연계하여 시너지 효과를 볼 수 있는 별도 이벤트들로 구성된다. 예를 들어, 지역특산물축제의 경우 축제의 콘셉트와 맞지는 않지만 별도로 지역의 기타 농수산물 판매장터를 운영하는데 이것은 축제의 시너지 프로그램에 포함된다.

프로그램 구성과 함께 연출도 축제의 프로그램 구성에 포함되는 요소로서 축제 프로그램을 어떻게 운영할 것인가에 대한 것으로 조직적이고 체계적으로 모든 축제프로그램이 운영될 수 있도록 연출계획안을 구성하는 것을 말한다. 축제의 연출은 곧 프로그램 운영에 따라 조직운영, 공간·시설 이용 및 설치·철수 계획, 프로그램 진행, 안전사고, 축제 스탭진 구성 및 운영 등이 모두 포함된다. 축제의 프로그램 구성은 축제 콘텐츠 개발과 관련된 사항이므로 〈표 26〉의 요소들이 프로그램 기획에 반영되어야 성공적인 축제로 평가받을 수 있다.

표 26 **축제프로그램 구성의 고려사항**

프로그램의 구성요소	내용
전문적인 프로그래머 운영	•전문적인 축제 프로그래머 인프라구축을 통한 축제프로그램 구성 •전문적인 축제조직위원회 구성을 통한 축제프로그램 구성
지역의 정체성 반영	•지역의 관광자원과 문화자원을 홍보·활용할 수 있도록 프로그램 구성에 반영
축제콘셉트 반영	•축제의 콘셉트와 주제와 연관된 프로그램 구성
체험프로그램 개발	•방문객이 능동적으로 축제프로그램에 참여할 수 있는 체험 프로그램 개발 •지역의 문화적 특성을 고려한 체험프로그램으로 지역에 대한 이해를 돕는 체험프로그램 개발
차별화된 프로그램 개발	•다른 지방의 축제와 차별화되고 독창적인 축제프로그램 개발
투어리즘 프로그램 개발	•외부 방문객이 축제기간 동안 체류하면서 축제를 즐기고, 지역의 관광문화자원의 관람할 수 있도록 하는 투어리즘 프로그램 개발

❼ 축제의 시기 및 장소 결정

일반적으로 지역축제 시즌은 봄과 가을인 경우가 많다. 대부분의 축제가 야외에서 개최되는 경우가 많기 때문에 야외에서 활동하기 좋은 계절인 봄과 가을이 축제의 개최시기로 적합하다. 그러나 축제의 콘셉트와 성격에 따라 개최시기를 여름과 겨울로 하는 축제도 많다. 이러한 축제 시기의 결정은 앞서 말한 대로 축제의 콘셉트와 성격을 먼저 파악하고 그 외 다양한 조건을 고려하여 결정하게 되는데, 방문객의 참가가 용이한 시기로 결정하는 것이 잠재적인 방문객 확보를 위해서 중요하다. 축제의 개최 시기를 결정할 때는 축제기간 중의 기상조건, 축제장소의 사용조건, 축제 방문객의 접근이 용이한 시기(휴가철 · 공휴일), 국내외 경제 · 사회 · 정치적 상황, 타 지역 축제에 대한 정보, 축제자원(인적 · 물적 · 홍보 · 예산)의 확보 기간 등을 고려하여 결정해야 한다.

표 27 축제의 시기와 장소를 결정하는 요소

축제의 시기와 장소를 결정하는 요소	
축제의 시기를 결정하는 요소	축제의 장소를 결정하는 요소
• 축제의 콘셉트와 주제에 맞는 개최 시기 • 축제기간중의 기상 조건 • 축제 장소의 사용조건 • 축제 방문객의 접근이 용이한 시기 • 국내외 사회경제적 상황 • 축제시장의 경쟁 상황 • 축제 자원의 확보 기간	• 축제 방문객을 수용할 수 있는 공간 • 지역 주민와 외부 관광객들의 축제 장소에 접근이 용이한 곳 • 주차시설의 완비 • 축제에 필요한 기반 시설을 제공하는 장소 • 지역의 사회문화적 상징성을 표출하는 장소 • 축제의 집중 가능성이 높은 장소

축제의 장소 결정은 5가지 측면에서 고려되어야 하는데, 장소의 수용가능성, 장소의 접근가능성, 제공가능한 시설의 요건, 장소적 상징성, 집중가능성이 축제의 장소를 결정하는 요소들이다. 장소의 수용가능성은 축제기간 동안 단기간에 수많은 사람들이 축제장소로 몰리기 때문에 수많은 방문객을 수용할 수 있는 공간적 여유가 되는가를 파악하는 것이다. 장소의 접근성은 축제가 열리는 장소에 접근할 수 있는 시간적 · 물리적 거리 및 교통편, 축제장소의 주차시설 등의 요

건을 말한다. 제공가능한 시설의 요건은 축제 프로그램을 운영할 수 있는 시설적 조건(공연무대설치 · 프로그램운영에 필요한 시설 및 공간조건)과 방문객을 위한 다양한 편의시설(화장실 · 식음료시설) 등을 말한다. 장소적 상징성은 축제가 개최되는 공간이 축제의 이미지를 부각시킬 수 있는 장소인지 또는 지역적 문화정체성을 보여주는 장소인지를 파악하여 방문객이 쉽게 축제명을 기억할 수 있도록 하는 마케팅전략의 차원에서 축제명에 장소명칭을 사용하는 경우도 있다. 예를 들어, 진주남강축제는 축제가 열리는 지역명과 장소를 축제명으로 하여 방문객이 쉽게 축제장소를 찾을 수 있는 축제장소의 상징성을 보여주는 사례이다. 장소의 집중가능성은 축제의 방문객을 유도하기 위한 장소선정으로서 축제의 모든 행사가 한 장소에서 열리게 되면 방문객을 유도하기도 쉽고 축제에 집중할 수 있는 장점이 있다. 반면 축제의 다양한 프로그램을 여러 지역으로 분산하여 개최하는 것은 축제를 홍보하고 축제의 분위기를 조성하는데 좋은 홍보 전략이 될 수 있으나 축제에 대한 집중도와 접근성에 있어서 좋은 전략은 되지 못한다.

❽ 축제의 홍보마케팅 전략 수립

지역축제의 경우 축제의 계획수립과 축제예산편성 · 집행의 문제로 인해 축제가 열리는 1개월 전에 홍보계획을 수립하여 축제홍보를 하게 되는데 충분한 홍보기간이 확보되지 못하기 때문에 다양한 홍보루트를 활용하기 힘들어진다. 그래서 축제의 관심을 이끌어내는데 실패하는 경우가 많다. 축제의 홍보마케팅 전략은 장기적 관점에서 단계별로 축제의 홍보 강도를 강화하여 실행하는 전략이 필요하다.

홍보마케팅 계획수립에 고려되어야 할 사항들은 먼저 축제의 홍보

기간 설정과 다양한 홍보마케팅 수단 결정이 선행되어야 하고, 다음으로 결정된 홍보기간과 홍보마케팅 수단을 실행할 수 있는 구체적인 실행계획이 수립되어야 한다.

축제의 홍보기간은 적어도 6개월 이상이 되어야 하며, 구체적인 홍보마케팅 전략을 수립하여 월별 또는 주간단위로 홍보의 강도를 높이는 다양한 홍보 마케팅 수단을 활용하는 전략이 필요하다.

〈2014 진주남강유등축제〉

축제의 홍보마케팅 수단의 결정은 먼저 방문객 유도를 위한 홍보 콘셉트를 결정한 다음 홍보매체의 선정과 홍보지원사항 등을 결정한다. 홍보매체는 크게 언론홍보 · 온라인홍보 · 홍보물제작 및 배포 · 축제프로모션 · 축제광고로 구분할 수 있는데, 언론홍보는 언론매체(잡지 · TV방송 · CATV 등)이고, 온라인 홍보는 인터넷매체(포털사이트, 관공서 홈페이지, 축제와 관련된 단체의 홈페이지, 축제 커뮤니티 홈페이지 개설 등)이다. 홍보물 제작 및 배포는 축제를 홍보하는 자체 홍보물(축제전단, 포스터, 현수막 등)이고, 축제프로모션은 지방자치단체의 행정적 홍보수단(지역의 시립문화예술단체의 축제 홍보 순회공연 등)이고, 축제광고는 언론방송매체에 별도로 축제 광고를 하는 것을 말한다.

표 28 축제의 홍보매체 소개

구분	홍보매체 소개
언론 홍보	중앙일간지, 주간지, 지역일간지 또는 주간지, 잡지, 지역공보지 등
방송 홍보	중앙 방송 3사 TV방송, CATV, 지역유선방송 등
온라인 홍보	주요 포털사이트, 중앙정부 관공서 홈페이지, 지역관공서 홈페이지, 축제와 관련된 단체의 홈페이지, 축제 커뮤니티 홈페이지 등
오프라인 홍보	축제전단, 축제포스터, 축제현수막, 축제홍보조형탑, 지역여행사 지역관광홍보전단지, 축제 캐릭터 상품판매 등
세일즈 프로모션	기자간담회, 지역의 연고예술단체를 활용한 축제홍보 순회공연 등

축제의 홍보마케팅 실행계획으로 홍보인력 구성에 의해서 조직적이고 체계적으로 홍보마케팅이 실행될 수 있도록 해야 한다. 지역축제의 주최자로서 행정인력과 주관자로서 소규모 축제위탁이벤트업체의 인력만으로는 충분히 홍보인력을 확보하기가 어렵다. 따라서 축제를 홍보하고 축제기간 동안 축제운영을 도울 자원봉사자의 역할이 축제홍보에 있어서도 중요한 역할을 한다. 자원봉사자를 미리 확보하여

온라인 및 오프라인 홍보를 할 수 있는 축제홍보자원봉사 조직의 구성이 필요하고, 언론방송매체와 홍보물제작 · 배포 등은 전문적인 홍보마케팅 요원이 필요한 분야이다. 따라서 전문적인 홍보마케팅 인력을 확보하여 지방자치단체의 행정적 지원을 통해서 원활하게 홍보마케팅이 이루어질 수 있도록 하는 것이 필요하다.

❾ 축제의 운영계획 수립

축제의 운영계획은 축제의 운영과 관리에 관한 모든 것을 총괄하는 계획을 수립하는 것이다. 운영계획은 축제일정 관리를 비롯하여 축제장소의 개폐장 운영, 진행 · 운영요원 구성 · 교육 · 배치, 업무분담, 행사장 안내, 방문객 유도 및 동선계획, 편의시설 관리, 행사시설과 장비의 설치와 철수, 축제장소의 안전관리, 우천시 대책 등을 어떻게 운영할 것인가를 결정하는 것이다. 축제의 운영은 축제의 주최자와 주관자가 공동으로 마련해야 하며, 지역의 다른 공공기관의 협력관계를 구축하여 운영계획수립을 수립하는 것이 반드시 필요하다.

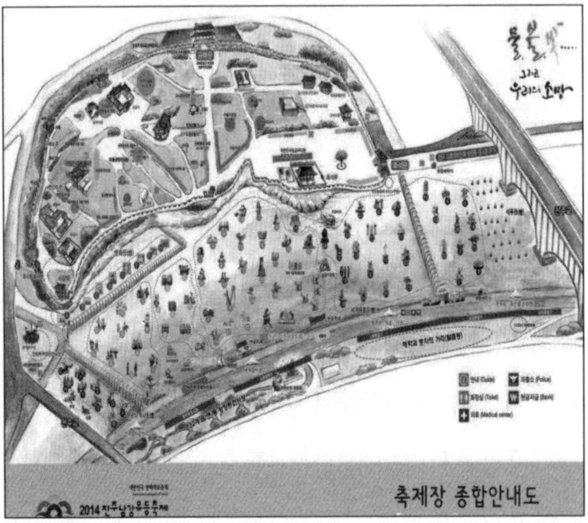

〈2014 진주남강유등축제 종합안내도〉

❿ 축제의 예산 편성

축제의 예산편성은 축제의 지출과 수입에 대한 항목으로서 축제 필요한 비용을 적재적소에 투입하는 계획을 수립하는 것이다. 축제의 예산편성 항목은 크게 인건비(출연료, 용역비),

시설비(무대, 조명, 음향, 특수장비, 부대시설비 등), **홍보비**(광고비, 홍보물제작비, 홈페이지제작 등), **진행비**(교통비, 섭외비, 진행과 관련된 기타잡비 등), **보험료**(행사 안전을 위한 상해손해보험료), **대행료**(주관업체 선정 시 주관업체의 축제 기획운영 대행료) 등으로 구분할 수 있다. 축제 예산편성 시 항목별로 빠짐없이 제대로 예산을 편성하였는지를 확인하고 발생할 수 있는 비용지출을 감안하여 전체 예산의 10% 범위에서 예비비용을 별도로 확보하는 것이 필요하다.

:: 축제 기획시 고려사항

- ▸ 축제 주제의 지역적 정체성과 보편성
- ▸ 전문적인 홍보마케팅 인력을 활용한 온라인-오프라인 홍보마케팅 전략 수립
- ▸ 축제를 홍보하고 분위기를 조성할 수 있는 사전 축제 이벤트 프로그램 구성
- ▸ 축제가 갖는 공공성의 범위를 벗어나지 않은 축제의 수익창출 모델 개발
- ▸ 축제의 개최시기와 장소의 선정에 있어서 축제 파급효과 검토
- ▸ 축제의 개최기간을 고려한 「축제+지역관광문화자원」을 연계하는 투어리즘 프로그램 개발
- ▸ 축제를 통한 지역주민의 긍지와 자부심을 고양시킬 수 있는 방안 마련
- ▸ 축제의 주최자이자 참여자로서 자원봉사자의 활용도를 높이는 방안 마련
- ▸ 축제의 브랜드 네이밍과 브랜드 가치를 형성할 수 있는 요소 개발

⑪ 축제 기획서 작성

축제기획서는 축제에 관한 모든 운영 매뉴얼이 담긴 실행 시나리오이자 설득력 있는 프레젠테이션이다. 따라서 누구나 쉽게 이해하고 설득하기 위해서 축제에 관련된 모든 사항이 일목요연하고 명료하게 작성되어야 한다. 일반적으로 별도로 축제위원회조직이 없는 지역축제의 경우 축제기획서는 지방자치단체가 축제 주관업체 입찰공고를 통해서 프레젠테이션에 참여하는 이벤트기획사에 의해서 작성되는 경

우가 많은데, 지방자치단체는 축제기획서와 프레젠테이션, 그리고 축제실행의 가능성 등을 고려하여 최종적으로 축제 주관업체를 선정한다. 따라서 축제기획서의 작성은 축제주관업체를 선정하는데 가장 중요한 평가척도가 된다.

:: 축제 기획서의 작성요령

- ▶ 축제기획서는 추진사항이므로 미래를 정확하게 전망하도록 사전 탐색 후 작성되어야 한다.
- ▶ 6W3H 원칙에 따라 작성되어야 누구나 쉽게 축제 전반적인 내용을 파악할 수 있다.
- ▶ 객관성을 갖추고 정확하게 작성되어야 설득력을 가질 수 있다.
- ▶ 체계적으로 일목요연하게 작성되어야 쉽게 이해할 수 있다.
- ▶ 다양한 시각적 디자인 요소와 도표, 사진을 수록하여야 설득력을 갖출 수 있다.
- ▶ 실행 시나리오서로서 축제연출 · 진행요원들이 축제운영에 대한 전반적인 사항을 파악할 수 있도록 기술용어가 사용되어야 한다.
- ▶ 축제기획서는 일종의 축제의 꿈을 실현하는 밑그림으로 긍정적인 기대효과를 얻어낼 수 있도록 해야 한다.

축제기획서의 작성원칙은 6W3H의 원칙에 따라서 일목요연하게 작성되는데, 6W3H 원칙은 축제의 주체(Who), 축제의 내용(What), 축제의 목적(Why), 축제의 표적대상(Whom), 축제의 시기(When), 축제의 장소(Where)의 6W와 축제의 운영방법(How), 축제의 기간(How Long), 축제의 소요예산(How Much)의 3H를 말한다.

축제 기획서에 들어가는 기본 구성항목은 기본계획, 행사구성계획, 운영계획, 홍보계획, 추진일정, 소요예산편성, 기대효과, 평가계획, 기획사 소개, 기타 첨부자료가 포함된다.

표 29 6W3H 원칙에 따른 축제기획서의 구성항목

구분	항목	세부적인 고려 사항
6W	주체(Who)	- 축제의 주체자로서 주최 · 주관 · 협찬 · 후원에 관한 내용
	목적과 취지(Why)	- 축제 개최의 목적과 취지에 관한 내용
	표적 대상(Whom)	- 누구를 위한 축제인가라는 것으로 축제의 대상으로 공급자와 수요자에 관한 내용(참여자, 일반방문객)
	개최 시기(When)	- 축제의 개최시기에 관한 내용으로 개최시기의 결정요소에 대한 분석을 통해서 개최시기 결정
	개최 장소(Where)	- 축제의 개최장소에 관한 내용으로 개최장소의 결정요소에 대한 분석을 통해서 개최장소 결정
	축제 내용(What)	- 축제의 주제와 콘셉트에 따른 축제의 내용을 어떻게 구성 할 것인가에 관한 내용
3H	운영방법(How)	- 축제를 어떻게 운영할 것인가에 관한 내용
	축제 기간(How Long)	- 축제 기간에 따른 세부적인 행사 시기등에 관한 내용
	예산편성(How Much)	- 축제에 소요되는 비용과 수익에 대한 예산편성의 내용

표 30 축제기획서의 구성항목

구분	순서	세부항목
기본계획	1	• 표지 – 축제명과 부제목, 슬로건, 축제로고, 제안단체명 등 기재
	2	• 목차 – 축제기획서의 구성항목 기재
	3	• 서문 – 축제환경분석, 축제기획의도, 축제개최 취지 기재
	4	• 축제의 개요 – 축제의 목적, 콘셉트, 축제명, 주제, 축제 슬로건, 축제로고, 일시, 장소, 대상, 인원, 주체자(주최 · 주관 · 후원 · 협찬) 등을 기재
행사구성계획	5	• 세부실행계획 – 실행계획 전략 및 프로그램 운영 전략 소개
	6	• 행사일정 – 세부적인 행사들의 시간대별 행사일정 소개
	7	• 본 행사 – 본 행사(개폐막식 외)에 일정, 장소, 출연진, 프로그램 내용, 소요시간 등 소개
	8	• 부대행사 – 부대행사들의 일정, 장소, 프로그램 내용, 출연진, 소요시간 등 소개
	9	• 기타행사 – 별도의 기타행사들에 대한 일정, 장소, 프로그램내용등 소개
운영계획	10	• 세부운영계획 – 기본운영전략 소개, 인력관리계획(인력구성/업무분담/조직도), 행사장소 설비 설치 및 철거 계획, 행사무대디자인 시안, 동선관리계획(행사장/주차장), 안전관리 등 소개
	11	• 행사연출 – 공간연출 전략 소개, 공간평면도, 행사장 동선, 세부행사별 진행큐시트 등 소개
홍보계획	12	• 세부홍보계획 – 홍보 전략 소개, 표적고객확보 계획, 일정별 홍보계획
	13	• 홍보매체 – 언론 · 방송홍보, 온라인홍보, 광고, 행정적 지원, 홍보물 제작계획 등 소개
	14	• 홍보물 배부계획 – 홍보물 배부를 위한 인력구성, 홍보배부 시기 및 장소 선정 등 소개
	15	• 홍보물 디자인 시인 – 홍보인쇄물 디자인 시안 소개
추진일정	16	• 축제 실행을 위한 단계적 실행 일정표(Flow Chart) 소개
소요예산편성	17	• 인건비(출연료, 용역비), 시설비(무대, 조명, 음향, 특수장비, 부대시설비 등), 홍보비(광고비, 홍보물제작비, 홈페이지제작 등), 진행비(교통비, 섭외비, 진행과 관련된 기타잡비 등), 보험료(행사 안전을 위한 상해손해보험료), 대행료(주관업체 선정시 주관업체의 축제 기획운영 대행료)
기대 효과	18	• 축제 기획에 따른 축제 실행시 기대할 수 있는 다양한 기대효과(사회 · 경제 · 문화적) 소개
평가 계획	19	• 외부 평가기관 선정 – 주최측이 축제의 객관적인 평가를 위해서 평가기관을 위임할 수 있으나 주관업체가 선정하는 경우도 있음
	20	• 축제평가계획 – 참여도, 홍보, 운영, 내용, 인지도, 기타 등 축제 방문객을 대상으로 한 설문조사 및 전문적인 평가기관에 의한 평가 계획안 소개
기획사 소개	21	• 기획사 연혁, 사업영역, 축제실적 등 소개
기타첨부자료	22	• 축제에 관련된 기타 자료를 첨부

⑵ 준비 단계 (Pre-Production)

축제를 실행하기 위한 준비단계로서 축제기획서의 추진일정표에 따른 축제의 인력구성 및 조직정비, 축제의 예산확충, 축제의 홍보마케팅, 축제 공간의 구성, 행사장 안전점검으로 업무를 추진한다.

❶ 축제의 인력 구성 및 조직 정비

오늘날 지역축제의 기획 및 운영은 전문적이고 종합적인 테스크로서 전문적인 인력으로 구성하여 추진된다. 지방자치단체가 축제의 모든 것을 위임한 축제추진 · 운영 · 조직위원회를 통해서 축제의 인력이 구성되는 경우도 있고, 외부 축제주관업체 입찰을 통해서 전문적인 외부 축제이벤트사에서 축제의 인력을 구성하는 경우도 있다. 반면 기획 · 홍보 · 마케팅 전략팀을 제외한 총연출을 비롯한 행사장 운영을 위한 다양한 스탭들은 외부 섭외를 통해서 구성한다. 축제의 인력 구성은 총연출 · 조연출 · 홍보 · 섭외 · 프로그래머 · 무대감독 · 행사진행요원 · 조명 · 음향 · 무대 · 영상 · 안전요원 · 행사안내원 등으로 구성한다. 인력구성이 완료되면 각 담당업무에 맡는 업무사항을 추진할 수 있도록 한다.

❷ 축제의 예산 확충

축제의 추진과 실행을 위해서 먼저 축제에 대한 예산의 책정과 확보가 선행되어야 한다. 지역축제의 경우 무엇보다도 경쟁력 확보를 위해서 지방자치단체의 축제 자체자금과 중앙정부로터의 보조금 지원으로 재원을 확충한다. 그러나 중앙정부와 지방자치단체의 사회 · 경제적 상황에 따라 지원받을 수 있는 축제예산이 불안정하다는 단점이 있다. 따라서 축제위원회가 기업협찬을 유도하고, 축제의 수익 창출을 할 수 있는 상품개발을 통해서 자체의 재정기금을 조성하는 방안이 절실히 요구되고 있다. 축제의 예산확충이 완료되면 무엇보다 축제 홍보를 위한 홍보마케팅비용과 축제장소단장 등에 예산이 먼저 지원된다.

❸ 축제의 홍보 마케팅

축제의 준비단계에서 가장 중요한 것이 바로 축제의 홍보마케팅이다. 축제의 성패를 좌우하는 것은 바로 축제의 방문객수에 크게 의존한다. 축제의 참여를 유도하는 전략적 수단으로 홍보마케팅을 적극적으로 추진해야 한다. 먼저 축제의 방문객 시장에 대한 조사 분석을 통해서 표적 대상을 선정하고 이들에 초점을 맞춘 적극적인 홍보마케팅 전략이 수립되어야 한다.

요즘 국제적인 축제를 지향하는 축제는 지방자치단체의 지원을 통해서 축제가 개최되기 1년 전부터 국내 외에 축제홍보사절단(일반적으로 시립예술단체가 홍보역할)을 파견하여 적극적인 방문객 유치에 나서고 있다. 또한 언론홍보매체를 적극적으로 활용하여 축제의 기자간담회, 보도자료 배부, 광고제작, 축제홍보전단, 옥외광고물 등을 축제가 열리기 2달 전부터 미리 배부하여 축제를 홍보하고 축제 분위기를 유도한다. 또한 축제 홍보를 위한 자원봉사자를 홍보물 배부 및 구전을 통한 개별 홍보방식에 활용하고 있다.

❹ 축제의 공간 구성

축제의 공간구성은 축제가 개최되기 2~3일 전부터 축제장소에 메인 행사와 부대행사, 기타 행사를 위한 공간배정 및 행사무대를 설치하는 것이다. 주로 무대설치, 조명, 트러스, 음향, 행사부스, 부대 편의시설, 행사안내소 설치, 행사프로그램에 관련된 다양한 소품 및 장비 등을 미리 설치한다.

❺ 행사장 안전 점검

축제는 일정한 기간 동안 열리는 행사로서 방문객들의 안전과 화재예방을 위해서 행사 공간에 대한 사전 정비와 통제를 하게 된다. 또한 행사장 주변에 방문객들에게 불편을 주는 유락노점상 단속과 행사장 내 위생·청결을 유지할 수 있도록 사전 정비와 통제를 한다.

(3) 실행 단계 (Production)

축제의 실행단계는 축제의 개최기간 동안 실질적으로 축제를 운영하는 단계로서 실행단계에서 모든 축제를 총괄하는 것은 축제의 총연출자의 몫이다. 따라서 축제의 총연출자는 본 행사에서부터 부대행사, 그리고 기타행사까지 모두 총괄 지휘하기 위해서 축제에 투입된 모든 인력들을 관리·운영하기 때문에 축제의 성공여부는 총연출자의 역할에 따라 달라질 수 있다.

표 31 축제 실행단계의 업무사항

구분	업무항목	세부내용
행사 업무 분담	본 행사	• 개막식과 폐막식 담당 업무분담 및 업무 지시 - 무대: 조연출/무대감독/무대진행요원 - 기술: 무대장치/장치요원 - 조명: 조명감독/오퍼레이터/조명스탭 - 음향: 음향감독/오퍼레이터/음향스탭 - 영상: 영상감독/영상촬영 - 특수효과: 특수효과감독/효과스탭 - 객석통제요원
	부대 행사	• 부대 행사별 담당 업무 분담 및 업무지시 - 부대행사별 행사총괄 책임자 임명 및 업무지시 - 부대행사별 공급자 관리 및 행사진행요령 업무 지시 - 부대행사별 행사보조요원 투입 - 부대행사별 수급장비 · 설비 점검 - 부대행사별 무대스탭 투입
	안전요원	• 안전요원 업무분담 및 업무지시 - 행사장내 방문객 통제 및 안전관리
	자원봉사자	• 자원봉사자 업무분담 및 업무지시 - 행사장 안내 - 행사장 주차관리 및 교통 통제 - 행사 홍보불 배부 - 행사장 청결 및 위생 관리 - 부대행사별 행사보조요원 투입
행사요원 연락체계	인터컴 시스템	• 각 팀별 원활한 축제진행을 위한 무선연락망 구축 - 본 행사팀별로 무선 연락망 구축 - 부대행사별를 담당하는 팀별 무선연락망 구축 - 안전요원의 담당 관할구역별 무선연락망 구축 - 행사구역별 담당 진행요원의 무선연락망 구축 - 지원과 협조를 위한 지역축제 담당 공무원과의 연락망 구축
행사요원 교육	진행 · 안전 · 관리	• 행사에 참여하는 모든 스탭을 대상으로 교육 - 각 담당업무별 인식표 및 행사단체복 배부 - 각 행사팀별 진행 및 운영 매뉴얼 배부 - 행사진행시 예기치 못한 상황에 대처하는 요령 교육 - 행사장 안전사고 예방 교육

		- 행사기간중 매일 아침/저녁 조회를 통해서 행사진행상황 점검 - 행사장 안내요원 교육
본 행사 진행	개·폐막식 진행	• 개막식 리허설 : 테크니컬 리허설/출연진 리허설 진행/ 무대스탭 전체 미팅을 통한 재점검/미비한 점 수정·보완 • 개막식 : 관객입장/무대최종점검/오프닝 씬 세팅 완료/개막선언/ 개막식/VIP소개/공연진행 • 폐막식 리허설 : 테크니컬 리허설/출연진 리허설 진행/ 무대스탭 전체 미팅을 통한 재점검/미비한 점 수정·보완 • 폐막식 : 관객입장/무대최종점검/오프닝 씬 세팅 완료/폐막선언/ 공연개시/공연진행
부대행사 진행	부대행사별 진행	• 공연행사 : 야외무대공연/거리공연/영화상영 등 - 시간대별 진행/진행 매뉴얼에 따라 행사진행 • 체험행사 : 민속놀이/공예체험/먹거리체험/전시/기타체험 행사 등 - 시간대별 진행/진행 매뉴얼에 따라 행사진행 • 기타 : 워크샵/특산물장터 등 • 매일 행사 마감 후 행사평가 및 점검
안전점검	행사장 안전점검	• 매일 행사 종료 후 모든 스탭진에 대한 행사평가 및 점검 후 최종적으로 행사장 안전점검(도난/우천/화재 점검)
퇴장	방문객 퇴장	• 폐막식 후 방문객을 안전하게 퇴장시키기 위해서 안전요원 및 자원봉사자가 질서정연하게 퇴장 유도 및 보조
철수	행사장 철수	• 무대시스템 : 당일 야간 또는 다음날 주간에 조명/음향/무대팀에서 철수 • 행사 부스 : 폐막식 다음날 주간에 행사부스 철거 • 부대 시설 : 폐막식 다음날 주간에 부대시설·설비 철거 • 행사장 정리 : 폐막식 후 객석의자 정리 및 주변정리 다음날 주간에 무대시스템/행사부스/부대시설의 철수가 완료되면 완벽하게 행사장 정리
최종 점검	행사장 최종점검	• 모든 철수작업이 완료된 시점에서 최종적으로 행사장내 점검
답례인사	답례인사	• 폐막식 후 모든 스탭 미팅 자리에서 답례인사 또는 행사장 철수작업 완료 전화로 답례인사

총연출자를 중심으로 축제 공간·프로그램·인력관리·안전사고 등 모든 것이 진행되는데, 총연출자는 축제의 개성과 지역특성을 강

조하기 위해서 축제기간 동안 일관되게 축제의 일관된 성격을 부여하고, 예상치 못한 상황에 대처할 수 있는 유연성 및 축제장소에 발생할 수 있는 사고에 대한 통제력도 함께 갖추고 있어야 한다.

(4) 결산 및 평가 (Post-Production)

축제에 대한 결산 및 평가의 단계로서 축제의 결산보고는 주로 재정보고로서 축제예산편성에 따른 지출과 수익금을 정산하는 것이다. 일반적으로 지역축제의 경우 수익금에 대한 정산이 없고 대부분 지출항목에 대한 정산이 이루어지는데, 모든 지출항목에 따른 영수증 및 기타 증빙자료를 확인하고 정산서 형식에 맞게 정산서를 작성하여 담당기관에 제출한다. 추가비용 또는 잔여금에 대해서는 정확한 증빙자료를 제출하도록 한다.

축제의 평가에 대해서 대부분 소홀히 여기는 경향이 있는데, 축제의 평가는 축제결과에 대한 구체적인 평가를 통해서 축제의 문제점을 도출하여 그에 대한 해결방안을 마련하여 다음 년도 축제운영에 반영해야 하기 때문에 일련의 피드백 과정을 거쳐야 한다. 따라서 축제의 주최자는 축제의 평가를 위한 적합한 평가 지표를 개발해야 한다. 축제평가의 객관적인 기준을 마련하기 위해서 별도로 축제평가용역을 리서치 단체에 맡겨서 방문객 설문조사를 통해서 객관적 데이터를 통계 · 분석하여 지방자치단체 또는 축제위원회에 제출하는 경우도 있다.

일반적으로 지역축제평가의 요인은 지역축제가 지역사회에 미치는 다양한 효과를 측정할 수 있는 지표를 마련하는 것이다. 축제의 평가 지표는 크게 축제의 참여도(방문객 분석), 운영과정의 평가(축제프로그램 내용과 운영), 기대효과(사회문화적 기대효과/경제적 효과)에 대한 평가로 이루어진다.

표 32 축제의 평가요소

평가항목	평가요소	평가내용
축제내용	축제콘셉트	• 정체성(지역전통과 문화의 주체성) • 차별성(축제성격과 축제내용) • 흥미성(이벤트 성격 · 참여도 · 체험성)
	고객지향성	• 축제접근성(교통 · 편의 · 관람시설 등) • 고객서비스(안내소 · 안전대책 · 공중시설 · 식음료시설 등) • 관광상품(행사홍보물 · 안내요원 · 지역특산물 · 연계투어리즘 상품 등)
축제운영과정	축제기획	• 축제취지(축제의 목적 및 추진배경) • 축제 프로그램의 이벤트(축제프로그램의 이벤트 창출) • 축제 운영협력 효율성(주최 · 주관 · 협찬 · 후원 협력)
	축제실행	• 예산확보 및 집행(공공재원 · 민간 스폰서링 · 예산집행의 적절성) • 축제 홍보 및 마케팅(홍보매체활용 · 축제연계 관광 마케팅) • 운영시스템의 협력관계(행정 · 홍보 · 마케팅 · 연출 · 진행 등)
축제평가	축제평가 및 분석	• 지역주민 여론 반영(지역주민참여도 · 지역정체성 반영) • 축제내용의 발전(프로그램의 차별성 및 다양성) • 평가시스템(내외부적 평가시스템 확충)
축제기대효과	경제적파급효과	• 지역관광소득 • 신산업유치 • 고용창출 등
	사회문화적파급효과	• 지역주민의 화합 • 지역홍보 • 지역전통문화발전 • 도시환경변화 등

3 지역 축제의 마케팅 전략

지방자치단체 시대의 개막과 시작된 '축제광풍'은 2004년 이후로 점차 사라지고 있는데, 지역별로 난무한 지역축제들이 별다른 기대효과를 충족시켜주지 못하여 지역축제의 경쟁력 확보의 차원에서 일부는 통합형 축제로, 일부는 아예 없애 버렸다. 즉 지난 4년간 전국적으로 지역축제의 구조구정으로 인해 무려 20여 개의 축제가 통폐합되었다. 이렇게 지역축제가 통폐합하게 된 배경은 무엇보다도 소비형 이벤트로의 전략과 축제의 차별성 상실이 가장 큰 문제점으로 지적되고 있다.

이제 지역축제는 '전형화되고 고착화된 소비적 활동'에서 벗어나 '지역의 발전을 위한 미래형 비전을 제시하는 생산적 활동'으로 전환해야 한다. 따라서 지역축제의 주최자인 지방자치단체나 축제위원회는 지역의 다양한 문화예술단체, 지역 상공인, 공공기관 등과 긴밀한 협력 관계속에서 지역 발전을 위한 생산적 문화활동의 장으로 부가가치를 창출하는 축제를 만들어가야 한다. 즉 소비위주의 향락적 문화소비의 장이 아닌 지역문화의 부가가치를 창출할 수 있는 문화산업으로, 지역의 전통문화유산을 활용한 관광산업으로, 지역특산물을 홍보 · 유통활로 개척을 위한 지방특성화산업으로, 지역의 자연자원을 활용한 친환경 관광레저 산업으로 변화하여야 한다.

이러한 지역축제 활성화 방안으로서 제시된 축제의 새로운 패러다임은 지방자치단제의 장기적인 안목에서 지역축제에 대한 투자 활성화를 비롯하여 전문적인 마케팅 전략에 의해서 전문적인 축제 인프라

육성이 선행되어야 한다. 오늘날 세계적인 축제들도 전문적인 축제 인프라 구축을 통한 축제 투자비용의 효율을 증대시켜서 지역 활성화 효과를 얻고 있는 실정이다. 따라서 지방자치단체는 지역의 침체된 경제에 활력을 줄 수 있는 문화산업의 육성차원에서 지역축제를 위한 전문적인 인프라 구축을 비롯하여 체계화된 축제의 홍보·마케팅·운영의 전문가 영입, 방문객 유치를 위한 축제콘텐츠 상품 개발, 축제 마케팅, 시너지 축제 상품 개발, 지역주민의 참여유도 등으로 지역경제을 활성화시키는 장기적인 정책수립이 필요하다. 바로 이것이 지역 축제의 성공과 마케팅 전략의 핵심이라고 할 수 있다.

〈제11회 보령머드축제 홈페이지〉.
www.mudfestival.or.kr, 2008

일반적인 마케팅 전략의 4Ps인 상품(Product), 유통(Place & Period), 촉진(Promotion), 가격(Price)을 축제 마케팅 전략에 적용하여 상품은 축제의 콘셉트 · 주제 · 프로그램 내용으로 적용 가능하고, 유통은 축제의 장소와 기간으로 적용할 수 있다. 촉진(Promotion)은 축제의 홍보로, 가격은 축제의 예산과 축제상품의 가격으로 적용할 수 있다. 따라서 이러한 4Ps 마케팅 전략을 통해서 축제의 마케팅 전략을 제시하면 다음과 같다.

(1) 축제의 상품 전략

축제의 상품전략은 축제의 주제와 프로그램의 내용에 대한 2가지 마케팅 전략으로 살펴볼 수 있다.

❶ 축제의 주제

축제의 주제에 대한 마케팅 전략은 먼저 축제 주제로 선정할 소재의 개발과 축제라는 문화활동의 장으로 끌어들일 수 있는 문화콘텐츠의 개발에 있다. 축제의 주제로 활용할 수 있는 소재의 개발은 주로 지방자치단체의 지역적 정체성에서 찾을 수 있는데, 그 지역만이 가지고 있는 자연환경 · 지역전통문화유산 · 지역특산물 등에서 소재를 발굴한다.

지역의 자연환경에서 축제의 주제를 찾은 경우는 충남보령머드축제가 대표적인 사례이다. 건강웰빙상품을 자연속에서 찾고자 하는 웰빙문화의 트렌드를 축제산업으로 개발할 수 있는 방안에 의해서 충남

보령머드축제가 탄생하게 되었다. 충남 보령 대천해수욕장이 가지고 있는 갯벌 진흙이 피부미용에 좋은 장점을 축제의 소재로 개발하였고, 머드축제의 장점을 살려 축제기간을 여름휴가철로 정하였다. 또한 적극적으로 축제의 슬로건으로 활용하였고, 축제의 프로그램에 반영하여 다양한 머드체험 이벤트를 개최하여 성공을 거두었다.

지역전통문화유산에서 축제의 주제를 찾은 경우는 강릉단오제 · 안성바우덕이축제 · 정선아리랑제 등이 대표적이고, 지역특산물에서 축제의 주제를 찾은 경우는 원주한지문화제 · 금산인삼축제 등이 대표적이다.

지방자치단체의 지역적 정체성에서 찾은 축제의 주제를 벗어나 새로운 사회문화적 트렌드속에서 축제의 주제를 찾는 경우도 있는데, 오늘날 부각되고 있는 친환경생태문화축제들이 대표적이다. 예를 들어, 무주반딧불축제 · 함평나비축제 등이 대표적인 친환경생태문화축제라고 할 수 있다. 이러한 축제들은 축제의 주제가 상징하듯이 친환경적인 이미지를 강조하고, 어린 시절 추억과 온가족이 함께 할 수 있는 축제이미지를 갖는데 주제의 이미지가 큰 작용을 한다. 이러한 축제의 주제를 활용한 축제들은 사회문화적 트렌드와 지역 정체성과 결합시켜서 대중으로부터 시선을 끌 수 있으며 잠재방문객의 참여 동기를 자극할 수 있는 장점을 갖추고 있다.

❷ 축제의 프로그램

축제의 프로그램을 활용한 마케팅 전략은 고객 지향적 프로그램 개발에 관련된 마케팅 전략으로 생산적인 축제를 위한 참여유도를 이끌어낼 수 있는 체험프로그램의 개발에서 전략을 찾을 수 있다.

기존의 메인무대에서 펼쳐지는 무대공연 위주의 수동적인 축제의 문화가 아니라 무대공연에서 벗어나 축제의 방문객이 소비자이자 생산자로서 생산적 활동자(Prosumer)로서의 여건을 마련해주는 것이다.

체험이벤트형 축제프로그램은 축제 참여도와 경제적 효과에서 큰 효과를 얻을 수 있는데, 기존의 구경만하는 축제프로그램에서 벗어나 직접 자신이 체험프로그램에 참여하여 무엇인가를 배울 수 있고, 지역의 문화적 정체성을 이해할 수 있다. 프로그램에 참여하는 방문객은 창조적 활동을 통해서 자긍심을 느낄 수 있다. 또한 방문객의 적극적인 참여유도로 역동적으로 프로그램을 운영할 수 있는 효과를 축제의 주최자에게 제공한다. 체험이벤트형 축제프로그램의 경제적 효과는 체험프로그램의 속성상 체험에 필요한 재료구입을 통해서 프로그램 운영자는 경제적 수익을 얻을 수 있다.

이러한 체험형 이벤트 프로그램은 주로 지역전통문화축제에서 유래되었다. 낙안민속문화축제에서 낙안읍성의 다양한 전통문화체험프로그램들(짚공예, 새끼꼬기, 동헌옥사체험, 마차끌기 등)을 통해서 방문객들은 옛날 낙안읍성 마을의 다양한 민속문화를 체험할 수 있다. 다른 지역축제들에서도 체험형이벤트 프로그램을 활용하고 있지만 축제의 주제와 지역적 정체성이 반영되지 않은 체험프로그램은 차별성에서 경쟁력을 확보하기 어려워 큰 효과를 얻지 못한다. 따라서 지역적 특성과 축제의 주제에 맞는 체험프로그램을 소재로 한 방문객 체험형 이벤트를 효과적으로 개발한다면 방문객들의 만족도도 올라가고, 경제효과도 높일 수 있다.

〈제14회 낙안민속문화축제 홍보전단〉. 나주시, 2008

(2) 축제의 유통 전략

축제의 유통 마케팅 전략은 축제의 장소와 시기로 나누어 살펴볼 수 있다.

❶ 축제의 장소

축제의 상품이 유통되는 공간은 바로 축제가 개최되는 장소이다. 불과 몇 년 전까지만 해도 축제의 개최 장소는 지역의 공설운동장 또는 축제명과 축제주제에 맞는 지역의 인근 넓은 공터에서 개최되어 왔다. 이러한 축제 장소는 축제가 열리는 기간 동안만 사용할 수 있고, 장소적 접근성이나 축제 이후 장소의 활용도 측면에서 효율적인 효과를 거두기 어렵다. 따라서 축제 장소의 활용도를 높이고 아울러 지역경제 발전을 위한 역할을 할 수 있도록 축제의 주제와 연관된 별도의 축제단지 조성, 관광자원을 활용한 축제단지 조성, 축제와 연관된 인근 상권지역을 활용한 축제장소 선정 등이 필요하다.

축제 시즌이 아니더라도 축제 단지를 방문하여 축제와 관련된 전시 관람 · 지역특산물 · 축제 캐릭터 상품을 구입할 수 있도록 하는 전략을 비롯하여, 지역의 관광자원을 활용한 축제의 경우 관광객들이 인근 관광자원을 관광하면서 축제 단지도 찾을 수 있도록 하는 전략도 필요하다. 또한 지역특산물을 연관된 축제의 경우 지역특산물을 판매하는 시장 지역에서 축제를 개최하여 인근 상권의 경제적 기대효과를 높여주는 전략도 필요하다.

예를 들어, 전남 함평군에서 열리는 함평나비축제의 경우 나비와 곤충과 관련된 수변공원(생태하천복원지)에서 축제가 열려서 축제 이후에도 관광객까지 유치할 수 있는 장소마케팅 전략을 활용하고 있다. 또한 대구약령시한방축제의 경우 대구 중구 남성로 약령시 일원에서 개최되어 인근 한방재료와 약을 판매하는 상권지역의 주민들에게 경제적 수익창출을 할 수 있는 기회를 제공하고 있다.

〈2008 대구약령시한방문화페스티벌 행사장 소개〉

이러한 축제 장소의 마케팅 전략은 방문객으로 하여금 축제에 집중을 유도할 수 있고, 연계관광 투어상품 개발, 인근 상권의 경제이익 창출에도 큰 도움을 준다.

〈제13회 함평나비축제〉
http://www.hampyeong.jeonnam.kr

❷ 축제의 시기와 기간

오늘날 지역축제는 단지 지역주민만을 위한 축제가 아니라 타지의 방문객을 유치하기 위한 지역개발형 축제로서 탈바꿈하고 있다. 이러한 지역개발형 축제는 지역주민보다는 외지의 관광객 유치에 중점을 두기 때문에 이들을 적극적으로 유치하기 위한 방안으로 축제 시기와 기간에 대한 조정을 하고 있다. 특히 신생 축제들의 경우 어느 시기에 축제를 개최하면 많은 외부의 관광객들이 올 수 있는가를 파악하여 축제의 주제 · 콘셉트 · 프로그램 등과의 믹스마케팅을 통해서 축제를 기획하기도 한다.

오늘날 주5일근무제로 인한 가족단위의 관광객을 유치하기 위한 전략으로서 지방자치단체는 축제의 개최역사가 오래된 지역축제들도 개막식 등을 토요일로 개최하고 있으며, 여름 휴가시즌에 맞는 축제 개발, 야외여행객이 뜸한 겨울철 축제시장의 독점적인 경쟁력 확보를 위해서 겨울철을 축제시기로 하고 있다. 또한 계절적 영향을 받는 지역관광자원은 단풍시즌 · 벚꽃시즌과 같이 그 시즌에 맞는 시기에 맞추어 축제를 개최하고 있다.

축제 개최 기간도 축제의 성패에 중요한 영향을 미치는데, 국내의 일반적인 지역축제의 경우 2~3일 정도로 축제의 개최기간이 짧아 축제홍보 및 기대효과에 큰 도움을 주지 못하는 경우가 많다. 그렇다고 축제의 특성을 제대로 파악하지 않은 상태에서 축제를 오랜 기간동안 개최하는 것은 오히려 예산낭비를 초래하는 결과를 낳을 수 있다. 따라서 축제의 주제와 관련하여 다양한 축제 콘텐츠가 풍부한 축제(강릉단오제 · 나주 영산강문화축제 등), 계절적 영향을 받는 지역관광자원을 활용한 시즌제 축제(군산벚꽃축제 · 단풍축제 등), 대중문화의 콘텐츠성격이 강한 축제(영화제) 등은 적어도 축제 개최기간이 10일~14일 정도로 장기적인 축제 개최기간을 통해서 외부 관광객 유치에 효과를 얻을 수 있다. 또한 지역전통문화의 대중화를 기하고자 하는 축제의 경우 지역전통문화의 홍보차원에서 상설 프로그램을 마련하여 지속적으로 지역전통문화를 홍보하는

〈나주 영산강문화축제〉. 나주시, 2006

동시에 축제 홍보도 할 수 있도록 하는 전략도 필요하다. 예를 들어, 안성바우덕이축제의 경우 축제시즌 외에 별도로 안성남사당패 상설 공연을 통해서 연중 사계절 안성을 관광하는 관광객들에게 여행 패키지 상품으로서 안성남사당패를 공연을 보고 공연을 통해서 안성바우덕이 축제를 홍보할 수 있는 이중적 효과를 얻는다.

〈안성남사당바우덕이축제〉
http://www.baudeogi.com

(3) 축제의 촉진 전략

축제의 촉진전략은 바로 홍보 마케팅 전략으로서 지역별, 매체별, 대상별로 차별화된 홍보마케팅 전략을 수립하여 다양한 홍보매체 수단을 통해서 전략적으로 실행되어야 한다. 지역축제의 성패가 바로 방문객 유치에 있기 때문에 축제가 개최되기 전 축제를 미리 홍보하여 잠재 고객시장의 기대감을 심어주는 전략이 필요하다.

❶ 축제의 브랜드 이미지 포지셔닝

일반 대중들이 축제에 대해서 일상화된 것처럼 느껴지기 위해서는 먼저 축제명과 축제의 연상이미지를 고객의 마음속에 심어주는 포지셔닝 전략이 필요한데, 바로 이러한 측면에서 축제 고유의 브랜드 아이덴티티를 형성하여 브랜드 이미지를 대중들에게 심어주는 것은 체계적이고 일상화된 축제의 홍보마케팅 전략에 의해서 가능하다. 세일즈프로모션의 전략으로서 지역의 특산품에 축제의 로고 삽입, 축제기간 중 방문객에게 무료로 캐릭터 상품을 배포, 지역의 관광명소 등에 축제 팸플릿 비치 등 다양한 방법에 의해서 일반 대중에게 지속적으로 축제의 브랜드 이미지를 심어주는 방법도 좋은 방안이다.

❷ 홍보 마케팅 인프라 확충 및 환경 조성

체계적인 홍보 마케팅 조직 구성으로서 축제 촉진 전략의 기반을 마련하는 것이다. 이것을 통해서 런칭프로모션의 계획수립과 실행을 통해서 일반 대중에게 축제에 대한 좋은 이미지를 형성시킬 수 있다. 홍보마케팅 인프라 확충은 지방자치단체 - 외부 홍보마케팅 전문가 - 지방여행사 - 지역문화예술단체 - 지역문화원 - 지역주민의 연계를 통해서 인프라를 형성하는데, 지역주민의 연계는 자원봉사시스템을 활용하여 축제의 홍보와 운영에 큰 도움을 얻을 수 있다. 여행사를 통한 축제 홍보마케팅 연계는 그 지역의 다양한 관광명소와 축제상품을 연계하여 패키지 상품개발로 이어져 경제적 수익효과를 창출할 수 있기 때문이다. 지역문화원과 문화예술단체와의 연계는 지역의 특성에 맞는 홍보 전략의 구성과 런칭 프로모션의 수단으로서 활용도를 높일 수 있는 방안이다. 따라서 지방자치단체는 홍보마케팅을 위한 행정적·재정적 지원을 제공하고, 홍보마케팅 전문인력은 체계적인 홍보마케팅 계획을 수립하고 실행함에 있어서 지방 여행사와 연계하여 축제를 관광상품화할 수 있고, 지역문화예술단체와 연계하여 축제 홍보사절단의 프로모션을 활성화시킬 수 있다. 마지막으로 지역주민은 축제를 구전을 통해서 홍보하고 축제의 운영에 참여시켜서 축제의 효율성을 높을 수 있다.

이러한 축제의 홍보 마케팅 활동을 위한 인프라 확충과 환경조성을 통해서 단기간 내에 이루어지기 힘든 축제의 브랜드 이미지구축을 축제 연속성을 통해서 축제에 참여한 방문객에게 긍정적인 이미지를 심어주는 다양한 포지셔닝 전략으로 방문객의 재방문이라든지 새로운 잠재고객을 확보할 수 있다.

❸ 축제의 표적 대상에 맞는 홍보 마케팅 구사

일반인 모두가 축제의 표적대상이 되지는 않는다. 지역, 연령, 성별, 계층, 라이프스타일 등에 따라 축제에 대한 선호가 다르다. 따라서 각각 집단에 맞는 홍보마케팅 전략을 구사해야 하며, 표적 방문 대상에 대한 세분화 전략, 차별화된 홍보마케팅 전략, 온라인 축제 커뮤니티 형성, 지역축제의 특성에 맞는 홍보매체 선정, 방문객의 특성에 맞는 다양화된 홍보마케팅을 구사해야 한다.

(4) 축제의 가격 전략

축제의 가격전략은 축제의 예산과 축제 개최기간 중 판매되는 축제와 관련된 다양한 상품가격을 말한다. 축제의 가격전략에서 말하는 축제의 예산은 협찬금으로서 수익금을 말한다.

스폰서십은 지역의 기업과 지역의 상공인으로부터 받은 재정적 · 물적 지원으로서 기업이 지역 사회공헌활동이자 문화마케팅 수단인 메세나 활동을 통해서 제공받는 수익금이다. 반면 지역의 상인으로부터 받는 수익금은 축제기간중 편의시설(식음료 · 먹을거리 등) 부스의 장소사용료로서 축제 주최측은 편의시설을 지역상인들에게 제공하는 조건하에 장소사용료를 받는 것이다. 그러나 주최측의 통제 없이 지역상인의 향락 위주의 편의시설 제공허가는 오히려 축제의 이미지를 변질시킬 우려가 있기 때문에 축제의 주최자는 공공성을 훼손하지 않는 범위에서 지역 상인에게 편의시설을 제공해야 한다. 축제기간중에 수익사업으로서 축제 캐릭터 · 기념품 판매, 부스 판매(먹거리 장터) 등도 축제의 수입예산에 포함된다.

그러나 축제 자체의 수익사업과 지역상인의 축제 편의시설제공 수익사업은 수익형태가 불안정하고, 지역축제의 발전을 위해서 큰 도움을 주지 못한다. 무엇보다도 축제의 투자를 통한 재정확보를 위해서 기업의 메세나 유도와 상품화시킬 수 있는 축제상품 개발이 필요하다.

지역축제는 기획과정, 실행과정, 그리고 평가과정에서 상호 협력관계를 통해서 진행이 이루어질 때 성공할 수 있다. 먼저 지역축제의 규모, 지역축제의 성격, 그리고 지방자치단체의 예산규모를 파악하고, 축제기획과정에서 지역축제의 차별화, 지역축제의 관광상품화, 그리고 지역주민의 참여확대 및 관광객 확보에 대한 계획을 수립한다. 축제실행과정에서 적절한 예산확보, 효율적 운영체제, 그리고 적극적인 홍보마케팅이 원활하게 이루어져야 한다. 아울러 축제 평가를 통해서 시행착오를 줄여 발전적 축제 방향을 설정하기 한 대안을 제시하는 것이 필요하다.

제6장

아트 마켓

1 아트마켓의 등장 배경

2 아트마켓의 개념

3 아트마켓의 구성요소

4 아트마켓의 기능

5 아트마켓의 마케팅 요소와 커뮤니케이션 전략

6 아트마켓의 유형

7 공연예술단체의 아트마켓 진출을 위한 마케팅 전략

1 | 아트마켓의 등장 배경

공연예술을 문화산업의 측면에서 볼 때, 공연예술작품의 산업적 가치사슬관계는 제작·유통·소비의 단계를 거친다. 공연예술단체에 의해서 공연상품이 만들어지면 그 작품을 극장 운영자, 기획자, 축제감독, 에이전트 등의 섭외 과정을 거쳐서 최종 소비자인 관객에게 공연상품을 판매하게 된다. 공연예술시장을 수요와 공급의 원칙에 따라 세분화시켜서 2단계의 공연상품의 유통과정으로 움직이는 시장으로 볼 때 먼저 공연상품을 생산하는 1차 공급자인 공연예술단체와 공연상품을 먼저 구입하는 1차 수요자인 기획자(에이전트)의 관계가 형성되는데, 이것을 1차 공연예술시장이라고 한다. 1차 공급자에게서 공연상품을 구입한 1차 수요자인 기획자는 다시 2차 공급자로서 최종 수요자인 관객에게 공연상품을 다시 판매하는 것을 2차 공연예술시장이라 한다. 즉 이것은 제작·유통·배급·소비의 단계로 1차 수요자이자 2차 공급자인 기획자가 공연상품의 배급 역할을 하는 것이다. 즉 기획자는 1차 공연예술시장과 2차 공연예술시장의 매개 역할을 수행하는 과정에서 공연상품에 대한 정보획득과 그것을 소비자의 욕구에 맞는 상품으로 재구성하기 위한 홍보·마케팅의 역할을 하게 된다. 그러나 영화, 음악, 미술 장르의 경우 유통과정에서 창작예술품의 복제 가능성 및 편의성으로 인해 공급과 수요가 다양한 매체를 통해서 이루어지는 반면, 공연예술분야는 반드시 공연이 실연되는 무대라는 특수한 성격으로 공급과 수요의 유통관계에 한계성을 가지고 있다. 따라서 이러한 유통체계의 한계를 극복하기 위해서 공급자인 공연예술단체와 수요자인 관객의 직접적인 공연상품의 유통관계 형성이라고 할 수 있는 소매시장 이전에 공연예술상품의 사전유통 시스템으로서 공연예술시장의 기획 · 제작자라고 할 수 있는 수요자가 먼저 공연예술단체의 공연예술상품을 구입하여 배급하는 도매시장이라고 할 수 있는 견본시장(見本市場)인 아트마켓(Art Market)이 필요하게 되었다.

2 아트마켓의 개념

공연예술시장의 관객에게 공연상품에 대한 정보와 서비스를 보다 효과적으로 전달하고, 이를 통해서 공연상품을 향유할 수 있는 많은 관객들을 유도하기 위해서 공연예술상품을 유통시키는 매개자로서의 기획자들이 공연상품에 대한 정보획득이 원활해야 하며, 공연상품의 공급자인 예술단체와의 정보교환이 활성화되어야 한다. 즉 공연상품의 공급 · 유통 · 수요 활동을 위해서는 공연예술단체와 매개자인 기획자 간에 활발한 교류를 통해서 상호 정보를 교류할 수 있는 시스템화된 견본시장이 필요로 하다. 이러한 공연상품 생산자인 공연예술단체와 매개자인 기획자가 보다 시스템화된 견본시장을 통해서 공연상품에 대한 정보교류와 보다 활발한 공연상품의 수요와 공급 활동이 원활히 이루어질 수 있도록 마련된 견본시장이 바로 아트마켓(Art Market)이다.

아트마켓은 일종의 매니지먼트 과정으로서 공연예술단체 또는 공연작품을 시장의 개념속에서 공연상품을 일정한 기간 동안 공연기획사·공연장·프로모터·축제기획자·에이전트·무대렌탈업체 등의 기획자와 공연예술단체간에 공연계약체결과 홍보증진 등을 주목적으로 정보교류·홍보 마케팅 활동이 이루어지는 공간과 시스템을 말한다.

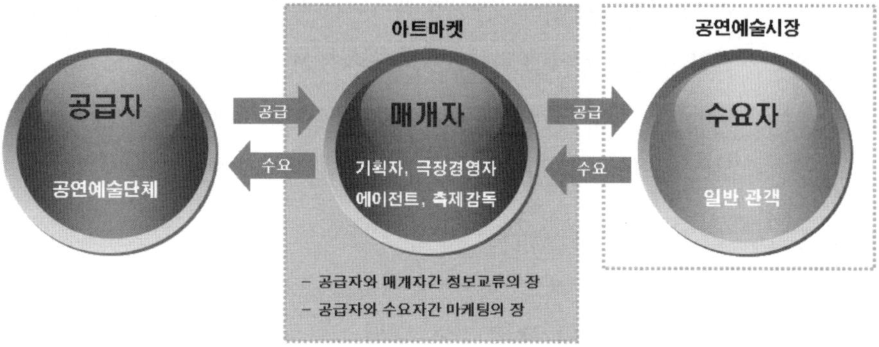

그림 31 아트마켓을 통한 공연예술상품의 유통구조

아트마켓은 바로 공연상품을 제작하는 공연예술단체 또는 공연제작사와 그것을 최종 소비자인 관객에게 전달해주는 역할을 하는 기획자의 소통 공간으로서 역할을 해주는 것에 목적을 두고 있다. 아트마켓을 통해서 선택된 공연상품은 매개자인 기획자의 홍보·마케팅 등의 정보 재구성 활동으로 다시 최종 소비자인 관객에게 전달된다. 기획자는 유통을 담당하는 도매상의 역할을 한다고 할 수 있다.

3 아트마켓의 구성요소

아트마켓의 주최자는 주로 정부의 문화공공기관에서 문화예술산업의 진흥정책 사업의 일환으로 별도의 아트마켓 기구를 구성하여 지원하는 체계에 의해서 아트마켓이 개최되는 경우도 있고, 정부문화공공기관의 지원을 받아 문화예술협회에 의해서 개최되는 경우도 있다. 아트마켓은 행사 주최측의 철저한 계획수립에 의해서 아트마켓의 구성하는 다양한 행사 프로그램들, 참가자, 프로모션으로 구성된다.

(1) 아트마켓의 프로그램 구성

〈'서울아트마켓' 부스 전경〉
서울아트마켓추진위원회 · 국립극장, 2005

견본시장 주최를 통한 최대한의 홍보효과와 경영성과를 얻기 위해서 아트마켓의 주최자는 철저한 계획수립에 의해서 프로그램 계획과 행사운영시스템을 구축한다. 아트마켓을 위한 행사 전체의 행사콘셉트 하에 프로그램 구성, 재원조성, 홍보 · 마케팅 등에 대한 구체적인 계획을 수립한다. 일반적인 아트마켓의 프로그램 구성은 다음과 같은 프로그램 요소들로 구성되어 있다.

❶ 부스전시 (Booth Exhibition)

아트마켓의 주최자는 아트마켓의 개최 홍보를 통해서 공연예술단체들로부터 참가신청을 받는다. 아트마켓에 참가한 공연예술단체들은 아트마켓이 개최되는 장소에 공연단체들이 공연작품 홍보를 위해 주최측으로부터 행사기간 동안 부스를 임차받아 홍보 부스를 설치하고, 정보를 얻고자 하는 기획자들을 대상으로 홍보・마케팅 활동을 진행하게 된다. 부스 전시상의 효율을 높이기 위해서 아트마켓 주최측은 행사 콘셉트에 따라 주제관(공연장르 또는 행사 주제에 따른 공연작품 참가단체), 일반관(국내 참가 공연예술단체), 특별관(해외 참가 공연예술단체) 등으로 나누어 홍보부스가 설치된다.

❷ 쇼케이스 공연 (Showcase Program)

아트마켓의 주목적인 공연예술단체와 기획자의 공연계약을 성사를 위해서 가장 핵심적인 것이 공연관람을 통한 공연작품을 검증을 하는 것이다. 이러한 차원에서 마련된 프로그램이 바로 쇼케이스 공연(Showcase Program)이다. 아트마켓 참가 공연 단체들이 전막공연을 축약하여 소개하는 견본 공연은 통상 20~30분 내외 공연프로그램을 선보인다. 쇼케이스 공연은 공연전체중 가장 핵심적인 부분이라고 할 수 있는 공연콘셉트, 특징만을 보여줄 수 있을 정도로 구성된다. 쇼케이스 공연 참가규모는 아트마켓의 행사규모에 따라 다를 수 있으나 통상 20~30여 개의 쇼케이스프로그램으로 운영된다. 쇼케이스 공연장은 아트마켓 장소 중에서 부스전시공간들과 접근이 용이한 곳에 설치되며, 쇼케이스 공연에 방문한 참가자들에게 공연에 대한 상세한 정보를 제공할 수 있도록 행사장 내에 포트폴리오를 비치하고, 초청 실무와 관련한 협의를 진행할 수 있는 담당자가 로비에서 기획자들과 면담을 한다. 이러한 쇼케이스 공연을 통해서 공연예술단체는 쇼케이스 공연을 관람한 마켓 참가자들과 공연계약을 효과적으로 이끌어 낼 수 있다.

❸ 프레젠테이션 프로그램 (Presentation Program)

아트마켓에 참가하는 공연예술단체들이 쇼케이스 프로그램만으로 공연상품의 모든 것을 보여줄 수는 없다. 따라서 다양한 홍보 인쇄물이나 영상 자료를 통해서 공연상품에 대한 정보를 제공해주기도 하는데, 홍보 인쇄물은 공연상품에 대한 모든 정보를 제공하기에는 부족하기 때문에 공연상품을 영상으로 녹화하여 시청각 프레젠테이션(A/V Presentation)으로 마켓 참가자들에게 보여주는 경우도 있다.

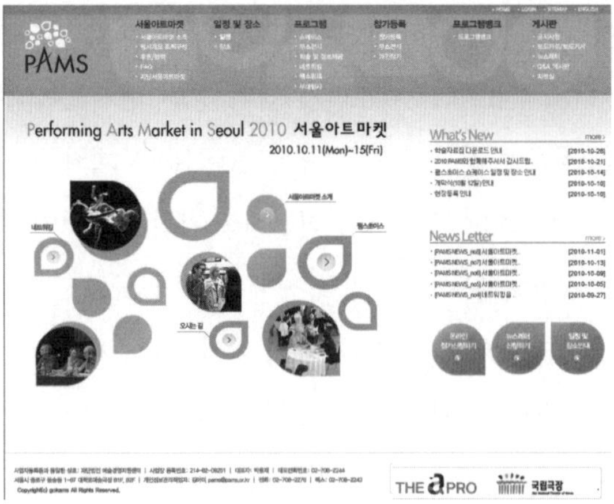

서울아트마켓
http://pams.or.kr

이것은 부스전시와 쇼케이스프로그램의 기능을 접목한 것으로 공연예술단체 및 공연작품활동, 그리고 마켓에 참여한 공연작품에 대한 내용을 시청각 포트폴리오 형태로 소개한다.

❹ 비즈니스 컨설팅 (Business Consulting)

아트마켓에 참여하는 공연예술단체와 기획자를 상호 연결해주는 비즈니스 매칭 서비스(Business Matching Service)와 컨설팅의 일환으로 마련된 프로그램이다. 비즈니스 매칭 서비스는 사전 조사를 통해서 공연예술단체의 특성에 맞는 기획자와 비즈니스 미팅을 주선한다. 비즈니스 컨설팅은 해외 공연예술단체와 기획자들과의 통역과 해외 공연시장 진출을 위한 법률 분야 컨설팅, 해외 공연예술시장에 진출하기 위한 배급 및 투자에 대한 컨설팅 서비스를 제공하는 프로그램이다.

❺ 네트워킹 이벤트 (Networking Events)

아트마켓의 참가자들이 상호 교류를 위한 사교프로그램의 일환으로 일반적으로 개·폐막 VIP 리셉션이나 조찬간담회·런치미팅·칵테일파티 등이 있다. 특히 네트워킹 이벤트는 예술위원회, 메세나협회 등 아트마켓 관련 지원기관 혹은 유관단체의 스폰서십 프로그램 형태로 구성되는 경우가 많다.

❻ 강연회 및 세미나

아트마켓의 참가자들을 대상으로 국내외 공연예술시장의 흐름과 현안 등 다양한 주제로 초청인사 강연회를 비롯하여 각 주제별로 세미나와 워크숍 등의 프로그램이 개최된다.

❼ 국제회의 (International Conference)

일반적으로 아트마켓의 연계행사로 공연예술 국제교류의 차원에서 공연예술 관련 국제기구 정기총회, 국제회의 등을 유치하는 전략으로 개최되는 프로그램이다.

❽ 축제 연계 프로그램 (Festival Connection Program)

아트마켓이 개최되는 동안 공연예술축제를 동시에 개최하여 일반 대중들까지 포함하여 아트마켓의 홍보를 극대화시키고, 참가자들을 확대시킬 수 있는 전략으로 운영된다. 예를 들어, 호주아트마켓(APAM)의 경우 아트마켓 기간 동안 아들레이드 국제예술제, 아들레이드 프린지 페스티벌, 세계음악무용축제 등을 동시에 개최하여 아트마켓의 홍보에 큰 효과를 얻고 있다.

아트마켓의 프로그램 구성

홍보부스전시
주제관(행사 주제 참가 공연예술단체)
일반관(국내 참가 공연예술단체)
특별관(해외 참가 공연예술단체)

쇼케이스 공연
주제별 쇼케이스(행사주제별 공연예술단체)
국가별 쇼케이스(국내외 공연예술단체)

프리젠테이션 프로그램
A/V 시청각(공연 홍보 영상자료 상영)
프리젠테이션

비지니스 컨설팅
공연예술단체의 해외진출 컨설팅 서비스
해외 공급자와 수요자간의 통역서비스
법률/투자/배급에 관한 컨설팅 서비스

네트워킹 이벤트
개폐막 VIP 리셉션, 조찬간담회
런치미팅, 칵테일파티

강연회 및 세미나
공연예술 관련 초청강연회
세미나, 워크샵

국제회의
공연예술 국제교류 차원의
국제기구 정기총회, 국제회의

축제 연계 프로그램
아트마켓의 분위기 조성을 위한 거리축제
공연예술축제 등과 연계하여 개최

그림 32 아트마켓의 프로그램 구성

표 33 2010 PAMS 일정표

일 정	10월 11일(월)	10월 12일(화)	10월 13일(수)	10월 14일(목)	10월 15일(금)
09:30-10:00		등록	등록	등록	등록
10:00-11:00	등록		〔테마세션*〕 주제포럼- 창작에서 유통까지	〔테마세션〕 PT-LIP**	라운드 테이블
11:00-12:00		개막식			
12:00-13:00		개막리셉션	런치미팅 (서울연극올림픽)		런치미팅 (아시아문화중심도시)
13:00-14:00	〔포커스 세션〕 노르딕 공연예술현황	부스 전시 & 스피드 데이팅	부스 전시 & 스피드 데이팅	부스 전시 & 스피드 데이팅	라운드 테이블
14:00-15:00					
15:00-16:00					
16:00-17:00		팸스 초이스 쇼케이스 (무용) 〈제 7의 인간〉 〈다크니스 품바〉	팸스 초이스 쇼케이스 (음악) 〈토리,소리,놀이〉 〈조상이남긴꿈〉	팸스 초이스 쇼케이스 (복합) 〈천변살롱〉 After Talk(복합) (16:40~17:00)	팸스 초이스 쇼케이스 (복합) 〈tacit.perform[0]〉 〈유압진동기〉
17:00-18:00	전야리셉션	After Talk(무용) (17:00~17:20) 팸스 초이스 쇼케이스 (무용) 〈패턴과 변수〉 〈현대식 감정〉	After Talk(음악) (17:00~17:20) 팸스 초이스 쇼케이스 (음악) 〈거문고 Metamor-phosis하라!〉 〈넌버벌 퍼포먼스 원〉	팸스 초이스 쇼케이스 (연극) 〈백설공주를 사랑한 난장이〉, 〈페르귄트〉	
18:00-19:00		After Talk(무용) (18:10~18:30)	After Talk(음악) (18:40~19:00)	After Talk(연극) (18:40~19:00)	After Talk(복합) (18:10~18:40)
19:00-20:00					폐막리셉션
20:00-21:00	팸스 링크	해외 쇼케이스*** (노르딕 무용) & 협력축제공연 _한국연출가전**** & 팸스 링크 팸스나이트 (21:00~) (예술경영지원센터)	해외 쇼케이스 (노르딕 무용) & 협력축제공연 _한국연출가전 & 팸스 링크	협력축제공연 _한국연출가전 & 팸스 링크 팸스 나이트 (20:00~) (서울시 창작공간 문래예술공장)	팸스 링크
21:00-22:00					
22:00-23:00					

* 테마세션: '창작에서 유통까지'라는 주제로 연결되는 관련 포럼과 PT를 지칭
** LIP: Looking for International Partners, 국제협력파트너찾기
*** 서울세계무용축제(SiDance) 연계
**** 2010서울연극올림픽 연계

(2) 참가자

아트마켓은 공연예술단체와 기획자들을 비롯하여 일반 관람객까지 참여하는 축제이다. 공연예술상품의 도매시장 기능으로서 공연상품의 출시와 소비가 이루어지는 공간으로 아트마켓에서 공급자인 공연예술단체는 참가한 공연작품을 소개하고 자신의 단체를 홍보해야 하고, 수요자인 기획자들은 공연예술시장의 흐름에 대한 정보 입수와 공연계약을 해야 한다. 그리고 공급자와 수요자를 이어주는 아트마켓의 주최자는 행사를 운영・관리해야 한다. 또한 일반 관람객은 아트마켓에 참가한 다양한 공연작품의 쇼케이스 공연관람과 참가단체의 부스를 방문하여 공연정보를 얻을 수 있다.

❶ 아트마켓의 공급자로서 공연예술단체

아트마켓에서 공연예술단체는 공급자로서 공연상품서비스를 마켓에 참여한 수요자인 기획자와 일반 관객들에게 제공한다. 아트마켓은 공급자인 공연예술단체가 아트마켓에 공연작품을 공급할 때만 성립될 수 있다. 공연예술단체들이 아트마켓에 참여하는 목적은 새로운 기획자와의 만남을 통해서 유대관계를 형성하고, 기획자들이 요구하는 작품에 대한 경향을 파악할 수 있으며, 새로운 공연상품의 유통망을 찾기 위해서이다. 또한 다양한 공연예술시장에 정보수집과 공연작품 소개를 통한 기획자와 공연계약, 예술단체의 이미지 제고, 다른 공연예술단체와의 관계형성 및 정보 수집을 위해서 아트마켓에 참가하게 된다.

❷ 아트마켓의 수요자로서 기획자

아트마켓에 공연상품이 출시되면 그것을 구입하는 것은 마켓에 참여한 다양한 기획자들이다. 기획자들은 공연예술제작자를 비롯하여 극장경영자, 에이전트, 축제감독 등 다양하다. 마켓에 참가한 기획자들은 마켓에 소개된 다양한 공연예술단체들과 공연예술상품에 대한 정보 수집과 공연예술시장의 트렌드, 공연예술단체를 비롯한 다른 기획자들과의 유대관계 형성, 공연예술상품의 계약 및 섭외 등을 목적으로 참가하게 된다.

❸ 매개자로서 아트마켓 주최자

아트마켓의 주최자는 주로 공공문화기관으로서 공연예술과 관련된 문화재단, 예술위원회가 되기도 하고, 민간기관으로서 사단법인 공연예술관련 협회들이 아트마켓의 주최자가 되기도 한다. 아트마켓의 주최자는 공급자인 공연예술단체들과 수요자인 기획자들을 서로 연결해주는 매개자로 역할을 하는데, 이들 상호간의 원활한 공급과 수요가 이루어질 수 있도록 다양한 행사프로그램 구성에서부터 다양한 행사들을 기획 · 운영한다.

❹ 아트마켓의 촉매자로서 일반 관객

아트마켓에 참가하는 일반관객은 공연예술시장의 최종 소비자이다. 아트마켓에서 일반관객은 공연예술단체와 기획자들간에 공급과 수요의 관계형성에 영향을 주는 촉매자로서의 역할을 한다. 마켓 기간중 공연예술단체의 쇼케이스공연에 일반관객의 관람정도에 따라 수요자인 기획자들은 공연섭외·계약에 중요한 평가요소로 활용하기 때문이다. 일반관객의 입장에서 아트마켓은 다양한 공연관람을 비롯하여 공연예술시장의 정보와 흐름을 파악할 수 있는 좋은 계기가 된다.

(3) 프로모션

아트마켓은 행사의 주최자가 공연예술상품의 공급자에게 판매촉진의 기회를 제공해주는 것이다. 따라서 공급자인 공연예술단체들은 행사 기간 동안 적극적으로 공연예술상품의 홍보와 계약 성사를 위해서 다양한 프로모션 전략과 방법을 사전에 철저히 준비를 해야 한다. 아트마켓에 참가하는 공연예술단체들은 판매촉진 활동을 위한 마케팅 전략을 수립하게 되는데, 이러한 마케팅 전략들은 사전 프로모션 마케팅, 아트마켓 참여시 마케팅, 아트마켓 참가후에 사후 마케팅의 3단계 마케팅 활동을 수행한다.

❶ 사전 마케팅 활동 (Pre-Show Markets)

아트마켓에 참가하는 공연예술단체는 먼저 사전에 자신의 공연예술단체와 교류를 하였던 기획자들인 공연배급자, 극장운영자, 축제관계자 등에 자신들이 아트마켓에 참가한다는 것을 홍보한다. 먼저 공연예술단체는 아트마켓에 참가하는 공연작품과 단체홍보에 관련된 정보가 담긴 홍보인쇄물을 제작하여 배포하게 되는데, 홍보방식으로는 전화·우편·이메일·자사웹사이트 광고 등이 있다.

❷ 아트마켓 기간내 마케팅 활동 (Show Markets)

아트마켓 기간의 판매촉진활동은 주로 아트마켓의 주최자들이 마련한 프로그램에 의해서 이루어지는데 전시부스, 쇼케이스공연, 비즈니스상담, 네트워킹 이벤트 등 다양한 프로그램들에 참여하여 이루어진다. 특히 아트마켓에 참가한 공연예술단체는 중점적으로 전시부스운영 및 쇼케이스 공연을 통한 기획자와의 비즈니스 상담을 이끌어내야 하기 때문에 많은 신경을 써야 한다.

❸ 아트마켓 사후 마케팅 활동 (Post-Show Markets)

아트마켓이 끝나고 참가하였던 공연예술단체는 행사기간 동안 공연계약 현황 및 전시부스를 방문하였던 기획자들에 정보를 데이터베이스화하여 향후 공연 홍보 마케팅에 활용할 수 있도록 해야 한다. 또한 아트마켓 기간 프로모션 활동에 대한 평가와 성과 분석을 비롯하여 전시부스를 방문했던 기획자들에게 감사장과 홍보자료 발송을 통해서 향후 공연활동에 있어서 단체의 좋은 이미지를 지속적으로 유지시키는 노력을 해야 한다.

4 | 아트마켓의 기능

아트마켓의 기능과 역할은 국내외 공연 에이전트들과 공연예술단체 간의 커뮤니케이션을 통해서 공연예술상품의 매칭서비스와 비즈니스 컨설팅으로 공연예술시장에 마케팅 기능을 활성화시키고, 공연상품의 질적 향상을 통해서 공연예술단체의 발전에 기여한다는 것이다. 이러한 기능을 통해서 우리나라 공연예술시장의 발전과 더불어 국내 공연예술단체의 해외 공연시장 진출의 경쟁력 강화를 도모할 수 있다. 또한 국내외 공연예술인력의 인적네트워크를 구성할 수 있고, 해외 선진 공연예술시장의 선진화 정보와 무대기술력을 습득할 수 있는 기회를 제공받을 수 있다는 것이다. 결국 이러한 아트마켓의 기능들은 국내 공연예술시장의 발전, 공연문화의 향상을 비롯하여 부차적으로 문화산업까지도 발전시킬 수 있다.

아트마켓에서의 홍보와 마케팅은 공연예술단체의 입장에서 관객참여를 유도하고 공연을 성공시킬 수 있는 마케팅 전략의 교두보 역할을 한다. 아트마켓에서 공연예술단체는 공연을 유통 및 배급하는 기획자들을 대상으로 하기 때문에 전략적으로 마케팅에 집중할 수 있다는 장점을 갖고 있기 때문이다. 즉 일반적인 공연 마케팅 전략은 공연예술단체나 공연제작사가 불특정 다수의 공연상품의 구매자를 대상으로 홍보 마케팅을 하기 때문에 홍보마케팅 비용과 효율성이 떨어진다. 그러나 아트마켓을 활용하면 전문적인 공연 유통 및 배급자를 통해서 공연에 대한 평가를 받을 수 있고, 집중적인 공연 홍보마케팅 전략에 의해서 공연 홍보비용을 줄일 수 있다.

공연예술단체와 공연제작사는 아트마켓이 열리는 기간 동안 아트마켓의 수요자라고 할 수 있는 기획자들 만나서 자신들의 공연상품에 대한 판매촉진과 계약을 통해서 공연상품을 팔 수 있고, 또한 기획자는 공연상품에 정보 탐색 및 정보네트워크를 형성하여 기획자와 공연예술단체간의 상호 공연예술시장에 다양한 정보를 얻을 수 있다. 이러한 아트마켓의 기능과 역할을 마케팅과 커뮤니케이션의 관점에서 살펴보면 다음과 같다.

(1) 마케팅의 기능

아트마켓은 일정한 기간과 한정된 공간 내에서 공연상품의 공급자인 공연예술단체와 견본시장에서의 1차 수요자인 공연예술기획자 간의 정보교환 활동을 촉진함으로써 아트마켓을 여는 주체인 예술단체들이 자기 단체의 공연작품을 기획자들에게 판매하는 활동을 보다 활발하게 하는 마케팅의 기능을 수행한다. 아트마켓은 공연예술단체와 기획자들 간의 정보교류의 매개체로 활동하면서 이들 간에 실질적인 판매행위로서 공연판권 계약이 일어나도록 촉매 기능을 한다. 이러한 공연상품의 판매기능으로서 공급자와 수요자는 다음과 같은 효과를 얻을 수 있다.

첫째, 공연제작사, 에이전트, 축제감독, 극장운영자와의 인적 네트워크 형성을 통한 새로운 공연예술시장을 개척하는데 효과를 얻을 수 있다.

둘째, 공연예술견본시장에서 1차 수요자들과 공급자 간의 실질적인 공연계약 및 잠재적인 공연계약이 이루어질 수 있는 의사결정권자와의 접촉 기회가 확보될 수 있다.

셋째, 공연예술상품의 공급자가 가진 공연레파토리에 대한 정보 공유 및 쇼케이스 공연을 통한 수요자들의 평가를 통해서 공급자는 공연상품에 대한 문제점 인식 및 상품구매자에 맞는 특성을 개발하는데

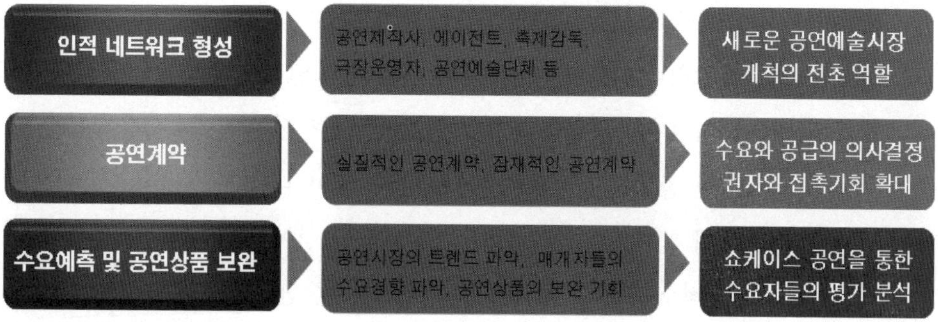

그림 33 아트마켓의 마케팅 기능

도움을 준다.

(2) 커뮤니케이션 기능

아트마켓은 공연상품의 공급자인 공연예술단체와 공연상품의 1차 수요자인 기획자가 상호 정보교환을 하는 기능을 한다. 공연예술단체와 공연제작사의 입장에서 아트마켓에 참여하는 것은 공연의 홍보마케팅을 위한 목적 이외에도 아트마켓에 참여한 다양한 공연예술단체들의 공연작품들과 행사기간에 내에 아트마켓에 참여한 다양한 기획자와 공연예술단체들과 정보교환의 장으로서도 역할을 한다. 즉 아트마켓에 참여하는 공연예술계의 인사들과의 면담과 인사를 통해서 공연홍보를 통한 공연계약의 마케팅 기능 외에 공연예술단체의 홍보와 단체의 이미지 홍보 활동, 타 공연예술단체에 대한 공연상품정보 및 단체정보, 아트마켓에 참여한 다양한 기획자들의 반응 확인, 아트마켓 기간 내에 열리는 다양한 문화행사 및 세미나 행사를 통한 새로운 공연예술시장의 정보를 수집할 수 있다.

그러나 아트마켓은 일정한 기간 내에 열리는 견본시장이기 때문에 단기적이고 정확한 정보수집 계획을 통해서 공연예술시장에 대한 다양한 정보를 전략적으로 수집할 수 있어야 한다. 실질적으로 아트마켓에 참여하는 참가자들은 아트마켓에 참여한 다양한 공연상품에 대한 정보수집, 언론 · 비평 · 기획자 · 예술단체들에 대한 공연상품 및 공연예술단체 이미지 제고, 쇼케이스 공연을 통한 기획자들의 반응을 사전에 파악할 수 있는 장점을 제공해준다.

5 아트마켓의 마케팅 요소와 커뮤니케이션 전략

아트마켓은 견본시장으로서 일반적인 도매시장의 유통구조체계를 가지고 있다. 따라서 공연예술시장의 4Ps 마케팅 전략이 상호 보완적이며 종합적인 기능으로 작용하는 마케팅 요소를 갖추고 있다.

(1) 아트마켓의 마케팅 요소

❶ 공연상품(Products)의 요소

공연예술단체・제작사는 아트마켓이 열리는 기간을 염두하고 자신의 단체가 보유하고 있는 공연레파토리 중 아트마켓에 선보일 주요 홍보 공연작품을 선별하는데, 주요홍보 공연작품의 차별화되고 독창적인 특징과 내용, 그리고 다른 공연예술단체들이 선보일 홍보 공연작품의 경향과 기획자들의 공연선호경향을 예상하여 홍보 공연작품을 선보인다. 이렇게 선별된 아트마켓 참여 공연작품은 기획자들의 평가에 의해서 공연예술시장에서 관객들에게 좋은 평가를 받을 수 있는지 검증하는 단계로서 기획자들의 평가에 의해서 공연작품을 보완・수정하거나 다음 공연작품에 반영할 수 있다. 결국 아트마켓에서 공연상품에 대한 평가는 마케팅 전략에 있어서 공연예술시장의 변화추세를 파악하여 공연상품에 반영하고, 기획자가 선호하는 다양한 욕구를 수용하여 공연작품에 반영하는 공연상품의 마케팅 믹스 전략이 이루어지는 공간이다.

❷ 공연상품의 가격(Price) 요소

아트마켓에 참가한 공연예술단체와 기획사 사이에 공연상품에 대한 구체적인 계약을 통해서 실질적인 공연상품의 거래가 이루어지는 과정에서 공연상품에 대한 가격 즉 공연비용에 대한 구체적인 협의과정이 진행된다. 국내의 경우 지역문화예술회관의 극장경영자와 계약시 수요자의 입장에서는 최종적으로 이 작품을 선정하여 공연장에서 공연하였을 때 어느 정도 공연수익을 얻을 수 있는지 판단하여 최종적으로 공연계약을 하려고 할 것이다. 즉 어느 정도 공연기간과 공연장 객석규모, 홍보마케팅에 의해서 관객을 끌어들일 수 있는지 파악하여 최종적으로 공급자와 계약을 하게 된다. 공급자는 수요자가 제시한 다양한 요건에 맞추어 어느 정도의 공연비용으로 공연상품을 제공할 수 있는지를 고려한다. 계약시 수요자와 공급자간의 공연상품에 대한 비용은 공연기간, 공연장의 객석규모, 공연단체 출연료 금액, 공연장소에 따른 교통비와 체제비용, 공연협찬과 공공기금의 가능여부 등이 아트마켓에서 가격믹스의 마케팅 요소이다.

❸ 공연상품의 유통 장소(Place) 요소

아트마켓에서 공연상품의 유통장소는 바로 아트마켓 자체의 공간이다. 일반적으로 아트마켓의 유형이 축제와 전시의 두 가지 성격을 갖고 있기 때문에 공연상품의 유통을 위한 다양한 부대행사들이 기획된다. 아트마켓의 유통체계는 주최자에 의해서 부스전시, 쇼케이스공연, 비지니즈 네트워킹 ,워크숍, 세미나, 축제이벤트 등이 마련된다. 아트마켓의 주최자는 주로 공공문화기관의 조직이 맡는 경우가 많은데 이들은 주로 공연상품의 중간 매개자로서 역할을 수행한다. 아트마켓은 선구매 형식의 도매시장으로 역할을 하기 때문에 공연예술단체는 아트마켓 참가를 통해서 새로운 공연상품구매자를 만날 수 있을 뿐 만 아니라 새로운 유통경로의 기점을 확보할 수도 있다.

❹ 공연상품의 촉진(Promotion) 요소

공연예술시장에서 공연상품의 촉진활동은 주로 광고, 인적판매, 판매촉진 등이 있는데, 아트마켓에서도 이러한 마케팅의 촉진활동이 이루어진다. 단기적으로 일정한 기간 동안 홍보의 창구가 단일화된 아트마켓 공간에서 공연예술단체는 작품홍보기회를 다양한 프로모션 행사를 통해서 펼칠 수 있다. 아트마켓의 마케팅 촉진요소로는 쇼케이스공연을 비롯하여 비즈니스상담, 세미나, 비즈니스 네트워킹, 워크샵, 부스운영 등이 있는데, 이를 통해서 기획자들과 다른 공급자들간의 인적 네트워크가 확실히 구축될 수 있다.

(2) 아트마켓의 커뮤니케이션 전략

아트마켓에서 커뮤니케이션은 송신자인 공급자(공연예술단체)와 수신자인 수요자(기획자 등) 간에 전달하고자 하는 메시지인 공연상품을 전달하는 매체의 선택과 소통방식에 의해서 이루어진다. 즉 공급자와 수요자 간의 공연상품의 유통이 이루어지는 과정에서 상호 간의 만남과 공연상품의 노출빈도, 공급자와 수요자 간에 상호작용의 방향성, 정보전달을 위한 매체의 선택, 상호 간에 전달하고자 하는 메시지가 상호 유기적으로 결합되어 아트마켓에서 커뮤니케이션이 이루어진다. 아트마켓의 커뮤니케이션 전략의 4가지 요소는 공급자와 수요자 간의 접촉과 공연상품의 노출 빈도(Frequency), 공급자와 수요자간의 상호작용의 방향성(Direction), 공연상품에 대한 정보를 전달하는 커뮤니케이션의 매체(Media), 상호간의 전달하고자 하는 내용(Content)로 구성된다. 이러한 4가지 요소를 어떻게 결합시키는가에 따라 아트마켓에서 효과적인 커뮤니케이션이 이루어질 수 있다.

❶ 커뮤니케이션의 빈도(Frequency)

아트마켓에서 공연예술단체와 기획자 간의 만남을 통해서 서로 주고받는 대화의 양과 지속시간을 의미하기도 하고, 홍보하고자 하는 공연상품의 아트마켓에 참여한 사람들에게 얼마나 눈에 띄는가에 대한 노출빈도를 말하기도 한다. 공연예술단체와 기획자간에 만남의 빈도가 높을수록 긴밀한 유대관계가 형성되고, 공연상품의 노출빈도가 높을수록 아트마켓에 참여한 사람들에게 공연상품에 대한 높은 흥미를 이끌어낼 수 있다.

❷ 커뮤니케이션의 방향(Direction)

아트마켓에서 공급자와 수요자 간의 수평적이고 수직적인 대화의 방향성에 대한 것이다. 공연상품에 대해서 서로 상담이 이루어질 때 일방적으로 공급자의 입장 또는 수요자의 입장에서 이루어질 때는 상호

간에 신뢰에 반감을 가질 수 있다. 따라서 공급자는 기획자들이 요구하는 다양한 의견과 요구사항을 청취하는 대화태도가 필요하고, 수요자는 공급자에 대한 배려를 통해서 공급자의 공연상품에 대한 흥미와 소감을 말해주는 대화태도가 필요하다.

❸ 커뮤니케이션의 매체(Media) 선택

아트마켓에서 공급자와 수요자의 커뮤니케이션 매체는 공연상품의 정보를 전달하는 다양한 방식의 선택을 말한다. 1차적인 매체가 직접적인 만남을 통해서 이루어지는 비즈니스 상담, 워크숍, 세미나 등이 있을 수 있고, 2차적으로 공연상품을 소개하는 공연작품의 제안서, 홍보팸플릿, 공연홍보 동영상, 쇼케이스 공연 등이다.

❹ 커뮤니케이션의 내용(Content)

아트마켓에서 공급자와 수요자의 커뮤니케이션의 내용은 공연상품에 대한 정보이자 공연상품을 제작한 공연예술단체에 대한 정보이다. 공급자인 공연예술단체는 수요자가 기획자에게 전달하고자 하는 주요 내용은 공연상품에 대한 정보뿐만 아니라 단체의 발전 가능성과 향후 활동계획, 공연예술시장에서의 자신의 단체에 이미지 및 평가 등을 전달하고자 한다. 기획자들은 자신이 파악한 공연예술시장의 흐름과 공연상품의 선호기준 등을 전달하고자 한다.

6 아트마켓의 유형

아트마켓은 그 성격에 따라 공연마케팅 활성화를 위한 견본시장의 성격을 가진 공연예술의 도매시장으로서 유형과 공연예술축제의 성격에 아트마켓이 자체적으로 형성되는 유형으로 구분하지만 일반적으로 창설목적에 따라 유형을 분류한다. 아트마켓의 창설목적에 의해서 국내형 아트마켓과 국제형 아트마켓으로 구분할 수 있는데, 국내형 아트마켓은 국내 공연예술상품의 유통 활성화를 위해서 창설된 아트마켓이고, 국제형 아트마켓은 자국 공연예술상품의 국제 교류를 촉진하기 위해서 창설된 아트마켓이다. 현재 세계 여러 나라에서 개최되는 국내형 아트마켓은 일본 오사카 무대예술 · 예능견본시(PAMO)를 비롯하여 뉴질랜드 아트마켓 PANNZ, 미국의 Performing Arts Exchange 등이 있다. 반면 국제형 아트마켓은 영국의 Edinburgh Showcase, 싱가포르의 Asian Arts Mart(AAM), 캐나다의 CINARS 등이 대표적이다. 일반적으로 세계적인 메이저급 아트마켓에 속하는 것은 미국 APAP Showcase, 캐나다 CINARS, 싱가포르 AAM, 일본 동경의 TPAM을 꼽고 있다.

(1) 시나르 (CINARS : International Exchange for the Performing Arts)

1984년에 창설하여 격년제로 매년 11월에 5일 동안 캐나다 몬트리올·퀘벡 지역을 중심으로 열리고 있는 CINARS는 현재 세계 최대 규모의 공연예술 아트마켓이다. CINARS는 원래 캐나다의 공연예술 산업의 진흥을 목적으로 창설되었으며, 대륙 간의 공연예술 교류를 촉진하고 북미를 비롯한 세계 각국의 공연예술단체와 기획자 간의 활발한 교류의 장으로 성장해왔다. 현재 CINARS는 Hilton Montreal Monaventure에서 주최하고 있으며, 세계 60개국의 300여 개의 공연예술단체가 참가하여 부스전시 142개, 30여 개의 작품이 참여하는 공식쇼케이스 프로그램, 자유참가부문의 OFF-CINARS에 100여 개의 프로그램이 운영되고 있다. 또한 공연예술국제교류 실무교육 프로그램(Export Preparation Program)과 다양한 워크숍을 운영하고 있다. 특히 상시적 자국 공연예술단체의 국제 마케팅에 적극적으로 도움을 주고 있는데, 해외 주요 아트마켓 프로모션 부스운영을 비롯하여 자국 공연예술단체의 해외 홍보를 위한 〈Signature〉를 제작 배포하여 캐나다의 공연예술단체들을 알리고 있다. CINARS의 행사프로그램 운영은 동경, 멕시코, 아프리카 등의 아트마켓의 프로그램 개발에 많은 영향을 주었다.

〈CINARS 홈페이지〉
www.cinars.org

보도자료〉〉 CINARS 2010: An exceptional week of performances and meetings

Montreal, November 30, 2010 - For its 14th edition,the International Exchange for the Performing Arts(CINARS) welcomed from November 15 to 21 over 1080 performing arts professionals including 389 show presenters and observers coming from over 40 countries. Once again this year, the biennial platform position edit self at the biggest international performing arts market combining many disciplines: dance, theatre, music and multi disciplinary arts. "The 2010 edition distinguished itself by the quality of performances presented and by the ever-growing participation of delegates, both presenters and agents from artistic companies coming from abroad. In addition to an important European presence, especially from Germany, France and the United Kingdom, we also welcomed numerous delegates from Asia" explains Alain Paré, Chief Executive Officer of CINARS. "From the touching tribute to Margie Gillis presented by Marie Chouinard during the opening performance featuring Les Grands Ballets Canadiens de Montréal, all the way to the closing party featuring an impressive street performance by circus company Les 7 doigts de la main, the 14th edition was a great success, as we can see by the feedback we received" headds.

An international and diversified edition

In addition to the numerous Canadian artistic companies such as Théâtre Incliné, Orchestre d' Hommes-Orchestres, Jamie Adkins and the Denis Chang

Manouche Quartet, CINARS 2010 also offered the opportunity to discover artists from all over the world: Ukrainian musicians of DakhaBrakha, French dance company Käfig, Australian circus group Circa as well as multidisciplinary company Le Boustrophédon from France.
Close to 4,000 free passes to attend the performances presented as part of the official programming were distributed through our partnership with La Vitrine. This collaboration enabled the general public to discover artists from here and abroad through over 130 shows - including CINARS PLUS - presented in full-length or excerpts.

A lot more than shows
In addition to shows, participants were able to learn more about the latest industry trends and current issues through workshops and breakfasts during which topics such as the "off" phenomenom, "green" touring and governance in the performing arts were discussed.
Delegates also had the opportunity to familiarize themselves with the specific markets of France, Germany and United Kingdom through discussions, workshops and meetings with experts from each of these countries.
One of the important aspects of CINARS has always been its exhibition room. Once again, professionals were able to walk through 121 stands featuring 239 artistic companies representatives from 14 countries.
For the very first time this year, presenters were invited to take part in a « speed dating » session, enabling them to meet and exchange with an substantial number of companies agents in a very short time. This activity was quite successful and meetings will hopefully lead to future contracts and tours.
See you in 2012
Already, performing arts professionals can add CINARS 2012 to their agenda. The 15th edition will take place in November 2012 and will feature artists and presenters from all over the world. Arendez-vousnottobemissed!

\- 30 -

Source: CINARS
Julie Bélanger, Communications Director
514 842 5866 Ext.26

Media relations: Communications Papineau-Couture
Caroline Montreuil
514 842 3851

carolinemontreuil@papineau-couture.com

(2) 호주 공연예술아트마켓 (Austrailian Performing Arts Markets)

국내에서는 아들레이드 페스티벌로 잘 알려진 호주 공연예술아트마켓은 호주 남부 해변에 위치한 아들레이드에서 열리는 국제공연예술아트마켓이다. 1994년 호주예술평의회가 호주의 공연예술단체들의 국제 공연예술시장 진출을 위해서 창설하여 격년제로 3월 초순에 열리고 있다. 아트마켓 기간에 아들레이드 페스티벌과 아들레이드 프린지와 연계해서 열리고 있다. 1998년부터 Art Projects Australia의 주최로 호주 각 주의 예술기금과 에이전트들이 파트너십을 형성하여 개최하고 있다. 현재 호주 공연예술 아트마켓은 전 세계적으로 50여 개의 공연예술단체들이 참여하여 아들레이드 페스티벌과 아들레이드 프린지의 프로그램들 중에서 25분 정도의 공연과 전체 공연 중 몇 가지를 선택하여 구성되는데, 공식 쇼케이스 공연은 40여 개의 단체가 참여하고 있다. 특히 아들레이드프린지는 영국의 에딘버러프린지 페스티벌을 모델로 개발된 프로그램으로 자유참가의 형식으로 개최되고 있으며, 세계음악무용축제(Womadelaide)가 동시에 개최되어 아트마켓의 붐을 유도하는데 중요한 역할을 하고 있다.

〈호주공연예술아트마켓 홈페이지〉
www.performingartsmarket.com.au

2010 호주 공연예술아트마켓 행사 모습

(3) 동경아트마켓
(TPAM : Tokyo Performing Arts Market)

도쿄아트마켓은 1995년 도교국제공연예술축제(Tokyo International Festival of the Performing Arts)와 연합프로젝트로 창설된 아시아 최초의 공연예술 아트마켓이다. 도쿄아트마켓은 매년 8월중에 15일 동안 개최되었으나 2004년부터 개최시기와 장소가 변경되어 2007년에는 3월에 개최되었다. 2002년부터 아시아 무대예술제와 일본 음악페스티벌 공연연계 프로그램으로 동시 개최되고 있으며, 2007년에는 동경국제예술제와 연계하여 개최되었다.

〈동경아트마켓 홈페이지〉
www.tpam.or.jp

행사규모는 25여 개의 쇼케이스 프로그램을 비롯하여 80여 개의 부스전시가 운영되고 있고 행사기간에 별도로 'Focus Program'이 운영되어 특정국가나 지역의 공연예술단체 작품을 집중적으로 소개하고 있고, 해외 공연예술단체의 쇼케이스 프로그램 참여를 확대하고 있다. 그 외 시청각 프레젠테이션, 강연회 및 워크숍, 정보교류미팅이 함께 개최되고 있다.

동경아트마켓 행사 모습

(4) 아시안 아트 마트 (AAM : Asian Arts Mart)

싱가포르 아시안아트마트는 Theatres on the Bay의 주최로 격년제로 홀수년도 6월 초순경 3일간 싱가포르국립극장에서 열리는 아트마켓이다. 다른 아트마켓들이 자국 공연예술의 국제교류로서 해외공연예술시장 진출을 목적으로 개최되는 반면 싱가포르 아시안아트마트는 아시아의 공연예술을 대상으로 운영되고 있다. 2005년 기준 23개국 공연예술관계자들이 참여하며, 18여 개의 쇼케이스 공연프로그램을 비롯하여 40여개의 부스전시가 운영된다. 짧은 행사기간 중 연계행사프로그램으로 싱가포르아트페스티벌이 열리며, 공연예술 관련 국제회의로서 ISPA 총회(International Society for the Performing Arts)와 아시아·태평양 아트센터 협회 총회AAPPAC(The Association of Asia-Pacific Performing Arts Centers)가 동시에 개최되어 시너지 효과를 얻고 있다.

〈아시안아트마트 홈페이지〉
http://www.conversasians.com.sg/2010

(5) APAP Showcase (Association of Performing Arts Presenters Showcase)

지난 1956년 설립된 미국 공연 기획자 협회(APAP: Association of Performing Arts Presenters)는 북미의 공연예술시장에서 활동하는 공연 기획자 간의 정보교류를 목적으로 매년 1월에 뉴욕에서 연례회의 겸 쇼케이스 아트마켓을 개최해오고 있다. 이 협회는 미국의 공공, 민간, 대학 운영 공연장 등 1,000여 개에 이르는 회원사가 참여하여, 미국 외에 전 세계의 주요 공연예술관계자들이 참가하는 규모가 큰 아트마켓이다. 이 연례회의에는 뉴욕 힐튼 호텔에서 컨퍼런스와 미팅, 300여 개 이상의 부스전시가 열리며 1,000개 이상의 쇼케이스가 뉴욕 전역의 공연장에서 진행된다. 북미 최대 규모의 공연예술시장으로 공연예술단체들에게 북미지역 진출을 위한 중요한 거점으로 활용되고 있다.

〈APAP Showcase 홈페이지〉
http://www.apapnyc.org

⑹ 서울아트마켓 (PAMS : Performing Arts Market in Seoul)

서울아트마켓은 2005년 10월 국내 공연예술 유통 및 창작 활성화와 우리 공연예술의 해외진출 지원시스템 확립을 목적으로 창설되었다. 서울아트마켓추진위원회의 주최로 매년 10월 3~4일 동안 열리는 서울아트마켓은 유럽 공연예술계와의 네트워크 확대 및 유럽 시장 진출을 도모하고, 한국 공연예술을 대표하는 팸스 초이스(PAMS Choice) 기능 강화, 서울국제공연예술제(SPAF), 서울세계무용축제(SI-Dance) 협력 연계 강화, 사후 해외진출지원 체계 강화를 목적으로 하고 있다. 행사프로그램은 쇼케이스 프로그램으로 팸스 초이스 선정작 쇼케이스 공연을 비롯하여 협력 공연예술축제 및 해외 기관의 추천작 공연이 있으며, 피치비션 프로그램은 해외진출을 도모 중인 한국의 공연예술작품을 소개하기 위해서 프레젠테이션 및 테이블 상담을 해주고 있다. 강연회 및 세미나 행사는 유럽공연예술회의(IETM)와 연계한 세미나 및 포럼이 열린다. 부대행사로는 개・폐막식 및 리셉션, 런치미팅, 칵테일파티가 열리고, 협력행사로 국내 공연예술축제와의 다양한 연계 프로그램이 선보이고 있다.

〈2010 서울아트마켓 조직도〉

7 | 공연예술단체의 아트마켓 진출을 위한 마케팅 전략

아트마켓에 참가한다는 것은 체계적인 마케팅 조직 시스템이 갖추어지지 않은 민간공연예술단체에게는 희망사항일 수도 있다. 2000년대 들어 해외 아트마켓들에 참여하는 국내 공연예술단체들은 그 동안 다양한 시행착오를 거치면서 공연제작 시스템과 마케팅 전략에 있어서도 노하우가 축적되는 좋은 계기가 되었다. 그러나 여전히 국내의 수많은 공연예술단체들은 기획 · 행정 · 마케팅에 있어서 외부 전문가의 도움 없이는 단체 자체로 국내외 아트마켓에 참여하는 것이 여전히 힘든 과제인 것이 현실이다. 따라서 공연예술단체가 아트마켓에 진출하기 위해서 철저한 마케팅 전략이 필요하다. 다음은 아트마켓 진출을 위한 마케팅 전략으로 프로젝트 개발 및 리서치(Targeting & Projecting Marketing), 교섭 마케팅(Negotiation Marketing), 사전기획

(Pre-Production), 실행기획(Production), 평가 및 결산(Post Production)의 단계별로 살펴보겠다.

(1) 표적 시장 선정 및 프로젝트 개발 (Targeting & Projecting)

오늘날 국내 공연예술시장에서도 창작공연의 경우 오히려 국내에서보다 해외에서 먼저 작품성과 대중성이 인정받아 다시 국내에서 대중성을 인정받는 작품들도 있다. 물론 해외 공연예술시장 진출이 더 많은 대중성을 확보하기 위한 것으로 진출하려고 하지만 단지 해외 공연교류를 목적으로도 하는 경우도 있다. 그러나 중요한 것은 공연교류와 대중성 확보를 목표한다는 것은 분명하다. 국내 공연예술단체가 해외 아트마켓에 진출하는 것은 해외 공연예술시장으로 진출할 수 있는 전초기지를 마련하는 것이다. 그래서 공연예술단체는 자신들이 진출하고자 하는 해외 공연예술시장이나 아트마켓에 자신들의 공연작품이 적합한가를 판단하게 된다. 해외 공연예술시장의 규모나 특성 등에 대한 사전 리서치 작업, 국내 공연예술단체 진출 여건 등에 대한 벤치마킹 등 다양한 루트와 인적네트워크를 통해서 적합한 표적시장을 선정한다. 표적시장 선정은 해당 해외 표적시장을 통해서 지속적인 창작교류 및 발전 가능성, 마켓의 안정성 및 파급효과, 경쟁요소, 마켓 참가자의 반응도 등에 대한 분석을 통해서 이루어진다.

이러한 표적시장 선정을 통해서 프로젝트 개발을 하게 되는데, 공연예술단체는 국제 공연예술교류에 대한 중장기적 목표와 전략적 기획에 맞춰 프로젝트의 목표를 수립해야 한다. 프로젝트는 장기적으로 기획되어지는데 1년이 걸릴 수도 있고, 2년이 걸릴 수도 있기 때문에 프로젝트 기획과 실행에 대한 시간적 · 경제적 비용을 고려해야 한다.

공연예술단체는 자신이 선정한 아트마켓에 참가하는 의의만으로 끝나는 프로젝트 개발은 하지 않을 것이다. 즉 선정된 아트마켓의 참가를 통해서 좀 더 다양한 해외 공연예술시장의 진출을 꿈꾸기 때문이다. 따라서 아트마켓과의 지속적인 인적관계 형성을 통해서 해외공연예술시장의 권역을 확장해나갈 것이다. 캐나다 CINARS 아트마켓에 참가하여 네트워크를 형성하여, 2차적으로 뉴욕 APAP케이스 참가, 그리고 영국 에든버러 프린지 페스티벌에 참가로 이어지는 표적시장 확장으로 장기적인 관점에서 아트마켓의 진출을 노리게 된다. 이러한 표적시장의 확장은 아트마켓 참가를 통한 프로젝트에 대한 신뢰 및 인적 네트워크의 개발 · 관리를 통해서 이루어질 수 있다.

표 34 표적 시장 선정 및 프로젝트 개발의 항목

표적공연시장 리서치	프로젝트 개발
• 표적공연시장 조사 • 표적공연시장의 진출을 위한 인적 루트 구축 • 표적공연시장에 진출한 국내 공연예술단체 사례 벤치마킹 • 표적공연시장 타켓별 제안서 작성 • 표적공연시장 사전 답사 및 인적 파트너쉽 구축	• 프로젝트 구상 및 개발 • 공연예술단체 포트폴리오/프로덕션 리뷰 제작 관리 • 자체 영문 웹사이트 제작/관리 • 협찬 및 지원 기금 조성 방안

(2) 교섭 마케팅 (Negotiation Marketing)

표적시장 선정 및 프로젝트 개발이 이루어지면 바로 선정된 아트마켓에 참가할 수 있는 전략적 실무 교섭 마케팅으로 아트마켓에서 초정권을 확보할 수 있는 기획·행정 실무 작업을 수행해야 한다. 실무교섭단계는 공연예술단체가 참가하고자 하는 아트마켓 위원회에서 초청 조건을 협의하는 실무절차이다.

공연예술단체의 기획·행정 실무자가 먼저 실무교섭을 위한 사전 행정업무를 수행한 다음 공연예술단체를 대표하는 예술감독이 직접 실무교섭을 하거나 국내 또는 해외 별도의 전문적인 에이전트(문화예술지원기관 또는 국제문화교류기관)와 매니저를 통해서 대행을 하는 경우도 있다. 특히 문화예술교류지원기관에서 도움을 요청하는 경우 행정적 자문·재정적 지원 등에 큰 도움을 얻을 수 있다. 공연예술단체는 아트마켓의 주최측과 초청조건에 대한 협의로서 쇼케이스 공연과 부스전시 등과 관련된 합의가 필요하다.

(3) 사전 준비단계 (Pre-Production)

공연예술단체의 아트마켓 진출을 위한 사전 준비단계로 해외아트마켓 진출을 장기적인 목표 설정, 프로덕션 구성 및 준비사항 점검, 아트마켓 참가등록 및 신청, 참가 아트마켓 등록자 리서치 작업, 사전 홍보 및 접촉 등 단계적으로 수행해야 한다.

❶ 아트마켓 작품 선정

공연예술단체는 국내 공연예술시장을 상대로 공연레파토리를 개발하여 공연을 통해서 흥행에 성공했거나 또는 흥행에 성공하지 못했어도

이 작품은 국제 공연예술시장에 내놓아도 손색없는 작품이라는 객관적인 평가에 의해서 아트마켓에 참가할 작품선정을 하게 된다. 그러나 국내에서 성공한 공연작품이라고 하여 반드시 해외 공연예술시장에서 성공을 거둘 수 있는 것은 아니다. 따라서 공연예술단체는 아트마켓에 참가하기 위해서 작품을 선정하는데, 참가하고자 하는 아트마켓의 시장적 특성 및 해외 관객의 문화적 취향, 쇼케이스 공연시 기술적 지원요소들, 해외공연예술시장 진출을 위한 사전 리서치 및 표적시장 선정, 아트마켓 진출후 해외 공연시장 공략을 위한 인적 파트너쉽 및 네트워크 형성, 장기적인 목표 추진 전략 등을 사전에 염두해두고 진출하고자하는 아트마켓과 작품선정을 해야 한다.

❷ 공연프로덕션 점검

공연예술단체는 먼저 아트마켓에 참가할 공연프로덕션에 대한 점검으로부터 아트마켓의 참가할 수 있는 행정적 · 기술적 요건들을 충분히 마련해야 한다. 해외 아트마켓 참가를 위한 국제교류 행정 · 기술 · 통역 인력 확충에서부터 기본예산안과 투어 프로덕션 인원 점검, 부스운영 및 쇼케이스 공연을 위한 행정 · 기술적 데이터 등을 철저하게 점검 · 보완해야 한다.

❸ 아트마켓 참가 등록 신청

아트마켓의 등록신청서에는 공연예술단체의 소재지(Country), 성명(Name), 단체명과 조직명(Job Title/Organization), 주소/이메일/웹사이트주소(E-Mail / Address / URL), 단체의 프로필 및 공연사진

(Profile/Photo) 등을 기본적으로 기입하게 되어 있다. 해외 아트마켓에 참가하는 기획자들의 경우 아트마켓의 웹사이트에 최종적으로 집계된 참가리스트를 보고 참가의사를 결정하는 경우도 많다. 참가리스트는 아트마켓에 참여하는 공연예술단체, 초청인사, 방문객 등 다양한 아트마켓 참여자 등이 참가신청을 통해서 등록되는데, 아트마켓의 웹사이트에 업데이트되는 등록자들의 현황을 파악하여 아트마켓 중 인적네트워크를 형성할 대상자를 미리 파악하여 활용하는 것이 중요하다.

단체 및 예술인, 초청 인사, 방문객 등 마켓 참여자는 모두 등록 절차를 거치게 되어 있는데, 등록을 마친 참가자들의 정보가 마켓 홈페이지에 업데이트 되고, 등록자들에게 인쇄물이 배포된다.

표 35 기본적인 공연프로덕션 점검 사항

구분	자료구분	내용
인적 구성	투어프로덕션 구성	• 행정, 홍보, 기술, 통역 등의 업무 접촉 라인 구성
예산안 편성	프로덕션 예산안	• 개런티, 투어비용, 협찬·지원 재원 확보
홍보 데이터	단체소개자료	• 단체포트폴리오 영문본 제작 - 단체 창단목적 및 비즈니스 미션 소개, 공연 연보(국내외 경력, 해외공연경력 중심으로 작성)
	공연소개자료	• 공연팸플릿 영문본 제작 - 공연작품의 소개, 공연의 규모, 무대기술 요구사항 개요, 연출자 및 주요 출연진의 약력, 수상경력, 공연가능 일정, 공연 사진자료 등 포함
	웹사이트	• 공연단체의 국영문 혼용 홈페이지 제작
	홍보동영상 자료	• 단체 및 공연에 대한 홍보 동영상 제작 - 단체포트폴리오와 공연프로덕션 소개, 공연주요 하이라이트 장면편집으로 10분 분량
테크니컬 데이터	기술명세서	• 영문본 테크니컬 라이더 - 무대규격·세트·막·조명·음향·관련 자료

이 리스트를 통해 마켓 기간 중 미팅 대상자를 사전에 파악할 수 있다. 공연예술단체는 아트마켓 웹사이트에 등록된 참가리스트를 조사하여 자신들이 해외 공연예술시장 진출을 위한 인적 네트워크 형성과 아트마켓 기간 중 미팅 및 제안서를 제공할 예비 파트너들에 대한 정보를 얻을 수 있다.

따라서 공연예술단체들은 참가하는 공연예술단체들, 예술가, 에이전트, 아트마켓 프로그래머, 아트센터 프로그래머, 제작자, 마켓 조직위원, 후원자, 예술감독 등을 파악하여 아트마켓기간에 미팅을 주선할 수 있도록 하는 사전 접촉과 홍보가 필요하다. 아트마켓 참가 전에 참가리스트를 파악하여 이미 확보한 이메일을 통해서 쇼케이스 공연 장소·시간·공연작품 리뷰, 전시부스에 대한 장소·단체포트폴리오를 첨부파일로 보내어 아트마켓 기간 중 만남을 주선할 필요가 있다.

❹ 공연홍보자료 점검

아트마켓 주최측에서 최종 참가통보를 받으면 공연예술단체에서 그동안 준비한 공연홍보자료에 대한 점검이 필요하다. 영문용 공연홍보자료를 편집디자인업체에 의뢰하여 공연단체소개서, 공연작품소개서, 공연영상자료 등을 개별적으로 또는 팸플릿식으로 제작하거나 통합하여 패키지식으로 제작하기도 한다.

팸플릿으로 제작된 공연 프로덕션의 포트폴리오에는 공연단체 소개, 공연작품 소개, 국내외 언론매체의 리뷰 및 비평, 제작진 및 출연진 약력, 공연단체의 해외 공연경력, 공연사진자료 등이 수록되고, 공연영상자료는 주로 CD 또는 비디오테이프(PAL방식)로 제작되는데 공연작품에 주요 하이라이트 영상, 영문자막 등이 포함된다. 또한 무대스탭은 일목요연하게 무대기술명세서를 만들어야 한다. 아울러 아트마켓 실무진은 아트마켓 일정에 대한 업무추진표도 함께 준비한다.

❺ 출국 및 체재 준비

아트마켓 참가를 위한 모든 행정적 작업과 공연프로덕션 점검이 끝나면 바로 출국과 체재 준비를 해야 한다. 먼저 출국 준비에 앞서 참가하는 아트마켓이 열리는 나라에 대한 기후·교통·숙박정보를 체크하고, 그런 다음 공연프로덕션의 항공편 예약을 하게 되는데, 여행사를 이용해 사전 예약을 한다. 공연프로덕션 구성진의 여권 발급상황을 체크해야 한다. 출국자들의 여권 만료기간이 6개월 이상인지 확인하고, 무대세트·소품·악기·일반화물에 대한 통관절차도 미리 알아두고 출국자보다 먼저 항공편으로 현지로 보내야 한다.

출국준비가 완료되면 현지에서 숙식·교통에 대한 정보를 미리 파악하여 확보해야 한다. 아트마켓 개최장소에서 숙박은 어떻게 해결할 것이며, 아트마켓 개최장소와 숙박장소가 멀리 떨어져 있는 경우 이동할 교통편, 식사는 어떻게 해결 것인가를 꼼꼼히 점검하는 것이 필요하다. 또한 현지에서 응급상황이 발생할 경우 대처할 수 있는 한국대사관 또는 문화원에 대한 정보, 상호간의 연락처, 신체적 사고 발생 시 응급약품까지 준비해야 한다.

(4) 실행기획 (Production)

실행기획은 아트마켓이 열리는 기간 동안 공연예술단체가 수행할 모든 업무적인 내용이다. 전시부스와 쇼케이스 공연, 실무교섭, 부대행사 참가 등의 모든 내용들이 실행기획에 포함된다. 미리 준비한 단체 소개서와 공연프로덕션 소개 자료, 기술명세서 등을 모두 취합하여 패키지로 전시부스를 방문하거나 쇼케이스 공연을 관람하는 기획자와 관람객들에게 제공한다.

❶ 전시부스 프로모션 마케팅

부스전시 프로모션은 기본적으로 부스전시를 운영하는 기본적인 인력이 참여하여 단체 제안서와 포트폴리오, 영문명함, 포스터, 홍보영상자료 등을 부스에 비치하고 부스를 방문하는 기획자들이나 관람객들이 나누어주는데, 반드시 방문자에게 방문체크 확인 및 방문자의 명함 등을 받아 두어야 하며, 홍보자료를 아무에게나 나누어줄 필요는 없다. 방문자를 확인하고 자신들의 프로모션에 도움을 줄 수 있는 기획자들을 중심으로 인적 네트워크가 형성될 수 있도록 하는 것이 필요하다.

❷ 쇼케이스 공연 마케팅

쇼케이스 공연의 경우 주로 25~30분 정도로 올려지는데, 쇼케이스 공연은 공연예술단체에게 가장 중요한 핵심 홍보요소로 기획자들로부터 평가를 받아 공연계약을 성사시킬 수 있기 때문이다. 따라서 아트마켓 기간 이전에 사전에 미리 컨택한 기획자들이나 중요한 인적 네트워크를 형성할 수 있는 기획자들에게 미리 쇼케이스 공연에 대한 공연시간과 장소를 알려주어야 한다. 또한 쇼케이스 공연 시 실무진이 직접 단체 홍보 포트폴리오와 공연작품에 소개서 나누어주는 노력도 필요하다. 바로 이 쇼케이스 공연은 공연계약을 성사시킬 수 있다.

❸ 부대행사 마케팅

아트마켓에서는 전시부스와 쇼케이스 공연 외에 다양한 부대행사들이 열리는데 대표적으로 네트워킹 이벤트, 국제회의, 강연회 및 세미나 등이 열린다. 이러한 부대행사들은 세계 공연예술시장의 흐름과 국제교류에 관련된 흐름을 파악할 수 있는 기회이기 때문에 반드시 참석하는 것이 좋다. 이러한 행사는 참석한 기획자들과의 사적인 인적네트워크 형성에도 도움을 줄 수 있다.

❹ 공연계약을 위한 초기 실무접촉

아트마켓에 참가한 기획자들은 여러 공연예술단체의 전시부스와 쇼케이스 공연 관람 후 자신들이 호감을 갖는 공연예술단체 전시부스를 방문한다. 기획자들은 작품초청의사를 밝히고 공연계약을 위한 초기 실무교섭을 공연예술단체와 협의하게 되는데, 기획자는 좀 더 구체적인 공연초청조건에 대해서 공연예술단체의 실무자 또는 대표자와 협의하게 된다. 이때 공연예술단체의 협의 실무자는 자신의 공연작품에 대한 충분한 소개와 기획자 측에서 제시한 공연초청조건에 대해서 설득력 있게 기획자와 협의해야 한다. 기획자가 해외 공연예술페스티벌

프로그래머나 아트센터의 경영자 및 기획자인 경우 자신들의 예산범위 · 공연장소 소개 · 개런티 등에 대해서 공연예술단체의 실무자에게 제시하고, 공연예술단체의 실무자는 기획자가 제시한 조건에 맞게 자신의 단체가 수용할 수 있는 요구조건 및 필요한 자구책에 대한 것을 충분히 설명해주어 원활히 공연계약 협의가 이루어질 수 있도록 해야 한다.

⑸ 평가 및 결산 (Post-Production)

❶ 인적 네트워크 확장을 위한 데이터베이스화 작업

아트마켓 후 공연예술단체는 그 동안 마켓 기간 동안 공연프로덕션에 대한 전체적인 평가 및 결산을 하게 되는데, 아트마켓 기간 중 자신의 단체 전시부스와 쇼케이스 공연에 참여하였던 기획자들과 관람자의 반응 및 인적 네트워크를 종합적으로 평가 및 결산할 수 있도록 데이터베이스화하는 작업이 필요하다. 전시부스와 쇼케이스 공연을 관람한 기획자들과 관람객들로부터 받은 명함과 자료를 취합하여 지속적인 인적 네트워크 확장하기 위해서 데이터베이스화하는 작업이 필요하다.

❷ 초청공연 교섭 실무 작업

아트마켓 기간 중에 기획자 측과 초청공연이 성사된 경우 단체 실무자는 기획자 측의 초청공연에 대한 구체적인 공연계약 교섭 작업을 해야 한다. 단체의 실무자는 공연을 초청하는 주최측에 구체적인 협의사항을 제시하는데, 초청조건으로서 공연계약의 주체, 공연장소·기간·공연횟수, 공연저작권 관련사항, 홍보·마케팅 사항, 공연보험료 등을 협의하고, 공연사례에 있어서 회당 출연료, 지불일시, 공연투어경비 분담조건을 협의한다. 또한 공연프로덕션으로서 리허설 여부, 공연장소의 무대 시스템 및 기술 사항, 부대시설 사용가능 여부 등이 초청 측과 최종적으로 합의가 되었을 때 최종계약 체결을 하게 된다. 이 초청공연 교섭실무는 초청 측의 실무진과 이메일 또는 팩스를 통해 서로 교섭 합의가 이루어지며 최소한 2~3개월 정도의 기간이 걸린다.

❸ 재원 조성

해외 공연예술축제나 아트센터 초청공연의 경우 모든 경비를 초청 측에서 부담하는 경우는 거의 없다. 따라서 초청 측과 계약 성사 후 공연예술단체는 초청 공연 시 필요한 자부담 경비(항공료·체재비)를 마련해야 하는데, 이러한 자부담 경비를 최소한 줄일 수 있는 방안으로 정부 공공기관에 공공기금을 지원신청하여 경비를 조성하는 노력이 필요하다.

국내에서는 문화체육관광부, 한국문화예술위원회, 외교통상부, 한국국제교류재단에서 국내 문화예술인과 단체를 위한 해외 진출 지원사업을 벌이고 있다. 문화체육관광부에서는 기초예술진흥과와 국제문화협력과에서 해외진출을 하려는 문화예술단체에게 지원을 해주고 있으며, 한국문화예술위원회에서는 문화예술국제교류와 신진예술가 지원프로그램으로 지원을 해주고 있다. 한국국제교류재단에서는 해외에 진출하려는 문화예술단체와 예술가에게 인사교류 · 공연 · 전시에 대한 지원을 해주고 있으며, 외교통상부에서는 문화협력과에서 지원을 해주고 있다.

❹ 지속적인 인적네트워크 확장을 위한 홍보마케팅

아트마켓의 평가와 결산을 통해서 데이트베이스화된 인적네트워크 자료를 활용하는 홍보마케팅이다. 공연예술단체는 자신의 공연신작, 해외 초청 순회공연 등에 대한 정보를 영문홈페이지와 이메일을 기획자들에게 발송하여 지속적으로 관심을 갖도록 하여 향후 새로운 초청을 받을 수 있도록 노력해야 한다.

부록

축제제안서 및 공연기획 사례집

1 한산모시문화제 기획서

2 연천구석기축제 제안서

3 국악로 전통문화관광축제 제안서

4 6인 6색 사업계획서

■ 부록 1 한산모시문화제 기획서

- 한 산 모 시 문 화 제 -

2015년

CONTENTs

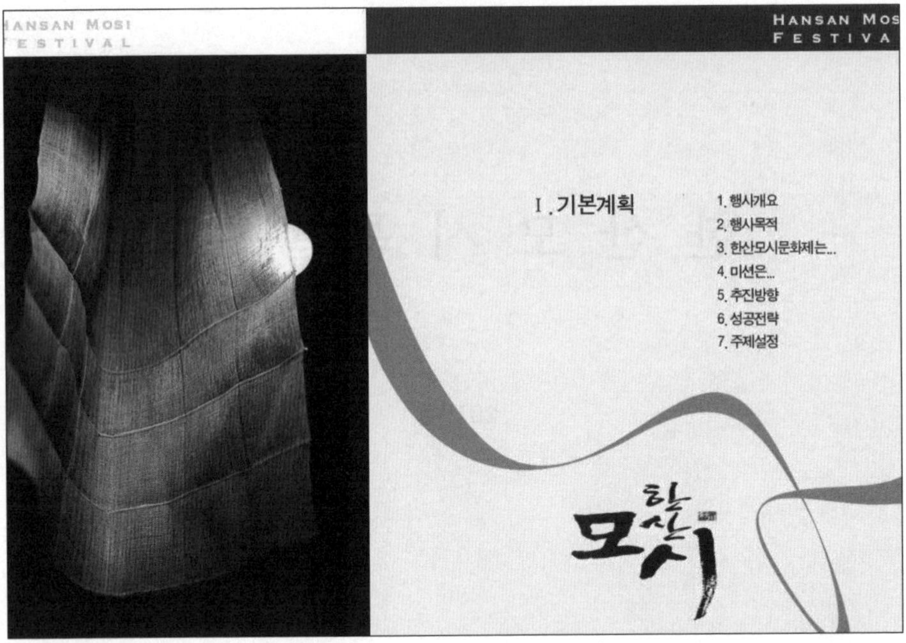
HANSAN MOSI
FESTIVAL
HANSAN MOS
FESTIVA
Ⅰ. 기본계획
1. 행사개요
2. 행사목적
3. 한산모시문화제는...
4. 미션은...
5. 추진방향
6. 성공전략
7. 주제설정
한산모시

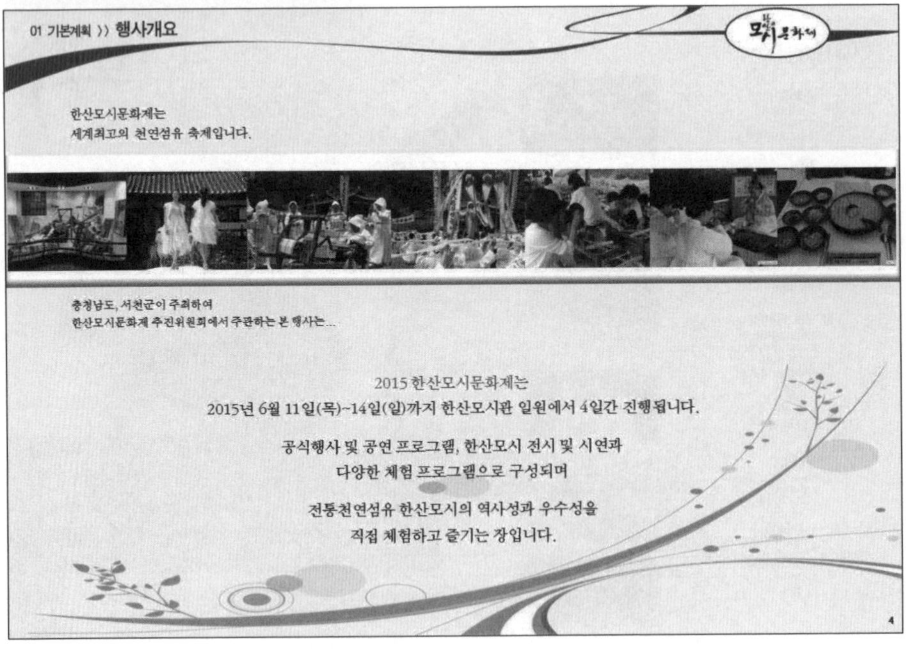
01 기본계획 〉〉 행사개요
한산모시문화제는
세계최고의 천연섬유 축제입니다.
충청남도, 서천군이 주최하여
한산모시문화제 추진위원회에서 주관하는 본 행사는...
2015 한산모시문화제는
2015년 6월 11일(목)~14일(일)까지 한산모시관 일원에서 4일간 진행됩니다.
공식행사 및 공연 프로그램, 한산모시 전시 및 시연과
다양한 체험 프로그램으로 구성되며
전통천연섬유 한산모시의 역사성과 우수성을
직접 체험하고 즐기는 장입니다.
4

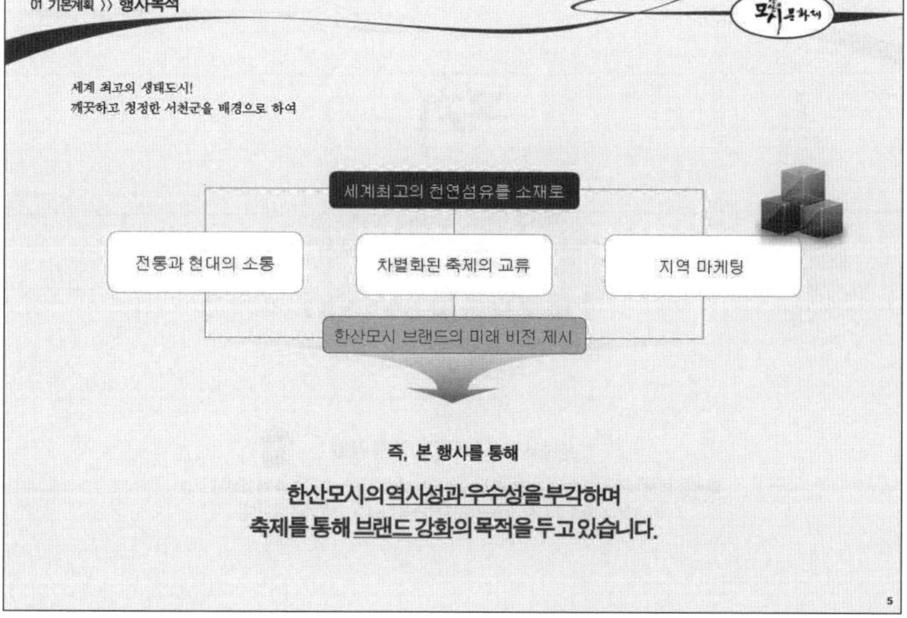
01 기본계획 〉〉 행사목적
모시문화제
세계 최고의 생태도시!
깨끗하고 청정한 서천군을 배경으로 하여
세계최고의 천연섬유를 소재로
전통과 현대의 소통
차별화된 축제의 교류
지역 마케팅
한산모시 브랜드의 미래 비전 제시
즉, 본 행사를 통해
한산모시의역사성과 우수성을부각하며
축제를 통해 브랜드 강화의목적을두고있습니다.
5

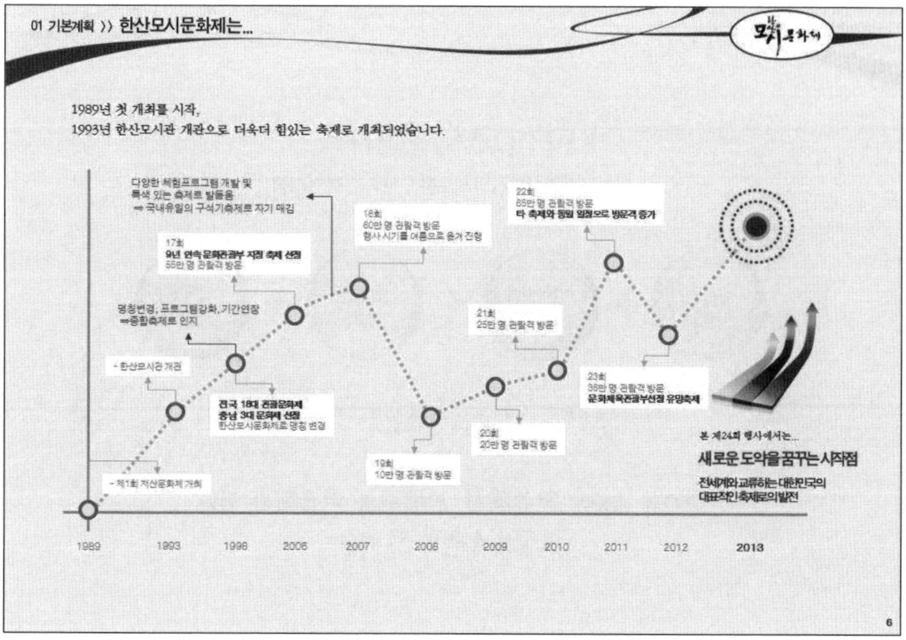
01 기본계획 〉〉 한산모시문화제는...
모시문화제
1989년 첫 개최를 시작,
1993년 한산모시관 개관으로 더욱더 힘있는 축제로 개최되었습니다.
다양한 체험프로그램 개발 및
특색 있는 축제로 발돋움
⇒ 국내유일의 구석기축제로 자기 매김
17회
9년 연속 문화관광부 지정 축제 선정
55만 명 관람객 방문
18회
60만 명 관람객 방문
행사 시기를 여름으로 옮겨 진행
22회
65만 명 관람객 방문
타 축제와 동일 일정으로 방문객 증가
명칭변경, 프로그램강화, 기간연장
⇒종합축제로 인지
21회
25만 명 관람객 방문
- 한산모시관 개관
전국 18대 관광문화제
충남 3대 문화제 선정
한산모시문화제로 명칭 변경
20회
20만 명 관람객 방문
23회
36만 명 관람객 방문
문화체육관광부선정 유망축제
19회
10만 명 관람객 방문
- 제1회 저산문화제 개최
본 제24회 행사에서는...
새로운 도약을 꿈꾸는 시작점
전세계와 교류하는 대한민국의
대표적인 축제로의 발전
1989
1993
1998
2006
2007
2008
2009
2010
2011
2012
2013
6

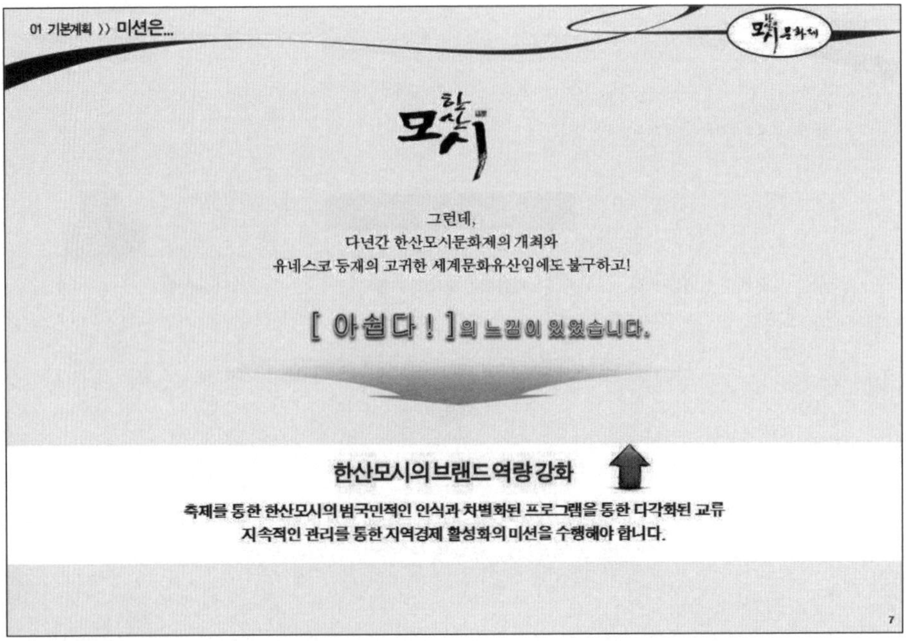
01 기본계획 >> 미션은...
그런데,
다년간 한산모시문화제의 개최와
유네스코 등재의 고귀한 세계문화유산임에도 불구하고!
[아쉽다 !]의 느낌이 있었습니다.
한산모시의브랜드역량강화
축제를 통한 한산모시의범국민적인 인식과 차별화된 프로그램을 통한 다각화된 교류
지속적인 관리를 통한 지역경제 활성화의 미션을 수행해야 합니다.
7

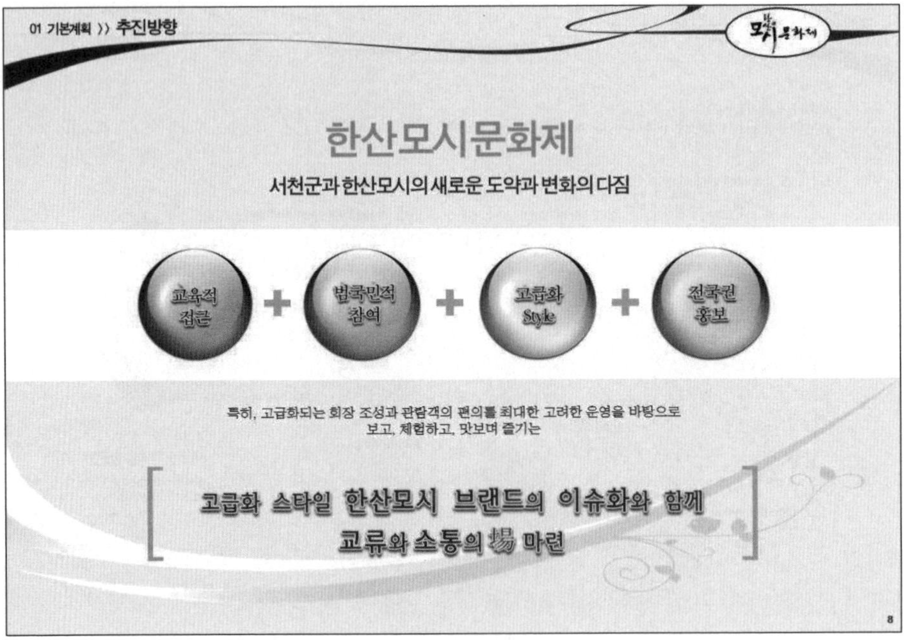
01 기본계획 >> 추진방향
한산모시문화제
서천군과 한산모시의 새로운 도약과 변화의 다짐
교육적 접근
범국민적 참여
고급화 Style
전국권 홍보
특히, 고급화되는 회장 조성과 관람객의 편의를 최대한 고려한 운영을 바탕으로
보고, 체험하고, 맛보며 즐기는
고급화 스타일 한산모시 브랜드의 이슈화와 함께
교류와 소통의 場 마련
8

01 기본계획 ›› 성공전략
Edutainment
범국민적 Program
한산모시 Style
전국적 Network
운영 Know-how
"한산모시의 특장점 부각과 함께
다양한 접근 방법을 통해 성공 축제를 마련합니다."
UP-GRADE!
Edutainment
전시 및 시연, 체험을 통한 교육적, 오락적 요소의 참여 극대화 프로그램
범국민적 Program
경연대회 및 가요제, 힐링 캠프 등의 체류형 프로그램
한산모시 Style
전통 테마를 바탕으로 현대 문화와 세계 문화가 공존하는 Big Item
전국적 Network
제안사의 전국적 네트워크 홍보와 다각적인 홍보 Tool
운영 know-how
짧은 준비 기간의 고려와 관람객과 운영자 모두가 만족하는 운영 System
9

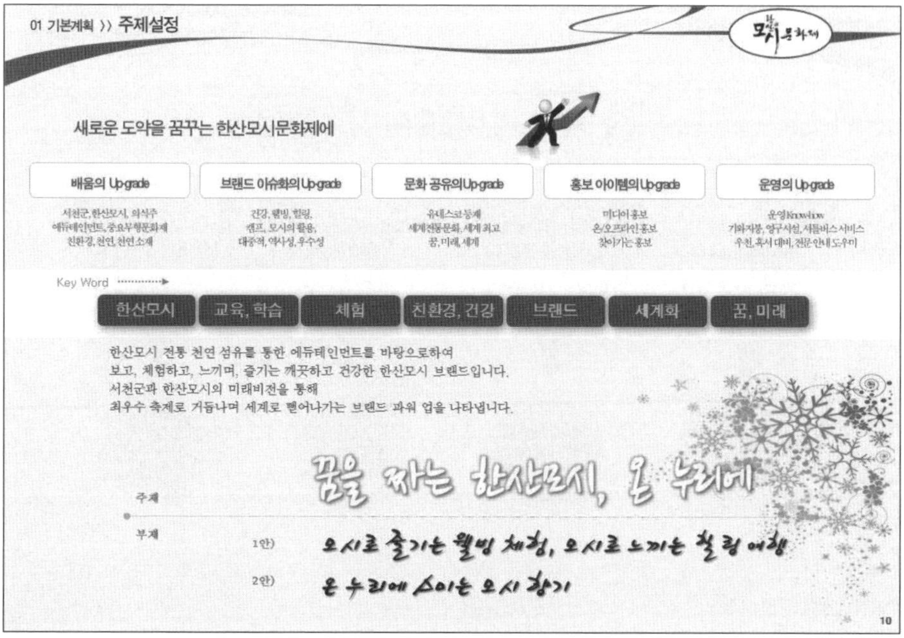
01 기본계획 ›› 주제설정
새로운 도약을 꿈꾸는 한산모시문화제에
배움의 Up-grade
서천군, 한산모시, 의식주
에듀테인먼트, 중요무형문화재
친환경, 천연, 천연소재
브랜드 이슈화의 Up-grade
건강, 웰빙, 힐링,
캠프, 모시의 활용,
대중적, 역사성, 우수성
문화 공유의 Up-grade
유네스코 등재
세계전통문화, 세계 최고
꿈, 미래, 세계
홍보 아이템의 Up-grade
미디어홍보
온/오프라인 홍보
찾아가는 홍보
운영의 Up-grade
운영 Know-how
기와지붕, 영구시설, 서틀버스 서비스
우천, 혹서 대비, 전문 안내 도우미
Key Word
한산모시
교육, 학습
체험
친환경, 건강
브랜드
세계화
꿈, 미래
한산모시 전통 천연 섬유를 통한 에듀테인먼트를 바탕으로하여
보고, 체험하고, 느끼며, 즐기는 깨끗하고 건강한 한산모시 브랜드입니다.
서천군과 한산모시의 미래비전을 통해
최우수 축제로 거듭나며 세계로 뻗어나가는 브랜드 파워 업을 나타냅니다.
주제
꿈을 짜는 한산모시, 온 누리에
부제
1안)
모시로 즐기는 웰빙 체험, 모시로 느끼는 힐링 여행
2안)
온 누리에 스미는 모시 향기
10

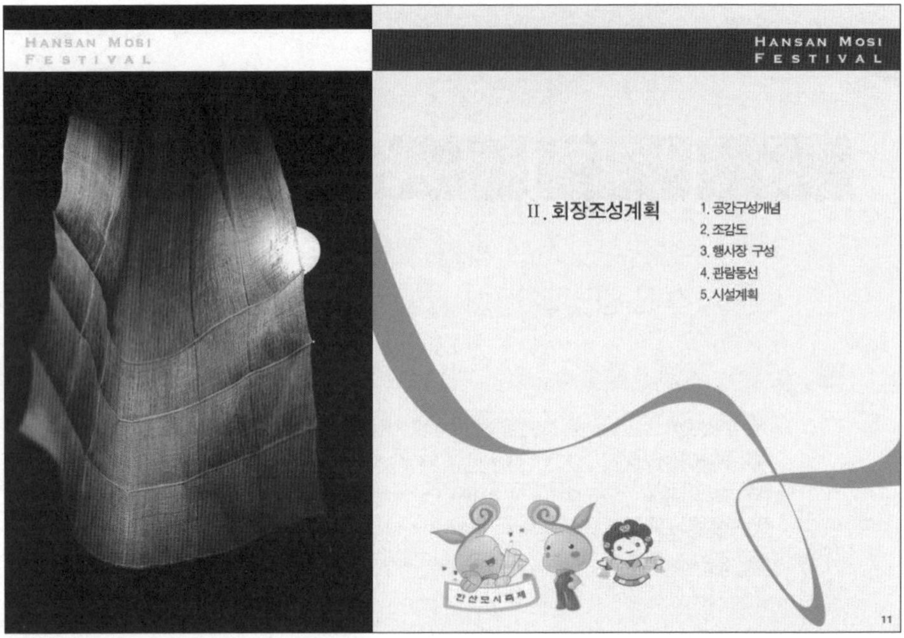
HANSAN MOSI
FESTIVAL
HANSAN MOSI
FESTIVAL
II. 회장조성계획
1. 공간구성개념
2. 조감도
3. 행사장 구성
4. 관람동선
5. 시설계획
한산모시축제
11

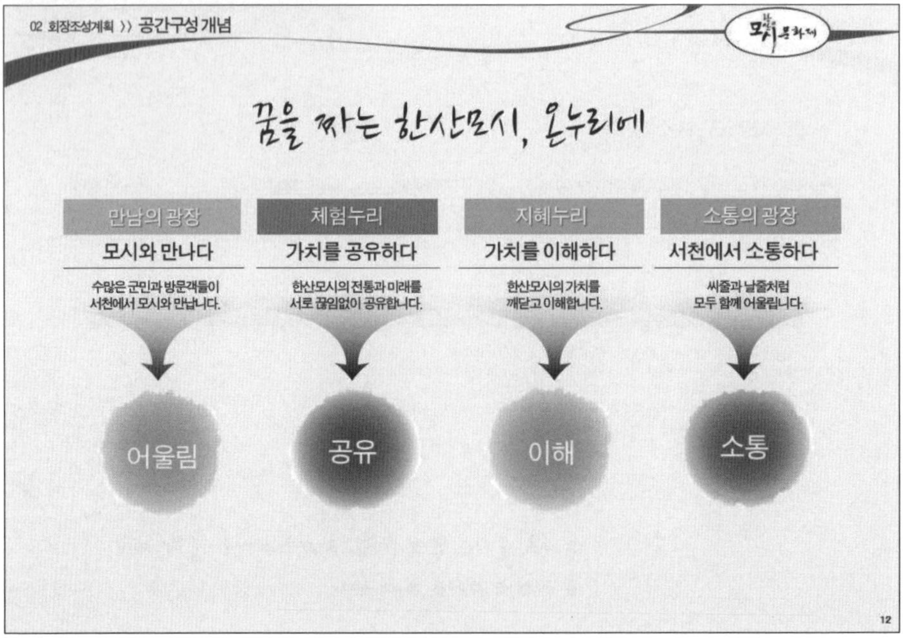
02 회장조성계획 >> 공간구성 개념
꿈을 짜는 한산모시, 온누리에
만남의 광장
모시와 만나다
수많은 군민과 방문객들이
서천에서 모시와 만납니다.
체험누리
가치를 공유하다
한산모시의 전통과 미래를
서로 끊임없이 공유합니다.
지혜누리
가치를 이해하다
한산모시의 가치를
깨닫고 이해합니다.
소통의 광장
서천에서 소통하다
씨줄과 날줄처럼
모두 함께 어울립니다.
어울림
공유
이해
소통
12

02 회장조성계획 >> 조감도
제24회
한산
모시
문화제
13

02 회장조성계획 >> 행사장 구성
1) Zoning Plan
지혜누리
체험누리
어울림누리
소통누리
14

02 회장조성계획 〉〉 행사장 구성
2) Site Plan
1 메인무대
2 메인 게이트
3 한산모시 교육관
4 모시 길쌈 체험장
5 모시 길쌈 시연장
6 모시 공예 체험장
7 모시 맛 체험장
8 홍보관
9 지역문화홍보체험관
10 전시관
11 세계천연재료 시연장
12 무형문화재 시연장
13 안채
14 특산물 판매장
15 읍 · 면 홍보관
16 먹거리 장터
17 어린이 놀이터
18 한산전통시장
19 한산모시캠핑장 (구. 성실여중)
20 종합안내소
21 종합운영본부
22 화장실(이동식 포함)
15

02 회장조성계획 〉〉 관람동선
6. 홍보관 관람
7.전시관 관람
3. 길쌈 시연
5. 모시 맛 체험
4.모시 공예 체험
2. 길쌈 체험
1. 한산모시 교육
16

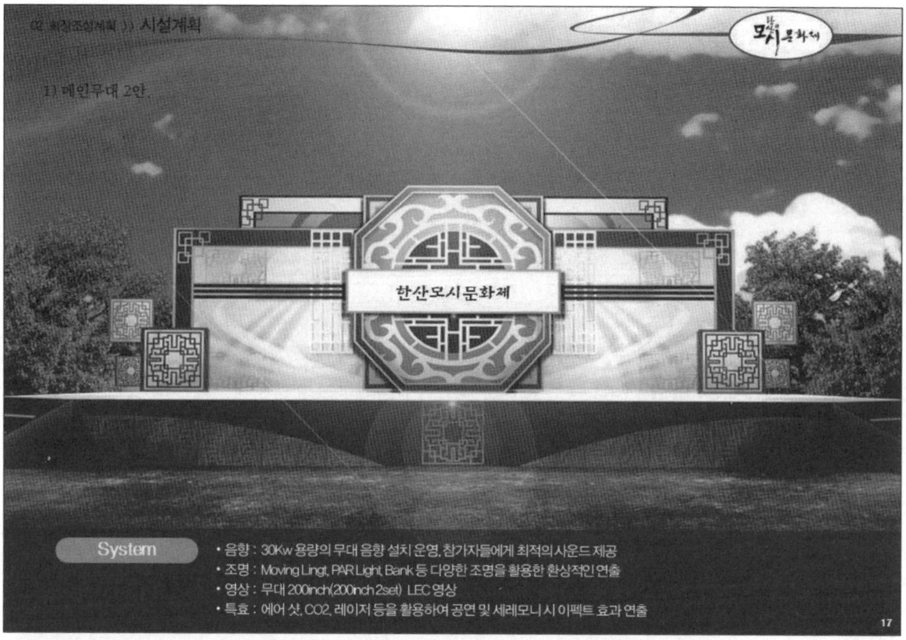
02 회장조성계획 〉〉 시설계획
1) 메인무대 2안.
한산모시문화제
System
• 음향 : 30Kw 용량의 무대 음향 설치 운영, 참가자들에게 최적의 사운드 제공
• 조명 : Moving Lingt, PAR Light, Bank 등 다양한 조명을 활용한 환상적인 연출
• 영상 : 무대 200inch(200inch 2set) LEC 영상
• 특효 : 에어 샷, CO2, 레이저 등을 활용하여 공연 및 세레모니 시 이펙트 효과 연출
17

02 회장조성계획 〉〉 시설계획
1) 메인무대 2안.
한산모시문화제
System
• 음향 : 300Kw 대용량의 무대 음향 설치 운영, 참가자들에게 최적의 사운드 제공
• 조명 : Moving Lingt, PAR Light, Bank 등 다양한 조명을 활용한 환상적인 연출
• 영상 : 무대 좌우 200inch LEC 를 통한 대형 영상 연출
• 특효 : 에어 샷, CO2, 레이저 등을 활용하여 공연 및 세레모니 시 이펙트 효과 연출
18

02 회장조성계획 >> 시설계획
2) 메인게이트
19

02 회장조성계획 >> 시설계획
3) 체험부스
20

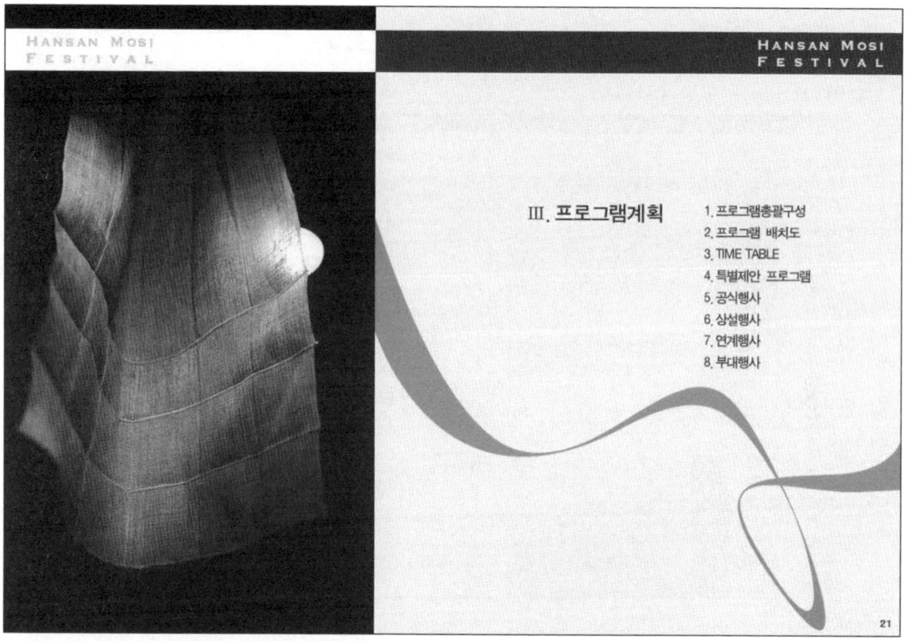
HANSAN MOSI FESTIVAL
HANSAN MOSI FESTIVAL
III. 프로그램계획
1. 프로그램총괄구성
2. 프로그램 배치도
3. TIME TABLE
4. 특별제안 프로그램
5. 공식행사
6. 상설행사
7. 연계행사
8. 부대행사
21

03 프로그램계획 〉〉 프로그램총괄구성
한산모시문화제
한산모시
Amenity Seocheon
꿈을 짜는 한산모시, 온누리에
모시로 즐기는 웰빙 체험, 모시로 느끼는 힐링 여행
공식행사
개막식
서천 탄생 600주년 페스티벌
폐막식
상설행사
무대 및 거리 공연
주제공연 및 문화공연
모시 패션쇼
시연 및 체험 / 전시
한산모시 길쌈 체험
한산모시 맛 체험
한산모시 가공 & 공예 체험
세계 천연재료 공예 시연
한산모시 게임
한산모시 게릴라 할인 이벤트
한산소곡주 담그기 체험
신성리 갈대 공예 체험
무형문화재 시연 및 체험
모시 허수아비 만들기 및 전시
연계행사
장옥정 드라마 연계
꼴갑축제 연계
서천 투어버스
부대행사
한산모시 맛 자랑 경연대회
한산모시 가요제
어린이 놀이터 등
※ 특별 제안 프로그램
모시힐링 캠프
모시 깃발 로드
22

03 프로그램계획 〉〉 TIMETABLE

1) DAY 1

		메인무대	안채	모시공원
10:00	10:30	길놀이 〈서림국악원〉		
10:30	11:00			
11:00	11:30	국악 아카펠라 〈토리'S〉	저산팔읍길쌈놀이	
11:30	12:00			
12:00	12:30			
12:30	13:00	주제공연 〈전통예술단 혼〉		한산 모시 OX퀴즈
13:00	13:30			
13:30	14:00			
14:00	14:30		유네스코 무형문화재 시연 〈남사당〉	
14:30	15:00			
15:00	15:30	이영희 모시 한복 패션쇼		모시 마당극
15:30	16:00	게릴라 할인 이벤트		
16:00	16:30		유네스코 무형문화재 시연 〈태껸〉	
16:30	17:00			한산 모시 OX퀴즈
17:00	17:30			
17:30	18:00	개막식: 식전행사	한산모시제 (장소: 모시각)	
18:00	18:30			
18:30	19:00	개막식: 공식행사		
19:00	19:30	개막식: 식후행사 〈KBS라디오 특별 공개방송〉		
19:30	20:00			
20:00	20:30			
20:30	21:00			

23

03 프로그램계획 〉〉 TIMETABLE

2) DAY 2

		메인무대	안채	모시공원
10:00	10:30	길놀이 〈동백국악원〉		
10:30	11:00			
11:00	11:30	국악 아카펠라 〈토리'S〉	저산팔읍길쌈놀이	
11:30	12:00			
12:00	12:30			
12:30	13:00	주제공연 〈전통예술단 혼〉		한산 모시 OX퀴즈
13:00	13:30			
13:30	14:00		이영희 모시 한복 패션쇼	
14:00	14:30		유네스코 무형문화재 시연 〈남사당 줄타기〉	
14:30	15:00			
15:00	15:30	정훈종 현대 모시 패션쇼		모시 마당극
15:30	16:00	게릴라 할인 이벤트		
16:00	16:30	세계민속공연	유네스코 무형문화재 시연 〈태껸〉	
16:30	17:00		지역 주민 패션쇼	한산 모시 OX퀴즈
17:00	17:30			
17:30	18:00	서천 600주년 페스티벌		
18:00	18:30			
18:30	19:00			
19:00	19:30			
19:30	20:00			
20:00	20:30			
20:30	21:00			

24

03 프로그램계획 〉〉 TIMETABLE

모시문화제

3) DAY 3

		메인무대	안채	모시공원
10:00	10:30		길놀이 〈서천국악센터〉	
10:30	11:00			
11:00	11:30		저산팔읍길쌈놀이	
11:30	12:00	한산모시 맛 자랑 경연대회		
12:00	12:30		노인건강체조〈후암리 경로회〉	
12:30	13:00			한산 모시 OX퀴즈
13:00	13:30		세계민속공연	
13:30	14:00		정훈종 현대 모시 패션쇼	
14:00	14:30		유네스코 무형문화재 시연 〈남사당 줄타기〉	
14:30	15:00			
15:00	15:30	이영희 모시 한복 패션쇼		모시 마당극
15:30	16:00	게릴라 할인 이벤트		
16:00	16:30	세계민속공연	유네스코 무형문화재 시연 〈태껸〉	
16:30	17:00		지역 주민 패션쇼	한산 모시 OX퀴즈
17:00	17:30			
17:30	18:00			
18:00	18:30	정훈종 현대 모시 패션쇼		
18:30	19:00	게릴라 할인 이벤트		
19:00	19:30		기타, 비트박스, 팝댄스 〈사운드박스〉	
19:30	20:00	IMPACT 아크로바틱 치어리딩 쇼		
20:00	20:30	어메니티 크루 댄스 퍼포먼스		
20:30	21:00	푸른 솔 밴드		

25

03 프로그램계획 〉〉 TIMETABLE

모시문화제

4) DAY 4

		메인무대	안채	모시공원
10:00	10:30		길놀이 〈장항풍물협회〉	
10:30	11:00			
11:00	11:30	어메니티크루 댄스 퍼포먼스	저산팔읍길쌈놀이	
11:30	12:00			
12:00	12:30			
12:30	13:00	세계민속공연		한산 모시 OX퀴즈
13:00	13:30		유네스코 무형문화재 시연 〈남사당 줄타기〉	
13:30	14:00	난타공연 〈서림국악원〉		
14:00	14:30	한산모시 가요제 결선		
14:30	15:00			
15:00	15:30		유네스코 무형문화재 시연 〈태껸〉	모시 마당극
15:30	16:00			
16:00	16:30	서음챔버오케스트라		
16:30	17:00			한산 모시 OX퀴즈
17:00	17:30	폐막식		
17:30	18:00			
18:00	18:30			

26

03 프로그램계획 >> **특별 제안 프로그램**

모시문화제

1) 제안사 특별 제안 프로그램 (※별도예산)

SPECIAL EVENT > 1 한산모시 힐링 캠프

➔ **한산 모시 향 맡으며 온 가족이 함께 즐기는 특별한 친환경 웰빙&힐링 캠핑**

- ·구) 성실 여중 폐교 교실을 활용하여 캠핑장 조성
- ·야간 가족영화 상영 / 레크리에이션 및 게임 진행 / 문화예술 공연 진행
- ·사전 홈페이지 및 전화 접수를 통해 캠핑 기회 제공 (신청 가족 수 : 주최 측과 협의)
- ·모든 캠핑 용품은 참가자가 준비

SPECIAL EVENT > 2 한산모시 소망 Flag Road

➔ **한산모시문화제 이슈화를 위한 사전 홍보성 전국단위 공모전**

- ·한산모시문화제 주제와 관련 된 시안 공모
- ·접수된 시안 중 심사를 통해 전시작 선정
- ·당선작은 한산 모시 깃발로 제작하여 충절로(한산모시관 ↔ 지현삼거리)에 전시
- ·당선자에게는 상금 또는 상품 제공 (주최측과 협의)

27

03 프로그램계획 >> **공식행사**

모시문화제

1) 개막식

CEREMONY EVENT > 1 꿈을 짜는 한산모시, 온누리에

➔ **한산모시의 부흥과 한산모시문화제의 성공개최 희망의 공유**

·일시 / 장소 : 2015. 6. 11 (목) 17:30~21:00 / 한산모시관 메인무대 (※한산 모시제는 모시각에서 진행)

식전행사 〉 ○ 1,500년의 한산모시 | 17:30 - 18:30

- 한산모시의 부흥과 문화제의 성공개최를 기원하는 한산모시제 (서천군수 등 VIP 참여)
- 한산모시의 우수성 홍보 및 임금님 진상 의식 교육 프로그램
- '서림국악원'의 길놀이 공연과 전통예술단 '혼'의 타악 퍼포먼스

공식행사 〉 ○ 씨줄과 날줄로 엮은 꿈 | 18:30 - 19:00

- 한산모시 홍보 영상 상영
- 국민의례
- 개막선언 및 개막 세레모니
- 환영사 등 주요인사 축사

❖ 개막 세레모니 모시풀 ABR부상

#1) 서천군수의 화분에 물주기
#2) 화분에서 ABR(대형공기조형물) 부상
#3) 장치연화 및 에어샷 연출

참고 이미지

식후행사 〉 ○ 모시의 꿈, 온누리에 | 19:00 - 21:00

- KBS 라디오 특별 공개방송
- 불꽃 놀이

28

03 프로그램계획 〉〉 공식행사

2) 서천 600년 기념 페스티벌

CEREMONY EVENT 〉2 서천 탄생 600년, 새로운 천년을 향해

➔ 행사 준비로 수고한 주민들의 노고에 보답하고 서천과 한산모시의 미래비전을 함께 공유하는 화합 한마당

· 일시 / 장소 : 2015. 6. 12 (금) 18:30~21:00 / 한산모시관 메인무대

식전 문화 공연 | 18:00~18:40

· 서천 문화예술단체

· 서천의 전문 공연팀 뿐만 아니라 아마추어 공연팀까지 다양하게 구성

공식행사 | 18:40~19:10

· 서천의 자연, 역사, 문화, 산업, 비전 등 영상 표출

· 서천군수 인사말 및 초청VIP연설

식후 문화공연 | 19:10~20:30

· 서천 문화예술단체 + 외부 초청 공연팀

범국민적 문화제로서의 위상 정립과 서천 홍보 효과 및 관람객의 행사 만족도 향상 기대

29

03 프로그램계획 〉〉 공식행사

3) 폐막식

CEREMONY EVENT 〉3 한산모시 미래를 품다

➔ 한산모시문화제의 성공적 개최를 축하하고 서천과 한산모시의 밝은 미래를 약속

· 일시 / 장소 : 2015. 6. 13 (토) 17:00~18:00 / 한산모시관 메인무대

식전 행사 | 17:00~17:20

· 폐막 영상

· 4일간의 한산모시문화제 스케치 영상

· 행사 참가자 및 방문객 인터뷰 영상

공식행사 | 17:20~18:00

· 결과 보고

· 각종 경연대회 시상식 및 각 분야 공로상 시상

· 폐회사

30

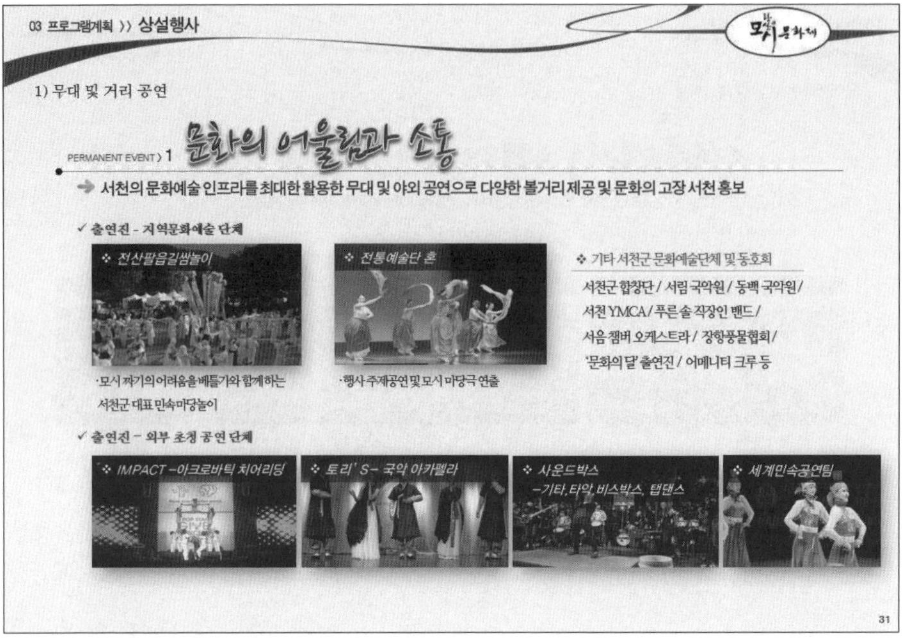
03 프로그램계획 〉〉 상설행사
모시문화제
1) 무대 및 거리 공연
PERMANENT EVENT 〉1 문화의 어울림과 소통
서천의 문화예술 인프라를 최대한 활용한 무대 및 야외 공연으로 다양한 볼거리 제공 및 문화의 고장 서천 홍보
✓ 출연진 - 지역문화예술 단체
❖ 전산팔읍길쌈놀이
❖ 전통예술단 혼
❖ 기타 서천군 문화예술단체 및 동호회
서천군 합창단 / 서림 국악원 / 동백 국악원 / 서천 YMCA / 푸른솔 직장인 밴드 / 서음 챔버 오케스트라 / 장항풍물협회 / '문화의 달' 출연진 / 어메니티 크루 등
·모시 짜기의 어려움을 베틀가와 함께하는 서천군 대표 민속마당놀이
·행사 주제공연 및 모시 마당극 연출
✓ 출연진 - 외부 초청 공연 단체
❖ IMPACT -아크로바틱 치어리딩
❖ 토리' S - 국악 아카펠라
❖ 사운드박스 -기타, 타악, 비스박스, 탭댄스
❖ 세계민속공연팀
31

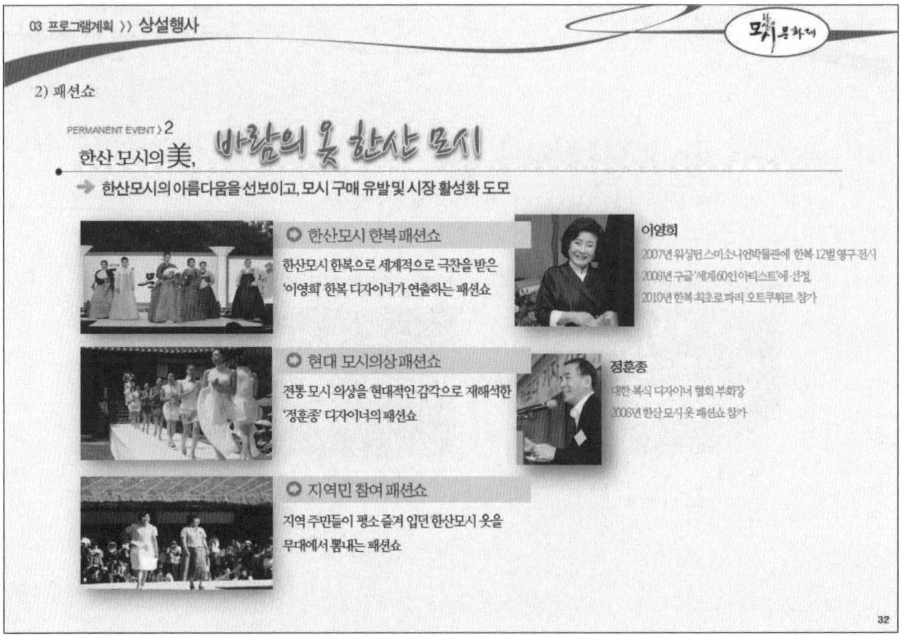
03 프로그램계획 〉〉 상설행사
모시문화제
2) 패션쇼
PERMANENT EVENT 〉2
한산 모시의 美, 바람의 옷 한산 모시
한산모시의 아름다움을 선보이고, 모시 구매 유발 및 시장 활성화 도모
한산모시 한복 패션쇼
한산모시 한복으로 세계적으로 극찬을 받은 '이영희' 한복 디자이너가 연출하는 패션쇼
이영희
2007년 워싱턴 스미소니언박물관에 한복 12벌 영구 전시
2008년 구글 '세계 60인 아티스트'에 선정,
2010년 한복 최초로 파리 오트쿠튀르 참가
현대 모시의상 패션쇼
전통 모시 의상을 현대적인 감각으로 재해석한 '정훈종' 디자이너의 패션쇼
정훈종
대한 복식 디자이너 협회 부회장
2008년 한산 모시 옷 패션쇼 참가
지역민 참여 패션쇼
지역 주민들이 평소 즐겨 입던 한산모시 옷을 무대에서 뽐내는 패션쇼
32

03 프로그램계획 〉〉 **상설행사**

모시문화제

3) 시연 및 체험행사

PERMANENT EVENT〉3

한산 모시의 味, 땅이 빚은 한산모시

➔ 모시로 만든 다양하고 독특한 웰빙 음식 체험 및 시식

모시떡 방앗간

떡 메치기와 모시 인절미, 모시 경단 빚기

모시 카페

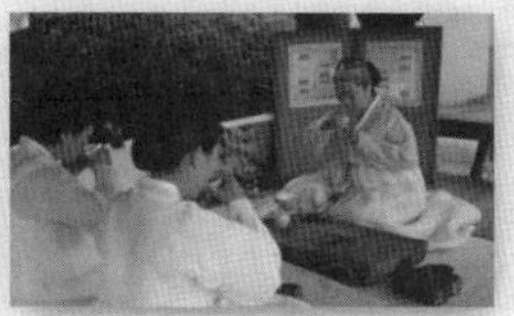

모시잎차와 모시 쿠키

모시주막

모시국수, 모시두부 및 기타 다양한 모시 음식

- 행사기간중 상시운영
- 지역 주민의 협조 하에 모시 음식을 마련하고 관람객들에게 무료 시식 진행
- 체험 가능한 음식은 체험의 기회를 제공
- 체험과 시식을 통해 관람객을 먹거리 장터로 유도하여 지역 판매수익으로 연결

33

03 프로그램계획 〉〉 **상설행사**

모시문화제

3) 시연 및 체험행사

PERMANENT EVENT〉4

명품 한산모시 교육과 체험 모여라! 모시 나라로!

➔ 흐름이 있는 체험 프로그램 보다 쉽고 정확하게 한산모시의 우수함을 전달

모시를 짜고

- 한산모시 길쌈 시연 및 체험
  - 모시풀벗기기 / 태모시 만들기 / 모시째기 / 모시삼기 / 모시짜기 / 길쌈 시연

모시 옷을 만들고

- 장인의 모시 베틀 시연 및 체험
  - 실제 베틀과 미니베틀 활용
- 모시 옷 입어보기

남은 모시로 소품 만들기

- 한산모시 아트 공예
  - 모시염색 / 모시접기 / 모시 허수아비 / 모시꽃 모시 탁본 / 모시잠자리 / 모시조각커튼 등

- 한산모시의 직조과정을 체험하고 그 일련의과정을 길쌈 시연을 통해 관람
- 자유 체험과 별도로 희망자에 한해 모시 길쌈과 가공과정을 순서별로 교육하며 체험하는 프로그램 진행
- 모시염색과 모시접기 및 모시 공예품 만들기를 함께 진행하여 모시의 특성을 이해할 수 있도록 함
- 체험 재료는 주최측에서 제공 / 교육, 시연은 지역 주민 협조와 진행요원 사전 교육을 통해 진행

34

03 프로그램계획 〉〉 상설행사

3) 시연 및 체험행사

PERMANENT EVENT〉5 모시 허수아비 만들기 및 전시

➜ 체험, 전시, 포토존, 전통시장 연계 등

- 허수아비 얼굴과 뼈대를 만들고 제공되는 모시 옷을 입힌 수 자신의 이름표를 달아 전시
- 한산모시관과 한산 전통시장에 별도 공간을 조성하여 허수아비 설치
- 관람객 포토 존으로 활용
- 주최 측 모시옷 제공 (일 한정량을 두어 체험 진행)

PERMANENT EVENT〉6 세계 천연재료 공예 시연 및 체험

➜ 모시 옷과 음식처럼 천연 재료를 활용한 세계 각 국의 공예품 시연과 체험

35

03 프로그램계획 〉〉 부대행사

3) 시연 및 체험행사

PERMANENT EVENT〉7 한산모시 깜짝 이벤트

➜ 불시에 진행되는 깜작 이벤트 과 퍼포먼스를 통해 행사 관람의 집중도 향상

황금모시를 찾아라

부스에 숨겨진 황금 리본이 부착 된 모시조각을 찾는 방문객에게 서천 특산물 구매 할인권 증정

한산 모시 OX 퀴즈

일 2회 안채에서 진행
한산모시에 대한 상식을 OX퀴즈로 풀어보고
최종 우승자에게는 기념품 증정

모시 옷 퍼포먼스

모시옷을 입은 진행요원이 행사장을 돌아다니며 방문객들과 다양한 포즈로 사진 촬영에 협조

한산모시 수매장

한산모시 게릴라 할인 이벤트, 일 1~2회 진행
메인무대와 한산 시장에서 각각 진행
할인 품목과 할인금액은 주최측과 협의 후 결정

PERMANENT EVENT〉8 어메니티 서천 체험

➜ 한산 소곡주와 신성리 갈대 등 서천의 또 다른 자랑거리 체험

한산 소곡주 체험

- 한산소곡주장(우희열)의 술 담그기 시연
- 덧술 빚기 시연 및 체험
- 술 거르기 체험

신성리 갈대 체험

갈대 공예품 전시 및 체험

36

03 프로그램계획 〉〉 부대행사

3) 시연 및 체험행사

PERMANENT EVENT〉9 무형문화재 시연 및 체험

➔ 서천군의 무형문화재와 한산모시와 함께 등재된 유네스코 문화재 시연

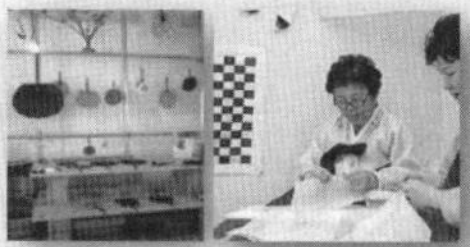

·부채장, 침선장, 대목장, 바디장 시연 및 체험

남사당 줄타기 놀이

태껸 시연

·한산 모시관과 한산전통시장을 오가며
한산모시와 함께 등재된 유네스코 무형문화재 시연

PERMANENT EVENT〉10 전통민속놀이 체험

➔ 친숙한 우리의 전통 민속 놀이 체험으로 한산 모시 문화제의 활력소를 더함

널뛰기

대형 윷놀이

투호

왕제기 차기

37

03 프로그램계획 〉〉 부대행사

1) 경연대회

SUBSIDIARY EVENT〉1 한산 모시 맛 자랑 경연대회

➔ 요리사들의 경연을 통해 새로운 모시음식 레시피 개발 및 모시 음식 산업의 저변 확대

일시	2015. 6. 13 (토) 11:30~14:00
장소	메인 무대
대상	25개 팀 (사전 접수 신청 후 선별)
운영	◆제안사 : 요리 대회를 위한 인력, 물자 및 시스템 제공 ◆주최측 : 참가 신청 접수 및 참가자 선정, 예선 진행, 수상자 선정 및 포상

SUBSIDIARY EVENT〉2 한산모시 가요제

➔ 행사 마지막 날, 지역주민과 방문객이 서로 어울리며 축제 분위기를 고조

일시	2015. 6. 14 (일) 14:00~16:00
장소	메인 무대
대상	본선 참가 20개 팀
운영	◆ 제안사 : 대회 진행을 위한 인력, 물자 및 시스템 제공 ◆ 주최측 : 사전 신청 접수, 예선 진행, 결선 심사위원 선정 수상자 선정 및 포상

38

03 프로그램계획 〉〉 연계행사

1) 관광지 연계

COUPLING EVENT 〉1 꼴갑축제 연계 모시 퍼포먼스

→ **제5회 꼴갑축제 관람객 대상 한산모시문화제 홍보**

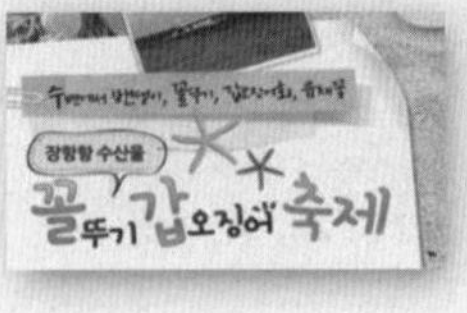

·일시 / 장소 : 2015.6.5(금) ~ 6.14(일) / 서천 장항읍 물양장 '꼴갑축제' 행사장 내

·꼴갑축제 행사장 내 한산모시문화제 홍보 부스 설치

– 브로슈어 비치 및 배포 / 한산 모시 옷 전시 등으로 행사 홍보효과 유발

·한산모시 옷 착용한 퍼포머들의 프래시몹 연출을 통한 관심 유도

COUPLING EVENT 〉2 서천 투어버스

→ **한산모시관, 서천의 주요 관광 · 명승지, 한산모시 당구 대회를 경유하는 순환 투어 버스 운영**

·한산공용터미널 ↔ 서천 주요 관광지(서천 체험마을 / 꼴갑축제 / 신성리 갈대밭 / 한산전통시장 / 당구대회 장 등) ↔ 한산모시관

·서천군 문화관광 해설사 동승 및 안내

·경유 관광지 내 한산모시문화제 홍보안내 사인물 설치

·45인승 버스 3대 (주최 측 제공)

39

03 프로그램계획 〉〉 연계행사

2) 드라마 연계

COUPLING EVENT 〉3 조선 패션 디자이너 '장옥정'

→ **서천군의 SBS드라마 〈장옥정〉 제작 지원에 따른 한산모시문화제 연계 프로그램**

·서천군의 제작지원 방식에 따라 프로그램 구성

출연진 의상 및 소품 지원 시

→ 행사장 내 의상, 소품 전시

한산 모시관 내 촬영 시

→ 드라마 촬영지 안내 사인물 및 등장인물 폼보드 설치

서천군 관내 촬영지 협조 시

→ '서천 투어버스' 드라마 촬영장 경유 및 촬영지 내 안내 사인물과 등장인물 폼보드 설치

40

HANSAN MOSI FESTIVAL

HANSAN MOSI FESTIVAL

IV. 운영계획

한산 모시

41

04 운영계획 >> 홍보계획

"매체 활용을 통한 노출 극대화 및 적극적인 홍보를 통한 효과적 홍보"

짧은 행사 준비기간을 고려한 직접적이고 적극적인 광고, 홍보를 통한 홍보 집중
제안社 및 협력 네트워크를 통한 예산 절감과 안정적인 광고 시너지 창출

지역 내 공중파/케이블SO (SPOT, ID광고)

매체 광고를 통한 노출 극대화 / 200여 회

- 제안社의전국권공중파네트워크를 통한 체계적인노출
- CJ헬로비전을통한광역권케이블을통한전략적노출

1. 공중파 방송을 통한 SPOT 광고 진행 (라디오)
2. 시청률 높은 케이블 10대 프로그램을 통한 스팟 및 스크롤 광고 진행
3. 수도권 지하철 내부 Screen LCD 광고 송출 / 15일간 2,040개 모니터 지원 (하루 100여 회 반복 노출)
4. 온라인 협력매체들과의 네트워크 및 Tving 콘텐츠 런칭으로 언론 및 뉴미디어 바이럴 확장
5. 전, 중, 후의 취재를 통한 뉴스 보도 Release

게릴라 프로모션

찾아가는 직접적인 홍보

- 짧은 행사 준비 기간을 고려한 직접적인 오프라인홍보
- 도내 주요 거점지역을 통한분위기조성 및 함께 즐기는 축제화 아이템

1. 유동인구가 많은 지역을 중심으로 한 게릴라 프로모션

>> 운영 계획
- 서천 군민이 함께 참여 하여 어울리는 화합의 장 마련
- 한산모시문화제안내 및 리플릿 배부를 통한 방문 유도

>> 캠페인 소문내기
- 캠페인 진행 ▶ 동영상 촬영 및 편집 ▶ 유투브 업로드 ▶ 바이럴 마케팅 ▶ 한산모시문화제 Boom 조성

42

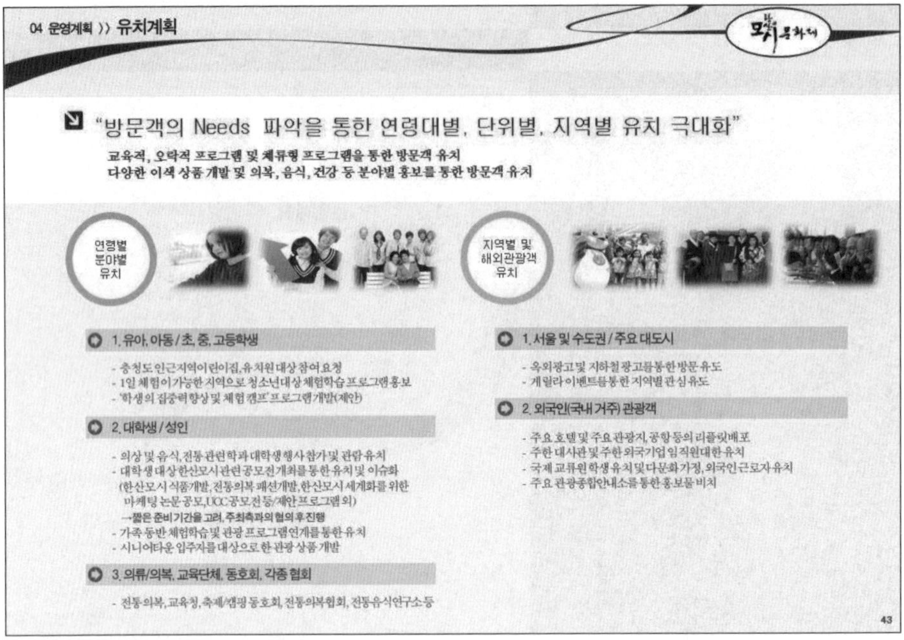
04 운영계획 〉〉 유치계획
한산모시문화제
"방문객의 Needs 파악을 통한 연령대별, 단위별, 지역별 유치 극대화"
교육적, 오락적 프로그램 및 체류형 프로그램을 통한 방문객 유치
다양한 이색 상품 개발 및 의복, 음식, 건강 등 분야별 홍보를 통한 방문객 유치
연령별 분야별 유치
지역별 및 해외관광객 유치
1. 유아, 아동 / 초, 중, 고등학생
- 충청도 인근지역 어린이집, 유치원 대상 참여 요청
- 1일 체험이 가능한 지역으로 청소년대상 체험학습 프로그램 홍보
- '학생의 집중력 향상 및 체험 캠프' 프로그램 개발(제안)
2. 대학생 / 성인
- 의상 및 음식, 전통 관련학과 대학생 행사 참가 및 관람 유치
- 대학생 대상 한산모시 관련 공모전 개최를 통한 유치 및 이슈화
(한산모시 식품개발, 전통의복 패션개발, 한산모시 세계화를 위한 마케팅 논문 공모, UCC공모전 등/제안 프로그램 외)
→짧은 준비기간을 고려, 주최측과의 협의 후 진행
- 가족 동반 체험학습 및 관광 프로그램 연계를 통한 유치
- 시니어타운 입주자를 대상으로 한 관광 상품 개발
3. 의류/의복, 교육단체, 동호회, 각종 협회
- 전통의복, 교육청, 축제/캠핑 동호회, 전통의복협회, 전통음식연구소 등
1. 서울 및 수도권 / 주요 대도시
- 옥외광고 및 지하철 광고를 통한 방문 유도
- 게릴라 이벤트를 통한 지역별 관심 유도
2. 외국인(국내 거주) 관광객
- 주요 호텔 및 주요 관광지, 공항 등의 리플릿 배포
- 주한 대사관 및 주한 외국기업 임직원 대한 유치
- 국제 교류원 학생 유치 및 다문화 가정, 외국인 근로자 유치
- 주요 관광종합안내소를 통한 홍보물 비치
43

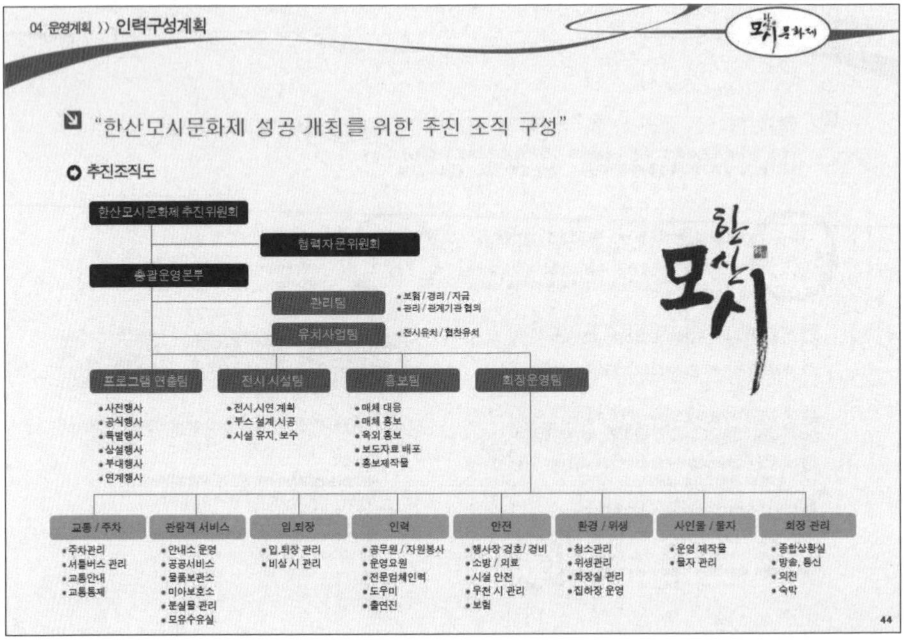
04 운영계획 〉〉 인력구성계획
한산모시문화제
"한산모시문화제 성공 개최를 위한 추진 조직 구성"
추진조직도
한산모시문화제 추진위원회
협력자문위원회
총괄운영본부
관리팀
• 보험 / 경리 / 자금
• 관리 / 관계기관 협의
유치사업팀
• 전시유치 / 협찬유치
프로그램 연출팀
• 사전행사
• 공식행사
• 특별행사
• 상설행사
• 부대행사
• 연계행사
전시 시설팀
• 전시.시연 계획
• 부스 설계.시공
• 시설 유지, 보수
홍보팀
• 매체 대응
• 매체 홍보
• 옥외 홍보
• 보도자료 배포
• 홍보제작물
회장운영팀
교통 / 주차
• 주차관리
• 셔틀버스 관리
• 교통안내
• 교통통제
관람객 서비스
• 안내소 운영
• 공공서비스
• 물품보관소
• 미아보호소
• 분실물 관리
• 모유수유실
입.퇴장
• 입.퇴장 관리
• 비상 시 관리
인력
• 공무원 / 자원봉사
• 운영요원
• 전문업체인력
• 도우미
• 출연진
안전
• 행사장 경호/ 경비
• 소방 / 의료
• 시설 안전
• 우천 시 관리
• 보험
환경 / 위생
• 청소관리
• 위생관리
• 화장실 관리
• 집하장 운영
사인물 / 물자
• 운영 제작물
• 물자 관리
회장 관리
• 종합상황실
• 방송, 통신
• 의전
• 숙박
한산모시
44

04 운영계획 〉〉 **교통계획**

"주최측과 유관기관과의 전략적 교통대책 수립을 통한 안정적 운영"

휴일 및 주말의 관람객 집중을 고려한 주차장 확보 및 셔틀버스 증대 운행
안내 사이니지 및 안내 인력 배치를 통한 쾌적한 교통 환경 마련

서천군 도로 현황

서천군 도로 현황 파악을 통한 교통체계 마련 / 교통 혼잡에 따른 우회도로 동선 확보 및 임시 주차장 마련을 통한 셔틀버스 운영

동서천 IC 1

- 관람객 메인 이용 도로
- 서해안고속도로 이용, 동서천 IC 진출
- 장산로, 충절로 이용 주, 부 행사장 출입

동서천 IC 1

- 천안, 공주, 충남권 이용 도로
- 서천공주간 고속도로 이용, 동서천 IC 진출
- 장산로, 충정로 이용 주, 부 행사장 출입

서천 IC

- 서울, 수도권 차량 이용
- 서천 IC 진입 후 4번 국도 이용
- 충정로 이용 주,부 행사장 출입
- 동서천 IC 혼잡 시 우회 도로
- IC 인근 셔틀버스 운영

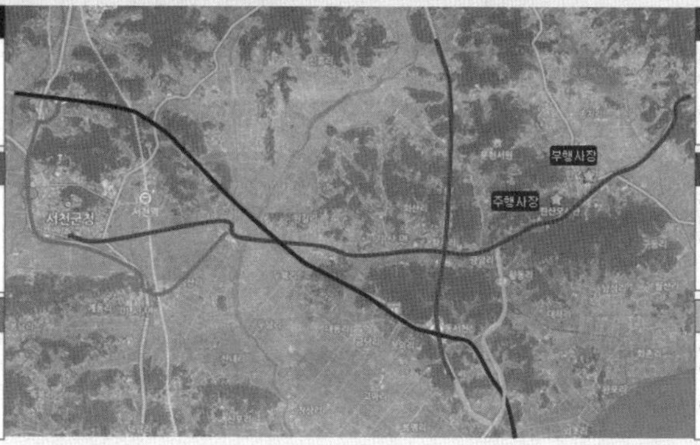

충정로 1

- 서천군 내 메인 이용 도로
- 대중교통 이용 시 메인도로 (시외버스 터미널, 서천역)
- 대중교통 주요지점 및 서천

충절로 2

- 대전, 논산, 경상권 차량 이용
- 한산공용터미널 이용
- 메인 주차장 활용 차량 주차

장산로

- 동서천 IC이용 차량 이용 도로
- 차량 유입량에 따라 행사장 및 임시주차장으로 분산 유도
- 단체버스 차량은 메인 주차장 출입

45

04 운영계획 〉〉 **교통계획**

"신속, 정확하고 안정된 교통 관리체계의 서비스 구축"

안전을 최우선으로 한 교통 체계 마련 및 유관기관의 전방위적 협의체계 구축
충남전세버스조합을 통한 관광 시기의 셔틀 버스 확보 및 셔틀버스 증편 운영

셔틀버스 운영

각 임시주차장 및 주요 거점에서 행사장 간 셔틀버스 운영
셔틀버스는 주행사장으로 이동되며 주, 부 행사장 간 이동은 순환버스 운영

1. 임시 주차장

- 서천초등학교, 동강중학교, 가산초등학교, 한산초등학교 등
- 사전 교육청 및 군청의 협의를 통한 주차 공간 확보
- 20분 간격 최소로 하여 상황을 고려한 차량 운영 / 상황에 따른 증편

2. 주요 거점

- 서천역, 서천터미널, 장항버스정류장 등
- 사전 각 유관 기관별 협의를 통한 차량 운영 방안 마련
- 30분 간격을 최소로 하여 상황을 고려한 차량 운영 / 상황에 따른 증편

순환버스 운영

주, 부 행사장 간 순환버스 운영
승하차를 위한 SAFE ZONE 마련으로 관람객 안전 고려

1. 순환버스

- 25인승 미니버스를 활용한 순환버스 운영
- 순환버스는 노약자 및 장애인을 우선으로 운행
- 1대당 별 15분 간격으로 운영되며 주, 부 행사장 간 도보 이동을 유도

2. 승하차장

- 주 행사장 : 단체버스주차장 (전년도 먹거리장터 부지)
- 부 행사장 : 한산119안전센터 (메인 주차장)

3. SAFE ZONE : 관람객 안전 공간 확보 및 버스 대기 공간

46

04 운영계획 〉〉 제작물계획
▶ 리플릿
2013
한산모시
문화제
▶ 지면광고
2013
한산모시
문화제
2013 제24회
한산모시문화제
2013.6.6~6.9 (4일간)
▶ 포스터 패턴
2013
한산모시
문화제
ramie fabric
2013.6.6~6.9 (4일간)
▶ 초청장
2013
한산모시 문화제
INVITATION
▶ 현수막 / 육교현판
2013 제24회 한산모시문화제
2013.06.06~06.09 /4일간
2013 제24회 한산모시문화제
2013.06.06~06.09 /4일간
47

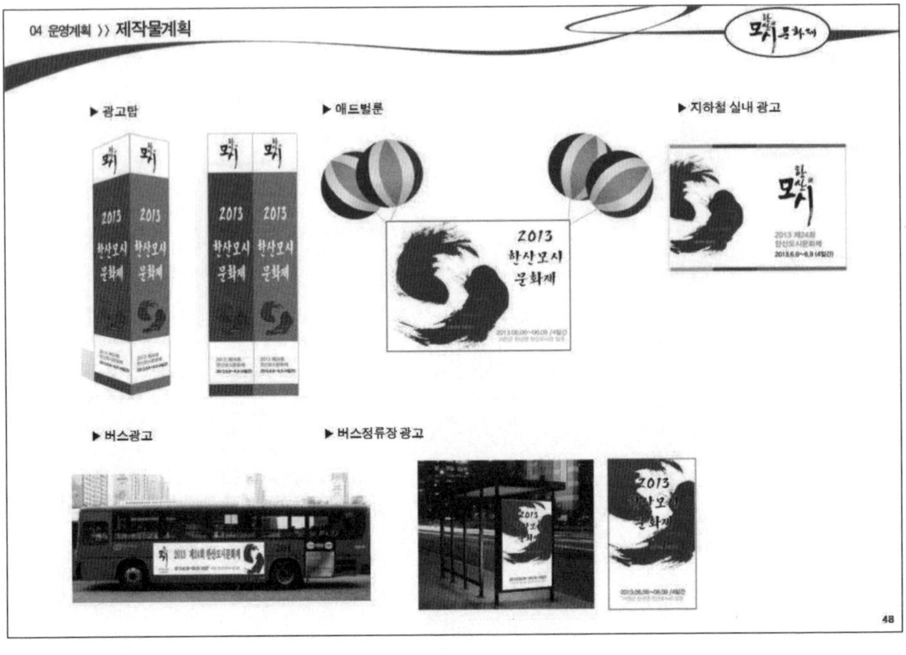
04 운영계획 〉〉 제작물계획
▶ 광고탑
2013
한산모시
문화제
▶ 애드벌룬
2013
한산모시
문화제
▶ 지하철 실내 광고
2013 제24회
한산모시문화제
▶ 버스광고
▶ 버스정류장 광고
2013
한산모시
문화제
48

04 운영계획 〉〉 **제작물계획**

▶ 종합안내도

▶ 가로등 배너

▶ 안내보드

▶ 안내배너

49

04 운영계획 〉〉 **관람객서비스계획**

관람객/운영자서비스시설

구분	업무내용	수량	운영 인력		비고
			Post인원	총인원	
안내소	- 행사 관련된 모든 정보를 제공할 수 있는 서비스의 중추로, 관람객들의 이용편의를 위해 설치 - 관람객 방문 시, 응대하고 요청사항을 처리하고 안내소 운영일지에 안내상황을 기록하는 Process로 운영	3개소	3인	9인	- 물자 공급은 대행사에서 진행 - 자원봉사자 활용 (인력 수급 및 운영은 서천군 별도 진행)
일반진료소	- 대회장 내 관람객의 안전 사고로 인한 부상자와 환자 발생 시 신속한 진료와 치료 진행 - 응급 상황에 대한 신속 대처를 위한 진료소 운영	1개소	2인	2인	- 서천군 보건소 병원 및 보건소 활용
미아보호소	- 아동 동반 관람객에게 미아 발생 및 관리에 대한 사전 안내 및 고지 - 미아의 심리 안정을 위한 분위기 조성 및 놀이기구 비치	1개소	2인	2인	- 물자 공급은 대행사에서 진행 - 자원봉사자 활용
물품대여소	- 장애인 및 노약자를 위한 휠체어 대여 - 유아를 위한 유모차 대여	1개소	2인	2인	- 물자 공급은 대행사에서 진행 - 자원봉사자 활용
간이쉼터	- 관람객 편의를 위한 쉼터 공간 마련	2개소	2인	4인	- 물자 공급은 대행사에서 진행 - 자원봉사자 활용
경비 초소	- 입퇴장 인력 및 차량 관리, 통제 - 주, 야간 경호 및 경비 근무 운영	3개소	2인	6인	- 대행사에서 인력 수급 및 관리 운영
운영자쉼터	- 운영자, 현장 공무원 및 자원봉사자 쉼터 운영 - 행사 기간 쉼터 공간으로 활용	3개소	2인	6인	- 물자 공급은 대행사에서 진행 - 자원봉사자 활용
화장실	- 많은 사람들이 이용하는 점을 고려하여 수시 청소 및 상태점검 - 여성관람객을 위한 여성전용 화장실 추가 설치 제안	3개소	2인	6인	- 물자 공급은 대행사에서 진행

50

04 운영계획 〉〉 **비상시대처계획**

"사전 시뮬레이션을 통해 발생될 수 있는 위기상황의 분석적, 과학적 예측"

예방책 및 대응 전략을 매뉴얼화하여 운영인력의 철저한 교육 진행
관련 유관기관등과의 비상 연락체계 구축, 발생 리스크의 최대한 감소기대

안전관리 기본 방침

위기상황	예방책	발생 시 대응 방안
화재	• 소화기 위치 확인 및 화재 요소 수시 확인 • 한산119 안전센터 및 인근 소방서 연락처 확보 • 누전 및 정전 대비 전력 사전 체크	• 소화기 등 응급 조치 • 참관객 대피를 위한 비상구 안내 등 전관 방송 실시 • 화재가 커질 시 소방서 긴급 연락
안전사고	• 추가 질서 요원 투입 • 주요동선과 혼잡동선 계획 수립	• 진행요원/도우미 인력 이동 • 환자 발생 시 응급 처치, 후송체계를 확보하여 조속히 대처
응급환자 발생	• 서천군 보건소 및 참사랑병원 의료실과 연락망 구축 • 응급 병원 비상연락 체제 구축	• 경상자 발생 시 전시관내 주최사 사무실에 응급 연락, 응급처방 • 중상자 발생 시 구급차 등으로 병원 이송 • 주최측 책임발생 시 즉각 보상 조치 등
시설물 파손	• 시공업체 및 시설팀과 비상연락체제 구축	• 시설 팀 긴급 투입, 보수 • 파손 정도에 따라 Booth에서 신속조치 및 관람 제한
운영인력 결근	• 여유 인력 확보 • 비상연락망 확보 • 출퇴근 인원 체크 철저	• 개인확인 후 결근 확실 시 여유 인력 즉시 투입 • 사전 교육 철저
경호 및 경비	• 돌발사고로부터 관람객의 안전 보호 관리 (안전 사고 방지) • 주,야간 경비 인력 순찰 및 시설 관리 • 질서 유지 및 범죄 예방 등에 안전를 기함 • 경찰과의 긴밀한 협조 관계를 구축	• 지원 가능한 통신장비를 활용하여 경비업무의 효율화를 기하고 긴급 상황에 신속한 대처
보험	• 한산모시문화제 행사에 따른 위험 발생 대비 보험 가입 • 운영인력, 출연진, 연출인력 등 투입되는 모든 인력에 대한 상해 보험과 제 3자 영업배상 책임보험, 화재보험 등 가입	• 주최측 및 대행사와 보험사 간, 절차에 따른 보험 처리 • 담보 내용 및 보상 한도에 따른 집행

51

04 운영계획 〉〉 **우천시계획**

"우천으로 인한 관람객의 불편 최소화 및 원활한 운영"

운영 인력 및 관람객에 우의를 제공하며, VIP 참여에 따른 우산 및 대기 공간 마련
우천에 피해를 줄 수 있는 모시 제품 및 패션쇼 등에 대비한 시설 설치 및 마감재 확보 비치

최근 4년간 강우량 조사

6월	최종 리허설	개회식	행사 기간 (2013. 06. 06 ~ 09)		폐회식	비고
	5일	6일	7일	8일	9일	
2012년	18.8 25.8 0mm	18.3 24 0mm	17.7 25.3 0mm	17.2 22.9 21mm	17.1 23.3 0mm	최저기온 최고기온 강수량
2011년	14.8 23.8 0mm	13.2 24.6 0mm	13.3 22.9 0mm	14.5 24.8 0mm	17.2 21.6 0mm	〃
2010년	14.4 26.8 0mm	16 30.4 11mm	17.1 28.6 0mm	16.1 28.6 0mm	16 28.6 0mm	〃
2009년	13.7 26.7 0mm	14.2 23.9 0mm	14 22.1 0mm	14.8 23.3 0mm	18.1 26 3mm	〃

자료출처 : 기상청 / 보령 유인관측 기상대

최근 4년간 강우량 조사

- **조사범위** : 2009년 ~ 2012년 (4년간)
- **분석**
  - 2011년을 제외 한 행사 중 1일 우천
  - 강수량은 적으나 만약의 우천에 따른 현실적인 강수대책이 필요
- **우천시 대처 계획**
  - 사전 일기예보 수시 확인을 통한 우천대비
  - 갑작스런 우천시
    : 참석 VIP는 의전팀 별도대피 및 대응
    : 행사Staff 준비된 우비 착용
    : 관람객에게 입장 전 우비 배포
  - 우천을 대비한 전력선 및 System 라인 방수 마감작업을 통한 사고 예방

52

04 운영계획 〉〉 **추진계획**

"각 부분별 체크리스트를 통한 추진일정 계획 수립으로 완성도 극대화"

효율적인 일정 운영으로 업무 추진의 가시화 및 체계화 준수
행사 전 1개월 간의 현장 상주를 통한 업무 진행 및 업무 추진 가속화 진행

구분 (월 별 / 주 차)		3월			4월				5월				6월			
		2주차	3주차	4주차	1주차	2주차	3주차	4주차	1주차	2주차	3주차	4주차	1주차	6일 ~ 9일	3주차	4주차
기본계획&실시설계		제안평가 및 대행사 선정			기본계획 수립		검토/보완/계약							한산모시문화제		
회장 연출	디자인				디자인 수정		디자인 확정									
	회장시설 (건축포함)				회장 여건 분석						시설 공사/완료		시험가동			
연출 계획					실행계획 수립		세부구성/섭외		프로그램 확정		시나리오작업		리허설			
전시/시연 계획					실행계획 수립		세부구성/배치		프로그램 확정		배치계획 확정		리허설			
체험 계획					실행계획 수립		세부구성/섭외		프로그램 확정		배치계획 확정		리허설			
홍보계획					실행계획 수립		단계별 홍보 진행 / 사전 광고 병행 및 행사 중 홍보(광고) 진행									
운영계획							실행계획 수립		조직 운영 / 인력 선발 및 교육				리허설			
행정 지원	추진조직								대행사 현장 상주 및 실행체제				리허설			
	기 타			서천군 보고 및 업무 협의					유관기관 협조 요청 및 기관별 협의						결과보고 및 정산	

53

■ 부록 2 연천구석기축제 제안서

연천 전곡리 구석기축제

2013

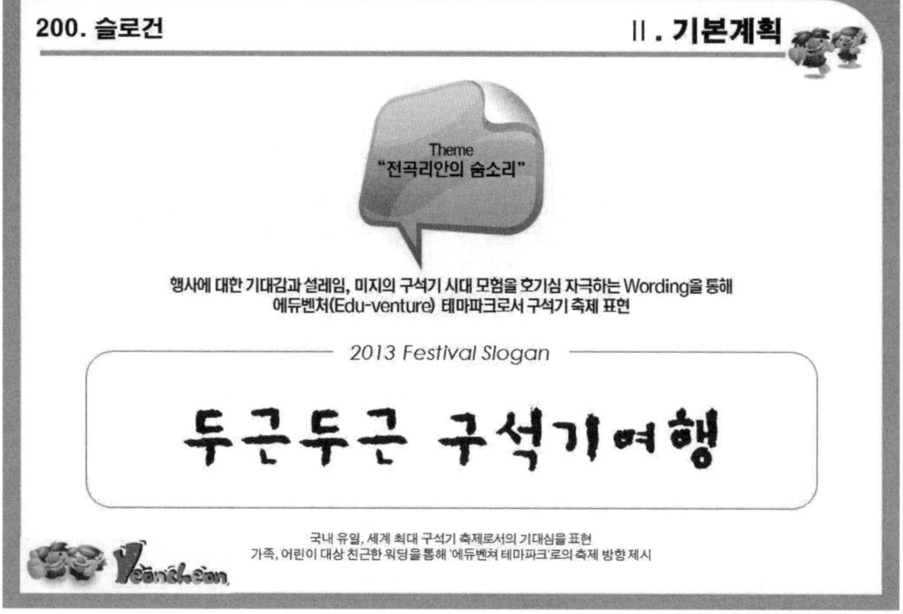
200. 슬로건
Ⅱ. 기본계획
Theme
"전곡리안의 숨소리"
행사에 대한 기대감과 설레임, 미지의 구석기 시대 모험을 호기심 자극하는 Wording을 통해
에듀벤처(Edu-venture) 테마파크로서 구석기 축제 표현
2013 Festival Slogan
두근두근 구석기여행
국내 유일, 세계 최대 구석기 축제로서의 기대심을 표현
가족, 어린이 대상 친근한 워딩을 통해 '에듀벤쳐 테마파크'로의 축제 방향 제시
Yeoncheon

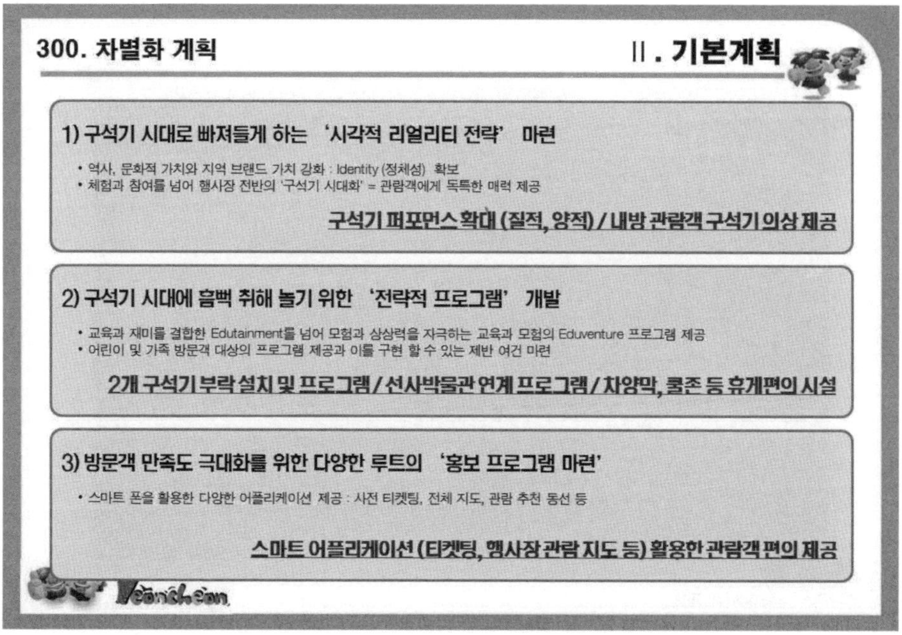
300. 차별화 계획
Ⅱ. 기본계획
1) 구석기 시대로 빠져들게 하는 '시각적 리얼리티 전략' 마련
• 역사, 문화적 가치와 지역 브랜드 가치 강화 : Identity (정체성) 확보
• 체험과 참여를 넘어 행사장 전반의 '구석기 시대화' = 관람객에게 독특한 매력 제공
구석기 퍼포먼스 확대 (질적, 양적) / 내방 관람객 구석기 의상 제공
2) 구석기 시대에 흠뻑 취해 놀기 위한 '전략적 프로그램' 개발
• 교육과 재미를 결합한 Edutainment를 넘어 모험과 상상력을 자극하는 교육과 모험의 Eduventure 프로그램 제공
• 어린이 및 가족 방문객 대상의 프로그램 제공과 이를 구현 할 수 있는 제반 여건 마련
2개 구석기 부락 설치 및 프로그램 / 선사박물관 연계 프로그램 / 차양막, 쿨존 등 휴게편의 시설
3) 방문객 만족도 극대화를 위한 다양한 루트의 '홍보 프로그램 마련'
• 스마트 폰을 활용한 다양한 어플리케이션 제공 : 사전 티켓팅, 전체 지도, 관람 추천 동선 등
스마트 어플리케이션 (티켓팅, 행사장 관람 지도 등) 활용한 관람객 편의 제공
Yeoncheon

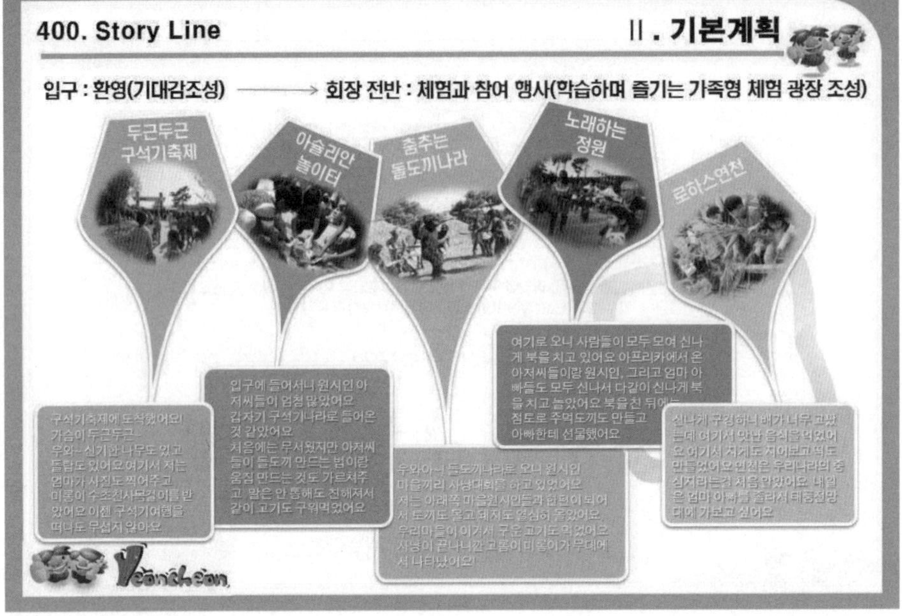
400. Story Line
II. 기본계획
입구 : 환영(기대감조성) → 회장 전반 : 체험과 참여 행사(학습하며 즐기는 가족형 체험 광장 조성)
두근두근 구석기축제
아슐리안 놀이터
춤추는 돌도끼나라
노래하는 정원
로하스연천
구석기축제에 도착했어요! 가슴이 두근두근~ 우와~신기한 나무도 있고 돌탑도 있어요 여기서 저는 엄마가 사진도 찍어주고 미롱이 수조친사목걸이를 받았어요 이젠 구석기여행을 떠나도 무섭지 않아요
입구에 들어서니 원시인 아저씨들이 엄청 많았어요 갑자기 구석기나라로 들어온 것 같았어요 처음에는 무서웠지만 아저씨들이 돌도끼 만드는 법이랑 움집 만드는 것도 가르쳐주고 말은 안 통해도 친해져서 같이 고기도 구워먹었어요
우와아~ 돌도끼나라로 오니 원시인 마을끼리 사냥대회를 하고 있었어요 저는 아래쪽 마을원시인들과 한편이 되어서 토끼도 몰고 돼지도 열심히 몰았어요. 우리마을이 이겨서 구운 고기도 먹었어요 사냥이 끝나니깐 고롱이 미롱이가 무대에서 나타났어요!
여기로 오니 사람들이 모두 모여 신나게 북을 치고 있어요 아프리카에서 온 아저씨들이랑 원시인, 그리고 엄마 아빠들도 모두 신나서 다같이 신나게 북을 치고 놀았어요 북을 친 뒤에는 점토로 주먹도끼도 만들고 아빠한테 선물했어요
신나게 구경하니 배가 너무 고팠는데 여기서 맛난 음식을 먹었어요 여기서 지게도 지어보고 떡도 만들었어요 연천은 우리나라의 중심지라는걸 처음 알았어요 내일은 엄마 아빠를 졸라서 태풍전망대에 가보고 싶어요
Yeoncheon

500. Site Plan
II. 기본계획
노래하는 정원
춤추는 돌도끼 나라
로하스 연천
아슐리안 놀이터
두근두근 마당
Yeoncheon

100. 프로그램 구성도

Ⅲ. 프로그램

110) 총괄 구성도

	두근두근 마당	아슬리안 놀이터	춤추는 돌도끼 나라	노래하는 정원	로하스 연천	부대행사
	참여	체험/학습	공식/공연/방송 연계	놀이/가족	연천홍보/체험/판매	참여/관광/특별행사
Image						
Contents	•고롱이 수호천사 캠페인 •버리버리의 마법의 나무 •전곡리안 돌탑 쌓기 •크로마킹 촬영	•뚝딱 뚝딱 구석기 공작소 뚝딱뚝딱 구석기만들기 아슐리안 디자이너 우리가족 움집만들기 •우가우가! 구석기 생활 우가우가! 사냥터 나는야 구석기 요리왕 •돌도끼 소망나무	•개막식 •라디오 공개방송 •EBS 딩동댕 공개방송 • 폐막식 •주제공연 (타악, 구석기 퍼포먼스) •7080 콘서트 •한미 합동 군악 연주회 •해외 민속 공연 •어린이 창작 뮤지컬 •인형극 •마술쇼 •경기도립무용단 공연 •돌도끼 소망나무	• 둥둥둥 정원 모두모두 타악퍼포먼스 구석기 가족운동회 • 조물락 정원 점토로 만든 아슐리안 • 별자리 정원 구석기 별자리여행 원시인점성술사	•연천문화특별전 •농촌녹색마을체험 •연천군관광투어 •판매점 •편지 타임캡슐 •연천 문화공연	• 구석기 도서관 • 구석기1박2일 • 부족 사냥대회 • 원시 삐에로 • 플래쉬몹 캐릭터쇼 • 고롱이 미롱이와 함께 • 캐리커쳐 • 페이스페인팅 • 글짓기/그림그리기 • 편지 타임캡슐 • 선사체험국제교류전

Yeoncheon

100. 프로그램 구성도

Ⅲ. 프로그램

120) Time Schedule

구분		5월 4일(수)	5월 5일(목)	5월 6일(금)	5월 7일(토)	5월 8일(일)
10:00~11:00			버리버리 매직쇼	버리버리 매직쇼		
11:00~12:00		버리버리 매직쇼	관람객레크리에이션	고롱이 미롱이의 영원한 불을 찾아서	버리버리 매직쇼	
12:00~13:00		부족간 사냥대회	부족간 사냥대회	부족간 사냥대회	부족간 사냥대회	부족간 사냥대회
13:00~14:00		관람객레크리에이션	아프리카 타악그룹 쿰바야	고롱이 미롱이의 영원한 불을 찾아서	관람객레크리에이션	고롱이 미롱이의 영원한 불을 찾아서
14:00~15:00			고롱이 미롱이의 영원한 불을 찾아서	아프리카 타악그룹 쿰바야		관람객레크리에이션
15:00~16:00		부족간 사냥대회	부족간 사냥대회	관람객레크리에이션	고롱이 미롱이의 영원한 불을 찾아서	
16:00~17:00		연천 여성합창단	경기도립무용단	부족간 사냥대회	부족간 사냥대회	부족간 사냥대회
17:00~18:00		연천하모니 관현악	두드리카와두드리자		연천하모니 관현악	지역가수 공연
18:00~19:00			개막식 KBS라디오 공개방송	한미합동군악연주회		7090 콘서트
19:00~20:00					전곡리안, 어둠속의 두드림	전곡리안, 어둠속의 두드림
20:00~21:00			축하 불꽃 쇼	전곡리안, 어둠속의 두드림		축하불꽃 쇼
상설프로그램	두근두근 마당	- 고롱수호천사캠페인, 버리버리의 마법의 나무, 전곡리안 돌탑쌓기				
	아슐리안 놀이터	- 뚝딱뚝딱 구석기 만들기, 아슐리안 디자이너, 우리가족 움집만들기, 나는야 구석기 요리왕				
	춤추는 돌도끼 나라	- 우가우가!사냥터, 우가우가 물고기 잡기, 돌도끼 소망나무				
	노래하는 정원	-모두모두타악난장, 점토로 만든 아슐리안, -구석기다이어트				
	로하스 연천	- 연천문화특별전, 농촌녹색마을 체험, 판매점, 연천문화공연				
	부대행사	구석기도서관, 구석기1박2일, 캐리커쳐, 페이스페인팅, 글짓기/그림 그리기, 선사체험 국제교류전				

Yeoncheon

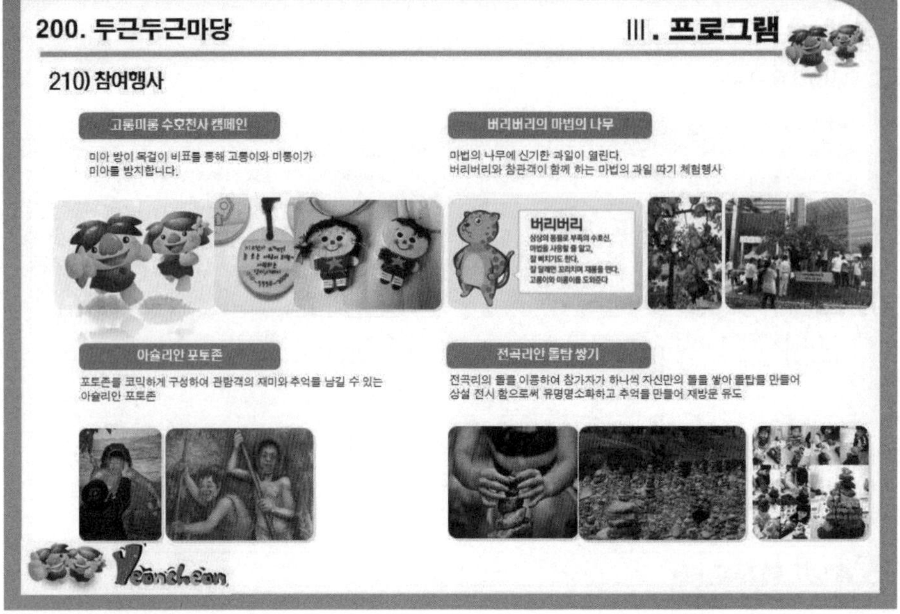
200. 두근두근마당
Ⅲ. 프로그램
210) 참여행사
고롱미롱 수호천사 캠페인
미아 방이 목걸이 비표를 통해 고롱이와 미롱이가
미아를 방지합니다.
버리버리의 마법의 나무
마법의 나무에 신기한 과일이 열린다.
버리버리와 참관객이 함께 하는 마법의 과일 따기 체험행사
버리버리
아슐리안 포토존
포토존를 코믹하게 구성하여 관람객의 재미와 추억를 남길 수 있는
아슐리안 포토존
전곡리안 돌탑 쌓기
전곡리의 돌를 이용하여 참가자가 하나씩 자신만의 돌을 쌓아 돌탑을 만들어
상설 전시 함으로써 유명명소화하고 추억을 만들어 재방문 유도
Yeoncheon

300. 아슐리안 놀이터
Ⅲ. 프로그램
310) 프로그램 구성
뚝딱 뚝딱! 구석기 공작소
우가우가! 구석기 생활
뚝딱 뚝딱 뗀석기 체험
아슐리안 디자이너
우리가족 움집 만들기
우가!우가! 사냥터
나는야 구석기 요리왕
• 석기사용실습 교실
원시인과 함께 하는
구석기 만들기 및
사용법 체험
•의상/장신구 제작 교실
구석기인의 의상 및
장신구를 제작
•움집 제작 교실
가족별 움집 제작대회
•창 던지기
•물고기 잡기
•채집하기
•불 피우기
•바비큐 구이 만들기
•고구마 등 맛있게 굽기
Yeoncheon

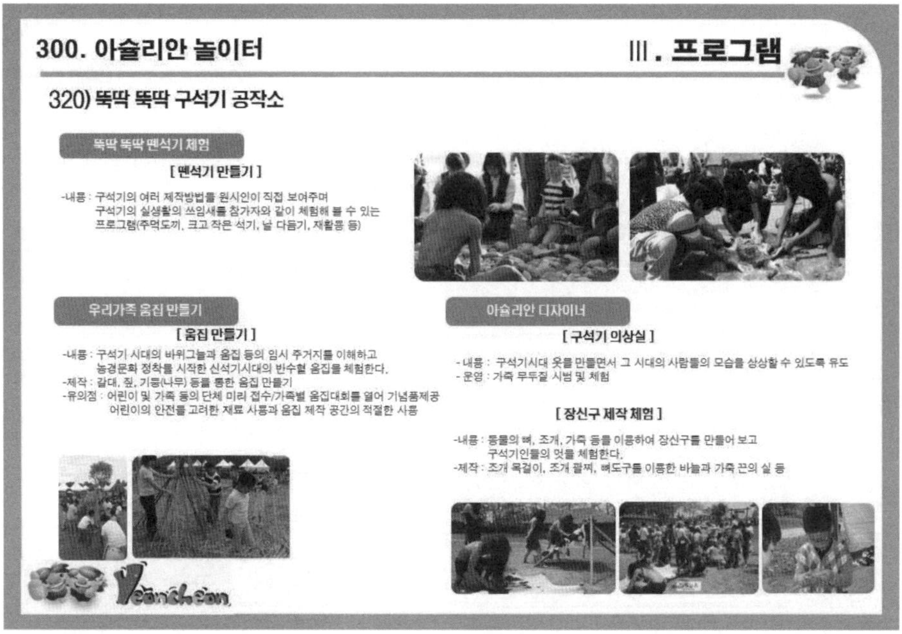
300. 아슐리안 놀이터
Ⅲ. 프로그램
320) 뚝딱 뚝딱 구석기 공작소
뚝딱 뚝딱 뗀석기 체험
[뗀석기 만들기]
-내용 : 구석기의 여러 제작방법을 원시인이 직접 보여주며
구석기의 실생활의 쓰임새를 참가자와 같이 체험해 볼 수 있는
프로그램(주먹도끼, 크고 작은 석기, 날 다듬기, 재활용 등)
우리가족 움집 만들기
[움집 만들기]
-내용 : 구석기 시대의 바위그늘과 움집 등의 임시 주거지를 이해하고
농경문화 정착을 시작한 신석기시대의 반수혈 움집을 체험한다.
-제작 : 갈대, 짚, 기둥(나무) 등을 통한 움집 만들기
-유의점 : 어린이 및 가족 등의 단체 미리 접수/가족별 움집대회를 열어 기념품제공
어린이의 안전을 고려한 재료 사용과 움집 제작 공간의 적절한 사용
아슐리안 디자이너
[구석기 의상실]
- 내용 : 구석기시대 옷을 만들면서 그 시대의 사람들의 모습을 상상할 수 있도록 유도
- 운영 : 가죽 무두질 시범 및 체험
[장신구 제작 체험]
-내용 : 동물의 뼈, 조개, 가죽 등을 이용하여 장신구를 만들어 보고
구석기인들의 멋을 체험한다.
-제작 : 조개 목걸이, 조개 팔찌, 뼈도구를 이용한 바늘과 가죽 끈의 실 등

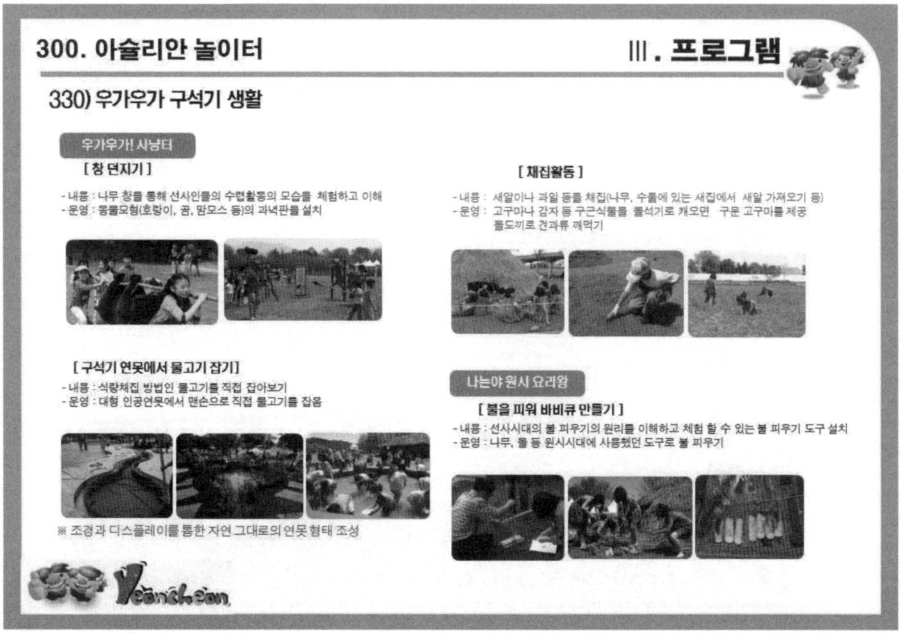
300. 아슐리안 놀이터
Ⅲ. 프로그램
330) 우가우가 구석기 생활
우가우가! 사냥터
[창 던지기]
- 내용 : 나무 창을 통해 선사인들의 수렵활동의 모습을 체험하고 이해
- 운영 : 동물모형(호랑이, 곰, 맘모스 등)의 과녁판을 설치
[채집활동]
- 내용 : 새알이나 과일 등을 채집(나무, 수풀에 있는 새집에서 새알 가져오기 등)
- 운영 : 고구마나 감자 등 구근식물을 돌석기로 캐오면 구운 고구마를 제공
돌도끼로 견과류 깨먹기
[구석기 연못에서 물고기 잡기]
- 내용 : 식량채집 방법인 물고기를 직접 잡아보기
- 운영 : 대형 인공연못에서 맨손으로 직접 물고기를 잡음
※ 조경과 디스플레이를 통한 자연 그대로의 연못 형태 조성
나는야 원시 요리왕
[불을 피워 바비큐 만들기]
- 내용 : 선사시대의 불 피우기의 원리를 이해하고 체험 할 수 있는 불 피우기 도구 설치
- 운영 : 나무, 돌 등 원시시대에 사용했던 도구로 불 피우기

400. 춤추는 주먹도끼 나라

Ⅲ. 프로그램

410) 개막식

"공식적인 시작을 알리고, 행사의 성공과 함께 연천군의 밝은 내일 다짐 ¡

기 간	• 2013년 5월 4일
장 소	• 아슬리안 광장 Main Stage
Concept	' 전곡리안의 환타지 속으로 !

행사구성	식전행사	공식행사	공개방송	불꽃놀이
	18:30 ~ 18:40	18:40 ~ 19:00	19:00 ~ 20:30	20:30 ~ 21:00
	• 참가자 도착 • VIP 환담 • VIP 이동 • 타악 퍼포먼스 (구석기 축제의 시작을 알림)	• 개막안내 • 오프닝 영상 • 내빈소개 • 축제 History 영상 • 환영사 • 치사 • 개막 퍼포먼스	• KBS 라디오 공개방송	• 개막축하 불꽃놀이

400. 춤추는 주먹도끼 나라

Ⅲ. 프로그램

420) 폐막식

"행사의 성공적인 개최를 축하하고 세계를 향한 도약을 기원하며 ¡

기 간	• 2013년 5월 8일
장 소	• 아슬리안 광장 Main Stage
Concept	' 세계를 향해 뻗어나가는 전곡리 구석기축제!

행사구성	식전행사	공식행사	폐막공연	불꽃놀이
	18:30 ~ 18:40	18:40 ~ 19:00	19:00 ~ 20:30	20:30 ~ 21:00
	• 참가자 도착 • VIP 환담 • VIP 이동 • 2012년를 기약하며 (테마공연 ¡®미래를 향한 환타지¡')	• 폐막안내 • 오프닝 영상 • 내빈소개 • 축제 기록영상 • 폐회사 • 폐회선언	• 7090 콘서트 (2012년을 기약하며 가족 모두가 즐길 수 있는 콘서트 구성)	• 폐막기념 불꽃놀이

400. 춤추는 주먹도끼 나라

III. 프로그램

430) 개 · 폐막식 주요 연출안

대한민국의 미래를 밝히는 불의 점화.

주먹도끼와 불을 이용한 개막식 행사를 통한 상징적 의미 부여

• 주먹도끼 모양의 터치버튼 → 라인로켓 → 성화에 불 점화 (행사기간 중 성화운영)

구석기에서 이어지는 장대한 역사를 표현하는 불꽃놀이 퍼포먼스

개막식/폐막식과 조화된 스토리텔링 불꽃놀이 퍼포먼스

[개막식 시나리오]

- 구석기시대의 탄생
  점점 커지는 북소리와 함께 단발의 축포가 머나먼 구석기시대의 탄생를 알림
- 시간의 강
  구석기 ~ 현재까지의 시간의 흐름를 웅장한 음악과 불꽃으로 표현
- 구석기시대와의 만남
  시대와 시대의 만남를 설레임으로 연출
- 축제의 장
  축제의 즐거움과 환희를 역동적인 음악과 불꽃퍼포먼스로 표현

[폐막식 시나리오]

- 즐거움과 환희의 순간들
  폐회선언이 시작되면서 축제의 순간순간들이 불꽃으로 되살아난다
- 새로움의 씨앗
  힘찬 몸짓으로 새로운 도약의 의지를 담은 구성
- 전곡리에서 세계로
  세계로의 축제를 염원하며 역동적인 음악과 함께 힘차게 뻗어나가는 불꽃퍼포먼스
- 희망찬 약속
  20회 구석기 축제 및 구석기 EXPO에의 다짐과 약속를 알리며 마무리

Yeoncheon

400. 춤추는 주먹도끼 나라

III. 프로그램

440) 특집방송

EBS 특집 공개방송 (2013. 5. 5 18:00~)

어린이 인기프로그램 공개방송 유치를 통한 가족단위 관람객 집객력을 높이고 다양한 볼거리 제공이 주 목적

국내 최초 어린이 리얼리티 쇼! 유아독존
먹고 자고 놀던 집과 유치원을 벗어나 더~ 넓은 세상으로 여행을 떠난다.

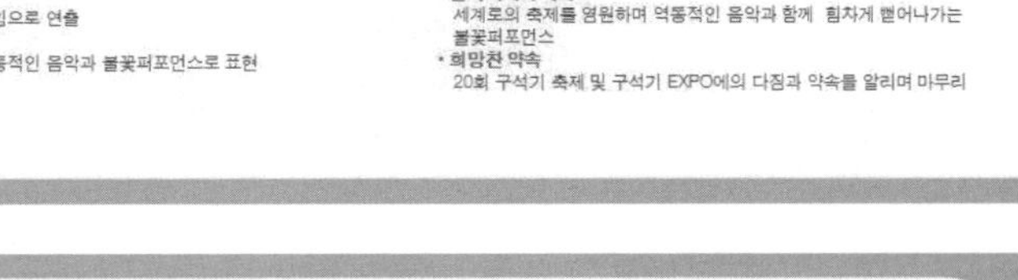

신나는 체험과, 다양한 추론, 능동적인 상상을 통한 셀프리더십 향상

구분	프로그램	방송시간	대상	진행자	내 용
A안	리얼리티쇼 유아독존	본 방송 수 19:30~20:00 본 방송 금 15:50~16:20	어린이 청소년	다니엘 김유리 외 2인	• 좌충우돌 여행기」「흥미진진 도전기」 • 따뜻한 성장기 등
B안	딩동댕유치원	08:00~08:20	유치원	오연선 김원호	• 체험활동을 통한 감성교육 • 추론을 통한 지성교육, 능동적인 인성교육

Yeoncheon

400. 춤추는 주먹도끼 나라

III. 프로그램

440) 특집방송

KBS 라디오 특집 공개방송 (2013. 5. 4 18:00~)

주제 : 인류의 비밀을 찾아서 i

: TV는 불가능한 방송현장에서 충분한 교감을 통한 축제만을 위한 프로그램 구성

: 축제 홍보극대화를 위한 군수 인터뷰 및 방송 분에 연천군 집중노출

ex) 군수 인터뷰, 인류의 비밀을 찾아서i, 관광객과의 대화 등

: 국내 최고의 A급 가수 섭외 예정 / 축제관광객의 선호도를 고려하여 협의 후 섭외 예정

(예시 : 애프터스쿨, 브라운아이드걸스, 조권(2AM), 티아라, 2NE1 등)

구분	프로그램	방송시간	진행자	내용
A안	최강희의 볼륨을 높여요	20:00~22:00	최강희	· 최강희의 맛깔스런 진행 · 다수의 연예인 출연 → 다양한 청취자 보유
B안	슈퍼주니어의 키스 더 라디오	22:00~24:00	이특, 은혁	· 재미있고 다양한 구성 · 10~40대에서 최고 인기 를 누리고 있는 국내 최고의 라디오 프로그램

400. 춤추는 주먹도끼 나라

III. 프로그램

450) 구석기가 만드는 대한민국 기네스

놀라운 기네스에 도전하는 200명 동시 바비큐 꼬치구이

"대형 통돼지 바비큐와 꼬치구이 굽기"

• 참가자와 주최측이 공동으로 마련한 기네스 도전 프로젝트로 통돼지 바비큐와 동시에 참가자가 참여하는 이벤트

참가자와 전문 퍼포머 100명이 참여하는 생존을 위한 사냥대회

"30만년 전 구석기 시대 두 구석기 공동체가 벌이는 생존을 위한 동물 사냥"

• 참가자가 두 공동체로 나뉘어 진행요원의 안내에 따라 벌이는 동물몰이(많이잡기) 대회
• 주어진 시간 내에 가장 많은 동물(돼지, 닭, 오리 등)를 자기네 공동체로 많이 가져가는 팀이 승리
• 부족 대표의 눈 가리고 돼지 잡기 등 특별 이벤트 진행

400. 춤추는 주먹도끼 나라

III. 프로그램

460) 주제공연

넌버벌타악퍼포먼스 '춤추는 주먹도끼나라 전곡리'

'구석기시대의 악기를 재현하여 웅장한 타악퍼포먼스와 함께 구석기시대의 분위기를 느낄 수 있도록 연출'

1. 전곡리안의 여행
   더 나은 환경과 먹이를 찾아나선 전곡리안의 희망과 고난를 표현한다
2. 전곡리의 발견
   풍부한 식량과 살기좋은 환경를 가진 전곡리를 발견하는 전곡리안의 기쁨과 설레임를 모듬북소리로 나타낸다
3. 하늘에 올리는 제사
   사냥에 대한 성공를 기원하는 기원제를 하늘에 지내는 신비로운모습를 구석기시대 악기와 북소리 퍼포먼스로 구성한다
4. 전곡리안의 축제
   즐거움과 희망에 찬 전곡리안의 축제를 신나는 타악과 함께 어우러지는 퍼포먼스로 구성한다

'두근두근!! 고롱이와 미롱이의 구석기 모험'

'춤과 음악, 그리고 연기가 어우러진 뮤지컬 형식으로 영상과 함께 이야기를 전개'

1막
전곡리안의 막내 고롱이는 열매채집이 주로 하는 일이다. 어느 날 맘모스 사냥를 몰래 따라 나섰다가 낭떠러지에 떨어진 고롱이는 의식를 잃고 깊은 잠에 빠졌는데..

2막
현대의 미롱이는 전곡리에 구석기유적를 보러 왔다가 우연히 정신를 잃어버린 고롱이를 발견한다. 미롱이의 간호로 깨어난 고롱이는 처음에는 옷을 이상하게 입은 미롱이를 경계하지만 이내 둘은 친구가 되고 고롱이와 미롱이는 유적지를 돌아다니며 고롱이의 가족들를 찾아다닌다

3막
고롱이는 유적지를 돌아다니며 불을 피우는 방법, 움집를 짓는 방법, 벽화 그리는 방법 등를 미롱이에게 알려주고 전곡리안의 이야기를 들려준다. 미롱이는 고롱이가 구석기인이라는 것를 믿게 된다. 미롱이는 가족들이 없어져 실망한 고롱이를 위로하고 방법을 같이 고민한다

4막
고롱이와 미롱이는 맘모스를 사냥하던 곳를 찾아내고 그 근처에서 동굴를 발견한다.
동굴 속으로 들어간 고롱이 미롱이는 동굴곰의 공격를 받고 도망치던 중 고롱이는 잠에서 깨고 모든 것이 꿈이었다는 것를 알게 된다.

Yeoncheon

400. 춤추는 주먹도끼 나라

III. 프로그램

470) 특별공연

가정의 달 맞이 7090콘서트 (2013. 5. 8.18:00~)

'추억의 7080 콘서트를 통한 어울림의 장'

일시 : 2007 부모님 세대의 7080가수와 신세대가수와의 합동공연으로 공감대를 형성하는 7090콘서트로 재구성 연출
가창력과 인지도를 겸비한 신세대 인기가수를 섭외함으로써 다양한 음악 장르의 콘서트로 모든 연령층의 관람객 볼거리 제공

한미합동군악연주 5월의 클래식콘서트

' 대한민국 군악대와 미국 군악대의 협연을 통해 공연 프로그램의 질적 향상 기대'

- 일시 : 2011년 5월 5일 (19:00~20:00) 장소 : 춤추는 돌 도끼 나라 구석기 무대
- 방식 : 열린음악회 형식으로 진행 내용 : 한미 군악단이 합동으로 연주 대중적으로 많이 알고 있는 팝 위주의 연주

Yeoncheon

400. 춤추는 주먹도끼 나라

Ⅲ. 프로그램

470) 특별공연

버리버리 매직쇼

레크리에이션과 마술쇼가 함께 이루어지는 공연으로 관람객이 함께 참여하고 즐기는 레크레이션 매직쇼 구성

한국의 얼과 정취를 찾아

경기도립무용단의 수준 높은 공연을 통해 경기도의 대표축제로 자리매김한 ¡®연천전곡리 구석기축제¡¯의 위상을 확립하고 외국인 관광객 및 성인참가자를 위한 공연

인류 태초의 소리

아프리카 타악그룹 쿰바야는 젬베, 둔둔 등 전통 아프리카 타악기들로 아프리카의 초원을 느끼게 하는 연주

두두리카와 두드리자!

국내 유일 청소년 타악그룹 두드리카는 2006년에 결성되어 KBS2 VJ특공대 촬영 (헤이리 아프리칸 아트), 한국관광공사 경기도 홍보 동영상 출연 등50회 가량 공연 및 촬영 활동

Yeoncheon

500. 노래하는 정원

Ⅲ. 프로그램

510) 노래하는 정원개요

둥둥둥 정원

- 모두모두 타악난장

조물락 정원

- 점토로 만든 아슐리안
- 매듭공예

Yeoncheon

600. 로하스 연천

Ⅲ. 프로그램

610) 기본계획 (전체 구성도)

판매행사 / 전시행사 / 체험행사 / 선사체험 교류관

전시 행사
- 연천군 문화 시화전
- 연천군 관광 사진전
- 연천군 관광 그림전
- 연천군 역사적 인물 소개전

판매 행사
- 특산물 판매
- 기념품 판매
- 향토음식 판매
- 추전부리 판매

체험 행사
- 메주 만들기 / 떡메치기
- 도리깨질 하기
- 디딜방아 찧기
- 지게질 하기
- 용두레질 하기
- 지경 다지기
- 새끼줄 엮어 소원달기

선사체험교류관
- 10개국 상징조형물
(국가를 대표하는 상징물 선정)
-전곡리:아슐리안, 미룡고룡
-일본:후지산
-스페인:투우
-프랑스:에펠탑
-오스트리아:독수리,
-미국:자유여신상
-칠레:잉카문명 등

Yeoncheon

600. 로하스 연천

Ⅲ. 프로그램

620) 바람난 연천문화 공연

'연천군의 문화 · 예술 인프라를 활용한 연천군 알리기'

- 연천군 소재 고등학생 및 군민들이 꾸미는 무대(주민참여강화)
- 연천군의 문화.예술 infra를 활용하여 구성되는 문화홍보의 장

연천군 여성 합창단

- 연천군을 대표하는 합창단으로 가곡 및 대중팝 음악으로 구성

연천고등학교 민속반 공연

- 신명 나는 사물놀이 공연으로 축제 분위기 붐업
- 2013. 5. 7 16:00~17:00

연천 전곡 고등학교 락밴드

- 연천군 소재 전곡고등학교 동아리인 락밴드 공연
- 2013. 5. 8 15:00~16:00

퓨전타악 아슐리안

- 연천군민들로 구성된 퓨전 타악 퍼포먼스 팀
- 2013. 5. 8 17:00~18:00

연천 하모니 관현악단

- 연천군 [illegible]자치센터 푸른소리 관현악단 공연

630) 연천군의 멋에 빠지다.

연천 문화 시화전

- 연천군 대표 문화재 및 민속자료 시화전

연천군 관광사진전

- 관광 사진전 공모 당선작 위주의 전시회 구성
- 연천의 자연 / 농촌 풍경 등 테마 별 전시회 진행

연천군 관광 그림전

- 수채화 및 다양한 장르의 관광 그림 전시회

연천군 역사 인물 소개전

- 연천군 홍보를 위한 역사적 인물 초상화 및 유적지 소개

Yeoncheon

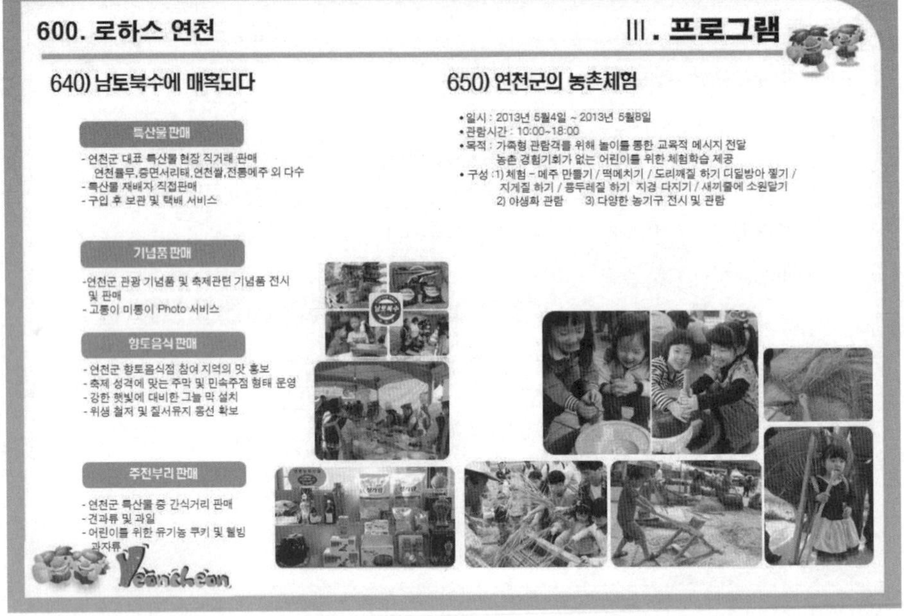
600. 로하스 연천
Ⅲ. 프로그램
640) 남토북수에 매혹되다
특산물 판매
- 연천군 대표 특산물 현장 직거래 판매
연천율무, 중면서리태, 연천쌀, 전통메주 외 다수
- 특산물 재배자 직접판매
- 구입 후 보관 및 택배 서비스
기념품 판매
-연천군 관광 기념품 및 축제관련 기념품 전시 및 판매
- 고롱이 미롱이 Photo 서비스
향토음식 판매
- 연천군 향토음식점 참여 지역의 맛 홍보
- 축제 성격에 맞는 주막 및 민속주점 형태 운영
- 강한 햇빛에 대비한 그늘 막 설치
- 위생 철저 및 질서유지 동선 확보
주전부리 판매
- 연천군 특산물 중 간식거리 판매
- 견과류 및 과일
- 어린이를 위한 유기농 쿠키 및 웰빙 과자류
650) 연천군의 농촌체험
• 일시 : 2013년 5월4일 ~ 2013년 5월8일
• 관람시간 : 10:00~18:00
• 목적 : 가족형 관람객를 위해 놀이를 통한 교육적 메시지 전달
농촌 경험기회가 없는 어린이를 위한 체험학습 제공
• 구성 :1) 체험 - 메주 만들기 / 떡메치기 / 도리깨질 하기 디딜방아 찧기 /
지게질 하기 / 동두레질 하기 지경 다지기 / 새끼줄에 소원달기
2) 야생화 관람 3) 다양한 농기구 전시 및 관람
Yeonchoen

700. 부대행사
Ⅲ. 프로그램
710) 신명나는 구석기 서비스
참여행사
1. 글짓기/그림그리기
2. 고인돌 우체통
3. 도전 골든 주먹도끼왕
(골든벨 퀴즈 행사)
스트리트 서비스
1. 캐리커쳐
2. 페이스페인팅
3. 플래쉬몹 캐릭터 쇼
4. 고롱이 미롱이와 함께 찰칵!!
5. 원시 삐에로
연천관광연계
1. 농촌녹색마을체험
(연천 새둥지 마을)
2. 연천관광투어
특별프로그램
1. 구석기 학술포럼
2. 동물 친구와 사진찍기
3. 수석전시회
4. 구석기 각설이
5. 경기지역 가수를 찾아라
6. 관람객과 함께하는 레크리에이션
Yeonchoen

700. 부대행사

Ⅲ. 프로그램

720) 구석기인의 습격

명동에서 펼쳐지는 플래시몹 캐릭터 쇼

'생각지도 못한 곳에서의 깜짝 이벤트로 관람객들에게 즐거움과 구석기 축제의 이미지 각인'

구석기인 캐릭터 퍼포먼스 연기자에 의한 플래쉬몹 캐릭터 쇼
명동 등 서울시내 주요거리를 돌아다니며 홍보물 배포와 포토 서비스를 해주는 구석기인 퍼포먼스 팀

박용우 박사와 함께하는 구석기 다이어트 프로젝트

'과학적으로 증명된 구석기 다이어트의 새로운 조명'

- 구석기 다이어트란 농경시대 이전 구석기 시대 원시인류가 섭취했던 음식들을 섭취하는 다이어트 방법을 말함
- 칼로리를 계산하지 않고 채소류, 버섯류, 육류, 견과류, 씨앗류 등을 마음껏 섭취하는 대신 곡류, 콩류, 감자류, 설탕, 유제품 등의 섭취는 제한하는 것이 특징.

Yeoncheon

700. 부대행사

Ⅲ. 프로그램

730) 기네스 도전 대한민국이 구석기 시대로 돌아가다!

구석기인들이 대한민국의 중심 연천으로 오다.

'대한민국 기네스 도전 시민주도형 참여 퍼레이드 연출 ¦ ¯로 기록문화마케팅 효과 유도'

기존의 퍼레이드와 달리 진정한 시민참여형 퍼레이드로 한국기네스에 도전하다 (현재 기록2140명)
퍼레이드 그 자체를 이슈화 시킴으로써 언론을 이용한 홍보 및 행사 참가자 모집

한국기록원 Korea Record Institute

GUINNESS WORLD RECORDS

전곡리안, 어둠속에서 두드리다

'전곡리에서 울려 퍼지는 어둠 속의 두드림'
그리고 모든 관객이 공연팀과 함께하는 어울림 한마당

프로그램 종료 이후 관람객들을 주무대로 유인하여 한밤의 전곡리안과 함께하는 타악 난장 및 횃불쇼
한밤중의 어두움과 구석기의 느낌을 최대한 살려 관람객들에게 낮과는 다른 구석기시대의 분위기를 체험할 수 있도록 유도

100. PR목표 및 매트릭스

Ⅳ. **PR계획**

110) PR 목표

국내 유일의 구석기 문화축제의 의미 전달
과거와 현대의 만남을 통한 로하스 연천의 이미지 제고 및 비전 메시지 전달
당사의 이점을 극대화한 방송매체의 적극적인 활용을 통한 인지도 극대화

120) PR 매트릭스

	1단계	2단계	3단계
	사전	메인	사후
기간	3개월 전	행사 전 30일부터	행사 이후 한달 간
목표	축제 인식 및 구석기 문화에 대한 관심	축제 개막 고지 및 연천 이미지 표출	축제 성과보도 및 발전적 모습 표출
언론	• 미디어 투어 • 방송/신문 공동기획 • 신문&방송 보도자료 • 구석기 홍보 행사 • 릴레이홍보단 (홍보프로모션) • 서포터즈 모집 및 자원봉사	• 홍보대사 PR 활동 • 신문&방송 보도자료 • 신문&방송 인터뷰 • 현장스케치 방송 프로그램 • 심층 노출 방송프로그램	• 신문&방송 보도자료 • 온/오프라인 사진전
관람객 유치 프로모션	• 교육단체 자료배포 • On-Line 이벤트 , 홈페이지	• 교육단체 공동프로모션 • 예술단체 공동프로모션 • 수도권 셔틀버스	
광고	• 현수막 • 내외부 배너 • 육교 현판	• 신문광고 - 개막 고지 • 현수막, 내외부 배너 • 육교 현판, TV광고, 라디오 광고	

200. PR차별화 전략

Ⅳ. **PR계획**

[온라인 및 SNS를 통한 홍보 효과의 극대화]

[CJ헬로비전을 통한 홍보 및 CGV극장 광고 실시]

-CJ헬로비전 : 행사 전 행사고지 : 50회 이상 / 행사 후 행사성과 고지 : 10회 이상
-서울 경인권 CGV극장 행사 전 행사고지 : 50회 이상

[한국어 학당 및 주한 외국대사 및 상사 주재원 부인들의 모임인 서울국제여성협회(SIWA) 회원 대상홍보]

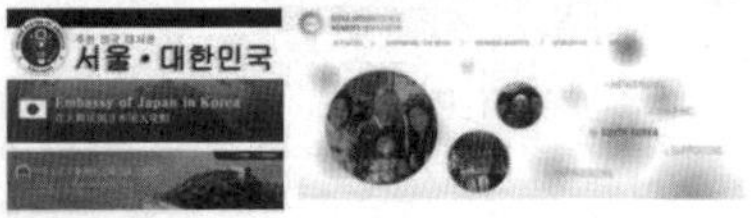

[방송노출 극대화 및 중앙일간지, 인터넷 매체 등 인터뷰 추진 및 기사게재]

- 1차, 2차 : 컬럼 또는 인터뷰 : 3회 이상 / 3차 : 행사 전 행사고지 : 50회 이상 / 4차 : 행사 후 행사성과 고지 : 10회 이상

300. 홍보 제작물

Ⅳ. PR계획

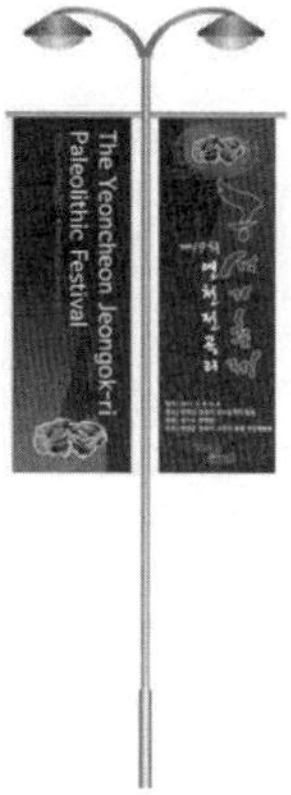

[가로등 베너]

[유도 베너]

[현수막]

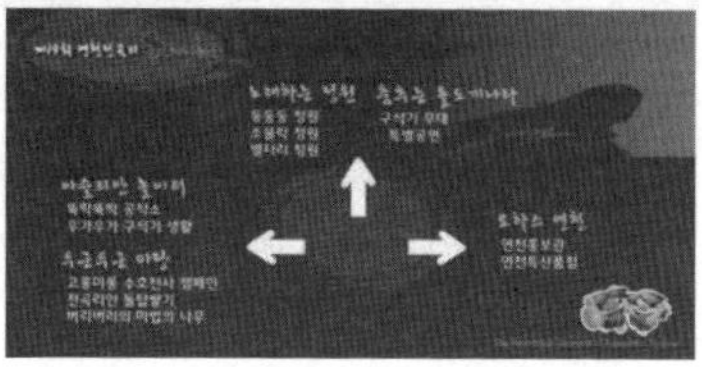

[입구 안내 사인]

100. 인력계획

Ⅴ. 운영계획

핵심포인트

1. 전문 운영 인력을 통한 업무 다각화
   - 운영인력 업무 다각화를 통해 멀티플레이어 화
   - 구석기 컨셉 의상 착용으로 회장 분위기 조성 도모
2. 인력의 전문화
   - 업무 특성에 따른 인력 선발
   - 지속적인 업무 공유로 크로스 업무 가능
   - 서비스 마인드 고양
3. 인력구성

구분	항목	인원	비고
총괄	PM	1	
	PD	3	연출,전시,운영
스텝	행사운영	20	
	도우미	6	안내, 의전
	야간경비	4	
	퍼포먼스	60	
	전화응대	2	

주요사항

1) 운영 방향
- 우수한 인력확보 및 교육, 근무관리
- 철저한 교육 관리와 근무기강 확립
- 적성과 능력을 고려한 합리적인 업무 배치/운영
- 관람객 유동에 따른 탄력적 인력 운영
- 조례, 종례, 구역별 회의 등 체계적인 운영

2) 운영 내용

□ 행사운영, 전시운영, 경호교통 요원
- 관리, 안전, 후생, 시스템 등 각 부문별 인력배치
- 개인별 능력과 경험 고려, 적재적소 배치 및 운영
- 지역 거주자 위주로 우선 선발

□ 도우미
- 안내 업무의 특수성 감안, 체력 및 기력 훈련강화
- 전문도우미 에이전시를 통한 전문도우미 모집
- 업무 기능의 전문성, 역할에 따라 배치

□ 퍼포먼스
- 수도권 대학 연기 전공학과 중심 인력 편재
- 구석기 원시인 복장 착용 및 행사장 프로그램 진행 등

200. 물품계획

Ⅴ. 운영계획

핵심포인트

1. 친환경적인 물자 적극 활용
   - 물자 운영 시 환경친화적인 요소 반영
   - 조경을 통한 디스플레이, 식물성 잉크, 재생 용지 등
2. 운영 제작물 디자인의 아이덴티티 유지
   - 행사장 전체 디자인과 통일성 유지
   - 행사 주제 및 분위기를 살려 통합 디자인 작업 진행
3. 임차물품구성

구분	수량	구분	수량	구분	수량
MQ3*3	60	소화기	30	수유침대	2
MQ5*5	90	옷걸이	10	대형배너	10
MQ10*5	20	냉온수기	10	휠체어	30
테이블	500	파라솔	50	금고	7
의자	3700	전신거울	1	선풍기	5
티켓박스	4	노트북	2	통제라인	1set
유모차	100	무전기	30		

- 추후 협의에 따른 물품 종류 및 수량 조정

주요사항

1) 운영 방향
- 각종 발생 상황에 대한 사전 시뮬레이션화를 통한 물자 계획 수립
- 물자의 성격 별 분류 및 관리
- 친환경적인 물자 수급 및 제작

2) 운영 내용

▫ 물자 수급/운영
- 소요 물자에 대한 확보계획 수립 및 운영
  (회장물자, 임차물자, 구입물자)
- 유상임차 물품은 기간 내 반납 및 손실 주의

▫ 운영 제작물 제작/운영
- 회장 운영 시 필요 제작물 제작 및 현장 운영
- 종류 : 환경장치장식물, 홍보제작물
- 행사장 전체 제작물과 Identity 유지

▫ 의상 제작 / 운영
- 구석기 축제로 회장 분위기를 살리는 디자인 제작
- 회장 운영인력의 식별, 원활한 운영을 위한
  유니폼 제작 및 운영
- 세탁과 손질이 쉬운 소재 제작

Yeoncheon

300. 시설물 및 시스템 계획

Ⅴ. 운영계획

310) 시설물 및 시스템 개요

구분	항목	수량	내역	비고
무대	무대	1	- 25m x 15m / 3back wall / LEC 매입 / FRP 조형	
	LEC 타이틀	1	- 무대 트러스 중앙 행사 타이틀 : LEC 발광소재	
	음향	1	- 20kw PA system set : speaker, wooper, console, monitor, processor, comp, w/l, cable 등	
	조명	1	- 1500kw : Moving, Par, Bank, Search, fog, Pin 등 / 트러스 : 15x9	
	영상	1	- LEC system set : 250인치, 콘트롤러, 스위처 등	
	중계	1	- 카메라 3대, 지미짚, 중계차 등	
	발전	2	- 350kw, 200kw	
	특효	1	- 터치버튼, 에어샷, 포그, 마인, 순간분수, 타상연화 셋	
매표시설	티켓박스	4	- 2X2 MQ	
관람석	의자	2000	- 플라스틱 의자 : 케이블타이 마감	
	차양	1	- 관람석 차양 가림 마감	
안내시설	종합안내센터	4	- 2X2 MQ	
휴게시설	벤치	20	- 파라솔, 의자, 차양막 셋	
행사시설	지역문화전시	1	- 옥타늄 BOOTH : 10set	
	참가국전시존		- 5X5 MQ텐트 10동	
			-10개국 상징조형물(전곡리:미롱,고롱, 일본:후지산,스페인:투우,프랑스:에펠탑 오스트리아:독수리, 미국:자유여신상, 칠레:잉카문명 등)	
장치장식물	행사안내판	3	- 행사장 사이트 플랜 : 주출입구 3개소 설치 (정문, 후문, 선사박물관)	
	대형배너	10	- 자이언트 폴 : 10개소	
	유도배너	50	- X배너 : 50개소	
	MQ 타이틀	1	- MQ 타이틀 배너	

- 추후 협의에 따른 물품 종류 및 수량 조정

Yeoncheon

300. 시설물 및 시스템 계획

Ⅴ. 운영계획

320) 시 안

Yeonchеon

400. 출입관리계획

Ⅴ. 운영계획

핵심포인트

1. 캐릭터 퍼포머 운영
   - 입구에서 부터 볼거리 제공 및 행사 기대감 조성
   - 캐릭터 활용 입·퇴장 동선 효율적 관리
2. 외국인 전통 통역 부스 운영
   - 국제적 행사로 발돋움 하기 위한 외국인 전용 부스 운영
   - 외국인 대상 통역 안내요원 배치
3. 입,출구 발생되는 사고에 대한 사전 대비
   - 상황 별 대응계획 수립 및 신속 대처 방안 마련
   - 부정입장, 위험물 휴대, 암표, 구걸, 잡상인 등 대처방안 마련
4. 티켓박스 설치
   - 위치 : 정문, 후문, 선사박물관 총 3개소 운영
   - 관람객 유입에 따른 탄력적 운영 : 임시 매표소 설치
   - 관리 프로세스 점검
     - 티켓 판매 대행사 사전 미팅 : 전산, 매표현황 등 점검
     - 입장료 관리 : 연천군 담당자를 통한 총괄적 금액 관리
     - 발권 관리 : 연천군 관계자 배치 운영

주요사항

1) 운영방향
- 전산 System을 통한 입장권 판매, 판매상황 효율적 관리
- 신속하고 정확한 매표로 입장객에게 친절하고 신선한 이미지가 행사장까지 이어질 수 있는 분위기 조성
- 입장권 판매실적 파악 및 원활한 관리

2) 운영 내용

▫ 매표 발권 : 별도 협의
- 전문 매표 대행업체 진행
- 연천군 : 매표 총괄관리, 단체유치 보상금 지급 등
- 공식 금융기관 : 판매요원확보, 판매대금 수납 및 관리
- 전문 티켓업체 : 입장권 발매 및 전산시스템 운영
- 대행사 지원인력 : 입장인원확인, 매표소 앞 질서유지 및 안내

▫ 티켓박스 및 입구 운영
- 티켓박스 관람객 발권 및 입장 관리
- 소요시간 안내 피켓
- 가이드 폴대 설치

Yeonchеon

500. 기타 운영계획

V. 운영계획

안전관리

1. 운영방향

- 행사장 내 관람객 안전사고 예방 및 최소화
- 비상사태에 대비한 각 업무별 대처방안 수립
- 철저한 보고체계 유지 및 유관기관과 공조

2. 운영내용

ㅁ 경비
- 전문 경비 용역업체 전담 진행
- 사전, 행사기간, 사후 경비로 단계별 인력운영

ㅁ 소방
- 회장 인근 소방차 항시 대기
- 재난 사각 지역 최소화 대비

ㅁ 의료
- 회장 내 진료소 설치
- 부상 및 질병 환자 발생시 신속한 응급처치 및 사전 지정 의료기관으로 후송
- 응급처치 등 의료관련 기본 상식 교육

ㅁ 보건위생
- 식품위생 관련 각별한 사전 점검 실시
- 사전 방역을 통한 전체 회장 소독 진행
- 전염병 예방을 위한 프로세스 마련

세부계획

구분	유형	대처방안
화재	소규모	- 구비 소화기 활용 1차 진압 및 부상자 수송, 보험 처리, 전관방송 실시
	대규모	- 연천군소방서 즉각 보고, 부상자 구조 및 관람객 대피, 전관방송 실시
혼잡	출입구	- 관람객 집중 시 안내요원 추가 배치, 임시 매표소 설치, 동선 우회 안내
관람	안전	- 관람객 혼잡 시 야기될 안전사고 대비, 각 포스트 별 운영요원의 동선 통제
	입장권	- 발권 기계 고장 시 임시 기기 확보, 매표 예상 시간 고지, 양해 방송 실시
우천	세우	- 우의 지급, 진행 가능한 범위 내 공연 진행
	폭우	- 회장 내 습지 등 배수구 확보, 주요 동선 침수 확인 및 조치 등
	태풍	- 전 스텝 비상 근무, 행사 진행 여부 판단 (주최)
관람객	단체관람	- 운영요원 및 경호경비 요원 투입 질서 유지
	싸움	- 경호경비 요원 투입 및 주변 경찰 파견 요청
	불만	- 해당지역 담당자 선조치 후보고, 대행사 팀장급 대응
	만취	- 입장 불허, 퇴장 조치
	도난	- 피해자 사고 경위 조사 후 도난 신고, 가해자 조사 협조
	부정입장	- 해당 입장권 구입 조치, 위조 변조 입장권 사용자 발견 시 퇴장 및 경찰 인계
	암표	- 경유서 작성 후 연천군 협의 사후 조치 진행
관람사고	정전	- 사전 배치 랜턴 활용 관람객 퇴장 안내, 한국전력 비상연락망 운영
	응급환자	- 1차 비상 조치 후, 후송 조치, 관내 병원 비상연락망 운영

Yeoncheon

■ 부록 3 국악로 전통문화관광축제 제안서

국악로 전통문화벨트 조성을 위한
춤, 음악
소리의 향기가 머무는
국악로
전통문화관광
축제
전통문화의 숨결이 살아있는 거리
도심속에 여유로운 풍류의 거리
국악의 향기
빛깔고운 우리 한복의 숨결
전통차의 만리향이요.
풍성한 우리 먹거리와
전통떡의 맛에 흥이 절로 난다.
경기소리
남도소리
삼현육각의 소리
풍물소리
아름다운 무희들의 춤자락에
흥이 절로 난다.
얼씨구! 절씨구!
걸어보자!
국악로야!

목 차

1. 축제추진배경

문화적 상징성

- 서울 전통문화의 중심지(4대 궁 인접+북촌+인사동+국악로)로서 장소적 상징성 및 접근성
- 국악로는 조선조 종로육전으로 통하는 사통팔달 중심지 및 풍류문화의 중심지
- 창덕궁+종묘+창경궁+운현궁+경복궁으로 이어지는 서울 전통문화관광벨트의 중심지

문화적 인프라

- 전통문화거리(국악로)로서 전통의상(12곳)+전통악기(6곳)+갤러리/고미술(7곳) 전통차/음식(20곳)+전통예술단체(10곳)+전통공연장(1곳) 등이 2차선 도로 사이로 자연스럽게 형성되어 전통문화의 인프라 구축
- 축제 콘텐츠로서 인프라의 활용도를 높일 수 있는 전통문화예술 시스템 구축

컬쳐 투어리즘

- 인사동과 함께 한국의 전통문화를 체험할 수 있는 컬쳐투어리즘의 활용도 높음
- 비원 부근 외국인 관광객 숙박시설 밀집지역 (일본인 관광객(50%) + 중국동남아 관광객(30%) + 미국/유럽(20%))
- 컬쳐투어리즘의 구심적 역할을 할 수 있는 상설화된 또는 축제화된 관광상품이 절실히 필요함

전통문화벨트 조성

- 돈화문 앞에 우리전통문화체험할 수 있는 복합전통문화공간으로 탈바꿈
- 2012년 국악로에 새로운 한국의 전통문화벨트로 새롭게 태어나기 위한 초석을 마련하는 문화적 거리 조성

1

2. 축제 취지

참여 + 체험 + 어울림의
"축제 원형성" 회복

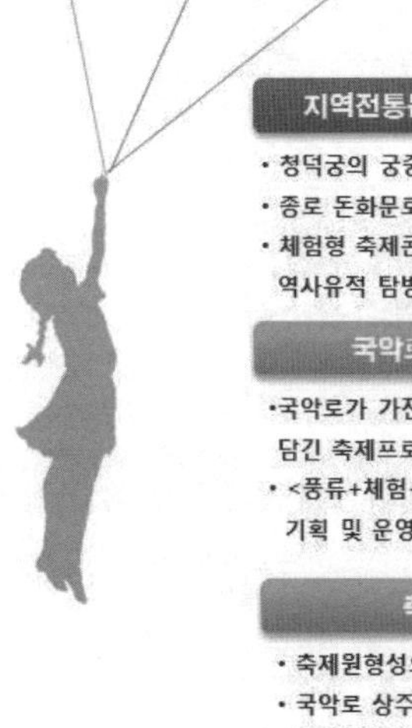

지역전통문화원형의 콘텐츠화

- 청덕궁의 궁중연희문화 복원
- 종로 돈화문로 풍류문화(나레 행렬)의 원형 발굴을 통한 전통문화관광콘텐츠화
- 체험형 축제콘텐츠로서 전통문화체험(국악기+국악+전통차/떡+전통의상소품+역사유적 탐방)이 ONE-STOP TOURISM 프로그램으로 축제 개최

국악로의 정체성 확립

- 국악로가 가진 <전통문화의 거리> 이미지를 회복할 수 있도록 지역정체성이 담긴 축제프로그램으로 운영
- <풍류+체험+전통예술+투어리즘>의 컨셉으로 접근하는 축제 프로그램으로 기획 및 운영

축제원형 회복

- 축제원형성으로서 <참여+동화+어울림+공동체의식>을 회복하는 축제 추진
- 국악로 상주 예술인들이 자발적 참여하는 축제프로그램 기획 및 운영
- 단발적 축제 프로그램이 아닌 장기적 상설 축제프로그램으로서 추진

2

3. 축제 추진방향

- **JOIN** — 국악로 지역전통문화예술인(상공인+국악인 참여)이 참여하는 프로그램
- **COMMUNITY** — <관광객 + 서울시민 + 전통예술인 >등이 동화된 어울림 한마당 연출
- **TOURISM** — 전통문화를 모두 체험할 수 있는 전통문화관관형 축제 프로그램 운영
- **EXPERIENCE** — 전통문화를 모두 체험할 수 있는 체험형 축제 프로그램 운영
- **DYNAMIC** — 참여자와 관람객에게 재미와 감동을 줄 수 있는 역동적인 행사 운영

3

4. 축제 개요

- 축 제 명 : 국악로 전통문화관광축제
- 주 제 명 : 사통팔달 풍류정감, 국악로를 느껴라!
- 기　　간 : 2010년 10월 16일(토) 오후1시 ~ 오후 7시 30분(예정)
- 장　　소 : 국악로 묘동사거리<종로3가역(3호선)>
- 주　　최 : (사)한국전통예술발전협의회
- 후　　원 : 문화체육관광부, 한국문화예술인단체총연합회, 한국국악협회
(재)국악방송, 국악신문사
- 참 여 자 : 국악로 일대 전통문화예술인 및 상공인(20여곳)
- 대　　상 : 서울시민 및 외국인 관광객(예상관람객 : 1천명 이상)
- 프로 그램 : 공연행사(전통예술공연+패션쇼+전시 포함),
체험행사(전통차+전통떡+전통공예+국악기 체험)
풍속재연 행사(어가행렬 – 춤추는 조선의 왕세자–요명)

4

5. 축제 프로그램 소개

풍속재현행사 (퍼레이드)

- <춤추는 조선의 왕세자 – 효명> 컨셉테마로 어가 행렬 재현 구성
- 국악로 지역전통문화관련 상공인+지역전통예술인으로 인적 구성
- 거리극페스티발 형식(쇼케이스공연+패션쇼+전통연희 공연+참여행렬)
- 3호선 종로3가역~돈화문입구 오후 4시 ~4시 30분
- 조선시대 어가행렬 재현 및 풍속재현 행사

공연 행사

- 공식 개막식공연행사
- 대중적인 고품격 전통공연예술프로그램 운영
- 국악로 일대 전통예술단체 참여
- 왁자찌껄(퓨전콘서트)+국악으로 하나되는 세상(전통예술공연) +
- 한복패션 퍼포먼스쇼
- 돈화문 건너편 국악로 야외특설무대
- 오후 5시 ~ 7시(2시간 행사)

체험행사

- 국악로 지역전통문화인(상공인: 6곳) 참여하는 체험행사
- 전통차체험/국악기 체험/전통떡 만들기/궁중의상체험
- 축제 당일 오후1시~5시까지 돈화문로에 체험부스 운영

구분	시간	행사내용	행사장소
체험행사	PM 1~5시	전통차 체험	체험부스
		전통떡 만들기	체험부스
		궁중의상체험	체험부스
		국악기체험	체험부스
풍속재현 행사	PM 4시30분~5시	퍼레이드-춤추는 조선의 왕세자 효명	종로3가 국악로
공연행사	PM 5시 ~ 6시	개막식 – 왁자지껄 퓨전세상	야외 특설무대
	PM 6시~7시	축하공연 – 국악으로 하나되는 세상	야외 특설무대

5

퍼레이드(풍속재현) 행사

춤추는 조선의 왕세자 – 효명

컨셉

- 조선의 왕중 문화예술을 가장 사랑한 왕
- 창덕궁에서 조선만의 궁중정재 창제
- 국악로 풍속재현 행사
- 효명세자의 예술세계를 궁중연회와 거리공연 테마 퍼레이드로 연출하여 서울시민과 외국인 관광객에게 축제 분위기 유도

일시 : 10월 16일(토) 오후4시 30분~5시(30분)
구간 : 국악로 <종로3가역(3호선) ~ 묘동사거리(메인무대)>

참여자 국악로 일대 전통예술인(무용인)
국악로 일대 전통문화예술인+서울시민

연출방향	• 종로3가역(3호선)–묘동사거리(메인무대) 총 800m 구간 도로 왕복 • 퍼레이드 행렬이 이동하며 쇼케이스 공연 • 파노라마식으로 펼쳐진 쇼케이스 공연 연출 • 효명세자가 창제한 춤중 가장 대중적인 레파토리 공연 및 궁중나례 연출
퍼레이드 장면구성	왕실 기수단 퍼포먼스 – 어가행렬 – 어좌-메인무대(춘앵전/가인전목단 공연)
퍼레이드 이동행렬	기수단+효명세자 왕실가마행차 + 궁중나인 + 궁중재인 행렬
총 참가인원	퍼레이드 공연단(총 30명) + 효명세자 어가 행렬단(총20명) + 일반시민 총 100여명

6

공연 행사

- 일 시 : 10월 16일(토) 오후 5시 ~ 7시 30분 (2시간 30분)
- 장 소 : 국악로 묘도상거리(야외 메인무대)
- 공연컨셉 : 가족중심의 퓨전화된 고품격 전통공연예술프로그램
  대한민국 최고의 전통예술명인 / 최고의 퓨전국악그룹 공연
  역동적이며 대중화된 가무악 공연프로그램으로 구성
- 프로그램 : 식전 – 궁중 줄타기 놀이
  제1부 – 왁자지껄 (퓨전국악콘서트)
  제2부 – 국악으로 하나되는 세상(전통예술공연)
- 개 막 식 : 국민의례+내외빈 소개+ 축사 소개+개막식 오픈
- 폐 막 식 : 패션쇼

구분	행사명	시간	비고
어가행렬	춤추는 왕자 효명세자의 어가행렬	16:30~17:00	종로3가역~메인무대
식전행사	궁중 줄타기 놀이	16:20~16:50	메인무대앞
개막식	개막식 퍼포먼스	17:00~17:05	공연단체
	개막선포	17:05~17:06	주최단체장 인사말
	개막식 참석 내외빈 소개	17:07~17:10	VIP 축하인사
	개막식 인사	17:10~17:20	VIP 축하인사
축하공연 제1부 왁자지껄	창무극 - 사통팔달 풍류정감 국악로	17:21~17:27	창무극 공연
	퓨전콘서트 - 드라마가 보인다.	17:28~17:35	퓨전국악
	비보이 난장 판굿	17:36~17:50	비보이+땅재주 놀이
	퓨전콘서트 - 국악로 사랑노래를 불러라	17:51~18:05	국악가요+퓨전국악
제2부 국악으로 하나되는 세상	궁중연희도	18:06~18:15	궁중무용
	소리판을 열어라!	18:16~18:25	판소리
	타악 퍼포먼스 - 태평성대	18:26~18:40	타악퍼포먼스 공연
	서울소리 한마당	18:41~18:52	경기민요/선소리산타령
	마당놀이 "방자전"	18:53~19:10	가무악공연+어울림
폐막식- 패션쇼	패션쇼 + 대동어울림 한마당	19:11~19:30	한복 패션쇼
합 계		150분	(진행시간 포함)

7

체험행사

- 일　시 : 10월 16일(토) 오후 1시 ~ 오후5시
- 장　소 : 국악로 일대(묘동사거리~창덕궁방향)
- 컨　셉 : 국악로 전통문화관련 상인회 4 곳 체험부스 운영
  우리 고유의 전통문화가 담긴 음식 체험, 전통악기체험
  전통공예 체험으로 운영(무료 체험+유료체험 병행)
- 참여방식 : 국악로 지역 전통문화관련 상인회 4곳 자율적 참여

구분	체험내용	참여단체	비고
전통차 체험	전통차 마시기	보이차	무료
국악기 체험	전통타악기 체험	전통국악사	무료
전통음식체험	떡만들기	떡박물관	유료
전통한복체험	궁중의상입고 사진찍기	Mr.Lee의상실	무료

8

한복패션쇼

- 일 시 : 10월 16일(토) 오후 7시 10분 ~ 7시 30분(20분)
- 장 소 : 국악로 묘동사거리(메인무대)
- 컨 셉 : 국악로의 한복제작업체들(3곳)이 참여 궁중의상에서부터 공연의상 등 다양한 한복의 미를 선보이는 퍼포먼스식 한복패션쇼
- 운영방식 : 국악로 일대 지역 한복제작업체 3곳의 자율적 참여 한국 전통무용가들이 궁중/전통의상을 입고 춤과 연희를 펼치는 퍼포먼스식 패션쇼

구분	행사내용	참여단체	비고
예선	축하공연(무용) 궁중의상/전통의상/전통공연의상 패션쇼	국악로 한복제작업체 3곳	20명

9

6. 축제 운영 조직 구성

- 전통공연예술분야 최고의 전문가로 구성
- [공연 + 체험 + 패션퍼포먼스쇼] 총괄 운영
- 공연전문 스탭 구성으로 축제의 성공적 수행

역할	구성
위원장	이용상((사)한국전통예술발전협의회 이사장)
조직위원회	최정임(정동극장장),정화영(서울시문화재),김한승(국립국악원예술감독) 박종철(국악연출가),최경만(전통예술인), 최우칠(기획위원)
공연행사총괄	김만석(전남도립국악단예술감독 겸 지휘자)
재현행사연출	홍남희(풍속재현행사)
무대진행감독	최익환(두드락 대표)
프로그래머	김차호(프로그래머)
행사 운영팀	한교경(행사 홍보/행정/스탭 총괄 운영)

7. 축제 운영 전략

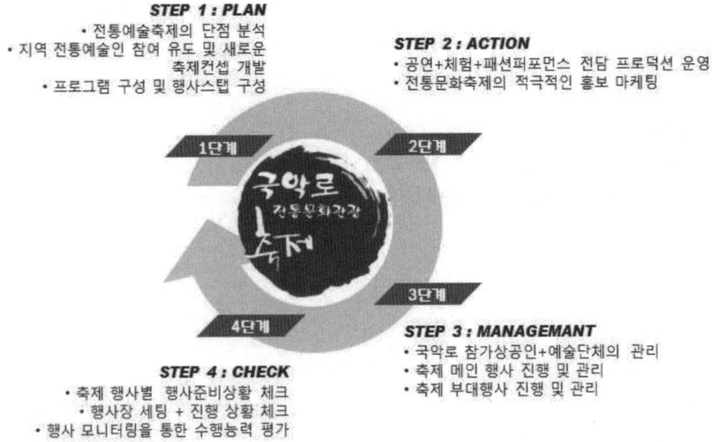
STEP 1 : PLAN
• 전통예술축제의 단점 분석
• 지역 전통예술인 참여 유도 및 새로운 축제컨셉 개발
• 프로그램 구성 및 행사스탭 구성
STEP 2 : ACTION
• 공연+체험+패션퍼포먼스 전담 프로덕션 운영
• 전통문화축제의 적극적인 홍보 마케팅
1단계
2단계
국악로 전통문화잔치 축제
3단계
4단계
STEP 3 : MANAGEMANT
• 국악로 참가상공인+예술단체의 관리
• 축제 메인 행사 진행 및 관리
• 축제 부대행사 진행 및 관리
STEP 4 : CHECK
• 축제 행사별 행사준비상황 체크
• 행사장 세팅 + 진행 상황 체크
• 행사 모니터링을 통한 수행능력 평가

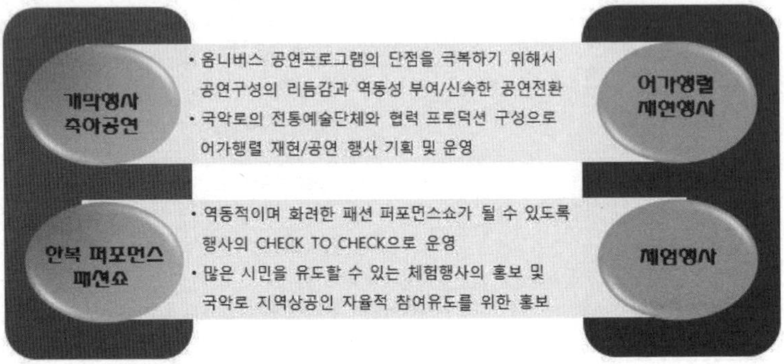
개막행사 축하공연
• 옴니버스 공연프로그램의 단점을 극복하기 위해서 공연구성의 리듬감과 역동성 부여/신속한 공연전환
• 국악로의 전통예술단체와 협력 프로덕션 구성으로 어가행렬 재현/공연 행사 기획 및 운영
어가행렬 재연행사
한복 퍼포먼스 패션쇼
• 역동적이며 화려한 패션 퍼포먼스쇼가 될 수 있도록 행사의 CHECK TO CHECK으로 운영
• 많은 시민을 유도할 수 있는 체험행사의 홍보 및 국악로 지역상공인 자율적 참여유도를 위한 홍보
체험행사

11

7. 축제 운영 전략

구 분	내 용
안내데스크설치	행사 안내 및 행사 전단을 배부하는 진행요원 4명 배치
공연객석의자배치	야외 공연시 관람객들의 편의를 위해서 간이의자 여분 100석 준비(총 700석)
식수 무료제공	야외공연시 관람객들에게 무료로 식수(아리수)를 제공할 수 있도록 서울시협조
행사 구역 운영 프로덕션 운영	• 교통통제(10월 16일(토) 오전 6시 ~ 오후 9시) • 교통통제구간 1(종로3가역(묘동사거리- 종묘방향)) • 교통통제구간 2(풍속재현행사(어가행렬 - 종료3가역(단성사~창덕궁앞) (통제시간 오후 4시 30분 ~ 5시) • 교통통제는 혜화경찰서와 협의후 교통통제 • 무대 배경막은 대형 행사 현수막으로 대치 • 음향시스템은 2.5kw P/A 시스템으로 운영 • 행사 2시간전 부터 무대리허설과 행사 홍보를 통해서국악로를 찾은 시민들에게 행사 홍보(홍보안내 방송 병행) • 기본적인 무대 진행은 사회자, 무대감독 1인/무대진행5인으로 구성하여 공연 진행 • 우천시 무대와 객석에 부스 설치 및 우비제작으로 최적의 공연관람 조건 마련 • 행사장 주변 경호요원, 진행요원 10명을 배치하여 행사 안전관리 • 인터컴 시스템을 통한 각 행사별 스탭진간의 원활한 행사 진행 • 체험 부스 철거시 청소 및 사후관리 철저 • 체험부스별 각 지역 진행요원 1명씩 배치 • 한복패션쇼 : 연출, 무대감독, 의상보조요원 , 진행 전담요원 배치 • 효명세자 어가행렬 : 연출, 무대감독, 의상보조요원 , 진행 전담요원 배치
체험마당운영	• 기본적인 체험마당 부스 1개동으로 체험마당 소개 현수막, 체험 방법에 대한 안내 보드판 설치, 재료 배치 • 체험단체별 체험강사 1인/보조 진행요원 1명 배치(각 체험부스별로 요원 선발운영) • 행사 당일 별도 야외부스 설치 및 운영(1일간 총 4시간 운영) • 각 체험부스별로 체험재료에 따라 체험참가인원 한정

12

7. 축제 운영 전략

옴니버스식 무대전환 — 원칙.1

- 옴니버스식 공연레파토리로서 자연스러운 무대전환을 위해서 무대세팅 및 철수에 대한 무대진행 교육
- 마이크 및 악기세팅을 위한 음향시스템 전문 무대스탭 2명 배치 무대 악기 및 무대소품 전담 무대스탭 3명 배치

무대설치 및 리허설 — 원칙.2

- 야외공연시 무대설치 및 음향시스템 설치는 주로 공연무대 구역 민간인에게 피해가 없도록 인근 주민에게 안내 공고문 협조
- 리허설 공연 1시간전에 실시하여 공연무대 인근지역에 있는 시민들에게 홍보하기 위해서 출연진 리허설과 테크니컬 리허설 병행하여 실시함

무대배치 및 우천대비 — 원칙.3

- 공연관람 시각동선 및 우천시 무대보호를 위한 공간구조
- 야외무대세트(10도 기울여진 변형무대) 직사가격형
- 우천시대비 대형천막설치
- 행사유치구역의 창덕궁 돈화문 경관 및 공연무대 접근성을 활용하여 무대설치

공연장 안전대책 — 원칙.4

- 연출+사회자+무대감독+무대스탭 통합적으로 운영될 수 있도록 철저한 사전제작회의 및 인터컴 시스템 구축
- 문화체육관광부+서울시+종로구+서울시 혜화경찰서 지원 및 축제 행사 진행요원/경호요원들에게 안전교육을 통해서 사고예방
- 관람객 입장/관람도중의 거리부랑자 사전차단

13

8. 축제홍보마케팅 전략

홍보매체	오프라인 홍보방식
국악 및 문화예술 관련웹사이트 홍보	• 문화체육관광부/서울시문화행사/한국문화예술위원회 행사홍보 등록 • 국악신문사 및 서울문화투데이신문사 홈페이지 홍보배너 등록 - www.kukak21.com / www.soctoday.co.kr • 국립국악원/남산국악당/전주소리의전당 등 전국 10여개 전통 예술관련 홈페이지에 경연축제 홍보 배너 및 홍보 자료 등업 • 문화예술포털사이트 및 전국 50여개 국공립문화예술회관 홈페이지들에 축제 홍보
방송매체 홍보	• KBS국악한마당(국악행사 홍보방송 1회) 요청 • 교통방송 배너 자막 및 보도자료용 영상 배부 및 보도 요청 - 축제 행사 녹화방송 추진 • 국악방송 녹화방송 협조 요청 - 국악방송 <FM국악당> 녹화방송 추진 • KBS 라디오(국악의 향연) 홍보 방송 요청 • MBC 라디오(국악으로 여는 아침) 홍보 방송 요청 • KTV/교통방송/불교방송 등에 홍보 방송 요청
홍보매체	**온라인 홍보방식**
문화예술관련기관 홍보물 배부	• 문화체육관광부/서울특별시등 100개 기관에 홍보물 배부 - 전단지(1만부) 및 포스터(500장) 배부 • 서울시 국공립 민간 대형 공연장 10여개 곳에 포스터 200장 발송 • 서울시 24개 구청 포스터 전단 배부 • 국회의원/전경련/문화예술계인사에게 초대장 발송(500명) • 서울시 관광홍보센터 홍보 전단 배부 • 서울 4대궁 관리사무소에 행사 홍보 전단 배부 • 국악로/인사동/북촌 등지에 행사 홍보포스터/홍보 전단 배부
신문 및 잡지 매체 홍보	• 국내 4대 일간지에 경연축제 홍보 보도자료 배부/홍보 요청 • 국악신문, 서울문화투데이 등에 홍보보도자료 배부 및 홍보 요청
현수막 및 LED전광판 홍보	• 문화체육관광부 정부 광고 전용 LED 전광판 홍보 배너 제작 및 홍보 광고 요청 • 대형현수막 4개 설치/교통통제 현수막 4개 설치/교통통제안내판2개 설치 • 국악로 가로등에 배너 현수막 30개 설치
문화나눔초대회원	• 서울노인복지회관, 서울시장애인복지시설, 요양원 등의 문화소회계층을 위해서 전야제 행사에 100명 초대 및 행사 홍보 전단 및 포스터 배부

14

9. 무대시안 개요

참고사항 : 무대시안 예시(20평 기준-이동설치가능한 무대형식)

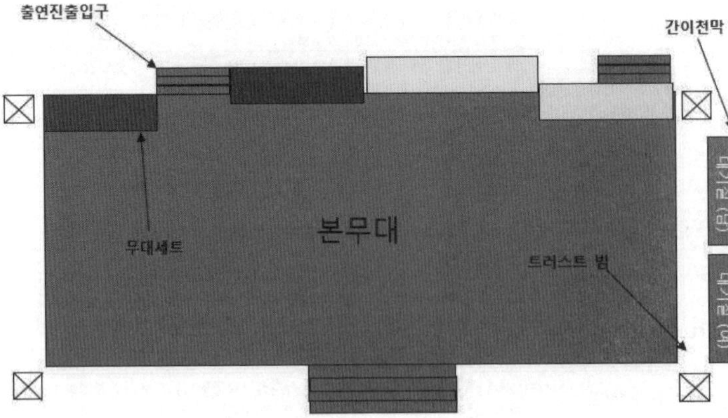

15

10. 행사장 배치도

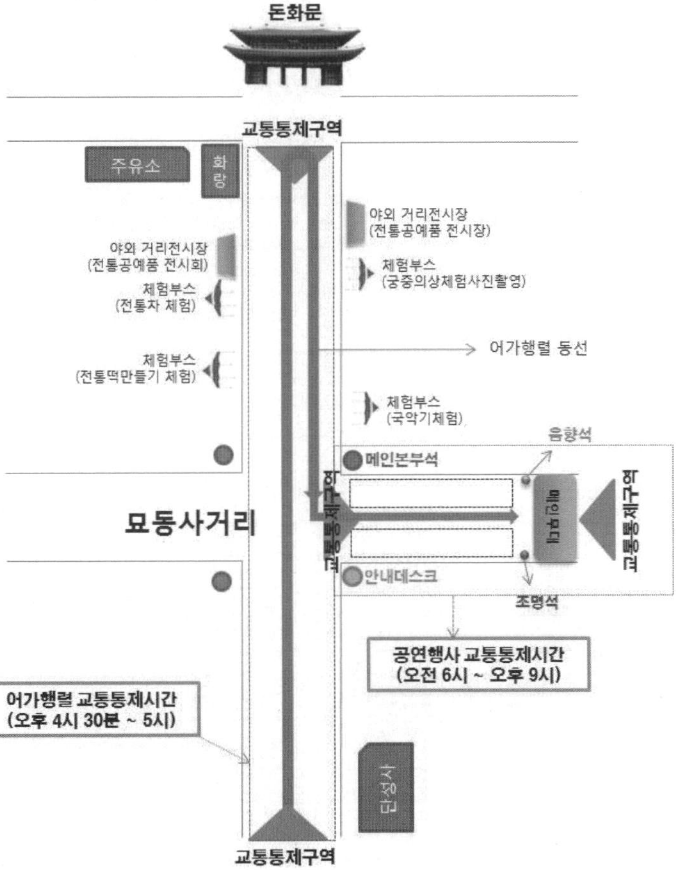
돈화문
교통통제구역
주유소
화랑
야외 거리전시장
(전통공예품 전시장)
체험부스
(궁중의상체험사진촬영)
야외 거리전시장
(전통공예품 전시회)
체험부스
(전통차 체험)
어가행렬 동선
체험부스
(전통떡만들기 체험)
체험부스
(국악기체험)
음향석
메인본부석
교통통제구역
메인무대
교통통제구역
묘동사거리
안내데스크
조명석
공연행사 교통통제시간
(오전 6시 ~ 오후 9시)
어가행렬 교통통제시간
(오후 4시 30분 ~ 5시)
단성사
교통통제구역

16

11. 축제 추진 일정

추진일정(월별)	세부 사업실행계획
2010년 8월	• 사업계획서 문화체육관광부 제출 및 승인 • 국조보조금 신청 및 교부 • 국악로전통문화관광축제 운영조직 구성 및 역할 분담 • 국악로 지역 전통예술단체 및 전통문화관련 상공인 협력체계 구축
2010년 9월 1일~20일	• 행사운영팀 구성 및 계약 • 행사 프로그램 구성 / 행사 홍보물 디자인 제작 • 국악로 축제 참여업체 및 예술단체 계약 • 서울시 및 종로소방서/혜화경찰서 교통통제 협조 • 종로구청 거리 현수막 게제 요청 협조 공문 발송 및 승인 • 행사 홍보물 배부 및 무대/음향/조명 업체 계약 • 축제 홍보 보도자료 배부 및 온라인/오프라인 홍보 • 문화나눔초대 서울시 장애인/노인복지시설 초대 요청 및 협의 • 서울시 자원봉사자 모집 공고 및 모집
2010년 9월 21일~30일	• 국악로 홍보인쇄물 1차 배부 및 발송(초청장/현수막/전단) • 어가행렬재현행사 프로덕션 / 한복패션쇼 프로덕션 구성 • 국악로 일대 홍보 배너 현수막 게제
2010년 10월 1일 ~14일	• 축제 생방송 및 녹화방송 방송섭외 및 계약 • 최종 점검회의 • 국악로 홍보인쇄물 2차 배부 및 발송(초청장/현수막/전단) • 체험부스 대여 및 체험강사 및 요원 최종 확인 • 서울시 자원봉사자 최종 모집 • 무대제작/행사교통 통제판 제작 – 국악로 일대 게제
10월 15일(금)	• 행사 전스탭 최종점검 회의 • 행사 준비물 최종 점검/축제 참여프로그램 최종확인 • 체험업체 / 공연참여 단체 최종 검점
2009년 10월 30일(토) 행사일	• 오전 6시 교통통제~ 오후 9시 • 오전 6시~오후 10시 : 무대/음향/조명 설치, 체험부스 설치 • 오전 10시 ~오후 1시 : 테크니컬 리허설/공연리허설 • 오후 1시 ~ 오후 5시 : 체험부스 운영 • 오후 1시~ 오후 2시 : 어가행렬/한복 패션쇼 리허설 • 오후 2시 30분 ~오후 3시 : 공연리허설 • 오후 4시 30분 ~오후 5시: 어가행렬 / 궁중줄타기 • 오후 5시~오후 5시 30분: 개막식 • 오후 5시 30분 ~7시 30분 : 축하공연 / 패션쇼 • 오후 7시 30분~오후 11시 : 행사 마감/철수/청소/철수 완료

17

12. 소요예산편성

구분	항 목	산출내역(단위 : 천원)	합계금액	비고
인건비	사회자(A급)	2,000천원 x 1인 = 2,000천원	2,000	국고보조금
	총연출	5,000천원 x 1인 =5,000천원	5,000	국고보조금
	조연출	2.000천원 x 1인 =2,000천원	2,000	국고보조금
	공연행사 연출	3,000천원 x 1인 = 2,000천원	3,000	국고보조금
	재현행사 연출	3,000천원 x 1인 = 2,000천원	3,000	국고보조금
	무대감독	1,000천원 x 1인 = 1,000천원	1,000	국고보조금
	홍보행정요원	200천원 x 2인 = 500천원	1,000	자체부담
	진행요원	100천원 x 10인 = 1,000천원	1,000	국고보조금
	경호요원	150천원(1회당) X 10인 = 1,500천원	1,500	국고보조금
	소 계		**19,500**	**국고/자체**
시설비	무대제작비	8,500천원 x 1식 = 8,500천원	8,500	국고보조금
	조명장비 대여료	조명(10kw)7,000천원×1회= 7,000천원	7,000	국고보조금
	음향장비대여료	음향(2.5Kw)5,000천원×1회= 5,000천원	5,000	국고보조금
	부스천막(체험용/행사용)	150천원(동당) x 10개동 = 1,500천원	1,500	국고보조금
	의자/탁자/행사용품대여	의자7백개+테이블10개+행사용품 10세트	1,000	국고보조금
	소 계		**23,000**	**국고보조금**
홍보비	홍보전단/포스터/초청장/배너 현수막/교통통제입간판/현수막 제작	전단 :1만부/포스터:2천부 = 2,000천원 초청장 : 500부 = 300천원 배너현수막+대형현수막 = 700천원 현수막 설치/홍보포스터 배부 대행료 = 1,500천원 교통통제현수막/입간판 제작 및 설치 = 500천원	5,000	국고보조금
	소 계		**5,000**	**국고보조금**
출연료1	공연단체 사례비 (어가행렬 재현)	어가행렬 재현행사팀(50명) x 100천원 = 5,000천원 어가행렬(의전용품 full세트) = 8,000천원	13,000	국고보조금
	소 계		**13,000**	**국고보조금**
출연료2	공연 사례비 (개막식/축하공연)	S급 :2개 단체 x 4,000천원 = 8,000천원 A급 : 4개 단체 X 2,000천원 = 8,000천원 B급 : 4개 단체 X 1,500천원 = 6,000천원	22,000	국고보조금
	체험참여단체	4개 단체 x 500천원 x 1회 = 2,000천원	2,000	자체부담금
	패션쇼 사례비	패션쇼 출연진(20명) x 200천원 = 4,000천원 패션쇼(의상/소품) = 7,000천원	12,000	자체부담금
	소 계		**36,000**	**국고/자체**
기타 인건비 부대비용	영상/사진촬영/DVD제작	사진/영상 촬영/DVD제작 = 1,000천원	1,000	자체부담금
	진행비	교통비/답사비/인터넷/사무행정/섭외 = 1,000천원	1,000	자체부담금
	식대	100명 X 2식 X 5천원	800	자체부담금
	소 계		**2,800**	**자체부담금**
합 계		**국고 보조금 : 81,500천원 / 자체부담 : 17,800천원**	**99,300**	

18

■ 부록 4 6인 6색 사업계획서

목 차

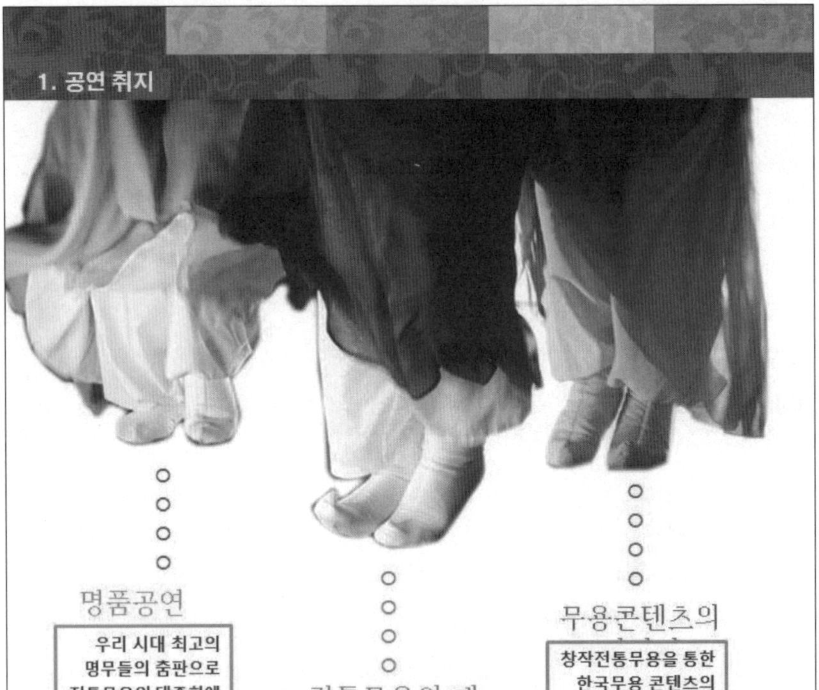
1. 공연 취지
명품공연
우리 시대 최고의 명무들의 춤판으로 전통무용의 대중화에 기여
대중적인 우리춤 명인의 예술세계를 엿볼 수 있는 명품공연 추진으로 전통무용의 관객개발에 기여
우리 시대 명무의 춤판에 최고의 명인(기악인) 협연
전통무용의 계
한국 전통무용 교육계을 이끌어 온 선각자들로서 본 공연을 통한 우리 전통무용의 계승 및 보존
한국 민속춤과 창작전통무용의 대가들로서 명무다운 명춤을 통한 우리 전통춤의 새로운 매력 제시
무용콘텐츠의
창작전통무용을 통한 한국무용 콘텐츠의 새로운 원형 제시
한국 민속춤의 대가들이 선보이는 춤의 세계를 통해서 새로운 무용세대에게 전통무용교육콘텐츠로서 활용성 제시
한국전통무용과 창작전통춤이 협연하는 춤판으로서 우리춤의 흥미와 재미 부여
한국 전통공연예술의 계승과 대중화 기여
1

2. 공연개요

- 사 업 명 : 문2010 문화화체육관광부 전통예술 대중화사업
  우리 시대를 이끌어가는 춤꾼 명품 명무전 "6인 6색"
- 공연 일시 : 2010년 10월 8일(금) ~ 10월 9일(토) 오후 7시 30분
- 공연 장소 : 국립국악원 예악당
- 주 최 : 사단법인 한국전통예술발전협의회
- 후 원 : 문화체육관광부, (사)한국문화예술단체총연합회, (사)한국무용협회
- 가 격 : R석 8만원 S석 6만원 A석 3만원 B석 1만원
- 할 인 : 만60세이상 노인/청소년/3인이상 가족 30%할인
  10인이상 단체관람 50%할인
  엄마와 딸 동반 관람/장애인 50% 할인
- 예 매 : 인터파크, 옥션티켓, (사)한국전통예술발전협의회
- 문 의 : (사)한국전통예술발전협의회
- 부대 행사 : 출연진 팬사인회

2

3. 공연제작진 소개

역 할	성 명	주요경력
예술총감독	이용상	• 전통의상 디자이너 • (사)한국전통예술발전협의회 이사장
기획/제작감독	김만석	• 전남도립국악단 예술감독 • 단국대학교 예술경영학과 강의전담 교수
연 출	조수동	• 연출가
구성/행정	김차호	• (사)한국전통예술발전협의회 사무국장
음악감독	정화영	• 서울시 무형문화제 제25호 판소리 고법 보유자
무대감독	김영봉	•'국립극장 무대감독
음향감독	오진수	• 국립극장 음향감독
의상/소품	이용상	• 전통예술공연 전문 의상 디자이너
무대디자인	박동우	•중앙대학교 교수
무대제작	송영일	• 서울무대제작 대표
영상제작	신상길	• 에니메이션 미술감독(올리브 엔터테인먼트)
조연출	한교경	• 국악 작곡가 및 국악평론가
행정/섭외	김차호	• 프리랜서 전통극작가
웹홍보/사진촬영	윤강수	• 프리랜서 사진작가,웹디자이너
홍보물 제작	인영란	• 디자인 '11월의 아침' 대표
사회	이금희	• 전 KBS 아나운서

3

3. 공연출연진 소개[무용]

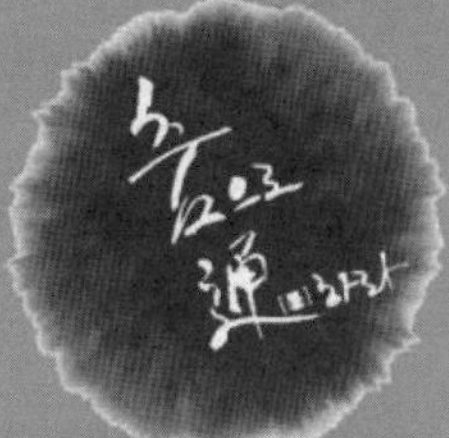

국수호

- 중요 무형문화재 제 27호 승무 이수자
- (사)국수호 디딤무용단 이사장 겸 예술감독
- 서울예술단 예술 총감독 역임
- 국립무용단 단장 역임
- 중앙대학교 예술대학 무용학과 교수 역임
- 세계국예술협회 한국본부 부회장 역임

정재만

- 중요무형문화재 제27호 승무 예능보유자
- 숙명여자대학교 무용학과 교수
- (사)벽사춤아카데미 이사장 역임
- 삼성무용단 단장 및 예술감독 역임

지희영

- 경희대학교 무용학과 겸임교수
- 강원도립무용단 상임안무 역임
- 지희영 무용단 대표
- 한국무용협회 이사
- 김백봉 춤 보존회 부회장

임이조

- 중요무형문화제 제27호 승무 전수교육조교
- 중요무형문화제 제97호 살풀이춤 이수자
- (사) 우봉이매방춤보존회 회장
- 서울시립무용단 단장
- (사)한국국악협회 이사

채상묵

- (사)한국무용협회 부이사장
- 중요무형문화재 제27호 승무 및 제97호 살풀이춤 이수자
- 우봉이매방춤보존회 회장
- 채상묵무용연구원장
- 한국예술종합학교 전통예술원 무용과, 국립국악원, 명지대학교 출강중

최종실

- 사물놀이 명인
- 중앙대학교 세계타악연구소장 겸 중앙타악연희단 예술감독
- 안성 남사당 바우덕이축제 예술감독
- 중앙대학교 국악대학 타악연희과 교수

4

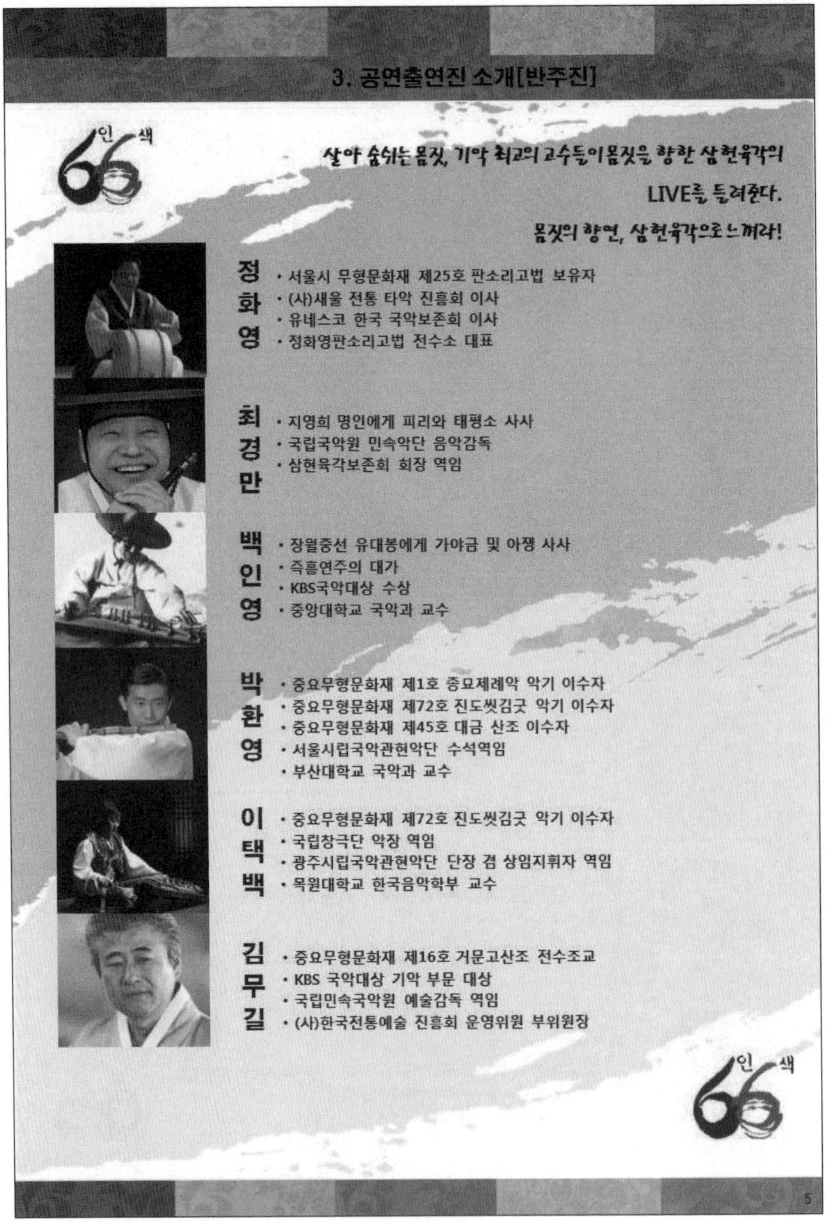
3. 공연출연진 소개[반주진]
인 66 색
살아 숨쉬는 몸짓, 기악 최고의 고수들이 몸짓을 향한 삼현육각의
LIVE를 들려준다.
몸짓의 향연, 삼현육각으로 느껴라!
정화영
· 서울시 무형문화재 제25호 판소리고법 보유자
· (사)새울 전통 타악 진흥회 이사
· 유네스코 한국 국악보존회 이사
· 정화영판소리고법 전수소 대표
최경만
· 지영희 명인에게 피리와 태평소 사사
· 국립국악원 민속악단 음악감독
· 삼현육각보존회 회장 역임
백인영
· 장월중선 유대봉에게 가야금 및 아쟁 사사
· 즉흥연주의 대가
· KBS국악대상 수상
· 중앙대학교 국악과 교수
박환영
· 중요무형문화재 제1호 종묘제례악 악기 이수자
· 중요무형문화재 제72호 진도씻김굿 악기 이수자
· 중요무형문화재 제45호 대금 산조 이수자
· 서울시립국악관현악단 수석역임
· 부산대학교 국악과 교수
이택백
· 중요무형문화재 제72호 진도씻김굿 악기 이수자
· 국립창극단 악장 역임
· 광주시립국악관현악단 단장 겸 상임지휘자 역임
· 목원대학교 한국음악학부 교수
김무길
· 중요무형문화재 제16호 거문고산조 전수조교
· KBS 국악대상 기악 부문 대상
· 국립민속국악원 예술감독 역임
· (사)한국전통예술 진흥회 운영위원 부위원장
인 66 색
5

4. 공연의 STRENTH

영상과 춤이 조화를 이루는 전통춤 공연

무대세트 없이 영상 이미지와 춤의 결합된 다원예술화된 전통춤 공연무대로 영상과 조화를 이루는 색다른 춤의 무대이다.

LIVE 반주로 이루어지는 전통춤 공연

전통춤의 멋은 즉흥성에 있다. 녹음된 반주음악에 맞추어 추는 기존 전통춤 공연과 달리 생생한 라이브 반주음악으로 악사와 무용수가 상호 커뮤니케이션하며 관객에게 생생한 춤과 음악의 무대를 선사한다.

한국춤의 정중동의 미를 보여주는 공연

한국춤의 미학이라고 할 수 있는 정중동의 미를 보여주는 민속춤 레파토리로 춤이 갖는 의미를 기승전결의 드라마틱한 구성으로 연출된 공연이다.

명무가 전하는 우리 춤의 멋과 홍, 감동

우리 시대 한국무용을 이끌어가는 최고의 명무들이 모인 공연무대로 각각의 명무들이 자신의 예술적 기량이 뛰어난 전통춤 레파토리를 보여주어 우리 춤의 멋과 흥, 그리고 감동을 전하는 무대이다.

[전통예술의 고품격 명품공연 트랜드 반영]

- 우리 전통춤 중에서 역동적이며 매력적인 전통춤 레파토리가 관객 시선을 사로잡음 -

- 대중성과 상업성을 고려한 대중의 눈높이를 맞춘 <맞춤형 전통예술공연>이 공연 트랜드 -

- 2007년부터 국내 전통공연예술시장의 트랜드 <전통예술명인 초대전> 대중적 공연상품화 -

[스타시스템으로 안정적 티켓팅 확보]

- 최고의 기량과 예술성을 갖춘 명무로서 최고의 <명품공연>으로 기획됨 -

- 전통무용계에서 창작성과 대중성을 갖춘 스타급 전통무용가들로서 고정 관객팬 확보됨 -

- 출연진 모두 한국무용과 교수들로서 고정관객 확보로 공연의 수익 리스크를 최소할 수 있음 -

5.공연프로그램 소개

NO	프로그램명	내 용	시간	출연진
1	**Openning**	우리시대를 이끌어가는 춤꾼 6인의 예술인생 영상 상영	5'	영상
2	**춤판을 위한 굿**	삼현육각 산조 합주	5'	기악합주단
3	**국수호 영상**	타이틀 : 사라진 우리의 역사, 사멸한 우리의 문화에 생명을 불어 넣는 혼의 마술사, 국수호	30"	국수호 영상
3	**신무**	1400년전 백제에서 일본에 전해진 기악무(伎樂舞) 형식의 춤으로, 현금(玄琴)과 적(笛)에 맞추어 춤의 신(神)을 다스리는 독무이다	8'	국수호 기악반주단
4	**지희영 영상**	타이틀 " 지희영 춤의 독특함은 잊을 수가 없다. 첫인상은 흡사 무사의 움직임과 같다. 때로는 조용히, 때론 격렬하게 연결되는 움직임 속에서 절도 있는 동작을 하나하나 펼쳐낼 때마다 무인의 칼시위를 연상케 한다. "- 명지대 교수 최경구	30"	지희영 영상
5	**무당춤**	굿 속에는 인생의 희노애락이 다 들어있으며 우리 민족의 전통 음악과 전통 춤이 내포되어 있다. 한민족의 원초적 에너지를 느낄 수 있는 무당춤. 그가 가장 애착을 갖고 있는 춤 중 하나이다. 여기에는 인생이 들어있다. 신을 부르는 감정, 신을 거부하는 감정이 다 표현되어 있다.	9'	지희영 기악반주단
6	**춤추는 무동**	춤을 위한 가야금 즉흥 산조	6'	백인영 기악반주단
7	**정재만 영상**	경향류 정통계보를 잇는 최고의 남성춤꾼으로 우리 민족의 혼과 신명을 기저로 한 한국춤을 이끌어가는 명무, 정재만 – 춤평론가 성기숙	30"	정재만 영상
8	**허튼 살풀이춤**	'허튼살풀이'는 1993년 전통명무 7인전에서 정재만이 첫 선을 보인 춤으로 전통살풀이 기법을 허튼가락과 춤사위로 풀어 흥과 멋 그리고 신명까지 담은 춤이며 예술의 경지를 터득하기 위한 수련과정을 나타냈다고 할 수 있다. 특히 디딤새의 기교가 돋보이는 정재만 특유의 춤인 허튼살풀이는 디딤 사위, 구르는 사위 등 맺고 푸는 즉흥성과 자유로움을 맘대로 구사할 수 있는 춤이다.	10'	정재만 기악반주단

7

5.공연프로그램 소개

NO	프로그램명	내 용	시간	출연진
9	임이조 영상	'한국춤의 미(美)', 대담한 색상을 무대에 도입하여 전통적이지만 모던한 세련미, 느림과 빠름, 엇박자를 넘나는 그의 발놀림과 미농은 한국의 선비가 같다. – 뉴욕타임즈	30"	임이조 영상
10	한량무	한량무는 조선 시대 남사당패의 마당극에 등장하는 한량이라는 인물의 움직임을 임이조씨가 독자적으로 재구성한 춤이다.	9'	임이조 기악반주단
11	무희 화고	춤을 위한 시나위	5'	기악반주단
12	채상묵 영상	전통이 갖는 민족성과 창작의 구도적 성향을 접목, 예술적 이미지로 형상화하는 작업성향을 모색하며 우리 춤의 정서를 전통춤과 창작춤의 한계를 넘나들며 섬세하면서도 강렬하게 표출하려는 춤의 미학을 가진 예인이다.	30"	채상묵 영상
13	승무	채상묵의 승무는 기본적으로 단아하고 간결하다. 맵시가 있되, 이매방 스타일의 요염함과는 거리가 멀다. 하얀 승복을 입은채 한삼을 던지는 태에서 절도가 느껴진다. 이에 비해 남해별신굿놀이의 음악은 화려한 가락으로 심플한 외양의 춤과 대조적이면서도 묘한 조화를 이룬다.	9'	채상묵 기악반주단
14	최종실 영상	사물놀이의 창시자중으로 하나로 남사당 집안의 무동으로서 상모놀음과 소고춤의 달인이다.	30"	최종실 영상
15	소고춤	소고춤(小鼓舞)은 농악에서 12자 장단에 맞추어 소고를 두드리면서 춤을 추는 것으로, 황홀한 체기와 멋이 깃든 춤이다. 특히 최종실류의 소고춤은 풍물의 역동적인 동작과 개인기로 신명의 판을 만드는 최고의 볼거리로서 그의 독특한 춤사위와 가락으로 짜임새 있게 구성하여 무대화 시킨 춤이다.	10'	최종실 기악반주단
합 계			80'	진행시간 포함

8

5.공연프로그램 소개
신 무
사라진 우리의 역사,
사멸한 우리의 문화에
몸짓의 생명을 불어 넣는 혼의 마술사
한국춤은 그로 인해 스토리를 갖게 되었고,
그로 인해 세계화될 수 있었다.
1400년전 백제에서 일본에 전해진 기악무(伎樂舞) 형식의 춤으로, 현금(玄琴)과 적(笛)에 맞추어 춤의 신(神)을 다스리는 독무이다
9

5.공연프로그램 소개

무 당 춤

지희영 춤의 독특함은 잊을 수가 없다.
첫인상은 흡사 무사의 움직임과 같다.
때로는 조용히, 때론 격렬하게 연결되는 움직임 속에서
절도 있는 동작을 하나하나 펼쳐낼 때마다
무인의 칼사위를 연상케 한다.

- 명지대 교수 최경구

굿 속에는 인생의 희노애락이 다 들어있으며 우리 민족의 전통 음악과 전통 춤이 내포되어 있다. 한민족의 원초적 에너지를 느낄 수 있는 무당춤. 그가 가장 애착을 갖고 있는 춤 중 하나이다. 여기에는 인생이 들어있다. 신을 부르는 감정, 신을 거부하는 감정이 다 표현되어 있다.

10

5.공연프로그램 소개

허튼 살풀이춤

경향류 정통계보를 잇는 최고의 남성춤꾼으로
우리 민족의 혼과 신명을 기저로 한
한국춤을 이끌어가는 명무가 정재만이다.
- 춤평론가 성기숙

허튼살풀이'는 1993년 전통명무 7인전에서 정재만이 첫 선을 보인 춤으로 튼살풀이 기법을 허튼가락과 춤사위로 풀어 흥과 멋 그리고 신명까지 담은 춤이며 예술의 경지를 터득하기 위한 수련과정을 나타냈다고 할 수 있다. 특히 디딤새의 기교가 돋보이는 정재만 특유의 춤인 허튼살풀이는 디딤 사위, 구르는 사위 등 맺고 푸는 즉흥성과 자유로움을 맘대로 구사할 수 있는 춤이다.

11

5.공연프로그램 소개

한 량 무

한국춤의 미(美)',
대담한 색상을 무대에 도입하여
전통적이지만 모던한 세련미,
느림과 빠름, 엇박자를 넘나는
그의 발놀림과 미소는 한국의 선비가 같다.
-뉴욕 타임즈

한량무는 조선 시대 남사당패의 마당극에 등장하는 한량이라는 인물의 움직임을 임이조 명무가 독자적으로 재구성한 춤이다.

12

5.공연프로그램 소개

승 무

전통이 갖는 민족성과 창작의 구도적 성향을 접목,
예술적 이미지로 형상화하는 작업성향을 모색하며
우리춤의 정서를 전통춤과 창작춤의 한계를 넘나들며
섬세하면서도 강렬하게 표출하려는
춤의 미학을 가진 예인 채상묵

채상묵의 승무는 기본적으로 단아하고 간결하다. 맵시가 있되, 이매방 스타일의 요염함과는 거리가 멀다. 하얀 승복을 입은 채 한삼을 던지는 태에서 절도가 느껴진다. 이에 비해 남해별신굿놀이의 음악은 화려한 가락으로 심플한 외양의 춤과 대조적이면서도 묘한 조화를 이룬다.

13

5.공연프로그램 소개

소고춤

최종실, 그는 사물놀이의 창시자중으로 하나로
남사당 집안의 무동으로서
상모놀음과 소고춤의 달인이다

소고춤(小鼓舞)은 농악에서 12차 장단에 맞추어 소고를 두드리면서 춤을 추는 것으로, 황홀한 체기와 멋이 깃든 춤이다. 특히 최종실류의 소고춤은 풍물의 역동적인 동작과 개인기로 신명의 판을 만드는 최고의 볼거리로서 그의 독특한 춤사위와 가락으로 짜임새 있게 구성하여 무대화 시킨 춤이다.

14

6. 공연 홍보 마케팅

Category		Item	Comments
TV Spot	케이블 TV	• 케이블 TV의 드라마, 문화예술, 국회정책TV 등 주요 타켓층 선호채널 내 Spot 홍보 영상 요청	
AD	무가지 월간지	• 포커스, AM7, 시티, 노컷뉴스, 뉴시스, 서울문화 투데이, 국악신문, 국악디지털신문 등 타켓 선호 무가지 중 선별 광고 개제 • 문화예술지, 국립국악원 '국악누리' 국립극장 '미르' 홍보광고 요청	티켓 Barter 고려
Publicity	TV, 라디오, 신문 월간지, 인터넷 매채	• 공연 문화섹션 내 추천공연 및 이슈기사 개재 • 무가지 및 월간지 광고와 연계하여 효율적 운영 • 공연 프리뷰 및 출연진 인터뷰 기사	타켓층 중심의 인터넷 카페 및 블로그 활용 트위터 활용
Promotion & Event	라디오, Co-Work 웹-마케팅	• 타켓층 선호 라디오 프로그램(국악FM/TV국악 한마당/원음방송/불교방송 등) 내 초청 이벤트 • 협찬사, CO-Work기업 및 무용관련 전공 대학별 단체티켓 구매 프로모션 등(회원 활용한 DM 및 초청이벤트, 특별할인 등) • 서울시 공연홍보 웹사이트 및 티켓 링크, • 인터파크 프로모션 티켓 할인이벤트 및 배너 광고 기재	협찬사, 후원사 등 온라인 사이트 활용
기타	홍보물제작물	• 포스터, 현판, 현수막, 전단 등 • 서울시내 주요공연장 포스터/전단 배부 • 서울 시내 문화예술관련 기관 및 단체 등에 포스터/전단 배부 • 인터넷 온라인 문화예술 포털사이트 및 무료 공연홍보 사이트 • 전통공연관련 동호회 및 블로그에 공연홍보 배너 메일발송 및 등업	타켓층 선호 사이트

15

7. 공연연출 계획

공연 연출

- 장면전환을 최소한으로 하기 위한 영상 인터미션으로 관객에게 흥미로운 볼거리 제공
- 테마와 주제로 공연을 진행하여 관객에게 흥미와 재미 제공
- 무용공연 레파토리별로 기승전결의 극적인 요소를 접목하여 드라마틱하게 공연진행
- 영상 효과는 최대한 무용공연에 지장을 주지 않게, 공연레파토리별로 공연 시작전 인트로 영상으로 활용
- LIVE 반주로 LIVE 효과를 최대한으로 활용하기 위하여 악사반주를 일반적인 오케스트라피트에서 하는 것에서 벗어나 무용과 악사 반주가 무대에서 동시에 진행될 수 있도록 무대구성
- 의상과 음악, 그리고 무용이 잘 접목될 수 있는 조명효과는 WHITE광을 중심으로 가되 역동적인 장면에서 조명이펙트 (고보, 무빙)활용

공간 연출

- 공연 엔딩 후 커튼콜을 관객과 사진 촬영 병행
- 프레스 리허설 및 시사회를 동시에 개최하여 공연 초대 이벤트 병행으로 언론 홍보를 통한 공연흥미 자극
- 공연후 예악당 로비에 팬서비스 차원의 사인회 및 기념사진 촬영 병행
- 대중성이 확보한 진행자를 위해서 대중에게 친숙한 MC를 섭외하여 공연을 진행 매끄럽게 하며 관객 흥미 자극
- 관객이 작품에 몰입할 수 있도록 인터미션을 없이 80분 진행

16

8. 공연 추진 일정

추진일정(월별)	세부 사업실행계획
2010년 8월	• 공연제작진 구성 및 예산계획 수립, 출연진 섭외 • 문화체육관광부에 공연사업계획서 제출 승인 • 공연 무대/소품/의상/영상/음악/조명 디자인 의뢰 • 공연홍보 마케팅 계획 수립 • 공연티켓 온라인 판매 계약(인터파크/티켓링크)
2009년 9월	• 공연출연진 최종 확정 • 공연홍보물 1차 디자인 시안 수정 및 제작 완료 • 공연 무대/소품/의상/영상/음악 디자인 시안 검토 • 공연홍보 보도자료 1차 발송(언론/방송/잡지/공공기관) • 공연 홍보인쇄물 온라인/오프라인 배부 및 공연홍보 • 공연티켓 판매(온라인 : 9월 10일/오프라인 판매) • 공연홍보 이벤트 실시(온라인/오프라인 병행)
2009년 10월 1째주	• 공연출연진 1차 제작회의 • 공연출연진 의상/소품/세트 최종 완료/ 공연 영상 최종 편집 완료 • 공연티켓 판매(온라인/오프라인 판매) • 공연홍보 이벤트 실시(온라인/오프라인 병행)
2009년 10월 8일(금)	• 오전 9시 : 공연장(국립국악원 예악당) 공연현장상황실 설치 • 오전 9시 : 공연장 무대/조명/소품/영상/음향 셋업 • 오전 10시 : 공연장 전시/안내/판매대 셋업 • 오전 2시 : 공연 무대/조명/음향 테크니컬 리허설 • 오후 3시 : 공연출연진 악사 리허설 • 오후 4시 : 공연출연진 무용 리허설 • 오후 6시 : 출연진 대기 및 분장 • 오후 6시 30분 : 티켓팅 • 오후 7시 10분 : 관객입장 • 오후 7시 30분 : 공연시작 • 오후 9시 : 공연 마감 • 오후 10시 : 공연장 로비 및 공연무대 제작진 철수
2009년 10월 9일(금)	• 오전 9시 : 공연장(국립국악원 예악당) 공연현장상황실 설치 • 오전 9시 : 공연장 무대/조명/소품/영상/음향 셋업 • 오전 10시 : 공연장 전시/안내/판매대 셋업 • 오전 2시 : 공연 무대/조명/음향 테크니컬 리허설 • 오후 3시 : 공연출연진 악사 리허설 • 오후 4시 : 공연출연진 무용 리허설 • 오후 6시 : 출연진 대기 및 분장 • 오후 6시 30분 : 티켓팅 • 오후 7시 10분 : 관객입장 • 오후 7시 30분 : 공연시작 • 오후 9시 : 공연 마감 • 오후 10시 : 공연장 로비 및 공연무대 철수

17

9. 공연 소요예산 편성

세부항목	금액	산출내역(단위 : 천원)	조달방법
대관료	4,400	2일 X 2,200천원(1일기준) <무대/조명/음향/냉난방/분장실>	국고보조금
영상 제작	4,300	영상(스틸컷+영상컷)편집 +CG+ 3D효과	국고보조금
의상제작	12,000	무용 6벌 X 1,200천원(벌당) = 7,200천원 악사 6벌 X 800천원(벌당) = 4,800천원	자체자금
소품제작	3,800	6막(대도구- 프린팅 샤막) X 300천원 = 1,800천원 10세트(소도구) X 200천원 = 2,000천원	국고보조금
홍보물 제작	5,200	포스터(1천부)/티켓(2천장)/전단(1만장)/프로그램(2천부)/ 초청장(5백장)	국고보조금
연출	3,000	1명 X 3,000천원	국고보조금
조연출	1,000	1명 X 1,000천원	국고보조금
무대감독	1,000	1명 X 1,000천원	국고보조금
조명감독	2,000	1명(디자인+오퍼레이팅) X 2,000천원	국고보조금
음향감독	1,500	1명(오퍼레이팅) X 1,500천원	국고보조금
무대스탭	1,600	4명 X 200천원 X 2회	국고보조금
음향스탭	400	1명 X 200천원 X 2회	국고보조금
조명스탭	800	2명 X 200천원 X 2회	국고보조금
영상스탭	400	1명 X 200천원 X 2회	국고보조금
출연료	30,600	무용 6명 X 1,500천원(2회) = 18,000천원(연습비 포함) 악사 6명 X 800천원(2회) = 9,600천원(연습비 포함)	국고보조금
		사회자 1명(A급) X 1,500천원(2회) = 3,000천원	국고보조금
분장비	2,400	12명 X 10천원(1인당) X 2회	자체자금
사진/영상촬영	600	2명 X 300천원(1인당)	자체자금
홍보진행비	800	전화/우편/사무비품/통신/복사비	자체자금
행정비	340	대외 공연업무 추진비	자체자금
합 계	76,140	국고보조금 : 6,000천원 / 자체자금 : 16,140 천원	

18

:: 참고문헌

강석홍(1999), 『오케스트라 운영을 통해 본 공연예술단체 운영방안』, 다움아카데미.

공규현(2003), 「공연예술시장 활성화를 위한 국내 아트마켓 육성방안연구」, 추계예술대학교 예술경영대학원 석사학위논문.

김광래(1998), 「국내 대형문화예술공간운영의 개선방안 연구」, 중앙대학교 예술대학원 문화예술학 석사논문.

김민주외 공저(2005), 『컬덕 시대의 문화마케팅』, 미래의창.

김서령(1999), 「디아길레프의 예술경영(Art managemenet)에 관한 연구」, 한성대 예술대학원 석사논문.

김성용(2006), 『관광마케팅』, 기문사.

김성현(2005), 「지역축제의 지역경제활성화 영향 분석 : 지역적합도 전략 및 마케팅 전략을 중심으로」, 중앙대학교 대학원 박사학위논문.

김소영 · 주영혁 · 남윤정 · 박준호(2002), 『문화예술기관을 위한 마케팅전략기획』, 한국문화정책개발원.

김영대(1998), 「지방 예술 회관의 운영에 관한 연구」, 단국대학교 경영대학원 석사논문.

김영순 · 최민성 외 공저(2006), 『축제와 문화콘텐츠』, 다흘미디어.

김원명(1998), 「비영리 공연예술조직의 운영 및 경제성에 대한 연구」, 서울대학교 대학원 박사학위논문.

김원철 · 이석호(2001), 『문화관광축제 육성방안』, 한국관광연구원.

김유리(2006), 『문화콘텐츠 마케팅』, 한국문화사.

김은희(2002), 「전시회 참관객의 가치추구에 따른 정보탐색행동 및 구매의도에 관한 연구」, 한림대학교 석사학위논문.

김주호 · 용호성(2002), 『예술경영』, 김영사.

김준희(2001), 「문화산업으로서의 우리나라 공연예술의 현황 및 발전 방안에 관한 연구」, 성균관대학교 대학원 석사학위논문.

라도삼(2005), 『문화향수 촉진을 위한 문화마케팅 프로그램 개발』, 서울시정개발연구원.

문건수(2007), 「지역축제가 지역경제 활성화에 미치는 영향에 관한 연구 : 보령시 머드축제를 중심으로」, 연세대학교 행정대학원 석사학위논문.

문경주(2002), 「전시형 이벤트 관점에서 본 견본시의 효과적 운영방안에 관한 연구: 국제방송 · 영상 · 음향 · 조명기기 전시회를 중심으로」, 광주대학교 석사학위논문.

문화관광부(1999), 『2000년도 공연예술진흥기본계획』.

박기안(2006), 『마케팅』, 무역경영사.

박선민(2005), 『해외공연 어떻게 들여오나』, 예솔.

박신의(2002), 『문화예술경영 이론과 실제』, 생각의나무.

박장순(2005), 『문화 콘텐츠 해외 마케팅』, 커뮤니케이션북스.

박종의 외(2006), 『특수마케팅의 이론과 사례』, 형설출판사.
박지선(2005), 「국내공연예술 수출을 위한 아트마켓의 구조와 기능에 관한 연구」, 성균관대학교 대학원 공연예술학과 석사학위논문.
박진규 · 정찰상 공저(2005), 『지역문화와 축제 - 기획과 연출』, 글누림.
박진태 외(2004), 『세계의 축제와 공연문화』, 대구대학교출판부.
서태양 · 부숙진 · 조태영 공저(2008), 『세계화 시대의 지역축제경영』, 기문사.
성공시스템아카데미(2005), 『유비쿼터스와 프로슈머 마케팅』, 조은친구들.
송명헌(1994), 「문화예술진흥기금의 조성과 운영실태에 관한 연구」, 성균관대학교 행정대학원 석사논문.
심정순(2003), 『글로벌 시대의 한국연극 공연과 문화 2』, 푸른사상.
양건열 외(1998), 『공연예술발전을 위한 공공지원정책방안 연구』, 한국문화정책개발원.
양정현(2006), 『공연제작(무대예술전문인자격검정표준교재)』, 교보문고.
여석기 편저(1981), 『연극사전』, 예니.
오현전(1998), 「국공립극장의 현황3 : 바비칸 센터의 운영상황」, 『한국연극 4월호』.
용호성(1998), 「미국의 공연예술시장에 대한 정부의 개입방식」, 『문화정책논총 제10집』, 한국문화정책개발원.
운용중(1997), 「문화예술부문에 대한 민간 및 정부지원정책에 관한 연구」, 국민대학교 대학원 박사학위논문.
유국열(2000), 「지역축제의 개선점과 각 주체간 역할에 관한 연구」, 충북대학교 행정대학원 석사학위논문.
유민영 · 김연수(2004), 『도약하는 정동극장 이야기』, 태학사.
유인경(2005), 『한국 공연예술의 조망』, 한국문화사.
이각규(1994), 『이벤트 전략』, 김영사.
이병훈 · 이장주 · 송태갑(2000), 『특집- 향토축제와 지역활성화』, 도시정보.
이봉훈(2005), 『문화이벤트와 기획』, 한울출판사.
이상만(1998), 「국공립 문화예술기구의 전문적, 민간적 개혁」, 『제1회 다움정치포럼』.
이석규(2006), 『마케팅관리(제2판)』, 박영사.
이석형(1995), 「우리나라 연극 관객의 형태에 관한 연구: 20세기를 중심으로」, 단국대학교 경영대학원 석사학위논문.
이수범(2005), 『영화 마케팅 PR론』, 나남.
이승엽(2001), 『극장경영과 공연제작』, 역사넷.
이승원(1988), 「공연예술지원정책에 관한 연구 : 연극활동을 중심으로」, 서울대 행정대학원 석사논문.
이승훈(1998), 「국공립극장의 현황 : 미국, 비영리예술단체에 지원을 해주는 미국」, 『한국연극 4월호』.
이연택(2001), 『지역축제는 시스템 산업이다-지역축제활성화를 위한 세미나』, 재단법인 부산발전연구원.
이은경(1994), 「문화예술정책이 무용에 미치는 영향」, 한양대학교 대학원 석사논문.
이의신(2003), 『공연기획 이렇게 하면 어떨까요』, 예술.
이인권(2004), 『공연예술의 무대기획』, 한솜.
이태섭 외(2001), 『공연제작의 실제』, 아르케라이팅아트.

이토 야스오・이홍재 역(2002), 『예술경영과 문화정책』, 역사넷.
이해노(1991), 「국,공립 공연장 조직의 개선에 관한 연구」, 중앙대학교 석사논문.
이홍재 외(1997), 『국립극장, 예술의 전당, 국립국악원 조직 및 기능의 특성화 방안』, 한국문화정책개발원.
임상오(1997), 「문화예술 인프라의 확충으로 경제위기 극복」, 『메세나 제19호』.
_____(1997), 『공연예술의 경제학 - 현대사상연구 제10집』, 목원대학교.
임학순(1998), 『문화예술진흥기금과 지방문화예술진흥기금의 공연예술 지원사업 조정방향』, 한국문화정책개발원 제10집.
장미진 외(1999), 『공연예술분야 관객지원제도 분석 및 개선방안 연구』, 한국문화정책개발원.
장미진(1999), 『한국 공연예술정책의 전개과정과 향후 추진방향 검토』, 한국연극 5월호.
장수용(2005), 『고객지향 마케팅혁신전략』, 전략기업컨설팅.
전략기술경영연구원편집부(2004), 『기술기획능력을 향상시키기 위한 주요 아이디어 발상법』, 전략기술경영연구원.
전병태(2004), 『공연예술 분야 예술인 상주제도 연구』, 한국문화관광정책연구원.
전성환(2002), 『공연기획핸드북』, 예영커뮤니케이션.
정강환(1996), 『이벤트 관광전략-축제와 지역활성화』, 일신사.
정경훈(2001), 『문화이벤트 연출론』, 대왕사.
정경훈(2006), 『축제와 이벤트(성공하는 문화마케팅을 위한)』, 글누림.
정기문・문승래(1996), 『공연예술의 경제적 특성』, 강원대학교 산업경제연구소 권호정보 10호.
정익준(2005), 『비영리마케팅』, 형설출판사.
정재민(1995), 「연극산업의 경제적 특성에 관한 연구」, 서강대학교 대학원 석사논문.
조안 슐레이크저・김명숙 역(1995), 『무용공연제작』, 당그래.
채명기(1999), 『저작권법상 비영리 목적의 공연에 관한 연구』, 저작권심의조정위원회.
채송아(2000), 「공연장의 인적구성요소와 그에 따른 전문인력 양성방안에 관한 연구」, 단국대학교 경영대학원 석사학위논문.
최병식(2008), 『미술시장과 아트딜러』, 동문선.
최용호(2005), 『광고 커뮤니케이션 문화 마케팅』, 인간사랑.
코틀러 저・정익준 역(1999), 『비영리조직 마케팅』, 영풍문고.
필립코틀러 저・정준희 역(2005), 『필립 코틀러 마케팅을 말하다』, 비즈니스북스.
한국문예진흥원 역(1996), 『기획경영』, 예니.
한국문화경제학회(2001), 『문화 경제학 만나기』, 김영사.

A.Kelly, Thomas, *Stage Management*, Back Stage Books, 1999.
Anderson, J.E.(1979), *Public Policy-making*. N.Y.: Holt, Rinehart and Winston.

Archer, B.(1996), Economic impact Analysis. *Annals of Tourism Research*, Vol.23.

Austen-Smith, David and Steven P. Jenkins(1985), "A Multiperiod Model of Nonprofit Enterprises", *Scottish Journal of Political Economy*.

Baumol, Hilla and William J. Baumol(1980), "On Finances of the Performing Arts During Stagflation : Some Recent Data", *Journal of Cultural Economics*.

______(1984), *Inflation and the Performing Arts*, New York : New York U. Press.

Baumol, William J. and William G. Bowen(1965), "On the Performing Arts : The Anatomy of their Economic Problems", *American Economic Review*.

______(1966), *Performing Arts : the Economic Dilemma*, New York : Twentieth Century Fund.

______(1966), *Performing Arts--The Economic Dilemma*, Cambridge, Mass.: Twentieth Century Fund.

Baumol, William J., Bowen, William G, *Performing Arts - The Economic Dilemma*, THE MIT PRESS, 1966.

Berry, L.L. & A. Parasuraman.(1991), *Marketing services*. N.Y.: The Free Press.

Boorsma, Peter B.(1998), "Privatizing the Muse 'and all that Jazz'", Boorsma, Peter B, A. v. Hemel, and N. v. d. Wiedel(ed.), *Privatization and Culture*, Dordrecht : Kluwer Academic Publishers.

Bowen, W. G., T. I. Duffy, S. E. Turner and E. A. Duffy(1994), *The Charitable Nonprofits*, San Fransisco, Jossey-Base Publishers.

Casey, B., Dunlop, R. and Selwood, S.(1996), *Culture as Commodities*, London, Policy Studies Institute.

Dimaggio, Paul J. and K. Stenberg(1985), "Why do Some Theatres Innovative More than Others? An Empirical Analysis", *Poetics*.

Dimaggio, Paul J.(1987), "Nonprofit Organizations in the Production and Distribution of Culture", in *The Nonprofit Sector : A Research Handbook*, Ed. : Walter W. Powell, New Hqven : Yale U. Press.

Felton, M. V.(1992), "On the Assumed Inelasticity of Demand for the Peforming Arts", *Journal of Cultural Economics*.

Ford Foundation(1974), *The Finances of the Performing Arts*, New York : The Ford Foundation.

Freakley, Vivien, Sutton, Rachel, *Essential Guide to Business in the Performing Arts*, Hodder Stroughton EDUCATIONAL, 1996.

Frey, Bruno S.(1999), "State Support and Creativity in the Arts : Some New considerations", *Journal of Cultural Economics*.

Frey, Bruno S. and Pommerehne, Werner W.(1989), *Muses and Markets : Explorations in the Economics of the Arts*, Oxford, Blackwell.

Gapinski, James H.(1984), "The Economics of Performing Shakespeare", *American Economic Review*.

______(1986), "The Lively Arts as Substitutes for the Lively Arts", *American Economic Review*.

Gets, D.(1992), Trends in Event Tourism, In J.R.B. Ritchie and B.E. Hawkins(eds). *World Travel and Tourism Review* Vol.2. Wallingford: CAB International.

Globerman, Steven and Sam H. Book(1974), "Statistical Cost Functions for Performing Arts Organizations", *Southern Economic Journal*.

Hansmann, Henry B.(1980), "The Role of Nonprofit Enterprise", *Yale Law Journal*.

______(1981), "Nonprofit Enterprise in the Performing Arts", *The Bell Journal of Economics*.

Heilbrun, James and Charles M. Gray(1993), *The Economics of Art and Culture : An American Perspective*, New York, Cambridge University Press.

Howell, L.R.(1988), *Small Town Tourism Development*. Rereaation Travel & Tourism Institute. Vol.15.

J. Dennis Rich, Dan J. Martin, *The Role Of Formal Education In Arts Administration Training, Guide to Arts Administration Training and Research 1997-1999*, Association of Arts Administration Educators, 1997.

Kappler, A.(editor)(1996), *Facts about Germany, Frankfurt and Main : Societats-Verlag*.

Koivunen, H. and T. Korto(1998), "Value Chain in the Cul?tural Sector", 10th International Conference on Cultural Economics, Barcelona, Spain.

Kotler, P. and Joanne Scheff(1997), *Standing Room Only : Strategies for Marketing the Performing Arts*, Boston, Massachusetts, Harvard Business Press.

Lange, Mark et al.(1985), "Cost Functions for Symphony Orchestras", *Journal of Cultural Economics*.

Langley, Stephen(1999), *Theatre Management and Production in America*, DRAMA PUBLISHCERS.

Law, C.M.(1991), Tourism and Urban Revitalisation, *East Midland Geographer* 14.

Lim, Sang-Oh(1999), "Support and Policy for Artstist and Arts Organizations in Korea", Artists' Career Development and Artist' Labour markets, Support and Policies for Artists, International Symposium on Cultural Economics in Tokyo, 28~30 May, ACEI/JACE.

McKinzie, Richard D.(1973), *The New Deal for Artists*, New Jersey, Princeton U. Press.

Medlik, S. & V.T.C. Middleton.(1973), "The Tourism Product and Its Marketing Implication." *International Tourism Quarterly*. No.3.

Menger, P.-M. and Marc Gurgand(1996), "Work and Com?pensated Unemployment in the Performing Arts", In V. A. Ginsburgh and P.-M. Menger, eds., *Economis of the Arts*, Elsevier Science B. V.

Moore, Thomas G.(1966), "The Demand for Brodway Theatre Tickets", *Review of Economic Statistics*.

Morrison, W. G. and Edwin G. West(1986), "Subsidizing for the Performing Arts : Evidence on Voter Preference", *Journal of Behavioral Economics*.

National Endowment for the Arts(1988), *The Arts in America*, Washington DC : National

Endowment for the Arts.

______(1992), *A Sourcebook of Arts Statistics*, Washington DC : National Endowment for the Arts.

______(1998), The Arts in the GDP : Consumer Spent More Than $10 Billion on Admission Receipts for Performing Arts Events in 1997, Research Division Note.

______(1999), Artist Employment in 1998, Research Division Note.

Netzer, D.(1978), *The Subsidized Muse : Public Support for the Arts in the United States*, Cambridge : Cambridge U. Press.

O'hagan, John W.(1998), *The State and the Arts*, MA., Edward Elgar Pub.

Peacock, Alan T.(1994), "The Design and Operation of Public Funding of the Arts", Alan Peacock and Ilde Rizzo(ed.), *Cultural Economics and Cultural Policies*, Dordrecht, Kluwer Academic Publishers.

Peacock, Alan, Eddie Shoesmith and G. Millner(1982), *Inflation and the Performing Arts*, London : Arts Council of Great Britain.

Poland, O.F.(1971), "Why Does Public Administration Ignore Evaluation?" PAR (March/April).

Policy Studies Institute(1995), *Cultural Trends : Issue 26*.

Pommerehne, Werner W. and Bruno S. Frey(1990), "Public Promotion of the arts : A Survey of Means", *Journal of Cultural Economics*.

Reid, David(1995), *Sustainable Development*. London: Earthscan Publications Ltd.

Schulze, G. and A. Rose(1997), "Public Orchestra Funding in Germany : An Empirical Investigation"(Mimeo, Department of Economics, University of Konstanz, December).

Schwarz, Samuel(1986), "Long-term Adjustment in Performing Arts Expenditures", *Journal of Cultural Economics, 10*(2).

Taylor, E. Andrew(1995), "Rethinking the Performing Arts for the Media Age", *The Journal of Arts Management, Law and Society, 25*(3), Fall.

Throsby, C. D.(1977), "Perception and Cost Relationships in the Supply of Performing Arts Services", in *Economics of the Australia Service Sector*, Ed. : K. A. Tucker, London : Croom-Helm.

______(1982), "Economics and the Arts : A Review of Seven Years", *The Economic Record*.

______(1983), "Perception of Quality in Demand for the Theatre", in William S. Hendon and James L. Shanahan, eds., *Economics of Cultural Decisions*, Cambridge, MA : Abt Books.

______(1994), "The Production and Consumption of the Arts : A View of Cultural Economics", *Journal of Economic Literature*, XXXII.

Throsby, C. D. and G. A. Withers(1979), *The Economics of the Performing Arts*, London/Melbourne: Edward Arnold.

______(1983), "Measuring the Demand for the Arts as a Public Good : Theory and Empirical Results", In James L. Shanahan et al., eds., *Economics for the Arts, Akron*, Ohio : Association for Cultural Economics

______(1993), *The Economics of the Performing Arts*, London/Melbourne, Edward Arnold.

Towse, Ruth(1994), "achieving public policy objectives in the arts and heritage", In Alan Peacock and Ilde Rizzo, ed., *Cultural Economics and Cultural Policies*, Dordrecht, Kluwer Academic Publishers.

______(1997), ed., Cultural Economics : The Arts, the Heritage and the Media Industries, Two Volumes, Edward Elgar, Cheltenham U.K. and Lyme, U.S.A.

UNESCO(1998), *World Culture Report*, Paris : UNESCO.

Weisbrod, Burton A.(1977), *The voluntary nonprofit sector : An economic analysis*, Lexington, MA : D.C. Heath and Company.

Withers, G. A.(1979), "Private Demand for Public Subsidies : An Econometric Study of Cultural Support in Australia", *Journal of Cultural Economics, 3*(1).

______(1980), "Unbalanced Growth and the Demand for Performing Arts : An Econometric Analysis", *Southern Economic Journal, 46*(3).

2004 한국문화예술진흥원 '문화소외지역 전국사업 기금신청 양식', 정동예술단 2004.

2004 한국문화예술진흥원 문예진흥기금사업 지원신청안내.

2004 한국문화예술진흥원 · 국무총리복권위원회 '문화교정을 위한 전국교도소순회공연 "신소춘대유희"' 공연 팸플릿 사진, 정동예술단 2004.

2004 운현궁 관람객 설문조사서 통계, 예문관 2004.

2005 두드락프로덕션, "2005 두드락" 공연사진.

2005 두드락프로덕션, "2005 두드락" 공연 보도자료.

"2005 서울아트마켓" 부스 전경, 서울아트마켓추진위원회 · 국립극장 2005.

2005 정동극장 개관 10주년 기념 "아트프론티어 페스티벌" 보도자료.

2005 정동극장 청소년문화특별활동 공연프로그램, 정동극장 2005.

2005년 운현궁 일요예술무대 보도자료.

"2005 지하철예술무대" 공연사진 전문예술법인 레일아트 2005.

"2006 나주영산강문화축제" 공연홍보이미지, 나주시 2006.

APAP Showcase 홈페이지(www.apapconference.org), 2008.

CINARS 홈페이지(www.cinars.org), 2008.

Harrison & Parrot Ltd 웹사이트 www.harrisonparrot.com

LG아트센터 홈페이지 www.lgart.com

경향신문 4월 16일 음악속으로 "봄날의 유희-신소춘대유희" 보도기사.
공연기획사 "크레디아" 웹사이트(www.credia.co.kr), 크레디아 2006.
국립극장 조직도, 국립극장 웹사이트(www.ntok.go.kr), 2005.
국립무용단 공연연보.
국립무용단 제76회 정기공연 "자연인, 티벳의 하늘" 공연팸플릿 표지, 국립극장 1998.
국립발레단 공연연보.
국립발레단 정기공연 "호두까기 인형" 공연사진, 국립발레단 2005.
국립중앙극장 홈페이지 www.ntok.go.kr
국립중앙박물관개관기념 "체코 순회 한국전통문화사절공연" 공연팸플릿, 국립중앙박물관 2005.
국립창극단 공연연보.
국립창극단 앵콜공연 "심청전" 공연팸플릿 표지, 국립극장 1999.
국립창극단 어린이 창극 "토끼와 자라의 용궁여행", 국립극장 2001.
국립창극단 제111회 정기공연 창극 "춘향", 국립극장 2005.
국립창극단 제92회 정기공연 "효녀심청" 공연팸플릿 표지, 국립극장 1997.
극단 산울림 "고도를 기다리며" 공연홍보용 사진, 산울림 소극장 2000.
낙안민속문화축제 홈페이지(www.nagan.or.kr), 2008.
대구약령시한방문화페스티벌 홈페이지(herb.daegu.go.kr/festival), 2008.
동경아트마켓 홈페이지(www.tpam.or.jp), 2008.
록뮤지컬 "헤드윅" 공연홍보용 사진, 제미로 2005.
마샬아츠 퍼포먼스 "Jump", (주)예감 2006.
매튜본의 "백조의 호수" 공연홍보용 사진, LG아트센터 2005.
문화체육관광부 홈페이지(www.mct.go.kr), 2006.
뮤지컬 "맘마미아" 공연사진, 에이콤인터내셔날 · 신시뮤지컬컴퍼니 2004.
뮤지컬 "시카고" 공연사진, 극단신시뮤지컬컴퍼니 2003.
뮤지컬 "아이다" 신시뮤지컬컴퍼니 2005.
뮤지컬 "어린이 난타", PMC프로덕션 2005.
베니스가면축제 홈페이지(www.carnevalevenezia.com), 2007.
베르디 오페라 "아이다" 공연사진, 국립오페라단 2004.
보령머드축제 홈페이지(www.mudfestival.or.kr), 2008.
부천필하모닉 "말러 리싸이클링" 공연 전단 표지, 부천시립예술단 2003.
사다리아트센터 홈페이지 www.sadariartcenter.com
사다리아트센터 홈페이지(www.sadari.org), 사다리아트센터 2005.
서울아트마켓 홈페이지(www.pams.or.kr), 2008.
세계일보 4월 14일 공연 "극장식 전통가무악 100년만에 부활" 보도기사.

세종문화회관 "델라구아다" 공연장입구 사진, (주)M-CONCEPT · 세종문화회관.
세종문화회관 조직도, 세종문화회관 웹사이트(www.sejongpac.or.kr), 2004.
세종문화회관 홈페이지 www.sejongpac.or.kr
아시안아트마트 홈페이지(www.asianartsmart.com), 2007.
안톤체홉 서거 100주년 기념 "갈매기" 공연 보도자료, 정동극장 2004.
안톤체홉 서거 100주년 기념 "갈매기" 공연 전단 사진, 정동극장 · 축제를 만드는 사람들 2004.
"얌모얌모 콘서트" 공연홍보용 사진, 한우리예술기획 2005.
영화 "살인의 추억" 포스터, 사이더스 2003.
예술의전당 홈페이지 www.sac.or.kr
인터넷클래식동호회 "GOCLASSIC" 홈페이지 www.goclassic.co.kr
정동극장 "2002 청소년문화특별활동" 공연사진, 정동극장 2002.
정동극장 "2006 청소년문화특별활동" 전단 표지, 정동극장 2006.
정동극장 "LIVE ADDITION" 공연홍보사진, 정동극장 2005.
정동극장 2006 상설 "전통예술무대" 공연사진, 정동극장 2006.
정동극장 개관10주년 기념 "아트 프론티어" 페스티벌 정동레터 2005.
정동극장 개관10주년 기념 아트프론티어 페스티벌 "재즈피아니스트 곽윤찬의 태교콘서트", 정동극장 2005.
정동극장 대관료 책정기준 정동극장 웹사이트(www.chongdong.com), 정동극장 2005.
정동극장 외관사진, 정동극장 2005.
정동극장 전국문예회관 순회공연 "달바래 풍굿놀이" 공연 전단 표지, 정동극장 2004.
정동극장 홈페이지 www.chongdong.com
정동극장 홈페이지(www.chongdong.com), 정동극장 2006.
중앙일보 "서울시가 시민들의 문화시설 이용을 늘리기 위해 입장료를 최대 50%까지 깍아주는 등 공격적 마케팅 활동에 들어간다", 2005년 1월 11일자.
크레디아 홈페이지 www.credia.co.kr
티켓링크 홈페이지(www.ticketlink.co.kr), 티켓링크 2006.
호주공연예술아트마켓 홈페이지(www.performingartsmarket.com.au), 2008.